Omnes populi qui legibus et moribus reguntur partim suo proprio, partim communi omnium hominum iure utuntur.

Alle zivilisierten Völker haben zum Teil ihr eigenes Recht, zum Teil folgen sie aber auch einem Weltrecht.

Corpus Iuris - Inst. I, 2

Internationales Privates Wirtschaftsrecht

von
Dr. iur. Menno Aden
Professor in Essen

2., vollständig überarbeitete Auflage

Oldenbourg Verlag München

Bibliografische Information der Deutschen Nationalbibliothek

Die Deutsche Nationalbibliothek verzeichnet diese Publikation in der Deutschen
Nationalbibliografie; detaillierte bibliografische Daten sind im Internet über
<http://dnb.d-nb.de> abrufbar.

© 2009 Oldenbourg Wissenschaftsverlag GmbH
Rosenheimer Straße 145, D-81671 München
Telefon: (089) 45051-0
oldenbourg.de

Lektorat: Wirtschafts- und Sozialwissenschaften, wiso@oldenbourg.de
Herstellung: Dr. Rolf Jäger
Coverentwurf: Kochan & Partner, München
Gedruckt auf säure- und chlorfreiem Papier
Gesamtherstellung: Books on Demand GmbH, Norderstedt

ISBN 978-3-486-58952-8

Omnes populi qui legibus et moribus reguntur partim suo proprio, partim communi omnium hominum iure utuntur. Alle zivilisierten Völker haben zum Teil ihr eigenes Recht, zum Teil folgen sie aber auch einem Weltrecht.

Corpus Iuris – Inst. I, 2

Inhalt

Literatur

Aden, Menno   Internationale Handelsschiedsgerichtsbarkeit
2. Aufl. München 2003

Baumbach-Lauterbach ua   Zivilprozessordnung
Kommentar 67. Aufl. 2009
Insbes. zum Internat. Zivilprozessrecht
(hier abgekürzt: B/L)

Dlouhy, Alexander   Extraterritoriale Anwendung des Kartellrechts
im europäischen und US-amerikanischen Recht
Baden-Baden 2003

Eickmann ua   Insolvenzordnung
3. Aufl. Heidelberg, 2003

Geimer/Schütze   Europäisches Zivilverfahrensrecht
Kommentar 2. Auflage München 2004

Geimer, Rheinhold   Internationales Zivilprozessrecht
5. Aufl. Köln 2005

Herdegen, Matthias   Internationales Wirtschaftsrecht
7. Aufl. München 2008

Hoffmann, v., Bernd   Internationals Privatrecht
7. Aufl. München 2004
JUS-Schriftenreihe

Ipsen, Knut   Völkerrecht
5. Auflage München 2004

Jayme, Erik   Festschrift für
Sellier-European Law Publishers
München 2004

Kegel/Schurig   Internationales Privatrecht
9. Auflage, München, 2004
(zitiert: Kegel)

Kimminich, Otto   Einführung in das Völkerrecht
UTB , 6. Auflage 1997

Kropholler, Jan   Europäisches Zivilprozeßrecht
8. Aufl. Heidelberg 2005

Küng/Eckert   Repetitorium zum Völkerrecht
                                     UTB Bern ua. 1993

Münchener Kommentar   München 2000
zur Zivilprozeßordnung   (zitiert: MK-ZPO)
Hrgb Lüke ua
Aktualisierungsband   München 2002
                                     (zitiert: MK-Verfasser-ZPO)

Palandt   BGB-Kommentar 68. Aufl. 2009,
                                     Insbes: zu Art. 3 ff EGBGB
                                     (IPR; Bearb. Thorn)

Pierson/Seiler   Internetrecht im unternehmen
                                     München 2002

Rauscher, Th. ua.   Europäisches Ziviprozeßrecht
                                     Kommentar Sellier München 2004

Reithmann/Martiny   Internationales Vertragsrecht
                                     Verlag Dr. Otto Schmidt Kön 2004

Schack, H.   Internationales Zivilverfahrensrecht
                                     3. Aufl. 2002 C.H. Beck

ders.   Höchstrichterliche Rechtssprechung zum Inter-
                                     nationalen Privat- und Verfahrensrecht
                                     2. Aufl. München 200

ders.   Einführung in das US-amerikanische Zivilpro-
                                     zeßrecht
                                     3. Aufl. 2003

Schütze, Rolf   Prozessführung und -risiken im deutsch-
                                     amerikanischen Rechtsverkehr
                                     Heidelberg 2004

ders.   Rechtsverfolgung im Ausland, 3. Aufl. Heidel-
                                     berg 2002

ders.   Schiedsgericht und Schiedsverfahren
                                     4. Aufl. 2007

Zöllner   ZPO-Kommentar
                                     23. Aufl. 2002

Zweigert, Konrad/   Einführung in die Rechtsvergleichung
Kötz, Hein   3. Auflage Mohr Siebeck 1996

Aufsätze

Altmeppen, Holger	Schutz vor europäischen Kapitalgesellschaften NJW 04, 97 f
Bayer, W.	Aktuelle Entwicklungen im Europäischen Gemeinschaftsrecht BB 04, 1 ff
Frank, St.	Internationale Entscheidungszuständigkeit und anwendbares Recht bei Bürgschaften mit Auslandsbezug WM 04, 205
Fohrer/Mattil	Der grenzüberschreitende dingliche Arrest im Anwendungsbereich des EuGVÜ WM 02, 840
Göthel, St.	Verfassungsmäßigkeit von punitive damages: Der US Supreme Court spricht ein Machtwort RIW 03, 610 ff
Hess, B.	Transatlantischer Rechtsverkehr heute: Von der Kooperation zum Konflikt? JZ 03, 923 ff
Kadner Graziano, Thomas	Das auf außervertragliche Schuldverhältnisse anzuwendende Recht nach Inkrafttreten der Rom II Verordnung RabelsZ 09, 1 ff
Kindler, P	Auf dem Weg zur europäischen Briefkastengesellschaft NJW 03, 1073 ff
Kunz, Peter	Instrumente der Rechtsvergleichung in der Schweiz bei der Rechtssetzung und Rechtsanwendung ZvglRWiss 09, 31 ff
Mankowski, P	Rechtswahl für Verträge des internationalen Wirtschaftsverkehrs RIW 03, 2 ff
ders.	Ist die vertragliche Absicherung von Gerichtsstandsvereinbarungen möglich? IPRax 09, 23

Merkt, Hanno — Von Monstern und komischen Vögel: Kritische Anmerkungen zur Zustellung US-amerikanischer punitive damagess – Klagen in Deutschland
In: FS Leipold, Mohr Siebeck 2009 S. 266 ff

Murswiek, D. — Die amerikanische Präventivkriegsstrategie und das Völkerrecht
NZW 03, 1014

Pfeiffer, Thomas — Methoden der Ermittlung ausländischen Rechts
In: FS Leipold, Mohr Siebeck 2009 S. 283 ff

Riekers, O — Europäisches Wettbewerbsverfahren und US-amerikanische Discovery
RIW 05, 19 ff

Schack, Haimo — Die Entwicklung des europäischen Internationalen Zivilverfahrensrechts – aktuelle Bestandsaufnahme und Kritik
In: FS Leipold, Mohr Siebeck 2009 S. 317 ff

Witzleb, N. — Internationale Zuständigkeit für Ehrverletzungen im Internet – Die australische Perspektive.
RabelsZ 05, 124 ff

Bücher in anderen Sprachen

Birks, Peter (Hrsgb) — English Private Law
Oxford University Press 2000
Law Vol. I and II

Chitty on Contracts — 28th ed. London 1999
Vol. 1 and 2

Holtzmann,H. / Neuhaus, J. — A Guide to the Uncitral Model Law on International Commercial Arbitration
Kluwer , den Haag, 1989
(zitiert als : H/N)

Lowenfeld, Andreas — International Economic Law
Oxford 2003

Marcus/Redish/Sherman — Civil Procedure
3rd ed. St. Paul Minnesota

Shaw, Malcolm — International Law 4. Aufl. 1997,
Cambridge University Press

Textausgaben

Deutsche

Internationales Privat- und Verfahrensrecht
C.H. Beck 11. Aufl. 2002

Völkerrechtliche Verträge
C.H. Beck 9. Aufl. 2002

Ausländische

Code Civil
Dalloz 102. Aufl. 2003

Die Abkürzungen sind die allgemein üblichen, ggfs vgl. das Verzichnis in Palandts
Kommentar.

Vorab

Der Handlungsrahmen der Wirtschaft ist das Recht. Wirtschaft ist heute international. Auch das Recht, jedenfalls das Wirtschaftsrecht, ist daher heute international. Die Wirtschaft wird zunehmend von Gesetzen und Rechtsgrundsätzen beherrscht, welche über die Grenzen eines Staates hinausgreifen. Das private internationale Wirtschaftsrecht, also das von den Parteien durch Verträge im Rahmen der Gesetze eigenständig gestaltbare Recht, leitet sich aus den folgenden Hauptrechtsgebieten ab:

- Völkerrecht, einschließlich Internationale Organisationen und Vertragssysteme des internationalen Wirtschaftsrechts
- Internationales Privatrecht (IPR)
- Internationales Zivilprozeßrecht (IZPR)
- EU-Recht als Sonderbereich, der aber allmählich schon nicht mehr als „international" verstanden wird.

Jede dieser Hauptgruppen ist sehr umfangreich und zerfällt in viele Untergruppen, die sich weiter in Spezialbereiche aufspalten. Dieses Buch verfolgt insofern ein neues Konzept, als aus diesen die für das Wirtschaftsrecht wichtigen Bereiche herausgezogen und so zusammengefasst werden, dass trotz der vielen und verschiedenen Bäume in der wirtschaftsrechtlichen Landschaft das Gemeinsame, also der sprichwörtliche Wald, sichtbar bleibt.

Erstes Merkmal des Buches soll daher sein, dass das private internationale Wirtschaftsrecht als Einheit wahrgenommen wird. Das geschieht durch Vereinfachung. Diese ist nicht immer durchzuhalten. Wie in der Technik Dichtungen, also die verlustfreie Verbindung von einem System zum anderen, besonders schwierig herzustellen sind, so auch im Recht, wenn mehrere Rechtsordnungen aufeinander treffen. Es müssen gelegentlich vertiefende Überlegungen angestellt werden. Diese werden in den Fußnoten als Exkurse vom Haupttext abgesetzt. Der Leser kann sich die Exkurse, die gelegentlich auch allgemeinere Überlegungen zum geschichtlichen oder kulturellen Standort einer Rechtsfigur enthalten, zunächst schenken und später zur Kenntnis nehmen.

Zweites Merkmal sind die Fälle, die jedem Abschnitt vorangestellt und darin auch behandelt werden. Diese stammen aus dem wirklichen Leben.[1] Sie sollen nicht nur die jeweilige Frage deutlich machen, sie sollen vor allem vermitteln, dass die in diesem Buch behandelten Rechtsfragen keine juristischen Denkübungen sind, sondern Teil des wirklichen Lebens.

Ein drittes Merkmal des Buches ist der 9. Teil. Das Internationale Privatrecht und Internationale Zivilprozessrecht sind etwas abstrakte Rechtsgebiete. Man glaubt dem Dozenten in der Vorlesung zwar, dass die Schweiz, Frankreich usw. eigene Rechtsordnungen haben. Konkret ist das aber nicht, weil die fremden Rechtsnormen entweder gar nicht zugänglich sind, oder, wenn sie zitiert werden, mangels eines systemati-

---

[1] Vgl. dieselbe Methodik in Aden, BGB-Leicht, 2. Aufl. Oldenbourg 2002; *Beispiel* bezeichnet vom Verfasser erdachte Erklärungsbilder.

schen Zusammenhanges blass bleiben. Der hier vorgenommene Versuch einer internationalen Kommentierung des BGB soll dem Leser über diese Hürde helfen. Vorschriften zumeist des französischen Code Civil und des ganz modernen niederländischen Burgerlijk Wetboek werden meist im (übersetzten) Wortlaut in der Reihefolge der BGB-Paragraphen vorgestellt.

Am Ende des Buches möchte der Verfasser, dass der Leser mit ihm erkennt: Die Unterschiede zwischen den Rechtsordnungen sind nur die Faltenwürfe in dem alles umspannenden Gewande der Göttin Justitia, wie unsere juristischen Vorbilder, die Römer, sie nannten, und dass eigentlich alles ganz einfach ist.

Essen, im Mai 2005

Zur 2. Auflage

Diese zweite Auflage wurde erforderlich, weil eine ganze Reihe von europäischen Rechtssetzungen insbesondere das internationale Privatrecht aber auch das internationale Zivilprozessrecht neu gestaltet haben, so dass wesentliche Aussagen der bisherigen Auflage zwar im Ergebnis nicht falsch sind, wohl aber aufgrund neuer Vorschriften präzisiert werden müssen. Besonders hervorzuheben sind die beiden, das internationale Privatrecht grundlegend umgestaltenden EG Verordnungen Rom I, welche im Dezember 2009 in Kraft treten wird und Rom II, welche bereits im Januar 2009 in der Kraft getreten ist. Ich danke meinem Sohn, cand. iur. Felix Aden für seine Hinweise aus der Sicht dessen, für den dieses Buch in erster Linie bestimmt ist, des Studenten.

Essen, Juni 2009

I.   Einleitung

1.   Ausgangspunkt

Für den Wirtschaftsverkehr innerhalb eines Staates ist es gleichgültig, ob es außerhalb dieses Staates noch andere Rechtsordnungen gibt. Es ist wie mit der Sprache. Wer niemals ins Ausland fährt, wird sich nicht daran stören, dass anderswo kein Deutsch gesprochen wird. Unter rein wirtschaftlichen Gesichtspunkten wäre es vielleicht wünschenswert, wenn es auf der Welt nur eine Sprache gäbe und nur eine Rechtsordnung. In diesem Fall gäbe es kein internationales Wirtschaftsrecht. Die englische Sprache ist in fast allen Ländern der Erde zur Handels- und Wirtschaftssprache geworden. Das führt bereits heute dazu, dass es auf der Welt praktisch eine einheitliche Sprache des grenzüberschreitenden Wirtschaftsverkehrs gibt.[2] Im Recht ist die Entwicklung auf dem Wege, aber noch nicht so weit.

---

[2] Aden, Internationale Handelsschiedsgerichtsbarkeit, S. 124: *Allgemein wird man für die heutige Weltwirtschaft einen Handelsbrauch postulieren, dass eine Korrespondenz auf Englisch immer statthaft ist, und dass in dieser Sprache auch geantwortet werden kann, wenn das Bezugsschreiben in einer anderen verfasst war.*

In Deutschland gilt deutsches Recht, in Brasilien brasilianisches, in Japan japanisches Recht usw. Es gibt streng genommen so viele Rechtsordnungen, wie es Staaten gibt. Die letzten Jahrzehnte haben aber insbesondere auf dem Gebiet des privaten Handels- und Wirtschaftsrechts zu einer Vereinheitlichung in vielen Rechtsgebieten geführt.[3] Die Ausprägungen des Lebens, Säuglingssterblichkeit, die Lebenserwartung, Ernährungs- und Freizeitgewohnheiten in den entwickelten Ländern werden einander immer ähnlicher, so auch die nationalen Rechtsordnungen. In vielen Bereichen gibt es bereits heute ein weltweit einheitliches Recht, wenn auch nicht in allen Einzelheiten, so doch in den wesentlichen Zügen.

Bis vor kurzem wurden Staat, Recht und Wirtschaft als natürliche Einheit gesehen. Auf dem Gebiet des Deutschen Reiches bestand eben eine deutsche Volkswirtschaft, wie es in Norwegen eine norwegische gab usw.; das Recht war deutsch, die Lebensverhältnisse waren zum Guten und Schlechten deutsch, so war es entsprechend in Portugal und Thailand. Die Volkswirtschaften und die rechtlichen Beziehungen der Staaten standen zwar, zumal in Europa, stets in enger Beziehung zueinander, aber in den entscheidenden Punkten wurden sie durch den betreffenden Staat ohne Rücksicht auf andere Länder gestaltet.

Die Globalisierung hat diese Eigenständigkeit fast vollständig aufgelöst. Man spricht von einer fortschreitenden Entmachtung der Staaten. Die heutige Weltwirtschaft ist geprägt durch eine in der bisherigen Menschheitsgeschichte beispiellose normative Verdichtung und Institutionalisierung der internationalen Beziehungen bis hin zu Organisationen mit eigener Rechtsetzungsgewalt.[4] Diese Entwicklung betrifft nicht nur die außenwirtschaftlichen Beziehungen der Staaten, sie schlägt immer mehr auf das binnenstaatliche Recht durch. Dem Vereinheitlichungsdruck kann sich kaum ein Staat entziehen. Meistens ist das auch gar nicht gewollt. Im Gegenteil: In vielen nationalen und internationalen Proklamationen wird als eines der großen Ziele der heutigen internationalen Wirtschaft und der Staatengemeinschaft herausgestellt, das Recht der Weltwirtschaft soweit wie möglich zu harmonisieren.[5] Das ist nicht einmal eine besonders neue Entwicklung. Schon im Jahre 1904 trug ein Franzose in Berlin auf einem Kongress über Rechtsvergleichung vor: *Die endgültige Vereinheitlichung des Rechts aller Völker ...würde sich zuerst auf das Handelsrecht oder das Zivilrecht... erstrecken... Wir wollen hier nicht die Idee der Vereinheitlichung verteidigen, obwohl sich diese unseres Erachtens ebenso zu vollziehen scheint, wie einst bei den Provinzialrechten in demselben Lande, sondern wir wollen nur zeigen, wie sie die natürliche und zwingende Konsequenz des Studiums der vergleichenden Rechtswissenschaft ist.*[6]

---

[3] Im Bereich des öffentlichen Wirtschaftsrechts, also in allen Bereichen, die nach der politischen Bedürfnislage, gesteuert werden, bestehen weiterhin sehr erhebliche Unterschiede; hierzu gehört etwa das Recht der Subventionen und das Steuerrecht.

[4] H. Klein, *Entmachtung der Parlamente*, Frankfurter Allgemeine Zeitung v. 20. 11. 04

[5] Kimminich aaO S. 305: *Zahlreiche Prinzipien der Völkerrechtsordnung... kulminieren in dem Bemühen, eine neue Weltwirtschaftsordnung zu schaffen.*

[6] de la Grasserie, *Begriff und Wesen der vergleichenden Rechtswissenschaft* Jahrbuch 04, 327ff.348

2.   Harmonisierung des Weltwirtschaftsrechts

a.   Selbstwirkender Prozess

Die Harmonisierung des Weltwirtschaftsrechts geschieht einerseits wie von selbst. Es gibt viele weltweite Rechtsüberzeugungen. Man hat von einem weltumgreifenden *ius commune* (Gemeinschaftliches Recht) gesprochen.[7] Die Staaten lernen einander näher kennen. Die jeweiligen Rechtsordnungen werden über die Rechtsvergleichung erforscht und im internationalen Wirtschaftsverkehr praktisch angewendet. Es wird immer deutlicher, dass sich viele Rechtsgrundsätze, welche bisher als Sondergut der eigenen deutschen, schwedischen usw. Rechtsordnung angesehen worden waren, in Wahrheit nur nationale Ausprägungen eines Weltrechts sind.

Beispiel der Grundsatz von Treu und Glauben: Bis vor einigen Jahrzehnten bestand in Deutschland wohl wirklich die Meinung, dieser Grundsatz, welcher bei uns in § 242 BGB seinen Niederschlag gefunden hat, sei eine Besonderheit des deutschen Rechtes. Heute weiß man, dass zwar einzelne Ausprägungen dieses Grundsatzes dem deutschen Recht eigen sind, etwa die aus § 242 entwickelte Rechtssprechung zum Wegfall der Geschäftsgrundlage, ein Bereich, in welchem z.B. das englische Recht restriktiver ist als wir, und der einem Lande wie Norwegen mit seiner nur wenig bewegten Geschichte so gut wie ganz fremd ist, dessen zu Grunde liegenden Gedanken aber allen Rechtsordnungen der Welt bekannt sind.[8]

b.   Bewusste Gestaltung

Die Harmonisierung des Weltwirtschaftsrechts geschieht heute im Wesentlichen durch völkerrechtliche Verträge. Nach dem 1. Weltkriege führten die Genfer Wechsel- und Scheckrechtsabkommen zu einer Vereinheitlichung dieser Rechtsgebiete in Europa und lösten weitere Schritte in diese Richtung aus. Der praktische Nutzen dieser Abkommen war groß. In fast allen wichtigen Staaten gab es ein gleichartiges Scheck- und Wechselrecht. Seine Bedeutung ging damals weit über seine heutige hinaus.[9] Größer war aber noch die politische Signalwirkung dieser ersten gemeinsamen europäischen Wirtschaftsgesetzgebung. Aus neuester Zeit ist das noch nicht in Kraft getretene UN-Übereinkommen über die Abtretung von Forderungen im internationalen Handel vom 12. 12. 01 zu erwähnen.[10]

Diese Verträge legen über die Staaten ein immer dichteres Netz von gegenseitigen Rechten und Pflichten. Hieraus entsteht ein vielfach noch kaum wahrgenommenes verfassungsrechtliches Problem. Internationale Übereinkommen werden in diplomatischen Konferenzen, also von weisungsabhängigen Beamten, ausgehandelt. Verbindlich werden diese Übereinkommen zwar erst durch die förmliche Ratifizierung durch den Gesetzgeber, Parlament, der beteiligten Staaten. Die in diesen Verhandlungen regelmäßig unter vielen gegenseitigen Kompromissen erzielte Einigung der

---

[7] Zweigert/Kötz S. 24 mit Bezug auf den Franzosen Rene David.
[8] Shaw, S. 83 m.N.: *Equity forms part of international law,* Aus Sicht der Schweiz vgl. Kunz, Peter aaO
[9] Die Bedeutung dieser Zahlungsformen geht als Folge der Technisierung des internationalen Zahlungsverkehrs stetig zurück.
[10] Vgl. 9. Teil § 398; s.u. S. 268

Vertragsstaaten kann daher von Bundestag zwar theoretisch noch abgelehnt werden, praktisch ist das aber eigentlich nicht mehr möglich.

Gesetze können jederzeit geändert werden. Ist aber ein internationales Übereinkommen erst einmal ratifiziert, dann kann es von einem nationalen Parlament praktisch nicht mehr geändert werden. Ein völkerrechtlicher Vertrag ist zwar nicht theoretisch, wohl aber praktisch eine dauerhafte Entäußerung der Souveränität und Handlungsfreiheit des Parlaments. Ein Vergleich mit den mittelalterlichen Kaisern drängt sich auf: Theoretisch waren sie bis zuletzt (1806) im Vollbesitz der staatlichen Hoheit, aber sie hatten im Laufe der Jahrhunderte immer mehr Hoheitsrechte abgegeben, so dass der letzte Kaiser wie eine hohler Baum umfiel. Das Parlament hat praktisch auch keinen Einfluss auf die Durchführung des Übereinkommens. Diese gerät schon aufgrund der dazu erforderlichen Spezialkenntnisse früher oder später in die Hände von nationalen oder internationalen Behörden, vgl. die Brüsseler Bürokratie, deren demokratische Legitimation, wenn man sie überhaupt noch sehen kann, sehr verdünnt ist.

c.   Modellgesetze

Ein moderner Weg der Rechtsvereinheitlichung ist der des Muster- oder Modellgesetzes (engl. *model law*). Hier wird, oft unter der Federführung der Vereinten Nationen bzw. einer ihrer Unterorganisation, z.B. UNCITRAL, über einen bestimmten Gegenstand ein Gesetz zwischen den Staaten und interessierten Organisationen verhandelt und ausgearbeitet. Das Mustergesetz ist kein Gesetz. Es wird den Staaten zur Annahme als Gesetz empfohlen, ggfs unter Anpassung an die nationale Rechtsordnung.[11] Eines der erfolgreichsten Mustergesetze der letzten Zeit ist das UNCITRAL-Mustergesetz für die internationale Handelsschiedsgerichtsbarkeit.[12]

d.   Harmonisierungsbeispiel : UN-Kaufrecht

Die besondere Bedeutung des Kaufvertrages hat im internationalen Warenverkehr seit Jahrzehnten zu Versuchen geführt, für das Kaufrecht weltweit einheitliche Regeln zu schaffen. Vorerst letztes Ergebnis dieser Bemühungen ist das *UN-Übereinkommen über Verträge über den internationalen Warenkauf*, CISG, v. 11.4.80, wegen seines Abschlußortes auch *Wiener Kaufrechtsübereinkommen* genannt.[13]

Unabhängig von der anscheinend nicht besonders großen praktischen Bedeutung des Übereinkommens ist der rechtspolitische Wert zu würdigen. Das Wiener Kaufrechtsabkommen hatte großen Einfluß auf die neuere niederländische und die skandinavische und über diese auf die Gesetzgebung in den osteuropäischen Reformländern.[14]

---

[11] Vgl. Vertragsmuster in Vertragshandbüchern, wie z.B. den Einheitsmietvertrag, den der Deutsche Haus- und Grundbesitzerverein seinen Mitgliedern zur Anwendung empfiehlt, usw.
[12] Vgl. Baumbach-Lauterbach Einf. Vor § 1025 ZPO RN 2. Das geltende deutsche Recht folgt dem Modellgesetz in ganz wesentlichen Punkten. Damit ist das deutsche Recht der internationalen Handelsschiedsgerichtsbarkeit praktisch identisch mit dem der meisten wichtigen Staaten.
[13] vgl. Piltz NJW 2000, 553. Palandt-Thorn EGBG 28 RN 7.
[14] Schlechtriem, S. 35

e.   Grenzen der Vereinheitlichung

Eine gemeinsame Sprache erleichtert die Verständigung, aber sie verdrängt Regio-
nalsprachen, was jedenfalls solange zu einer Erschwerung der Verständigung in der
betreffenden Region führt, bis jeder die Verkehrssprache versteht. Die Verständigung
wird normiert, Besonderheiten finden keine Beachtung mehr. Das richtige ostfriesi-
sche Plattdeutsch[15] ist daher heute als Umgangssprache leider ausgestorben. Eine
gemeinsame Währung erleichtert die Geldfunktionen im Währungsgebiet, aber regio-
nale, aus unterschiedlichem Entwicklungsstand folgende, Bedürfnisse können oft
nicht angemessen berücksichtigt werden. Die Unterschiede werden zum Nachteil der
schwächeren Regionen eher verstärkt. Eine einheitliche Währung mag in großen
Staaten wie Brasilien, China oder Indien als Zeichen der staatlichen Einheit ange-
zeigt sein. Aber wegen der enormen regionalen Entwicklungsunterschiede in diesen
Staaten ist der gleiche Kamm für alle wirtschaftlich eher schädlich. Das gilt auch für
die Eurozone: was im hoch entwickelten Deutschland gut ist, wird Portugal nicht
immer nützen.

Ähnliches gilt für das Recht. Rechtsvereinheitlichung mag grundsätzlich erstrebenswert sein, aber nicht immer. In EU-Europa gilt aufgrund entsprechender EG-
Richtlinien heute ein einheitliches Verbraucherschutzrecht, z.B. das Reisevertrags-
recht für Pauschalreisen. Verbraucherschutz ist aber nicht umsonst. Das EU-
Verbraucherrecht ist auf den verwöhnten Verbraucher in der Kernstaaten der EU
abgestimmt. Für einen Griechen oder Portugiesen passt es aber jedenfalls derzeit
wenig. Angesichts von deren Durchschnittseinkommen macht es Reisen, die dieses
Recht uns Deutschen, Österreichern usw. erleichtern will, unnötig teuer. [16] Es ist
daher nicht ausgemacht, ob das immer wieder geforderte einheitliche EU-Zivilge-
setzbuch wirklich wünschenswert ist. [17] Rechtsvereinheitlichung kann auch Fernwirkungen haben, an die man nicht denkt, z.B.: Ein EU-weit einheitliches Wirtschaftsrecht würde ein einheitliches Steuerrecht voraussetzen. Im mittelständischen Bereich
hat das Steuerrecht starke Auswirkungen auf das Ehe- und Erbrecht. Ein EU-weit
einheitliches Ehe- und Erbrecht würde aber sehr tief in das Lebensgefühl der Menschen eingreifen. Wollen wir das?[18]

---

[15] Die Muttersprache des Vaters des Autors. Versuche, das Plattdeutsch als Umgangssprache wieder
zu beleben, etwa indem die Bremer Verfassung ins Plattdeutsche übersetzt wird, vgl. FAZ v. 9. 2. 05,
kann man auf Plattdeutsch getrost als „ Dummtüüg" bezeichnen. In Bremen spricht kein Mensch mehr
Plattdeutsch als Umgangssprache.
[16] Verfasser weiß aus einer entsprechenden Tätigkeit für die EU, dass diese Gesetze in vielen (den
meisten?) EU-Ländern nur auf dem Papier des Gesetzblattes stehen.
[17] Hierzu: RabelsZ 92, 320
[18] In EU-Skandinavien werden weniger als 50% der Kinder ehelich geboren; in Deutschland immerhin
noch 75 % (FAZ v. 6.4.04). Familie spielt dort kaum eine Rolle mehr. Wollen wir das wirklich
nachmachen? Und wenn wir – die Portugiesen, Iren und Griechen auch?

II. Nationales und internationales Wirtschaftsrecht

1. Was ist Wirtschaftsrecht?[19]

a. Privates Wirtschaftsrecht

Das Handelsrecht ist in den europäischen Ländern seit langem ein ziemlich klar umrissenes Rechtsgebiet. Der Begriff „Wirtschaftsrecht" ist aber unklar.[20] Ein Wirtschaftsrecht im heutigen Sinne entwickelte sich erst nach dem 1. Weltkrieg, zumal in Deutschland, wo aufgrund der Verwerfungen und Repressalien der Sieger infolge des Friedensschlusses von Versailles ein besonderes Bedürfnis zu staatlicher Einflussnahme auf die Wirtschaftsabläufe gesehen wurde. Die Entwicklung in anderen Ländern Europas verlief aber ziemlich ähnlich.[21]

Es gibt eigentlich keine Rechtsfrage, welche nicht auch eine wirtschaftliche Bedeutung hat. Das Strafrecht (z.B. die verschiedenen Begehungsarten des Betruges, Konkursvergehen)[22] und familienrechtliche Fragen können wirtschaftsrechtliche Bedeutung haben (z.B. Unternehmensnachfolge durch Erbgang). Ebenso das Kirchenrecht. Es befasst sich in wesentlichen Teilen mit Fragen der wirtschaftlichen Sicherung der Institution.[23] Eine allgemein anerkannte Definition des Wirtschaftsrechts als eines von anderen Rechtsgebieten unterschiedenen Faches gibt es daher nicht. Das Wirtschaftsrecht ist ein Extrakt aus allen Rechtsgebieten. Man kann daher eine Definition wie folgt versuchen:

> *Wirtschaftsrecht ist die Gesamtheit der Normen, deren Zweck es ist, die gewerbliche Tätigkeit zur Erzielung wirtschaftlichen Wohlstands zu regeln. Es wird zum Internationalen Wirtschaftsrecht, wenn die gewerbliche Tätigkeit mehr als einen Staat berührt.*

Mit dieser Definition sind zunächst das bürgerliche Recht, mit Ausnahme des Familien- und Erbrechts, und das herkömmliche Handels- und Gesellschaftsrecht gemeint. Erfasst werden auch das Wettbewerbsrecht gemäß dem Gesetz gegen den unlauteren Wettbewerb (UWG) oder Gesetz gegen Wettbewerbsbeschränkungen (GWB/Kartellgesetz). Es gehört weiter dazu das Recht der gewerblichen Schutzrechte (Urheberrecht, Marken- und Patentrecht) uvam.

b. Öffentliches Wirtschaftsrecht

Das private Recht ist dadurch definiert, dass die Bürger durch Verträge/Rechtsgeschäfte einvernehmlich Rechte und Pflichten begründen. Das öffentliche Recht ist dadurch gekennzeichnet, dass der Staat, ggfs durch seine Organisationen und Behör-

---

[19] Lesenwert ist die Betrachtung über das Zusammenspiel von Recht und Wirtschaft aus Schweizer Sicht von Druey, Jean-Nicolas *Wirtschaftsrecht erleben und lernen* in ZSR 01, 1 ff
[20] Herdegen aaO S. 3: „Internationales Wirtschaftsrecht" als moderne Begriffsschöpfung.
[21] So schon vor 50 Jahren: Hedemann BB 1953,2 ff
[22] Schmitz RIW 03, 189: Auslandsgeschäfte und Korruptionsstrafrecht. Vgl. auch den im Jahre 2004 in Düsseldorf anhängigen Strafprozess gegen Esser ua wegen Bonuszahlungen im Zusammenhang mit der Übernahme von Mannesmann AG durch Vodafone. Die strafrechtliche Beurteilung (Untreue gemäß § 266 StGB? Vom Gericht verneint.) schöpft die wirtschaftliche Bedeutung dieses Verfahrens bei weitem nicht aus.
[23] Aber nicht nur, vgl. Aden, *Christlicher Glaube*, Münster, 2004, S. 137: Kirche als Rechtssubjekt.

den, hoheitlich handelt. Hoheitlich bedeutet, dass Anweisungen an den Bürger gegeben werden, welche dieser befolgen muss, auch wenn er nicht will.

Der vertraglichen Anspruchsgrundlage im privaten Recht entspricht im öffentlichen Recht die gesetzliche Rechtsgrundlage, aufgrund deren die Behörde handeln und Weisungen erteilen kann. Hoheitliches Handeln geschieht, wenn ein Bürger eine Fahrerlaubnis erhält, wenn sein Antrag auf Betrieb einer Abfallentsorgungsanlage abgelehnt wird, wenn er für eine LKW-Fuhre eine Ausnahme vom Sonntagsfahrverbot beantragt, eine Betriebserlaubnis für ein Atomkraftwerk beantragt usw. Hinsichtlich der Anzahl der Gesetze und Normen ist das öffentliche Recht der bei weitem umfangreichste Rechtsbereich. Gut 80% aller überhaupt existierenden Rechtsvorschriften dürften dem öffentlichen Recht zuzurechnen sein.

Das öffentliche Wirtschaftsrecht, Wirtschaftverwaltungsrecht im weiteren Sinne, wird durch neue Rechtsentwicklungen, z.B. Umweltrecht, ständig umfangreicher. Zum Wirtschaftsverwaltungsrecht werden uä. folgende Bereiche gezählt

- Gewerberecht
- Berufsrecht, etwa der Ärzte, Apotheker und Rechtsanwälte
- Baurecht und Planungsrecht
- Teile des Arbeits- und Sozialrechts
- Umweltrecht
- Recht der Subventionen und der öffentlichen Ausschreibungen
- Steuerrecht usw.

Dieses Buch ist dem internationalen *privaten* Wirtschaftsrecht gewidmet. Das öffentliche Wirtschaftsrecht ist nicht sein Gegenstand; es wird nur gelegentlich auf öffentliche-rechtliche Vorschriften hingewiesen.

2.   Nationales und internationales Wirtschaftrecht

Es gibt derzeit über 200 souveräne Staaten auf der Welt, von Mikrostaaten wie Barbados bis zu Riesenstaaten wie China. Damit ergäbe sich für das internationale Wirtschaftsrecht ein ungeheuer großer Bereich, denn theoretisch müssten die Teilbereiche des Wirtschaftsrechts für alle Staaten der Welt einzeln dargelegt und mit den entsprechenden Regeln jedes anderen Staates abgestimmt und verglichen werden. Für die praktische Handhabung des internationalen Wirtschaftsrechtes muss aber soweit nicht gegriffen werden. Die Unterschiede sind letztlich nicht so groß. Es gibt heute nur wenige Rechtskreise, die praktisch wirklich von Bedeutung sind; vgl. Anhang I.

Die theoretische Vielfalt im Wirtschaftsrecht der Staaten wirkt sich in der Praxis auch deswegen nicht sehr aus, weil die Geschäftspartner im internationalen Wirtschaftsverkehr die Möglichkeit haben, das anwendbare Recht frei zu wählen. Es wird wohl nicht oft vorkommen, dass ein deutscher und schwedischer, ein japanischer und koreanischer Vertragspartner sich auf die Geltung des Rechtes von z.B. Vanutu oder Nauru[24] einigen. Zumeist verständigen sich die Partner internationaler Verträge auf

---

[24] Inselzwergstaaten im Pazifik. Nauru: Die Insel war bis 1919 deutscher Kolonialbesitz. Angesichts der absehbaren Erschöpfung ihrer Naturschätze (Guano) hat sich diese Insel in den letzten Jahrzehnten international dadurch ins Gespräch zu bringen versucht, dass sie sich von Anwälten aus Hong Kong

das Recht traditioneller Staaten, etwa das der Schweiz, das englische Recht oder, offenbar mit zunehmender Tendenz, das Recht von New York.

3. Heimat der Wirtschaft

Manche Unternehmen und Wirtschaftszweige sind landestypisch. Der deutsche Handwerksbetrieb z. B. ist in vieler Hinsicht typisch deutsch. Eine Jahrhunderte alte, in dieser Weise nur bei uns gepflegte, Tradition hat einen Berufsstand geschaffen, dessen Fachwissen auf der Welt seinesgleichen sucht. Auch der, meistens aus dem Handwerk hervorgegangene, mittelständische Betrieb ist in diesem Sinne wohl typisch deutsch. Das ist gut. Es ist gefährlich, die Bodenhaftung zu verlieren. Es ist falsch, Wirtschaft und ihr Recht zu sehr, und am Ende nur noch unter dem Gesichtspunkt von Export und Internationalität zu betrachten. Das zeigte die Krise 2008/09.

Trotzdem: Die Wirtschaft ist immer weniger Angelegenheit einzelner Staaten. Die großen Unternehmen werden vom Zugriff der staatlichen Rechtsordnungen immer unabhängiger, und je größer sie sind, desto mehr. Die internationalen Konzerne unterliegen, genau betrachtet, gar keinem nationalen Recht mehr. Ein Konzern ist als solcher keine juristische Person, er hat weder eine Rechtsform noch einen Sitz. Die Heimat des Konzerns ist in gewissem Sinne die seines Vorstands.

Internationale Konzerne halten sich zwar an die jeweils geltenden Rechtsnormen, und zwar in der Regel sorgfältiger als kleine Unternehmen, denn sie können es sich leisten. In Bezug auf das, was sie eigentlich zu einem internationalen Konzern macht, stehen sie aber praktisch über oder neben dem Recht. Da Konzerne keine Völkerrechtssubjekte sind, unterliegen sie auch nicht dem Völkerrecht. Internationale Konzerne sind daher in gewissem Sinne die einzigen Wesenheiten auf der Welt, die in einem rechtsfreien Raum stehen. Es wäre gut, internationale Konzerne jedenfalls hilfsweise dem Völkerrecht zu unterwerfen, um auch für sie einen weltweit anerkannten Rechtsrahmen zu finden; S. 221.

III. Überblick: Themenbereich des Internationalen Wirtschaftsrechts

1. Rahmen

Das Völkerrecht, das IPR, das IZPR, EG-Recht usw. sind als solche nicht Gegenstände dieses Buches. Diese Rechtsgebiete werden in der Weise konzentriert, dass der Rahmen des Internationalen Wirtschaftsrechts deutlich wird. Es soll damit versucht werden, die in jedem dieser Teilrechtsgebiete ausufernde Menge von rechtlichem Material in der Weise zu bündeln, dass das Wichtigste stehen bleibt und den Überblick ermöglicht.

---

eine für die Verhältnisse dieser Insel völlig überdimensionierte Rechtsordnung im Wirtschaftsrecht schreiben ließ, um diese den Parteien internationaler Verträge als zu wählendes Recht anzubieten. Forumstaat großer Prozesse zu sein, kann viel Geld bedeuten. Die Schweiz weiß das.

2.   Völkerrecht als Recht zwischen den Staaten

Die Freiheit, immer zu tun, was man will, wird nur durch das Recht beschränkt. Von diesem Grundsatz leitet sich die Rechtswissenschaft ab und jeder denkbare Rechtssatz. Das Recht fordert vom Menschen, seine Freiheit im Interesse seines Mitmenschen einzuschränken, denn auch dieser ist frei und steht umgekehrt unter demselben Zwang.

Dieser Satz ist *mutatis mutandis* [25] der Ausgangssatz auch für das Völkerrecht. Die souveränen Staaten können im Grundsatz machen, was sie wollen, selbst reine Willkürakte sind ihnen nach klassischem Souveränitätsverständnis erlaubt. Aber der Nachbarstaat ist genauso souverän. Die Staaten müssen daher ihre Interessen, wenn sie gegenläufig sind, auf einander abstimmen. Das geschieht durch die Anerkennung eines über den Staaten stehenden Rechts, des Völkerrechts. Dieses ist daher der Ausgangspunkt auch des Internationalen Wirtschaftsrechts. Das Völkerrecht ist eine Art Reserverecht auch zwischen privaten Rechtssubjekten, wenn nationale Rechtsvorschriften fehlen oder unanwendbar sind. Das Funktionieren der Weltwirtschaft erfordert von Fall zu Fall oder allgemein, dass ein Staat darauf verzichtet, eigenes Recht zu schaffen. Ein solcher Verzicht kann sich aus einem völkerrechtlichen Vertrag oder, wie z. B. beim IPR, aus Völkergewohnheitsrecht ergeben.

3.   Internationales Privatrecht (IPR)

Ein heute weltweit anerkannter Satz des Völkergewohnheitsrechts besagt, dass ein Staat auf die Anwendung seiner eigenen Rechtsordnung zugunsten der Rechtsordnung eines anderen Staates verzichten soll, wenn der andere Staat, allgemein gesagt, näher am Fall ist. Wann das der Fall ist, entscheidet jeder Staat für sich, indem er Rechtsanwendungsregeln schafft, das Internationale Privatrecht.[26] Jeder Staat hat sein eigenes IPR. Innerhalb der EU haben sich die Rechtsordnungen im Bereich des Wirtschaftsrechts weitgehend angeglichen. Im Verhältnis zu Nicht-EU-Staaten bestehen aber manchmal erhebliche Unterschiede in den nationalen Rechten. Es kann also praktisch wichtig sein, ob eine Rechtsfrage nach deutschem oder schwedischem usw. Recht entschieden wird. Für die Praxis des internationalen Wirtschaftsrechts ist es erforderlich, die Wirkungsweise des IPR zu kennen.

4.   Rechtsvergleichung

Das BGB enthält die Regeln des bürgerlichen Rechtes, wie wir das in Deutschland für richtig halten, der französische Code Civil regelt dieselben und andere Gegenstände so, wie man es dort meint. Manche unserer Gesetze des Wirtschaftsrechts regeln Gegenstände, welche in anderen Staaten gar nicht oder anders geregelt sind, und umgekehrt enthalten fremde Rechtsordnungen Dinge, die uns fremd sind. Es ist die Aufgabe der Rechtsvergleichung, Unterschiede und die, oft nur unter verschiedenen Begriffen verdeckten, Gemeinsamkeiten in den Rechtsordnungen aufzuzeigen. Dieses hilft den Partnern internationaler Verträge, Risiken und Möglichkeiten im Zusammenhang mit der Wahl eines bestimmten Rechts zu erkennen. Die wichtigsten

---

[25] Lateinisch = *Wenn man die Umstände entsprechend verändert*
[26] Anderer Name: Kollisionsrecht; engl. *conflicts of law*, frz. *conflit des droits*

Rechtsbereiche sollen daher in diesem Buch in ihren internationalen Bezügen dargestellt werden.

Eine Rechtsordnung lässt sich nicht, ebenso wenig wie eine Sprache, punktgenau in
eine fremde übersetzen. Die Schwierigkeiten bestehen zum großen Teil darin, bei der
Anwendung eines fremden Rechtes in Deutschland oder umgekehrt unseres Rechts
im Ausland, die Regeln zu finden und anzuwenden, die auch wirklich, und nicht nur
scheinbar, passen. Der 9. Teil dient diesem Zweck. In der Literatur wird auf typische
Fehler und Fallen bei der Rechtsvergleichung hingewiesen. Es wird dann leicht der
Eindruck einer besonderen Schwierigkeit vermittelt.[27]

Tatsächlich ergibt die Rechtsvergleichung heute aber hauptsächlich die Erkenntnis,
dass es wirklich entscheidende Unterschiede in den Rechtsordnungen gar nicht gibt.
Ob ein Fall nach deutschem Recht entschieden wird oder nach anderem Recht – die
Lösung ist in den meisten Fällen dieselbe. Allerdings nicht immer – und d a s ist
dann die Schwierigkeit!

5.   Internationales Zivilprozessrecht, IZPR

Es genügt nicht, Recht zu haben, man muss es auch durchsetzen können. Zwischen
Personen und Unternehmen des privaten Rechtes gibt das Prozess- oder Verfahrensrecht Regeln an, wie Ansprüche durchgesetzt werden. Das internationale Zivilprozessrecht beantwortet die Frage, wie die Parteien bei grenzüberschreitenden Rechtsstreitigkeiten ihr Recht bekommen. Wie das IPR ist auch das IZPR nationales
Recht.[28] Es gibt kein weltweites IZPR, aber es gibt eine Reihe von weltweit anerkannten Verfahrensgrundsätzen und völkerrechtlichen Regeln, die zu einem ziemlich
einheitlichen Regime jedenfalls zwischen den Staaten geführt haben, auf welche es
im Welthandel ankommt.

Das IZPR gibt auch Auskunft darüber, unter welchen Voraussetzungen eine im Ausland erlassene gerichtliche Entscheidung (Urteil, Einstweilige Verfügung, Schiedsspruch uä) zustande kommt, und welche Wirkungen sie im Inland haben kann.

6.   Deutsch-Amerikanischer Rechtsverkehr

Die Beziehungen Deutschlands zu den Vereinigten Staaten von Amerika sind wegen
der Bedeutung dieses Landes besonders wichtig. Die USA sind militärisch ein Staat,
welcher derzeit keinen Rivalen hat. Es ist im Großen so wie im Kleinen. Wer der
Stärkste ist, hat die meisten Rechte. Ob er sie (völker-) rechtlich haben sollte, ist eine
andere Frage. Das Selbstbewusstsein der USA wirkt sich auch im internationalen
Rechtsverkehr in vielfacher Weise aus, etwa in dem lockeren Umgang mit Regeln
des internationalen Zivilprozessrechts. Wir sollten diese Regeln kennen. Dieses führt
zu einem eigenen Abschnitt über den deutsch-amerikanischen Rechtsverkehr, s.u.
S. 173ff.

---

[27] Vgl. Kusche, U., *Vorsicht, Rechtsvergleichung* ZVglRW 05, 10 ff Die von K gebrachten Beispiele
wirken etwas gesucht und sind für das praktische Recht nicht sehr relevant.
[28] Geimer S. 5 RN 13

Bei aller Kritik an manchen Ausprägungen der amerikanischen Rechtskultur, soll der Blick auch auf Regelungen der US-Rechtes gerichtet werden, die auch für uns passen könnten.

7. Institutionen des Internationalen Wirtschaftsrechts

Größere Unternehmen brauchen Vertragsabteilungen, in denen ihre Verträge verwaltet, Pflichten und Ansprüche überwacht werden. Im Zuge der immer weiter fortschreitenden Entwicklung des Völkervertragsrechts wurde erkannt, dass dasselbe auch für die großen Vertragssysteme des heutigen internationalen Wirtschaftsrechts gilt. Dutzende, im Falle der UNO mehr als zweihundert, Staaten sind als Mitglieder in WTO, Weltbank, NAFTA, Mercosur, OECD usw. mit einander verbunden. Diese internationalen Organisationen haben in gewissem Sinne die Funktion von Vertragsabteilungen der Weltwirtschaft. Besser wäre es, von übernationalen Organisationen zu sprechen, da sie, wenn auch nicht theoretisch, so doch praktisch über den Staaten stehen. Entsprechendes gilt auch innerstaatlich. So steht z.B. der Deutsche Sparkassen- und Giroverband eigentlich unter den vereinigten Sparkassen und Landesbanken, nimmt also theoretisch Weisungen von diesen entgegen. Praktisch aber geht der Weg oft umgekehrt. Ähnliches gilt in fast allen Wirtschaftsverbänden, und die Frage, ob sich nicht auch das Rangverhältnis Bundesregierung – Bundestag in derselben Weise umgekehrt hat, ist eine der heikelsten, und daher kaum diskutierten, Fragen des heutigen Verfassungsrechts. Diese Organisationen gelten regelmäßig auch als Völkerrechtssubjekte und haben dieselben Rechte und Pflichten wie Staaten. Die Grundzüge ihres Funktionierens sollen hier dargestellt werden, s.u. S. 238f.

IV. Nationales Recht und Europäisches Recht

Fall

Der UN-Sicherheitsrat verabschiedete eine Resolution, wonach Konten und Vermögenswerte zweier der Teilnahme an terroristischen Handlungen verdächtigter Personen, Kadi und Al Barakaat, weltweit beschlagnahmt werden sollten. Art. 25, 48 UN-Charta verpflichten die UN-Mitgliedstaaten, zu denen auch alle EU-Staaten rechnen, diese Sanktion umzusetzen. Auch die Europäische Gemeinschaft fühlte sich angesprochen und erließ eine EG-Verordnung mit diesem Inhalt. Die EG-VO ist unmittelbar geltendes Recht in allen EG-Staaten. Daraufhin wird das Bankkonto des Kadi bei der B-Bank in Frankfurt von der Staatsanwaltschaft beschlagnahmt. K, der die Vorwürfe leugnet, fragt, welche Rechtsmittel er gegen diese Beschlagnahme hat? [29]

1. Grundsätze

In diesem Buch wird das *deutsche* Internationale Wirtschaftsrecht dargestellt. Die klassische Zweiteilung in nationales deutsches und internationales Recht ist aber im Grunde kaum noch angemessen. Zwischen das nationale und internationale Recht schiebt sich der Bereich des europäischen Rechts, und dieser wird immer breiter. Die nationalen Unterschiede im Wirtschaftsrecht der EU-Mitgliedsländer werden geringer. Die EU-Staaten werden auch in rechtlicher Hinsicht von außen immer deutlicher

---

[29] Urteil des EuGH v. 3. 9.2008; vgl. zu diesem wichtigen Grundsatzfall und dem Urteil des EuGH ausführlich Schmalenbach, K., JZ 09, 35 ff m. N.

als ein Block wahrgenommen. Fast zu jeder Rechtsfrage, die sich im Internationalen Recht stellt, ergeben sich für uns zwei Antworten: Eine im Verhältnis zu den EU-Mitgliedsstaaten und eine im Verhältnis zu anderen Staaten. Im Grunde gibt es noch eine dritte Antwort, nämlich im Verhältnis zu den USA.
Europäisches Recht tritt in drei Formen auf:

Primäres Gemeinschaftsrecht: Damit sind die Gründungsverträge, EGV und EUV nebst Protokollen gemeint. Aus dem Primären Gemeinschaftsrecht leiten sich die Zuständigkeiten und Rechtsetzungskompetenzen der EU-Stellen ab.

Sekundäres Gemeinschaftsrecht: Rechtsvorschriften, welche von EU-Organen erlassen werden. Hier werden unterschieden:

- Verordnungen: Art. 249 II EGV. Diese haben unmittelbare Gesetzeskraft. Sie gelten also ohne weiteres und bedürfen keiner Umsetzung in nationales Recht. Beispiel: *Verordnung (EG) Nr. 864/2007 des Europäischen Parlaments und des Rates über das auf außervertragliche Schuldverhältnisse anzuwendende Recht (Rom-II).*
- Richtlinien, Art. 249 III EGV: Diese begründen eine völkerrechtliche Pflicht der Mitgliedstaaten, nationale Gesetze innerhalb dieser Rahmenvorgaben zu erlassen. Die Richtlinie hat also keine unmittelbare Wirkung für und gegen den einzelnen Bürger. Beispiel: *Richtlinie 2004/113/EG des Rates v. 13. Dezember 2004 zur Verwirklichung des Grundsatzes der Gleichbehandlung von Männern und Frauen beim Zugang zu und bei der Versorgung mit Gütern und Dienstleistungen (Amtsblatt EU Nr. L. 373, S. 37)* sowie drei weitere thematisch verwandte Richtlinien wurden in deutsches nationales Recht umgesetzt durch das *Allgemeine Gleichbehandlungsgesetz v. 14. August 2006*

Entscheidungen des Europäischen Gerichtshofs (EuGH)

2.   EG-Vertrag, EGV

Der *Römische Vertrag zur Gründung der Europäischen Wirtschaftsgemeinschaft* v. 25. März 1957 (= EGV) ist nach wie vor die Hauptquelle des heutigen Gemeinschaftsrechts. Dieser Vertrag wurde fortentwickelt und mehrfach verändert, grundlegend zuletzt durch den so genannten Vertrag von Nizza v. 26. 2. 2001.[30] Der Vertrag von Nizza ist also kein zusätzliches Rechtsdokument neben dem EGV, sondern nur ein Änderungsvertrag, dessen Beschlüsse in den fortbestehenden Römischen Vertrag eingearbeitet wurden. Für das Thema dieses Buches, das internationale Wirtschaftsrecht, ist die Regelung gemäß Art. 61, 65 EGV von besonderer Bedeutung. Gemäß Art. 61 erhält der Rat die Befugnis zum Erlass von *Maßnahmen im Bereich der justiziellen Zusammenarbeit in Zivilsachen nach Art. 65.*

Die bereits erwähnte am 11. Januar 2009 Kraft getretene Rom II-VO *über das auf außervertragliche Schuldverhältnisse anzuwendende Recht* ist eine wichtige Folge dieser neuen Zuständigkeit des Rats.

---

[30] Überblick zur Vertragsgeschichte, soweit Themen dieses Buches betroffen sind, vgl. Jayme/Hausmann in Einführung zur Textausgabe. Die Literatur zum Europarecht ist unübersehbar.

3.   Vertrag über die Europäische Union, EUV – *Vertrag von Maastricht*

Der Römische Vertrag hatte nur die Europäische *Wirtschafts*gemeinschaft geschaffen. Eine Vertiefung der europäischen Zusammenarbeit in weiteren Feldern war zwar von vielen Seiten gefordert, aber von der größeren EWG-Staaten nur zögerlich gefördert worden. Eine neue Lage ergab sich mit der deutschen Wiedervereinigung und dem Ende der kommunistischen Diktaturen (1990). Der Vertrag über die Europäische Union v. 7. Februar 1992 , nach dem Abschlußort Vertrag von Maastricht genannt, brachte den bis dahin erreichten Stand der europäischen Gemeinsamkeiten auf verschiedenen Gebieten unter ein gemeinsames rechtliches Dach. Art. 1 ff des EUV beschreiben die Ziele der EU und den zu ihrer Erreichung zu schaffenden institutionellen Handlungsrahmen.

Der EUV kann als eine völkerrechtlich verbindliche Feststellung eines Hauptplans beschrieben werden, auf welchen Feldern und wie die Mitgliedstaaten zusammen arbeiten sollen. Dieser Hauptplan enthält aber selbst noch nicht die dazu erforderlichen Rechtssetzungen. Dieser Plan bedarf vielmehr der konkreten Umsetzung durch Ausführungsakte. Diese Ausführungsakte werden durch eigens auszuhandelnde Verträge oder sonstige Rechtsakte verwirklicht. Der weiterhin wichtigste Ausführungsakt ist der EGV, welcher, obwohl der ältere, durch den EUV hierarchisch gleichsam herabgestuft wurde.

4.   Kompetenz-Kompetenz der EU-Organe?

Der bisher herrschende Souveränitätsbegriff gibt den Staaten eine jedenfalls theoretisch unbeschränkte Befugnis, in ihrem Machtbereich Recht zu setzen. Deutschland, die Schweiz, Japan usw können daher im Grundsatz Gesetze machen, ohne jemanden zu fragen oder auf andere Staaten Rücksicht zu nehmen. Die EU ist nicht (vielleicht: noch nicht) souverän. Rechtsakte der EU-Organe sind daher nur rechtmäßig und verbindlich, wenn sie eine Ermächtigungsgrundlage in dem EU-Vertragswerk (Primärrecht) haben. Die Rom II-VO ist daher nur verbindlich, wenn sie in dem europäischen Vertragswerk eine Ermächtigungsgrundlage hat.

Die Rom II VO wird auf Art. 65 EGV gestützt, sie ist also nur rechtmäßig, wenn die Auslegung des EGV ergibt, dass der Rat eine solche VO erlassen durfte. Art. 65 erlaubt Maßnahmen zur *Förderung der Vereinbarkeit der Kollisionsnormen,* allerdings nur, *soweit sie für das reibungslose Funktionieren des Binnenmarktes erforderlich ist.* Die Rom II-VO müsste also darauf überprüft werden, ob sie *erforderlich* ist; dass sie, wie weithin angenommen wird, nützlich ist, reicht nicht aus. Der EGV nennt in Art. 5 (Subsidiaritätsgrundsatz) noch ein zusätzliches Kriterium für die Rechtmäßigkeit. Auch wenn die Rom II-VO im Sinne des Art.65 erforderlich ist, ist sie nur zulässig, *soweit die Ziele* (hier: die Rom II VO) *auf Ebene der Mitgliedstaaten nicht ausreichend erreicht werden können.*

Die Rom II-VO wird hier nur als ein Beispiel für viele ähnliche Fälle genommen. Diese VO stellt einen außerordentlich weitgehenden Eingriff in die nationalen Kollisionsrechte dar. Die 40 Erwägungsgründe, welche die VO als Gesetzesbegründung einleiten, stellen lediglich ohne Begründung in Nr. 6 fest, dass die Maßnahme *erforderlich* sei, und in Nr. 38 wird ebenso lapidar erklärt, dass der Subsidiaritätsgrundsatz gemäß Art. 5 beachtet worden sei. In der sehr umfangreichen Literatur zu dieser

VO taucht aber, soweit zu sehen, die Frage, ob die VO wirklich *erforderlich* i. S. d
des Art. 65 ist, überhaupt nicht auf, ebenso wenig wie die Frage, ob die darin geregelten Gegenstände gemäß Art. 5 EGV nicht eigentlich doch ebenso gut auf Ebene
der Nationalstaaten geregelt werden können.

Die genannten Grundsätze sind an sich unbestritten. Rechtliche und politische Bri-
sanz ergibt sich aber daraus, dass die Organe der Gemeinschaft ihre Zuständigkeiten
offen und verdeckt immer weiter ausdehnen, ohne besondere Rücksicht auf den Text
der Verträge zu nehmen. Nicht nur die Organe der Gemeinschaft gehen mit den Er-
mächtigungsgrundlagen sehr großzügig um. Auch die Juristen der Mitgliedsländer
zeigen sich oft sehr nachsichtig in Bezug auf die Selbstermächtigung des Rates und
auch des EuGH. [31] Insbesondere scheint der auf deutsches Drängen in den EGV auf-
genommene Art. 5 bereits nach wenigen Jahren überholt zu sein; niemand scheint
sich darum zu kümmern. Die EU-Organe verdecken nur notdürftig ihre Absicht, ihre
Kompetenz-Kompetenz zu etablieren, die Kompetenz also, ohne allzu große Bindung
an den Wortlaut der Verträge über ihre eigene Kompetenz abschließend zu entscheiden.

Der Eingangsfall ist hierfür ein wichtiges und je nach Sichtweise auch warnendes
Beispiel. UN-Sanktionen richten sich an die Mitgliedstaaten. Die EU-Mitgliedstaaten, nicht aber EU/EG, sind Mitglied der UN. Die EG war daher gar nicht angesprochen. Diese fühlte sich aber angesprochen und erließ eine VO, wonach Konten
von Kadi EG weit beschlagnahmt wurden. Zu prüfen war, ob hierdurch – im Beispiel
– das durch Art. 14 GG geschützte Verfügungsrecht des K über sein Konto aufgehoben werden konnte.

Die von der Staatsanwaltschaft angeordnete Beschlagnahme war nur rechtmäßig,
wenn sie auf einer Rechtsgrundlage beruhte. Eine EG-VO als unmittelbar geltendes
Recht ist eine solche. Die VO muss aber selbst rechtmäßig sein. Die Übertragung
von Hoheitsrechten an Organe der EG kann nach dem GG nur soweit gehen, wie der
vom Bundestag ratifizierte EGV erlaubt. Die VO ist also nur rechtmäßig, wenn der
Rat zu ihrem Erlass aufgrund des EGV ermächtigt war.

- Eine unmittelbare Ermächtigungsgrundlage findet sich im EGV nicht. Terro-
  rismusbekämpfung ist *kein* Ziel des EGV oder EUV. Für Fälle, die im EGV
  nicht vorausgesehen werden, gibt Art. 308 EGV einen Art Auffangkompe-
  tenz, aber nur, wenn Maßnahmen *erforderlich sind, um im Rahmen des Gemeinsamen Marktes Ziele zu verwirklichen.* Der EuGH hat aus dieser Einschränkung der Schluss gezogen, dass Art. 308 tatsächlich keine Ermächtigungsgrundlage für diesen Fall gebe.

---

[31] Viel beachtet wurde in diesem Zusammenhang der Beitrag des ehemaligen Bundespräsidenten und
Präsidenten des Bundesverfassungsgerichts Roman Herzog in der Frankfurter Allgemeinen Zeitung v.
8. Sept. 2008: *Stoppt den EuGH.* Herzog rügte hier die Selbstermächtigung und „exzessive Rechtsprechung" des Europäischen Gerichtshof (EuGH).
Exkurs: Schack in FS Leipold bedauert die Entwicklung im Zivilprozess, kommt aber nicht auf den
Gedanken, sie unter dem Gesichtspunkt des Art. 5 EGV zu beurteilen und sie für vertrags- und damit
verfassungswidrig zu halten. Deutschland ist eines der best regierten Länder mit einer der verlässlichsten Rechtsordnungen der Welt. Es ist schlecht vorstellbar, dass Deutschland nicht in der Lage sein
sollte, Fragen, auf welche sich die 80% der Bundesgesetze (Hoppe, T ,EuZW 09,168f), die nun aus
europäischer Quelle stammen, auf nationaler deutscher Ebene angemessen zu regeln, sodass eine
europäische Lösung notwendig wurde.

- Der EuGH meint aber: Es diene den Zielen des Gemeinsamen Marktes, die
  UN-Sanktionen gemeinschaftsweit zu verhängen, da einzelstaatliche Aktio-
  nen Auswirkungen auf den innergemeinschaftlichen Handel hätten. Art.5,
  Subsidiaritätsprinzip, wird gar nicht betrachtet.

Im Ergebnis hat die EG sich hier eine Ermächtigungsgrundlage für gemeinschaftsweite Verordnungen selbst geschaffen auf der Grundlage, dass die VO den Zielen der
Gemeinschaft diene. Wenn *das* eine ausreichende Ermächtigungsgrundlage ist, könnte der Rat freilich auch eine VO erlassen, wonach vor Gerichten in Zivil- und Handelssachen der Gebrauch der englischen Sprache gemeinschaftsweit vorgeschrieben
würde. Denn eine gemeinschaftsweite Gerichts- und Verwaltungssprache wäre den
Zielen des gemeinsamen Marktes gewiss dienlich.

Wenn die Mitgliedstaaten solche Selbstermächtigungen dauerhaft hinnehmen, kann
man auf wesentliche Teile des EGV und EUV eigentlich verzichten. Die VO war
daher nach Meinung des Verfassers rechtswidrig, die darauf gestützte Beschlagnahme folglich unzulässig. K hat einen Anspruch auf Auszahlung seines Geldes bzw.
auf Schadensersatz.

Wird die VO aber als rechtmäßig anerkannt, ist der EuGH befugt, in eigener Kompetenz, ohne Rückgriff etwa auf deutsches Verfassungsrecht, zu entscheiden, wie weit
der Anspruch des K. auf Rechtschutz geht.

5.   Einheitliche Auslegung des europäischen Rechts[32]

a.   Ausgangspunkt

Ein Problem des Völkervertragsrechts besteht auch heute noch darin, dass die Vertragspartner vielleicht ehrlich dasselbe gemeint haben, dass sich aber je nach den
verschiedenartigen Interessen der Parteien unterschiedliche Auslegungen des Vertrages ergeben. Das Wiener Abkommen über das Recht der Verträge v. 1969, vgl. unten
S. 33, setzt hier an. Völkerrechtliche Verträge müssen autonom, also aus sich heraus,
ausgelegt werden.

Beispiel: In dem Übereinkommen *über den Beförderungsvertrag im internationalen
Straßengüterverkehr (CMR) v. 19.5.1956* spielt gemäß Art. 1 der Begriff des Beför-
derungsvertrages eine zentrale Rolle. Im BGB kommt der Begriff nicht vor. Verträge
zur Beförderung von Gütern und Menschen werden als Werkvertrag angesehen. Dieser Begriff wird aber verwendet in z.B. Art.5 Rom I VO. In welchem Sinne soll „Beförderungsvertrag" im CMR verstanden werden: nach deutschem Werkvertrags-
recht? Nach europäischem, vom Verbraucherschutz geprägten, Recht? Der BGH
sagt: Der Begriff ist *autonom und damit losgelöst von der nationalen Begrifflichkeit
zu bestimmen,* nur aus Zweck und Wortlaut des Übereinkommens selbst. Damit
kommt er zu dem Ergebnis, dass eine bestimmte Vertragsform (Fixkostenspedition)
auch als „Beförderungsvertrag" anzusehen ist. [33]

---

[32] vgl. allg. Klamert, Marcus , Richtlinienkonforme Auslegung und unmittelbare Wirkung von EG-
Richtlinien in der Rechtsprechung der österreichischen Höchstgerichte, öst. Juristische Blätter 2008,
158ff
[33] BGH v. 14.2.08 IPRax 08, 541

Es gibt aber kein übergreifendes Gericht, welches in diesen Fällen eine einheitliche Begriffsbestimmung vornehmen könnte. Die Gerichte anderer Vertragsstaaten der CMR könnten die Fixkostenspedition als z.B. Garantievertrag, nicht aber als Beförderungsvertrag ansehen. Wer einmal ein Gericht in z.B. Albanien, einem Vertragsstaat der CMR, gesehen hat, wird sich fragen, ob dieses Übereinkommen dort überhaupt angewendet wird, und wenn wie.

b.   Richtlinienkonforme Auslegung

Die Europäische Gemeinschaft hat dieses Problem dadurch gelöst, dass europäisches Recht in letzter Instanz einheitlich von einem europäischen Gericht, dem Europäischen Gerichtshof, ausgelegt wird. Begriffe und Formulierungen in einer Rechtsnorm, welche auf europäisches Recht zurückgeht, müssen daher aus dem Zusammenhang genommen werden und in einem eigenen Auslegungsgang auf ihren wirklichen Sinn befragt werden. Das kann dazu führen, dass innerhalb desselben Gesetzes einzelne Vorschriften letztinstanzlich vom nationalen Höchstgericht, bei uns dem BGH, ausgelegt werden, dass aber der nächste Paragraph bereits in der Zuständigkeit des Europäischen Gerichtshofs liegt.

Das zeigt sich etwa im Kaufrecht. Durch das Schuldrechtmodernisierungsgesetz (2002) wurden mehr als 200 Änderungen in das BGB eingearbeitet. Das geschah im Wesentlichen zur Umsetzung verschiedener Richtlinien der Europäischen Gemeinschaft.[34] Der deutsche Gesetzgeber hat aber bei dieser Gelegenheit auch eine Reihe von eigenen Gedanken verwirklicht. Das jetzige Schuldrecht ist daher ein Gemisch aus autonomen deutschen und europäischen Normen. Im Kaufrecht ist § 433 BGB weiterhin autonomes deutsches Recht. In § 434 (Sachmangel) wird Absatz I auch noch als autonomes deutsches Recht anzusehen sein, die Absätze II und III gehen aber auf europäische Vorgaben zurück. § 434 III (geringe Menge als Sachmangel) ist wiederum ist eine autonome deutsche Schöpfung. Bei der Auslegung dieser zentralen Vorschrift des Kaufrechtes stoßen also zwei Auslegungsmethoden aufeinander, sodass es zu einer gespaltenen Auslegung kommen kann.

Das ist einmal die deutsche römisch-rechtlich motivierte systematische Auslegung. Diese fragt auch nach dem Systemzusammenhang einer Norm und eines Rechtsbegriffs. Die Systematik des deutschen Kaufrechts ist eigentlich nur zu verstehen, wenn man den Allgemeinen Teil des BGB und den Allgemeinen Teil des Schuldrechts kennt. Auf dieser Grundlage trifft das Kaufrecht eine Spezialregelung.

Zum anderen ist dieses die „europäische" Auslegung der Rechtsnormen, die entweder wie Verordnungsrecht unmittelbar gelten oder die in Vollzug einer EG-Richtlinie erlassen worden sind. Es gilt der Grundsatz der richtlinienkonformen Auslegung. Die nationalen Gerichte haben unter Berücksichtigung des gesamten nationalen Rechts und unter Anwendung seiner Auslegungsmethoden alles zu tun, um die volle Wirksamkeit der Richtlinien zu gewährleisten.[35] Das führt zu der Frage, ob der nationale Richter durch diese Pflicht ggfs gezwungen ist, gegen den klaren Wortlaut eines nationalen Gesetzes zu verstoßen. [36] Das bedeutet im Ergebnis zweierlei

---

[34] Palandt – Heinrichs, Einl. RN 10
[35] EuGH NJW 04, 3547; Palandt – Heinrichs Einl. RN 43
[36] Diese Frage wird noch herrschend verneint. Aber auch hier befinden sich die Europäer offenbar im Vormarsch, Pfeiffer NJW 09, 412

- Europarechtliche Normen sind nur aus dem Gesichtspunkt des europäischen Rechts auszulegen und
- Autonome nationale Normen, im Beispiel § 433 Abs. I, dürfen zwar nach deutscher Systematik ausgelegt werden, aber stets unter dem Schirm des europäischen Rechts. Die deutsche Auslegung muss sich also an dem Zweck der gemeinschaftsrechtlichen Rechtsetzung orientieren.

Es besteht der Eindruck, dass die meisten deutschen Juristen noch gar nicht wirklich erkannt haben, dass die europäische Axt, die schon länger auf unser deutsches Rechtssystem einschlägt, zur – wenn das Bild erlaubt ist – Säge geworden ist. Die Europäisierung des nationalen Rechts ist für Deutschland viel einschneidender als für andere nationale Rechtsordnungen, da die deutsche systematischer ist als andere. Systembegriffe sind bei uns auf einander abgestimmt, was sie im französischen und den diesem Recht folgenden Rechtsordnungen nur teilweise sind, von anderen, etwa der englischen, zu schweigen. Nimmt man aus einem System ein Element heraus, dann wird es wie ein Bauwerk, dem ein Tragwerk entnommen wird, insgesamt instabil.

1. Teil Völkerrecht als Grundlage des internationalen Wirtschaftsrechtes

I. Subjekte des Völkerrechts

Fälle

1. Im Jahre 1995 beschloss der Shellkonzern, seine ausgemusterte Bohrplattform Brent Spar im internationalen Gewässer der Nordsee zu versenken. Massive Proteste der Umweltverbände, insbesondere Greenpeace, verhinderten das. Hätte Shell das tun dürfen? Waren die Verhinderungsakte von Greenpeace rechtswidrig, und begründeten diese einen Schadensersatzanspruch der Shell gegen Greenpeace?[37]

   Stichworte: Hoheitsgebiete – hoheitsfreie Gebiete

2. Mitte der 1990er Jahre zerstörten die Taliban in Afghanistan wertvolle Kunstschätze aus vorislamischer Zeit. Der Staat Afghanistan tat nichts dagegen. Musste die Menschheit das hinnehmen, oder gibt es eine rechtliche Figur, welche zum Einschreiten befugt?

   Stichworte: Menschheit als Völkerrechtssubjekt

3. Zur Zeit der Apartheid in Südafrika hatten nichtweiße Bevölkerungsgruppen kein Wahlrecht zum Nationalparlament. Viele Rechte, z.B. das der Freizügigkeit und der Eheschließung, waren durch Gesetze beschränkt, welche auf die Rassenzugehörigkeit abstellten. Die Vereinten Nationen beschlossen eine ganze Reihe von Maßnahmen gegen Südafrika, welches Gründungsmitglied der Vereinten Nationen war. Die südafrikanische Regierung hielt diese Beschlüsse für völkerrechtswidrige Einmischungen in ihre inneren Angelegenheiten. Zu Recht?

   Stichworte: Nichteinmischungsgrundsatz – Menschenrechte als Völkerrecht

4. Am 25. 7. 1976 gegen 12.50h befindet sich das DDR-Fahrgastschiff *Völkerfreundschaft* vor der dänischen Insel Christiansö ganz knapp außerhalb der dänischen Hoheitsgewässer. Der belebte Badestrand ist zum Greifen nahe. A aus Rostock springt über Bord, um an Land in die Freiheit zu schwimmen. Der beklagte K, damals Kapitän der *Völkerfreundschaft*, ließ A durch ausgesetzte Boote wieder einfangen. Nach Heimkehr wird A von einem DDR-Gericht wegen Republikflucht zu 3½ Jahren Haft verurteilt. Nach der Wiedervereinigung verklagt A den K auf Schmerzensgeld wegen Freiheitsberaubung.[38] Anspruch des A?

   Stichworte: Souveränität – Freiheit der Meere – Menschenrechte – privates und hoheitliches Handeln

---

[37] Der Fall Brent Spar ist im Internet unter diesem Suchbegriff umfassend dokumentiert.
[38] LG Rostock v. 19.5.1995 IPrax 96, 125 f. In Wahrheit befand sich das Schiff knapp *innerhalb* dänischer Gewässer.

5. Am 30. Mai 1999 führte die NATO im Rahmen des Kosovokrieges einen Luft-
angriff in Jugoslawien durch, der zehn Zivilisten das Leben kostete und 37 weitere z.T. schwer verletzte. Zu diesen gehören die Kläger. Die beklagte Bundesrepublik Deutschland hat, mit Zustimmung des Bundestages, an den Kriegshandlungen insgesamt, wenn auch nicht an diesem konkreten Angriff, teilge-
nommen. Die Kläger verlangen von der Beklagten Ersatz ihrer Schäden. Zu
Recht? [39]

Stichworte: Individuen als Berechtigte des Völkerrechts – Staatliche Hoheitsakte vor Gericht

1.   Völkerrecht als Staatenrecht

a.   Menschheit als Völkerrechtssubjekt?

Die Hoheit eines Staates endet an seinen Grenzen. Das hohe Meer, so ein Kernsatz
des klassischen Völkerrechts, gehört keinem Staat. Nach herkömmlichem Völkerrecht sind die Meere daher zur Benutzung für jedermann frei.[40] Wo kein Staat ist,
gibt es kein staatliches Recht. Das Recht der freien Benutzung der Hohen See könnte
daher nur durch überstaatliches Recht eingeschränkt werden.[41] Das UN-Seerechtsübereinkommen v. 10.12.82 ist ein völkerrechtlicher Vertrag über Rechte und Pflich-
te an und auf der Hohen See. Auch dieses aber verbietet nicht die Versenkung von
unbrauchbar gewordenen Bohrinseln; es beschreibt nur anhand von Beispielen, was
die Nutzungsfreiheit „unter anderem" bedeutet. Das Versenken von Bohrinseln ist
auch hier nicht erwähnt.

Shell handelte daher aus Sicht des Völkerrechts anscheinend rechtmäßig. Das UN-
Abkommen bindet als völkerrechtlicher Vertrag unmittelbar nur die vertragsschlie-
ßenden Staaten, nicht deren Bürger. Als Unternehmen mit Sitz in Vertragsstaaten,
England und/oder Holland, ist die Shell-Dachgesellschaft daher nicht an diese Konvention, sondern nur an das Recht gebunden, welches diese Staaten aufgrund des
Abkommen erlassen haben. Angenommen aber, das UN-Seerechtsabkommen enthal-
te ein Verbot, Bohrinseln zu versenken. Der Shell-Konzern überträgt nun das Eigentum an der Bohrinsel an eine Shell-Konzerngesellschaft in, sagen wir, der Mongolei,
welche dieses Abkommen nicht unterzeichnet hat. Darf nun Shell-Mongolei die
Bohrinsel versenken?

Insofern Greenpeace rechtmäßige Handlungen behinderte, handelte sie rechtswidrig
und löste einen Schadensersatzanspruch der Shell aus. Da die unerlaubte Handlung
außerhalb des Hoheitsgebietes eines Staates stattfand, kann ein solcher Anspruch auf
keine nationale Rechtsvorschrift gestützt werden. Der Anspruch muß auf das Völkerrecht als Reserverecht gestützt werden. Als gewohnheitsrechtlich ist im Völkerrecht
ein Satz anerkannt, der wie folgt formuliert werden kann: *Wer das Eigentum oder ein
diesem gleichstehendes Recht eines anderen rechtswidrig und schuldhaft verletzt,
muss ihm den daraus entstehenden Schaden ersetzen.*[42]

---

[39] LG Bonn JZ10.12.03 JZ 04, 572 mit Anm. Dörr
[40] Heute Art. 87 ff UN-Seerechtsübereinkommen
[41] Seit jeher waren völkerrechtlich verboten die Piraterie und, als Nebenergebnis des Wiener Kongres-
ses ab 1830, der Transport von Negersklaven. Heute Art. 99 und 101 UN-Seerechtsübereinkommen.
[42] Vgl. Formulierung in § 823 BGB.

Das Recht ändert sich jedoch mit den Anschauungen der Bürger, sogar mit der Folge, dass eindeutig formulierte Gesetze außer Kraft gleiten können. Das Völkerrecht ist viel weniger fixiert als staatliches Recht, es wird daher schon immer vertreten, dass neue Bedürfnisse und Erkenntnisse den Inhalt des Völkerrechts ändern können. Es kommt daher in Betracht, aus Art. 87 UN-Seerechtsübereinkommen ein allgemeines Verbot herzuleiten, Abfälle im Meer zu versenken. Das freie Nutzungsrecht an der Hohen See basiert auf dem Gedanken, dass diese niemandem gehört. Dieser Gedanke hat sich aber unmerklich in die Sicht verwandelt, dass die Hohe See allen, der Menschheit insgesamt, gehört. Was aber allen gehört, darf nicht ein einzelner ohne Zustimmung aller anderen nutzen. In dieser Sicht ergäbe sich also ein umgekehrtes Ergebnis: Nun ist es Shell, die sich rechtswidrig verhielt, Shell schuldet Greenpeace Schadensersatz, falls diese bei ihren Aktionen zu Schaden kommt. Das Völkerrecht ist im Fluss, noch ist eine verbindliche Antwort im Fall 1 wohl nicht möglich.

Die Menschheit als Gesamtheit ist bisher nicht organisiert, sie hat niemanden, der für sie spricht. Die UNO ist es nicht; die Vereinten Nationen sind nur ein Verein von Staaten, kein Verein der Menschen der Erde. Es gibt Kulturgüter, welche nach allgemeiner Weltmeinung uns allen, gleichgültig welcher Staatsangehörigkeit wir sind, also der Menschheit als solcher, gehören, Fall 2. Daraus folgt, dass die Menschheit schon heute Völkerrechtssubjekt ist. [43] In dieser Sicht hat die Menschheit als solche unabhängig von den Staaten oder Organisationsformen, in denen wir jeweils leben, Rechte und Pflichten wie andere Völkerrechtssubjekte. Die Menschheit hat damit Rechtsansprüche gegen Staaten und ggfs gegen Private, insbesondere auf Unterlassung von Beschädigung des Welterbes in Kultur und Natur. Man kann sich Beispiele nach Belieben ausdenken: Müsste die Menschheit es dulden, wenn eine radikalmuslimische Regierung in Ägypten die Pyramiden als Zeugen einer heidnischen Zeit sprengen wollte?

Als Völkerrechtssubjekt braucht die Menschheit einen Sprecher, Sachwalter oder gesetzlichen Vertreter. Die Umweltorganisation Greenpeace sieht sich als Sachwalter der Menschheitsinteressen auf dem Gebiet des Umweltschutzes. Das bisherige Völkerrecht kennt eine solche Sachwalterschaft allerdings nicht. Am ehesten könnte die Rechtsfigur der Geschäftsführung ohne Auftrag passen, die auch dem Völkerrecht nicht fremd ist.[44] Vieles spräche dafür, die völkerrechtliche Figur des auf einen Teilbereich beschränkten Sachwalters, gesetzlichen Vertreters, einzuführen. Nur so ergäbe sich ein rechtlicher Ansatz, einer Barbarei wie in Fall 2 entgegenzutreten. Die UN-Charta in ihrer derzeitigen Fassung gibt eine solche Zuständigkeit aber nicht her. Im Bereich der wirklichen oder angeblichen Terrorbekämpfung haben die USA diese Rolle angenommen.

b.   Völkerrecht als Staatenrecht

Völkerrecht beschreibt die rechtlichen Beziehungen zwischen Staaten bzw. Völkerrechtssubjekten. Es ist also kein Recht zwischen Völkern, die zu einem Staat gehören, oder Privatpersonen. Die Staaten bestehen aus einem Volk, wie Deutschland oder Finnland, oder mehreren Völkern wie Belgien (Wallonen/Flamen/Deutsche), Großbritannien (Engländer/Schotten/Waliser/Iren), Türkei (Türken, Kurden, Armenier).

---

[43] *Aden*, Völkerrechtssubjektivität der Menschheit: ein Diskussionsanstoß, ZVglRWiss 2006, 55 ff.
[44] vgl. §§ 677 BGB, auch art. 1382 frz. Code Civil.

Weltweit sind Vielvölkerstaaten eher die Regel: z.B. Indien, Russland, China, Indonesien, Südafrika, Kongo usw. Kontakte zwischen den Völkern eines Staates mit den Völkern eines anderen Staates, z.B. zwischen der deutschen Minderheit in Belgien und der deutschen Minderheit in Nordschleswig/Dänemark, finden daher nicht in den Formen des Völkerrechts statt.

In Mehrvölkerstaaten gibt es zumeist ein herrschendes, ein Staatsvolk. Dieses wird die Existenz von Minderheitsvölkern auf seinem Staatsgebiet herunterspielen, jedenfalls es ablehnen, mit anderen Staaten darüber zu diskutieren, wie diese Minderheiten behandelt werden. Diese wiederum werden häufig die Missachtung ihrer Rechte beklagen, z.B. in Bezug auf den Gebrauch ihrer Sprache.[45] Da das staatliche Recht oft unzureichenden Schutz gibt, berufen sich diese Minderheiten immer häufiger auf das über dem Staat stehende Völkerrecht. Die Möglichkeiten auch des heutigen Völkerrechts sind noch begrenzt, aber die Dinge ändern sich. Im Fall 3 konnte Südafrika sich auf den Grundsatz der Nichteinmischung gemäß Art. 2 Nr. 7 der UN-Charta berufen. In der herkömmlichen Sicht des Völkerrechts hatte Südafrika zweifellos Recht. Das Völkerrecht betrifft nicht die Rechte und Pflichten einzelner Bürger in Bezug auf ihren Staat oder sonstige innere Angelegenheiten der Staaten. Das regeln die Staaten in ausschließlich eigener Verantwortung.

2.   Menschenrechte als Teil des Völkerrechts

Die früher sehr einfache Grenzziehung zwischen nationalem Recht und Völkerrecht ist heute schwierig geworden. Menschenrechte, insbesondere wenn sie durch völkerrechtliche Dokumente und Konventionen beschrieben worden sind, etwa in der Allgemeinen Erklärung der Menschenrechte der Vereinten Nationen v. 10.12. 1948 oder in der Europäischen Menschenrechtskonvention v. 4.11. 1950, sind Teil des Völkerrechts und werden heute allgemein in der Weise verstanden, dass auch einzelne Personen daraus unmittelbar berechtigt werden. In Art. 1 UN-Charta ist die Gleichberechtigung und Selbstbestimmung der Völker proklamiert, und Art. 1 Nr. 3 beschreibt als Ziel der Mitgliedsstaaten auch die Achtung vor den Menschenrechten ohne Unterschied der Rasse. In Fall 3 konnte die UNO ihre Maßnahmen gegenüber Südafrika daher durchaus auf das Völkerrecht stützen.[46] Südafrika hatte das Völkerrecht jedenfalls insoweit nicht auf seiner Seite, als die Apartheidsgesetze weltweit als fundamentaler Verstoß gegen die Menschenrechte angesehen wurden. Man kann daher als Satz des heutigen Völkergewohnheitsrechts aufstellen: *Schwere Verstöße gegen die Menschenrechte durchbrechen den Mantel der Souveränität, welcher den Staat vor Einmischung durch andere Staaten oder die Staatengemeinschaft schützt.*[47]

Diese Fragen gehören zu den heikelsten des heutigen Völkerrechts und ihre Behandlung ist stark von den Machtverhältnissen geprägt. Das 2003 in Frankreich diskutierte Statut der 1769 eroberten italienisch-sprachigen Insel Korsika betrifft zunächst ein Problem des französischen Staatsrechts, nicht des Völkerrechtes. Zu einer völker-

---

[45] Vgl. Basken in Spanien und Frankreich; Korsen in Frankreich, Deutsche in Oberschlesien usw.
[46] Bis heute ist freilich das Ärgerliche, dass so oft mit ungleichem Maß gemessen wird. Die Drangsalierung der Deutschen im polnisch gewordenen Schlesien war z. B. niemals ein Thema der UNO, ebensowenig wie die Unterdrückung der Tibeter durch China.
[47] Vgl. die ähnliche Rechtsfigur im Gesellschaftsrecht: Durchgriffshaftung der Gesellschafter (*piercing the corporate veil*): *Durchbrechung der gesellschaftsrechtlichen Form, um die Gesellschafter bei schweren Verstößen selbst haftbar zu machen.*

rechtlichen Frage wird es erst, wenn Frankreich die italienische Sprache bzw. die korsische Bevölkerung unterdrückt. Da Frankreich eigenen Bekundungen zufolge niemals irgendein Volk unterdrückt und außerdem einen ständigen Sitz im UN-Sicherheitsrat hat, wird die Frage nicht in der UNO diskutiert.

Damit sind Fragen verbunden, ob die UNO oder eine wie immer definierte Staatengemeinschaft, z.B. die NATO im Fall des Kosovo-Krieges, eingreifen darf, wenn in einem Staat die Menschenrechte, etwa einer nationalen Minderheit (aus wessen Sicht?) missachtet werden. Die Einstrahlung des humanitären Völkerrechts auf nationales Recht prägt Fall 4. Die *MS Völkerfreundschaft* befand sich nicht im Hoheitsgebiet eines Staates. Das Schiff führte die DDR-Flagge, es galt also gemäß Art. 92 UN-Seerechtsübereinkommen das DDR-Recht. Danach durfte K nicht nur so handeln, wie er es getan hat, er musste es sogar. Der Republikfluchtparagraph der DDR verstieß aber gegen allgemein anerkannte Grundsätze des humanitären Völkerrechts und war völkerrechtswidrig.[48] Die DDR, vertreten durch K als Amtsperson, hatte daher zwar gegen das Völkerrecht verstoßen. Das Völkerrecht gilt aber in diesem Falle (vielleicht?) nicht für Rechtsbeziehungen zwischen Privatpersonen. K haftete persönlich nicht.[49] Im Fall 5 machen die Kläger einen Schadensersatzanspruch aus einer dem § 823 BGB entsprechenden Vorschrift des serbischen Rechts geltend. Der Anspruch wird von LG Bonn aus denselben Gründen abgewiesen. Das Völkerrecht berechtige und verpflichte nur Staaten, nicht aber Einzelpersonen.

3.   Staat als Völkerrechtssubjekt

a.   Staatsgebiet

Die Völkerrechtssubjekte sind in erster Linie Staaten.[50] Ein Staat setzt begrifflich voraus: Staatsgebiet, Staatsvolk und Staatsgewalt. Die feste Erdoberfläche ist heute auf Staaten verteilt. Einzige Ausnahme ist die Antarktis. Chile und Argentinien nehmen zwar jeweils einen Ausschnitt davon als ihr Staatsgebiet in Anspruch. Diese Ansprüche werden aber von der Staatengemeinschaft nicht anerkannt. Die Größe des Staatsgebietes ist für seine Eignung als Völkerrechtssubjekt unerheblich. Im Sinne des Völkerrechtes stehen Zwergstaaten wie Monaco und Großstaaten wie die USA gleich.

b.   Staatsvolk

Die Antarktis verfügt zwar mit rund 5 Millionen Quadratkilometern über ein erhebliches Territorium, aber es lebt dort kein Mensch. Die auf Zeit entsandten Forscher halten sich dort auf, aber sie haben dort keinen Wohnsitz. Ein Staat muss eine ständige Bevölkerung haben. Auf die Anzahl kommt es wiederum nicht an. Der Vatikanstadt hat wohl kaum 100 wirkliche Staatsbürger, völkerrechtlich ist das aber ausrei-

---

[48] Art. 3 der Allgemeinen Erklärung der Menschenrechte der Vereinten Nationen v. 10.12.1948 und, etwas genauer, Art. 5 der Europäischen Menschenrechtskonvention v. 4.11.1950 (Freiheit und Freizügigkeit).
[49] In Wahrheit befand A sich bereits in dänischem Hoheitsgebiet, hier war er ein freier Mann. Die Pflicht, die dänische Hoheit zu achten, traf aber wieder nur die DDR als Völkerrechtssubjekt, nicht K persönlich, welcher „seinem" DDR-Recht verpflichtet war.
[50] Ipsen, S. 59 f. Im Rahmen der Menschenrechte kommt in Betracht, dass auch eine Einzelperson völkerrechtliche Rechte und Pflichten hat.

chend.[51] Das Fürstentum Liechtenstein, das nach Fläche und Bevölkerung einem Essener Stadtbezirk entspricht, ist als souveräner Staat allgemein anerkannt, und ist Mitglied der Vereinten Nationen. Es hat mit seinen rund 25.000 Einwohnern ebenso eine Stimme in der UN-Vollversammlung wie China mit 1,3 Milliarden Menschen.[52]

c.   Staatsgewalt

Staat ist ein Rechtsbegriff. Zum Staat wird ein Gebilde daher nur dann, wenn die auf einem Gebiet lebenden Menschen sich rechtlich organisieren. Diese rechtliche Selbstorganisation heißt Souveränität, wenn es keine höhere rechtliche Gewalt in diesem Gebiet für seine Einwohner gibt.[53] Basken, Korsen, Kurden ua verstehen sich zwar als Volk, und sie bewohnen auch ein bestimmtes Gebiet. Diese Völker üben aber in ihrer Heimat nicht die höchste Staatsgewalt aus, sondern sind der spanischen, französischen und türkischen Regierung unterworfen. Dasselbe gilt für die Mongolen in China und Russland, für die in Reservaten lebenden Indianer der USA, die deutschsprachigen Südtiroler in Italien usw.[54] Sie sind deswegen kein Staat bzw. Völkerrechtssubjekt.

Souveränität ist die *Geschäfts*fähigkeit des *rechts*fähigen staatlichen Gebildes. Durch die Komponenten Staatsgebiet und Staatsvolk gewinnt ein Gebilde gleichsam die völkerrechtliche Rechtsfähigkeit. Diese kann gelegentlich ohne völkerrechtliche Geschäftsfähigkeit (=Souveränität) bestehen, etwa wenn ein Staat infolge feindlicher Okkupation nicht in der Lage ist, sich selbst zu artikulieren. Über diese rechtliche Figur ist es möglich, die baltischen Staaten, welche 1919 völkerrechtlich ins Leben traten, 1939 bis 1990 aber in der Sowjetunion untergegangen waren, als weiter existierende Staaten anzusehen. Diese Staaten sind also hiernach 1990 nicht neu gegründet worden, sondern haben gleichsam nur ihre Geschäftsfähigkeit, also die Souveränität, wieder gewonnen.

d.   Gespaltene Souveränität

Rechtliche Selbstorganisation bedeutet die vernunftgeleitete Anwendung von verbindlichen Verhaltensnormen, eben Recht. Dieses setzt wiederum ein Mindestmaß von Gerichtsorganisation voraus. Es ist als ein konstitutives Merkmal eines Staates anzusehen, dass er Institutionen vorhält, die eigenen und fremden Staatsangehörigen unabhängigen Rechtsschutz gewähren. Es ist daher als Völkerrechtssatz zu fordern, dass ein politisches Gebilde, welches keine arbeitsfähige Gerichtsorganisation hat, die einen wie immerzu definierenden Mindeststandard von Rechtsschutz gewährleistet, kein Staat ist.[55]

---

[51] Gelegentlich tauchen Geisterstaaten auf, wenn z. B. eine in internationalen Gewässern verlassene Bohrinsel von einem „Staatsgründer" und seiner Familie besiedelt und zum Staat ausgerufen wird. Es kommt auch gelegentlich vor, dass Eigentümer großer Ländereien etwa in Australien sich für unabhängig erklären. Solchen Kuriositäten ist hier nicht nachzugehen.
[52] Es ist hier nicht zu diskutieren, ob das gerechtfertigt ist. Auch Luxemburg hat mit rund 400.000 Einwohnern ein relativ viel zu großes Gewicht in der Europäischen Union.
[53] Ipsen, S. 61 f
[54] Tierney, International Comparative Law Quarterly, Oxford, 05, 161 erörtert den Gedanken, dass über eine Änderung des Souveränitätsbegriffs auch solche Völker eine Form von völkerrechtlicher Rechtsfähigkeit erhalten könnten.
[55] Ähnlich, wenn auch nicht ganz so deutlich: Geimer, S. 163 RN 386; Aden, Internationale Notzuständigkeit aaO.

Es ist heute als Völkerrechtsgrundsatz anzunehmen, dass jeder Mensch, gleichgültig
wo er sich auf der Welt befindet, für sich selbst und für sein Vermögen einen Anspruch auf Gewährleistung von Rechtsschutz hat. Wenn in einen Staat die Rechtspflege völlig zusammen gebrochen ist, vertritt der Verfasser die Meinung, dass eine
subsidiäre internationale Zuständigkeit der Gerichtsbarkeit eines Staates nach dem
Proximitätssatz besteht. International zuständig sind dann die Gerichte des Staates,
welcher dem Problemstaat geographisch, ethnisch, kulturell oder sonst am nächsten
steht.[56] In Europa gibt es seit 1995 in Bosnien-Herzegowina ein besonders interes-
santes Staatsgebilde. Dieser Staat steht unter dem Protektorat eines von den Vereinten Nationen eingerichteten Staatenausschusses, dessen Vertreter, der Hohe Reprä-
sentant (*High Representative*), die höchste Staatsmacht ausübt, und zwar im Widerspruch zum klassischen Grundsatz der Gewaltenteilung in den drei Bereichen der
Recht setzenden, Recht sprechenden und ausführenden Gewalt. Bosnien-Herzegowina
verfügt daher zwar über ein Staatsgebiet und über mindestens ein Staatsvolk, ist aber
mangels einer selbst verantworteten Staatsgewalt nicht souverän.[57] An diesem Beispiel werden die Grenzen des Völkerrechts angesichts politischer Opportunität deutlich. Es entspricht dem politischen Willen der Vormundsstaaten, darunter auch
Deutschland, dass Bosnien-Herzegowina als souverän zu gelten habe. *Fiat* – also ist
er es! Die Insel Taiwan hingegen, welche als Republik China seit Jahrzehnten zweifellos selbständig und mit großen wirtschaftlichen Erfolg existiert, früher sogar den
ständigen Sitz im Sicherheitsrat der Vereinten Nationen für China innehatte, wird aus
politischer Rücksicht auf die große Volksrepublik China von einer Mehrheit der
Staaten, einschließlich Deutschlands, nicht als souveräner Staat anerkannt.

4.   Souveränität und Anerkennung von Staaten

a.   Anerkennung eines neuen Staates

Im klassischen Verständnis bedeutet Souveränität die unbeschränkte Hoheitsgewalt
eines Staates nach außen und innen. Diese beinhaltete bis zum Inkrafttreten der UN-
Charta auch das Recht des Staates, Kriege, auch Angriffskriege, zu führen.[58]

Diese Definition ist überholt. Im Grunde gibt es heute keinen Staat, der völlig souverän ist. Die Verflechtungen zwischen den Staaten, noch mehr aber Machtunterschie-
de führen praktisch zu unterschiedlichen „Souveränitäten". Nicht einmal die USA,
die oft zeigt, dass ihr das Völkerrecht nicht sehr viel bedeutet, übt eine wirklich un-
eingeschränkte Hoheitsgewalt aus. Die USA vermag aber mehr als Frankreich, und
dieses „darf" mehr als Deutschland, und Deutschland hat etwas mehr Möglichkeiten
als Holland.

---

[56] Nach diesem Grundsatz wären dann etwa die Gerichte im Iran oder Indien als international zuständig anzusehen für Klagen gegen Personen oder in Bezug auf Vermögen in Afghanistan, welches seit
Jahren kein Rechtsstaat mehr ist.

[57] Diese Aussage war im Jahre 2003 im Lande selbst politisch nicht erwünscht. Als der Verfasser sie
während eines Aufenthaltes in Sarajewo in einer Zeitung öffentlich ausdrückte, wurde ihm von dem
Botschafter der EU schriftlich die Landesverweisung angedroht. Die in einem Gespräch dem deutschen Botschafter vorgetragenen Bedenken gegen eine so offensichtliche Beeinträchtigung der Meinungsfreiheit, wurden mit einer Handbewegung abgewehrt.

[58] vgl. Küng/Eckert Nr. 148. Dieser Aspekt wird übrigens in der Diskussion um den 2. Weltkrieg
selten berücksichtigt. Aber diesem Grundsatz ist es zu verdanken, dass der Überfall Stalins, des von
Churchill in Briefen so betitelten *lieben Freundes*, 1939 auf Finnland, Polen und die baltischen Staaten offenbar kein Völkerrechtsverstoß war.

Ein Staat ist souverän, wenn er sich selbst für souverän erklärt, und niemand es ernsthaft in Frage stellt.[59] Ein Schub von Unabhängigkeitserklärungen fand nach dem Zerfall der Sowjetunion statt, wodurch die Welt auf einen Schlag um 12 souveräne Staaten reicher wurde, sowie im Zuge des Zerfalls von Jugoslawien, welcher vier neue Staaten ans Licht brachte.

Es gibt völkerrechtlich keine festen Regeln, wonach Staaten anerkannt werden. Dieses wirkte sich aus, als im Zuge des Zerfalls von Jugoslawien Deutschland die neu gebildeten Staaten Slowenien und Kroatien aus Sicht der europäischen Partner voreilig anerkannte. Die Anerkennung wird heute üblicherweise durch offizielle Verlautbarung des anerkennenden Staates vollzogen und mit dem Austausch von Botschaftern besiegelt.

b.   Anerkennung einer neuen Regierung

Von der Anerkennung eines Staates ist zu unterscheiden die Anerkennung einer Regierung. Die revolutionäre Umbildung einer Regierung in einem exotischen Lande kann den demokratisch organisierten Staaten nicht gefallen. Es entsteht daher immer wieder die Frage, ob eine ohne Wahlen zur Macht gekommene Regierung als legitime Vertretung des betreffenden Staates anzuerkennen ist.

Die USA haben in Lateinamerika mehrfach solche Regierungen beseitigt, allerdings ebenso häufig zur Macht gebracht. Frankreich hat dasselbe in seinen nun zu Staaten gewordenen ehemaligen afrikanischen Kolonien gemacht.[60] Völkerrechtlich sind solche Aktionen kaum zu rechtfertigen. Aber es geschieht halt. In der Praxis wird eine demokratisch nicht legitimierte Regierung nach einer gewissen Schamfrist anerkannt, wenn sich zeigt, dass sie praktisch die Macht in Staate ausübt. Feste völkerrechtliche Regeln gibt es hierfür nicht.[61]

Man spricht aber im heutigen Völkerrecht von einem völkerrechtlichen Anspruch (des betreffenden Volkes) darauf, demokratisch regiert zu werden. Wenn ein solcher Anspruch völkerrechtlich anerkannt würde, müsste das zur Folge haben, dass eine z. B. durch Putsch zur Macht gekommene Regierung nicht anerkannt werden darf. Damit wäre dieser Staat bis zur Einrichtung einer demokratischen Staatsform international praktisch nicht handlungsfähig. Das ist aber weder im Interesse der internationalen Gemeinschaft noch im Interesse der Bevölkerung dieses Staates. Eine so rigide Haltung wird daher heute noch nicht vertreten, es geht aber die Tendenz sicherlich in diese Richtung. [62]

---

[59] Dieses geschah mit deutscher Hilfe nach dem militärischen und politischen Zusammenbruch des russischen Kaiserreiches 1917 z.B. in den drei baltischen Staaten, Finnland und Polen.
[60] Die offiziell nicht in Frage gestellte Souveränität der aus der Kolonialzeit entstandenen Staaten Afrikas oder auch der mittelamerikanischen Kleinstaaten hält den Praxistest nicht immer aus.
[61] Ipsen, S. 192 f
[62] Roth, Brad *Government Illegitimacy in International Law*, Oxford, 1999

5.   Rechtsnachfolge von Staaten

a.   Zerfall von Staaten

Vor dem 2. Weltkrieg im Jahre 1939 gab es in ganz Asien nur vier souveräne Staaten: China, Japan, Thailand und Persien, in Afrika und Ozeanien gab es keinen. Alle anderen Gebiete standen unter der Souveränität der europäischen Kolonialmächte.[63] Die nach dem 2. Weltkriege entstandenen Staaten sind z.T. ihrerseits wieder in neue Staaten zerfallen. Die bis 1947 bestehende englische Kolonie Indien zerfiel z. B. schon im Zuge der Unabhängigkeitsbewegung in das heutige Indien und Pakistan, letzteres zerfiel erneut in das heutige Pakistan und Bangladesch, das ehemalige Ost-Pakistan.

Nach dem Ende eines Staates stellt sich die Frage, welche Rechte und Pflichten der oder die Nachfolgestaaten haben. Die Bundesrepublik Deutschland empfand sich, obwohl sie nur noch weniger als die Hälfte des Staatsgebietes des besiegten Deutschen Reiches umfasste, als dessen Fortsetzung und übernahm daher alle Schulden, finanzielle und moralische, des Deutschen Reiches. Die auf den Trümmern Deutschlands gegründete Deutsche Demokratische Republik und Österreich sahen hierzu keine Veranlassung. Die Bundesrepublik Deutschland war bzw. blieb daher ohne weiteres Vertragspartner von völkerrechtlichen Verträgen, welche lange vor ihrer förmlichen Gründung mit dem Deutschen Reich abgeschlossen worden waren.[64] Nach dem Zerfall des britischen Weltreiches[65] stellte sich die ähnliche Frage, ob und in welchem Maße die neuen Staaten von völkerrechtlichen Verträgen, welche Großbritannien geschlossen hatte, verpflichtet werden konnten. Dieselbe Frage entstand nach dem Zerfall der Sowjetunion und Jugoslawiens.

Die Frage des Rechts- und Pflichtenübergangs bei der Staatennachfolge ist im Einzelnen kompliziert. Im Grundsatz gilt aber dasselbe wie bei der Rechtsnachfolge von Todes wegen. Der oder die Erben treten in sämtliche Rechte und Pflichten des Erblassers ein. Das hat dazu geführt, dass die völkerrechtlichen Verträge etwa der Sowjetunion und Jugoslawiens grundsätzlich auf die Nachfolgestaaten übergeleitet wurden. Man streitet wie bei einem echten Erbfall hauptsächlich um die Verteilung des Aktivvermögens.[66]

---

[63] Das waren: England (¼ der Erdoberfläche), Frankreich (z.B. Indochina), Holland (=Indonesien), Belgien (=Kongo), Portugal (=Angola, Mosambik, Italien (Äthiopien). In Asien waren Arabien, der Irak und Afghanistan, in Afrika die Südafrikanische Union, Liberia oder Ägypten formal zwar souverän, aber auch diese Staaten standen faktisch unter englischer/amerikanischer Herrschaft. Äthiopien war 1935/36 von Italien erobert worden.

[64] **Exkurs:** Dieser dem Erbrecht entsprechende Grundsatz der Universalnachfolge in Verträge erscheint uns heute selbstverständlich. Die Geschichte dieses Grundsatzes ist auch die Geschichte der juristischen Person in Europa. Im Mittelalter erloschen die vom Kaiser vergebenen Lehnsrechte – freilich nur in der Theorie – mit dem Tode des Kaisers und mussten von dem neuen Kaiser als dem nunmehrigen Lehnsherrn bestätigt werden. Im Osmanischen Reich galt noch bis in das 19. Jahrhundert, dass völkerrechtliche Verträge nur den jeweiligen Sultan banden, nicht aber den Nachfolger bzw. das Osmanische Reich.

[65] Beginnend mit der Unabhängigkeit Indiens 1947.

[66] Vgl. die Auseinandersetzung zwischen Slowenien und Restjugoslawien über die Verteilung der Währungsreserven der jugoslawischen Zentralbank.

b.   Zusammenschluss von Staaten

Wenn Staaten sich zusammenschließen wie im Falle der Wiedervereinigung
Deutschlands, tritt an die Stelle der zuvor je allein bestehenden Staaten einer. Dieser
haftet für die Schulden beider Staaten, übernimmt aber auch deren Rechte. Die Bundesrepublik Deutschland (neu) hat daher 1990 ohne weiteres das Auslandsvermögen
der DDR, etwa die DDR-Botschaften, als deutsches Vermögen in Anspruch genommen.

Wie unter Privatleuten gilt zwischen Staaten zwar der Grundsatz der Vertragstreue.
Man kann sich als Privatmann seinen Pflichten nicht dadurch entziehen, dass man die
eigenen Lebensgrundlagen ändert, etwa indem man sein Haus verkauft oder eine
neue Frau heiratet. Auch ein Staat kann sich von seinen Pflichten an sich nicht dadurch befreien, dass er sich eine neue Regierung oder Staatsform gibt. Trotzdem:
Neue Umstände können eine neue rechtliche Betrachtung nahe legen. Im Privatrecht
ist die hierfür passende Rechtsfigur die der Störung der Geschäftsgrundlage, § 313
BGB. Es kann auch im Verhältnis der Staaten zu einander in Betracht kommen, dass
Verträge ihren Sinn verlieren, wenn sich die Regierungsform so grundstürzend geändert hat, dass es sich eigentlich um einen anderen Staat handelt.[67]

II.   Andere Völkerrechtssubjekte

1.   Staatenverbindungen

Wenn souveräne Staaten sich zusammenschließen, kann daraus ein einziger Staat
entstehen anstelle der zuvor bestehenden wie 1990 bei der Wiedervereinigung
Deutschlands. Sie können aber auch unter Wahrung ihrer völkerrechtlichen Identität
eine neue staatsrechtliche Einheit bilden, welche als solche Völkerrechtssubjekt werden kann. Historisches Beispiel ist die habsburgische Doppelmonarchie Österreich-
Ungarn. Verschiedene Teile der Monarchie existierten rechtlich als selbstständige
politische Einheiten, etwa als Königreich Ungarn, Königreich Böhmen usw., bildeten
aber gemeinschaftlich das Kaiserreich.

Die Gegenwart kennt mehrere, meist recht kurzlebige, Staatenverbindungen. So haben sich Syrien und Ägypten vor Jahren zur Vereinigten Arabischen Republik zu-
sammengeschlossen, ohne dass eine Einheit erzielt wurde. Die drei ostafrikanischen
Nachbarstaaten Tansania, Kenia und Uganda haben einen ähnlichen Weg versucht.
Die Zusammenarbeit der Benelux-Staaten ist inzwischen in der Europäischen Union
aufgegangen. In unseren Tagen hat sich aus dem Zerfall der Sowjetunion die GUS,
Gemeinschaft unabhängiger Staaten, gebildet, deren völkerrechtliche Form unklar
ist. Ähnliches gilt für die im *Commonwealth of Nations* verbundenen Staaten des
ehemaligen Britischen Weltreichs. Im Einzelfall ist fraglich, ob solche Staatenverei-

---

[67] z. B.: Die Sowjetunion war nach 1917 der Meinung, sie sei nicht verpflichtet, die Schulden zu bezahlen, welche das Kaiserreich Russland bei ausländischen Gläubigern aufgenommen hatte. Ähnliche
Vorstellungen bestanden 2004/2005 offenbar auch in Argentinien, welches unter der Führung eines
Präsidenten, der einen Neuanfang verkündete, seine Auslandschulden verleugnete – und damit durch-
kam!

ne Völkerrechtssubjekt sind. Die betreffenden Staaten haben es grundsätzlich selbst in der Hand, ihren Zusammenschluss in dieser Weise zu gestalten.

2. Internationale Organisationen

Ein Vorläufer und in gewissem Sinne das bisher erfolgreichste Beispiel einer internationalen Organisation ist der 1875 gegründete Weltpostverein, welcher mit einer Geschäftsstelle in Bern Fragen des Postverkehrs und der Posttarife unter den dem Verein angehörenden Staaten koordiniert. Internationale Organisationen im heutigen Sinne, nämlich mit der Zielsetzung, auch politische Fragen auf überstaatlicher Ebene dauerhaft zu regeln, gibt es erst auf Grund der politischen Neubesinnung in Europa nach dem 1. Weltkrieg. Besonders erwähnenswert ist der damals gegründete Völkerbund.[68] Dieser hatte im Wesentlichen dieselben Ziele wie die nach dem Zweiten Weltkrieg gegründete UNO. Der Völkerbund war in gewissem Sinn das Vorbild aller internationalen Organisationen, welche sich seither gegründet haben.

3. Vereinte Nationen – UNO

Die bei weitem wichtigste heute und jemals existierende internationale Organisation sind die Vereinten Nationen, UNO, welche unter dem Datum des 26. 6. 1945 in San Francisco ins Leben gerufen wurden. Es kann kein Zweifel bestehen, dass die UNO nicht nur ein Verein von souveränen Staaten ist, sondern ein eigener praktisch souveräner Akteur auf der Weltbühne. Sie ist Völkerrechtssubjekt und hat eigene Hoheitsbefugnisse.

4. Sonderformen

Die Europäische Union ist eine besonders fortgeschrittene Erscheinungsform überstaatlichen Zusammenschlusses. Es gibt auf der Welt eine Reihe von weiteren regionalen oder auch sachlich bedingten Zusammenschlüssen, Kooperationen, Vertragssystemen usw., in welchen Staaten gemeinschaftliche Zwecke verfolgen. Die jeweiligen Gründungsdokumente geben Auskunft darüber, ob diese Organisationen als Subjekt des Völkerrechts auftreten wollen.

Die so genannte G-7-Gruppe oder die Konferenz der Ostsee-Anrainerstaaten werden dieses Prädikat nicht in Anspruch nehmen, auch die Signatarstaaten der internationalen Klimakonvention sind nicht in dieser Weise organisiert; vielleicht kommt das noch. Die ursprünglich eher lockere Zusammenarbeit der Signatarstaaten des 1948 gegründeten *General Agreement on Tariffs and Trade* (GATT) haben sich zugleich mit der Überführung dieser Gruppe in die WTO als Völkerrechtssubjekt neu begründet und agieren damit gleichrangig mit Staaten und ähnlichen Organisationen auf der Weltbühne.

---

[68] **Exkurs:** Die Idee geht offenbar auf Immanuel Kant zurück, welcher um 1795 in seiner Schrift *Zum Ewigen Frieden* einen Staatenverein zur Wahrung des Friedens vorgeschlagen hatte. Mitglieder des Völkerbundes waren anfangs, wie später bei der UNO, die Staaten, die gegen Deutschland Krieg geführt hatten. Es wurden aber weitere Staaten als Mitglieder zugelassen: 1920 Österreich, 1926 Deutschland. Durch Austritte, 1928 Brasilien, 1933 Japan und Deutschland verlor der Völkerbund an Bedeutung.

III.   Quellen des Völkerrechts

Fälle

1.   A, Angehöriger des europäischen Hochadels, schlägt in Kenia einen schwarzen Kellner, weil er ihn bekleckert hat. A meint, man, jedenfalls er, dürfe das dort.[69] Zu Recht?

> Stichworte: Kulturunabhängige Weltrechtssätze

2.   Im Untergrund der küstennahen Nordsee wurde um 1955 Erdöl gefunden. Die Anrainerstaaten stritten darüber, wie weit die Nutzungsrechte der Staaten in den Vorküstenbereich ragten. Das führte zum Abschluss der *Genfer Konvention über den Kontinentalschelf* von 1958. In dessen Art. 6 wurde das Äquidistanzprinzip erstmals für das Völkerrecht formuliert. Dänemark und Holland, Deutschlands unmittelbare Nachbarn in der Nordsee, hatten diese Konvention unterschrieben, Deutschland nicht. Deutschland meinte, seine wenn auch rechtwinklige aber lange Küstenlinie gebe ihm Anspruch auf einen größeren Anteil am Schelf als aus dem Äquidistanzprinzip folge. Holland und Dänemark forderten, die Grenzen des Schelfs nach diesem Prinzip zu bestimmen. [70] Die Parteien unterwarfen sich dem Urteil des IGH. Wie sollte dieser entscheiden?

> Stichworte: Weiterentwicklung bestehender völkerrechtlicher Grundsätze

3.   Im März 2003 bombardierten die USA den Irak und eroberten das Land binnen einer Woche. Die USA begründeten das damit, dass der Irak Massenvernichtungswaffen habe oder herstelle. War der Angriff rechtmäßig? Wenn nein: Wäre er es gewesen, wenn die Massenvernichtungswaffen gefunden worden wären?

> Stichworte: Verbot des Angriffskrieges – Schutz des Weltfriedens.

1.   Völkergewohnheitsrecht und allgemeine Rechtsgrundsätze

Bei der Aufsuchung der Rechtsquellen des Völkerrechts wird üblicherweise Art. 38 des Statuts des Internationalen Gerichtshofs[71] herangezogen, in welchem es heißt:

> *Der Gerichtshof, dessen Aufgabe es ist, die ihm unterbreiteten Streitigkeiten nach dem Völkerrecht zu entscheiden, wendet an*
> *a....*
> *b. das internationale Gewohnheitsrecht als Ausdruck einer allgemeinen, als Recht anerkannten Übung,*
> *c. die von den Kulturvölkern anerkannten allgemeinen Rechtsgrundsätze;*

---

[69] Nach einer Meldung der Bild-Zeitung.

[70] North Sea Continental Shelf Cases, Internationaler Gerichtshof, 1969, 1969, ICJ Rep. 3, 8 Int. Leg. Mat. 340

[71] Zur Bedeutung des seit jeher umstrittenen Art. 38 des Statuts des IGH, Kimminich S. 205; Ipsen S. 210 f. Ein Unterschied zwischen Kultur- und Nichtkulturvölkern ist heute kaum aufrecht zu erhalten. Vielleicht kann man ganz pragmatisch wie folgt sagen: Allgemein anerkannte Rechtsgrundsätze sind solche, welche von einer Mehrheit der Staaten intern (in foro domestico) effektiv angewendet werden. Im Zweifel wäre also eine Auszählung vorzunehmen etwa nach der Art, wie über die Industrie- und Handelskammern das (Nicht-) Bestehen eines Handelsbrauchs erhoben wird.

Es gibt Weltrechtssätze, Rechtsgrundsätze, die einfach überall ohne Rücksicht auf
Rasse oder sozialen Stand gelten. Fall 1: Es ist heute eine Selbstverständlichkeit,
dass man einen erwachsenen Menschen nicht ohrfeigen darf. Das war auch in unserem Kulturkreis noch bis vor relativ kurzer Zeit anders, bis 1856, als die Sklaverei in
den USA abgeschafft wurde.[72]

Viele Rechtsgrundsätze gelten weltweit, z.B.

- Das Eigentum gewährt überall praktisch identische Rechte.
- Verträge waren und sind zu jeder Zeit und an allen Orten verbindlich, bei den
  Hethitern und den Inkas, bei den Alten Römern wie heute bei uns.
- Man mischt sich nicht in Angelegenheiten, zu denen man keine hinreichende
  Beziehung hat.
- Wer schuldhaft Schaden zufügt, muss Schadensersatz leisten.
- Wer auch ohne eigenes Zutun zu Lasten eines anderen ohne Rechtsgrund be-
  reichert wird, muss die Bereicherung herausgeben usw.

Solche allgemeinen Rechtseinsichten werden in diesem Buch Weltrechtssätze genannt. Sie liegen der Entwicklung des Privatrechts und des Völkergewohnheitsrechts
zugrunde. Diese Entwicklung geht weiter. Neue Probleme führen zu neuen Rechtsgrundsätzen, wie im Fall 2. Aus dem militärischen Küstenschutz hatte sich um 1750
der Völkerrechtssatz entwickelt, wonach das vorgelagerte Meer bis zu 3 Meilen,
nämlich soweit Kanonen reichten, dem Hoheitsgebiet des Küstenstaates zugerechnet
wurde. Dieser Entstehungsgrund der Dreimeilenzone hatte 1950 längst seine Berechtigung verloren. Dieser Satz beantwortete auch nicht die neu aufgetauchte Frage,
wem die Nutzung des küstennahen Meeresbodens zuzuordnen sei. Deutschland war
als Nichtunterzeichner nicht an die Konvention 1958 und an das dort in Art. 6 formulierte Äquidistanzprinzip gebunden. Zum Zeitpunkt der Entscheidung des Rechtsstreits war die Konvention aber schon von einer Mehrheit der damals existierenden
Staaten unterzeichnet worden. Dänemark und Holland meinten daher, aus der breiten
internationalen Akzeptanz der Konvention folge, dass ein neuer Völkerrechtssatz mit
dem in Art. 6 beschriebenen Inhalt entstanden sei. Deutschland sei daher zwar nicht
an die Konvention, wohl aber an das durch diese neu geschaffene Völkerrecht gebunden. Der IGH hielt dieses Argument zwar für erheblich, stellte aber fest, dass
neues Völkerrecht erst dann entstehe, wenn eine neue Regel eindeutig und über einen
längeren Zeitraum allgemein akzeptiert worden sei.[73] Das sei hier noch nicht der
Fall. Welche Regeln in einem gegebenen Falle schon oder noch, ggfs mit welchen
Abweichungen, als Völkergewohnheitsrecht anzusehen sind, kann daher zweifelhaft

---

[72] **Exkurs:** In Niederländisch Ostindien (Indonesien) war Sklaverei noch bis 1901 anzutreffen. Viele
heute selbstverständliche Rechte waren bis vor kurzem nicht selbstverständlich. Juden konnten in
vielen europäischen Staaten bis etwa 1900 keine Beamten sein, und in Deutschland wurden sie im
Dritten Reich fast völlig entrechtet. In den afrikanischen Kolonien und in den Sklavengebieten der
USA war es daher durchaus nicht rechtswidrig, einen Schwarzen zu ohrfeigen; es war noch viel Ärge-
res erlaubt. Das Rechtsgefühl der Menschheit ändert sich. Trotz mancher Rückschläge darf man einen
Zug zur Humanisierung feststellen. Das gilt auch für das Völkerrecht.
[73] North Sea Continental Shelf Cases, Internationaler Gerichtshof, 1969, 1969, ICJ Rep. 3, 8 Int. Leg.
Mat. 340 Absatz . 73.... *it might be that even without the passage of any considerable period of time a
very widespread and representative participation in the convention might suffice of itself* – um die
Klausel eines völkerrechtlichen Vertrages zu allgemein verbindlichem Völkerrecht zu machen. vgl.
auch Netzseite des IGH

sein. Als Kompromiss in diesem Fall wurde Deutschland der so genannte Entenschnabel zugesprochen, eine etwas unförmige Ausbuchtung der Linie des deutschen Nutzungsbereiches.[74]

2.   Zweiseitige völkerrechtliche Verträge

Der zweiseitige (bilaterale) völkerrechtliche Vertrag ist wohl der Normalfall. Diese Verträge werden von den Fachministerien in so genannten diplomatischen Konferenzen soweit vorverhandelt, dass sie dem Parlament zur Ratifizierung vorgelegt werden können. Im privaten Wirtschaftsverkehr gibt es den Vorstands- oder Aufsichtsratsvorbehalt, mit welchem die Verhandlungsführer die Gültigkeit des Vertrages ausdrücklich davon abhängig machen, dass der Vorstand oder der Aufsichtsrat diesem zustimmt. Diesem Vorbehalt entspricht im völkerrechtlichen Vertragsrecht die Ratifizierung durch das jeweilige Gesetzgebungsorgan, heute fast immer das Parlament. Nach dem Grundgesetz ebenso wie nach dem Verfassungsrecht anderer Staaten wird ein völkerrechtlicher Vertrag im Verhältnis nach außen dadurch gültig, dass das Staatsoberhaupt ihn unterschreibt. Im Verhältnis nach innen ist der Bundespräsident aber verpflichtet, seine Unterschrift erst dann unter das Vertragswerk zu setzen, wenn es vom Parlament genehmigt (ratifiziert) worden ist. Zweiseitige völkerrechtliche Verträge gibt es in großer Zahl, z. B.

- Doppelbesteuerungsabkommen (DBA) zwischen zwei Staaten.
- Verträge zwischen Staaten bezüglich Überflugrechten und Benutzung von Flughäfen.
- Zweiseitige völkerrechtliche Verträge zur Nutzung grenzüberschreitend lagernder Bodenschätze; vgl. Dollart-Vertrag zwischen Deutschland und den Niederlanden betreffend das im Dollart-Gebiet lagernde Erdgas.
- Im Jahre 2004 besteht zwischen Bolivien, welches keinen Zugang zum Meer hat, und Chile die Frage, ob Chile verpflichtet ist, seinem Nachbarn diesen einzuräumen.
- Der Vertrag zwischen dem Großherzogtum Baden und der Schweizerischen Eidgenossenschaft über die Nutzung des auf Schweizer Gebiet liegenden Badischen Bahnhofs in Basel uvam.

3.   Mehrseitige völkerrechtliche Verträge

Mehrseitige (multilaterale) völkerrechtliche Verträge waren ursprünglich die Ausnahme. Einer der ersten großen mehrseitigen völkerrechtlichen Verträge war der Westfälische Friede im Jahre 1648, an welchem neben dem Deutschen Kaiser auch Frankreich und Schweden, die damals aus dem Deutschen Reich ausscheidenden Staaten Niederlande und Schweiz, sowie weitere deutsche Teilstaaten teilnahmen. Der bereits erwähnte Weltpostverein von 1875 war ein solcher mehrseitiger Vertrag. Von großer Bedeutung waren die Abkommen zur friedlichen Erledigung internationaler Streitfälle (Haager Abkommen) aus dem Jahre 1907, welche zur Gründung des noch heute bestehenden ständigen Schiedshofes führten. Weitere Beispiele: Abkommen über eher friedliche Gegenstände wie das internationale Abkommen zum Schutz der Wale, die internationale Klimakonvention usw. Bei mehrseitigen Verträgen wird unterschieden zwischen solchen, die einen geschlossenen Kreis von Mitgliedern ha-

---

[74] Genützt hat es uns nichts; man hat im Entenschnabel bisher keine abbauwürdigen Stoffe gefunden.

ben, und Verträgen mit einem offenen Mitgliederkreis. Zur ersten Gruppe gehören z.B. der Vertrag zur Gründung der Europäischen Wirtschaftsgemeinschaft nebst Folgeverträgen. Die oft diskutierte Frage, ob die Türkei Mitglied der Europäischen Union werden soll, kann von der Türkei nicht einfach damit gelöst werden, dass sie eine Beitrittserklärung abgibt. Die Gründungsmitglieder müssen sie ausdrücklich als Mitglied aufnehmen. Der EU-Vertrag und entsprechende andere völkerrechtliche Verträge ähneln daher einem Gesellschaftsvertrag; man tritt nicht ein, man wird aufgenommen.

Die meisten mehrseitigen völkerrechtlichen Verträge folgen aber einem anderen Konzept, welches man als Vereins-Konzept bezeichnen könnte. Einige Initiativstaaten schließen einen Vertrag zu einem bestimmten Zweck und laden andere Staaten ein, durch Beitrittserklärung, Vertragspartner zu werden. Diese kann bestimmte Zusatzerklärungen und Bedingungen enthalten, vergleichbar den Bedingungen eines privaten Rechtsgeschäfts. Bekanntestes Beispiel für dieses Vereins-Konzept sind die Vereinten Nationen. Die Verträge des internationalen Handels- und Rechtsverkehrs folgen durchweg diesem Konzept. Zu nennen sind etwa

- das New Yorker Abkommen über die Anerkennung von internationalen Schiedssprüchen, das Abkommen über die Durchführung internationaler Zustellungen usw.
- UN-Konvention zum Warenkauf (Wiener Kaufrechtsabkommen)
- WTO-Vertragswerk

4.   Wiener Übereinkommen über das Recht der Verträge vom 23.5.1969

Verträge müssen ausgelegt werden. Oft entstehen Probleme schon bei der Frage, ob der Vertrag überhaupt gültig zustande gekommen ist. Im innerstaatlichen Rechtsverkehr entscheidet letztlich das Gericht nach dem anwendbaren Recht. Zur Auslegung gibt das nationale Recht Regeln, etwa im deutschen §§ 157, 242 BGB: Verträge sind nach Treu und Glauben auszulegen. Diese Generalklausel ist wiederum in einer Vielzahl von Gerichtsurteilen präzisiert worden. Die Parteien können daher im Regelfall auf eine Praxis der Rechtsanwendung zurückgreifen.

Schon bei zweiseitigen völkerrechtlichen Verträgen kann fraglich sein, welches Recht bei der Auslegung von Vertragsbegriffen entscheiden soll. Bei mehrseitigen Verträgen vermehrt sich das Problem mit jedem neu hinzukommenden Staat. Der Grundsatz der Gleichrangigkeit der Staaten verbietet es zumeist, dass ein Staat sich der Rechtsordnung eines anderen unterwirft. Diese Schwierigkeiten werden durch das im Wiener *Übereinkommen über das Recht der* (gemeint sind nur völkerrechtliche) *Verträge* vom 23. Mai 1969 aufgenommen, insbesondere durch dessen Artikel 31.[75] Dieses Übereinkommen ist ein mehrseitiger völkerrechtlicher Vertrag, Vereinsmodell, welcher den Staaten der Erde zur Ratifizierung aufliegt. Inzwischen haben fast alle wichtigen Staaten der Erde diesen Vertrag ratifiziert. Damit ist eine Grundlage für eine einheitliche Anwendung von völkerrechtlichen Verträgen gelegt.

---

[75] Ipsen, S. 139 u. 145

5.   Kriegsvölkerrecht

Die Charta der Vereinten Nationen verbietet Krieg mit Ausnahme des reinen Verteidigungskrieges, Art. 51. Der Einsatz militärischer Kräfte ist einem Vertragsstaat der UN-Charta nur dann erlaubt, wenn dieser vom UN-Sicherheitsrat genehmigt ist. Nach der UN-Satzung hat der Sicherheitsrat aber durchaus nicht das freie Recht, militärische Maßnahmen gegen einen Staat zu beschließen bzw. andere Staaten zu solchen Maßnahmen zu ermächtigen. Art. 42 der UN-Charta bestimmt: *Ist der Sicherheitsrat der Auffassung, dass die in Art. 41 vorgesehenen Maßnahmen unzulänglich sein würden* (Beachte: dabei handelt es sich um nicht militärische Maßnahmen wie z.B. Wirtschaftssanktionen) *so kann er mit...Streitkräften die zur Wahrung oder Wiederherstellung des Weltfriedens oder der internationalen Sicherheit erforderlichen Maßnahmen durchführen.*

Unter diesem Gesichtspunkt waren die Aktionen in Bezug auf Kuwait und im Kosovo-Krieg völkerrechtlich unzulässig. Diese Regionalkonflikte waren keine Gefährdung des Weltfriedens.[76]

Wie private Gewalt nur bei Notwehr oder Nothilfe gerechtfertigt ist, so ist auch im Völkerrecht nur der Verteidigungskrieg zulässig. Als Verteidigung gilt auch die Hilfestellung zugunsten eines zu Unrecht Angegriffenen (Nothilfe). Damit haben die USA den ersten Kuwait-Krieg 1990 vor der Weltöffentlichkeit legitimiert und haben weitgehend Gehör gefunden.[77] So haben die USA auch den Irak-Krieg im Jahre 2003 zu legitimieren versucht, Fall 3. Hier wurde eine Erweiterung geltend gemacht, indem die Angriffshandlung des Irak, gegen welche der Verteidigungskrieg ergriffen wurde, erheblich vorverlegt wurde. Schon die Planung und technische Möglichkeit, Massenvernichtungswaffen herzustellen, wurden von den USA als Angriffshandlung bewertet, gegen welche ein Präventivkrieg zulässig sei.[78]

---

[76] Verfasser befindet sich hier anscheinend im Widerspruch zur h.M. Diese bezieht die sich aus Art. 42 UN-Charta ergebende Beschränkung nicht auf die militärische Aktion gemäß Art. 43, vgl. Shaw S. 868.

[77] **Exkurs:** Seither ans Licht gekommene Informationen haben die US-Darstellung aber sehr zweifelhaft gemacht. Es scheint, als ob die USA Saddam Hussein, den damaligen Diktator des Irak, eine Falle gestellt und zum Angriff geradezu animiert hat, um dann dem weniger wegen seiner demokratischen Errungenschaften als für die Menge seines Erdöls bekannten Scheich von Kuwait zu helfen – und im Lande zu bleiben.

[78] Sehr kritisch z.B. Carty, A *The Iraq Invasion as a Recent United Kingdom Contribution to International Law,* European Journal of International Law 05, 143f
Exkurs: Selbst diese Annahmen haben sich im Jahre 2004 als irrig bzw. die der UNO vorgelegten Unterlagen als gefälscht herausgestellt, wie der im April 2005 veröffentlichte Schlußbericht des vom amerikanischen Kongress eingesetzten Untersuchungsausschusses bestätigte. Die Vereinten Nationen haben wie auch die Mehrheit der Völkerrechtler der Welt diesen Krieg als rechtswidrig angesehen. Diese Reaktion der Weltöffentlichkeit hat regierungsnahe US-Juristen zu der Meinung geführt, es gebe überhaupt kein funktionsfähiges Völkerrecht. Es ist eindeutig, dass das Völkerrecht hier an der Macht zerschellt. Das ist bedenklich; damit wird aber das Völkerrecht selbst nicht Frage gestellt. vgl. *The Economist v. 20. November 2004, 23 ff.* Aus der Sicht Deutschlands ist es sehr zu bedauern, dass es unerlaubt ist, Vorgeschichte und Ausbruch des 2. Weltkrieges nach denselben völkerrechtlichen Grundsätzen zu überprüfen, welche den Irakkrieg legitimieren.

IV. Rechtsdurchsetzung im Völkerrecht

Fälle:

1. Aus Sicherheitsbedürfnis forderte die USA im Jahre 2004 die Abgabe von Fingerabdrücken von Fluggästen aus bestimmten Ländern, darunter auch Brasilien. Brasilien fühlte sich beleidigt, zumal dieses für Fluggäste aus der EU nicht galt. Brasilien führte daher dieselbe Sicherheitsüberprüfung für Fluggäste aus den USA ein, obwohl Brasilien erklärtermaßen kein Bedürfnis für zusätzliche Sicherheitsmaßnahmen sah. Zu Recht?

   Stichworte: Völkerrechtliche Vergeltung

2. 2002 erklärte das tschechische Parlament die so genannten Beneschdekrete von 1945, aufgrund deren Menschen unbeschadet ihrer tschechischen Staatsangehörigkeit vertrieben und enteignet wurden, wenn sie deutscher Herkunft (Sudetendeutsche) waren, ausdrücklich für rechtens. Es wurde daher in Deutschland teilweise die Forderung erhoben, diesem Akt der Tschechei damit zu begegnen, dass Deutschland deren Eintritt in die Europäische Union blockiere.

   Stichwort: Repressalie

3. Die UNO beschloss am 2. August 1990 ein umfassendes Wirtschaftsembargo gegen den Irak. Allen UN-Mitgliedsstaaten wurde verboten, mit dem Irak Handel zu treiben. Leidtragende waren insbesondere die kleinen Leute, denen es u.a. unmöglich war, im Ausland produzierte Medikamente zu erhalten, während die Führungsschicht um den Diktator weiterhin gut versorgt war. War das Embargo rechtmäßig?

   Stichworte: Sanktionen zur Durchsetzung von UN-Beschlüssen

1.   Grundsatzproblematik

Ein wesentlicher Unterschied zwischen dem Völkerrecht und dem staatlichen Recht wird oft darin gesehen, dass das Völkerrecht die im nationalen Recht selbstverständlichen Vollstreckungsmöglichkeiten nicht hat. Es gibt kein Organ, das völkerrechtliche Verpflichtungen vollstrecken könnte. Die Zuständigkeit von Gerichten setzt stets die Zustimmung der Staaten voraus.

Die unzureichende Vollstreckungsmöglichkeit völkerrechtlicher Ansprüche ist zwar ein wichtiger Punkt, er ist aber nicht ganz so wichtig, wie zumeist angenommen wird. Im nationalen und internationalen Wirtschaftsleben finden täglich Millionen von Transaktionen statt, ohne dass ein Gericht eingeschaltet werden muss. Allgemein gilt im privaten Leben wie im Leben der Staaten: Verträge werden nicht gehalten, weil sonst der Gerichtsvollzieher kommt, Verträge werden gehalten, weil man sonst seinen Ruf verliert und für künftige Fälle vertragsunfähig wird. Das gilt auch für völkerrechtliche Pflichten, welche außerhalb von Verträgen entstehen, etwa Unterlassungspflichten auf Grund des Nichteinmischungsgebotes.

2.   Sanktionen des Einzelstaates

Im klassischen Völkerrecht waren Krieg oder militärische Aktionen das politisch bedeutsamste, wenn auch letzte Mittel der Rechtsdurchsetzung. [79] Die europäischen Mächte haben verschiedentlich zu militärischen Mitteln gegriffen, um Vertragsbrüche eines fremden Staates, z. B. Nichtzahlung von fälligen Schulden, zu ahnden. [80] Einer der letzten weltpolitisch wichtigen Fälle dieser Art war der Überfall von Frankreich und England auf Ägypten im Jahre 1956, nachdem dieses unter Bruch bestehender Verträge den Suezkanal verstaatlicht hatte.

Als völkerrechtlich zulässige Durchsetzungsmittel gelten heute nur noch die

- Vergeltungsmaßnahme: Die Zufügung eines Übels, welches dem entspricht, welches man selbst erlitten hat, nach dem Satz: Wie du mir – so ich dir!
- Repressalie: Die Zufügung eines Übels, welches mit dem Übel, welches man selbst erlitten hat, sachlich nichts zu tun hat, ihm aber in der Schwere entspricht.

Fall 1: Es ist ein unfreundlicher Akt, Angehörige eines anderen Staates ohne gerechtfertigten Grund zu benachteiligen. Aber er wurde von den USA verstanden; die von Brasilien ergriffene Maßnahme hatte den erwünschten Erfolg. Fall 2: Ernster liegt es mit der Erklärung des tschechischen Parlaments. Diese ist schlimmer als nur ein unfreundlicher Akt. Eine Repressalie wäre gewiss angebracht gewesen.

Das im internationalen Wirtschaftsverkehr häufig gebrauchte Mittel des Embargos kann je nach seinen Voraussetzungen als Vergeltung oder Repressalie einzuordnen sein. Als Embargo wird der völlige oder teilweise Abbruch der Handelsbeziehungen mit einem Staat bezeichnet. Das kann zu einer, ggfs auf bestimmte Warengruppen (z.B. Waffenembargo gegen die Volksrepublik China, Iran oä), beschränkte Liefersperre an oder umgekehrt zu einem Einfuhrverbot für Waren aus dem betreffenden Land führen (z.B. USA-Embargo gegenüber Kuba).

Jeder Staat entscheidet für sich, ob er zu einem solchen Mittel greifen will. Die Völkerrechtsgemeinschaft entscheidet, ob er das darf. Das Embargo ist ein geläufiges Instrument der UNO zur Durchsetzung ihrer Beschlüsse.

3.   UN-Sanktionen

Die Vereinten Nationen können gemäß Artikel 41 der Charta Maßnahmen zur Durchsetzung von völkerrechtlichen Pflichten ihrer Mitglieder beschließen. Zu diesen Sanktionen können alle geeigneten wirtschaftlichen Maßnahmen gehören, z. B. das allgemeine Verbot an alle Mitgliedsländer der UN mit dem betreffenden Staat Handel zu treiben (Embargo). [81]

---

[79] Kimminich, S. 493. In Museen, sieht man alte Kanonen, die oft mit derselben Liebe gegossen wurden wie Kirchenglocken, mit der Aufschrift: *ultima ratio regis – des Königs letzter Ratschluß.*
[80] Der berüchtigte Opiumkrieg Englands gegen China, 1830 und später, wurde damit begründet, dass China den Grundsatz des Freihandels verletzt habe, indem es den Import von Opium aus Britisch-Indien verbot.
[81] Vgl. Lowenfeld S. 706 f

4.   Internationaler Gerichtshof in Den Haag (IGH)

Art. 92 der UN-Satzung sieht die Einrichtung eines Internationalen Gerichtshofs als Hauptrechtsprechungsorgan der Vereinten Nationen vor. Diese Vorschrift wird durch das Statut des Internationalen Gerichtshofs verwirklicht. Der IGH ist ein wirkliches Gericht, freilich mit der Maßgabe, dass er nur dann zuständig wird, wenn beide Parteien sich ihm ausdrücklich unterwerfen, Art. 36. Rechtsstreitigkeiten können daher, wenn sie sich nicht im Verhandlungswege lösen lassen, durch gemeinsame Erklärung dem IGH vorgelegt und gerichtlich geklärt werden.

Auch ein Urteil des IGH ist als solches nicht vollstreckbar. Es besteht aber die völkerrechtliche Pflicht der Parteien, sich dem Urteil entsprechend zu verhalten. Wenn eine Partei es nicht tut, ist die Gegenpartei befugt, Sanktionen zu verhängen, in schweren Fällen kann auch der Sicherheitsrat Sanktionen anordnen, um dem Urteil Gewicht zu verschaffen.

5.   Schiedsgerichte

Internationale Verträge enthalten heute oft eine Schiedsgerichtsklausel, wonach eventuelle Streitigkeiten der Parteien über die Auslegung des Vertrages von einem Schiedsgericht entschieden werden sollen. Von besonderer Bedeutung ist in dieser Hinsicht das Streitschlichtungssystem bzw. Schiedsgericht der Welthandelsorganisation (WTO) und der Weltbank (ICSID, s.u. S. 243).

V.   Klage und Vollstreckung von Urteilen gegen Staaten

Fälle

1. Der Deutsche H ist Honorarkonsul der Republik Zypern. Mit seinem PKW überschreitet er auf der Autobahn nach München die Höchstgeschwindigkeit und wird mit einem Bußgeld von 100 EUR belegt. Zu Recht? [82]

   Stichworte: Diplomaten – Persönliche Immunität

2. Kläger K ist Inhaber von DM 350.000 der 11,75% DM-Anleihe der Republik Argentinien von 1996 mit Laufzeit bis 2011. Die Republik Argentinien rief am 12.12.01 den nationalen Notstand aus. Mit Verordnung v. 6. 2. 02 setzte Argentinien die Bedienung seiner Auslandsschulden aus, um eine Umschuldung zu erreichen. Ab Februar unterblieben die Zinszahlungen. Gemäß den Anleihebedingungen kündigte K daraufhin die Anleihe und klagte vor dem zuständigen Landgericht Frankfurt auf sofortige Rückzahlung. K beantragte dann den dinglichen Arrest, um auf dem der Beklagten gehörenden Grundstück in Deutschland eine Sicherungshypothek einzutragen. Auf diesem befindet sich ein Teil der argentinischen Botschaft. [83] Geht das?

   Stichworte: Wirtschaftliches Handeln von Staaten – Gerichts- und Vollstreckungsimmunität

---

[82] OLG Karlsruhe v. 16.7.04 NJW 04, 3273
[83] LG Frankfurt v. 14.3.03 JZ 03, 1010 mit Anmerkung Reinisch.

3. Der griechische Kläger K hatte vor dem Landgericht Levadia/Griechenland ein Urteil gegen die Bundesrepublik Deutschland erstritten, wonach diese als Rechtsnachfolger des Deutschen Reiches zur Zahlung von 29 Millionen Euro wegen Schäden verurteilt wurde, welche von deutschen Truppen im 2. Weltkrieg verursacht worden seien. K beantragt die Zwangsvollstreckung in Gebäude und Einrichtung des Goetheinstituts e. V. in Athen.[84] Zu Recht?

Stichworte: Vollstreckung in hoheitlichen Zwecken dienendes Vermögen – Schuldneridentität

4. Kläger, ein Privatunternehmen, hat einen Schiedsspruch gegen den russischen Staat, Beklagte, erstritten, wonach die Beklagte dem Kl. $ 25 Mio schuldet. Dieser Schiedsspruch wurde vom Kammergericht für vollstreckbar erklärt. Auf Antrag des Kl. werden die Ansprüche gepfändet, welche der Beklagten gegen die Lufthansa aus der Gewährung von Überflugrechten zustehen. Beklagte hält die Pfändung für unzulässig. Zu Recht? [85]

Stichworte: Qualifikation als hoheitliches bzw. privates Vermögen

5. Zur Zeit des Kommunismus handelte die als Aktiengesellschaft organisierte polnische Exportgesellschaft Rolimpex, R, mit Zucker. R stand im alleinigen Staatsbesitz. Czarnikow, C, in England, kaufte von R 100.000 t Zucker zum Preis 1000. Aufgrund der Zuckerknappheit auf dem Weltmarkt verhängte die polnische Regierung gegenüber R ein Ausfuhrverbot. R erklärte daraufhin gegenüber C, aus Gründen Höherer Gewalt nicht liefern zu können. C verlangt Schadensersatz wegen Nichterfüllung, da er den nicht gelieferten Zucker zum Preise von 1500 auf dem Weltmarkt nachkaufen musste. Zu Recht? [86]

Stichworte: Höhere Gewalt – Staatsgesellschaft

1.   Persönliche Immunität der Diplomaten

Der nationalen deutschen Gerichtshoheit unterliegen alle Personen, einschließlich Völkerrechtssubjekte, in Bezug auf welche für den betreffenden Fall eine internationale Zuständigkeit der deutschen Gerichte gegeben ist. Das sind insbesondere alle natürlichen und juristischen Personen, die sich in Deutschland aufhalten.[87] Im Einklang mit den Regeln des Völkerrechts verzichtet Deutschland aber, wie andere Staaten auch, auf seine Gerichtshoheit gegenüber Mitgliedern der diplomatischen und konsularischen Vertretungen, §§ 18-20 GVG. Diese Personen können in ihrem Gastland weder zivilrechtlich verklagt noch strafrechtlich belangt werden, gleichgültig was ihnen vorgeworfen wird. Sie sind immun. Der ausländische Diplomat, der dem deutschen Juwelier das Perlenhalsband für seine Freundin schuldig bleibt, und sie

---

[84] Vgl. Ipsen S. 374 f; der Fall beeinträchtigte im Jahre 2003 das deutsch-griechische Verhältnis.
[85] BGH 4.10.05 RIW
[86] Bekannt als der „ polnische Zuckerfall": Czarnikow v. Rolimpex 1979 A.C. 534 f (England)
[87] **Exkurs:** Das war nicht immer selbstverständlich. Im Zeitalter des Imperialismus wurde die sogenannte Konsulargerichtsbarkeit von den „Gaststaaten" europäischer Mächte als besonders entwürdigend empfunden. Diese sah vor, dass Angehörige europäischer Staaten nicht der Gerichtbarkeit des Gaststaates unterlagen. Im Ergebnis wurden also alle Staatsangehörigen des europäischen Vertragsstaates mit einem Diplomatenprivileg ausgestattet. Vgl. den Vertrag von Nanking England/China v. 1842 und Gernet, Jacques, *Die Chinesische Welt*, Frankfurt 1979, 452 Diese Rechtslage besteht weiterhin in Deutschland aufgrund des Natotruppenstatuts betreffend bestimmte Straftaten von Staatsangehörigen aus Natostaaten.

sodann aus Eifersucht umbringt, kann also bei uns weder zur Zahlung verurteilt, noch mit Gefängnis bestraft werden.

Für den Honorarkonsul in Fall 1 gilt jedoch eine Abschwächung. Dieser kann Immunität nur in Bezug auf Handlungen geltend machen, die in einem unmittelbaren Zusammenhang mit den Amtsgeschäften als Konsul stehen. Die Behauptung des H, seine Autofahrt habe im Zusammenhang mit seiner konsularischen Tätigkeit gestanden, wurde ihm vom Gericht nicht geglaubt; er wurde verurteilt.

2.   Staat und seine Hoheit: Innerstaatlich

a.   Grundsatz

Der Kaiser oder König steht seit den Zeiten des römischen Rechts über dem Gesetz. Er ist der absolute Gesetzgeber, der höchste Verwaltungsbeamte, und er ist zugleich der oberste Richter. Das galt theoretisch bis in unsere Zeit. Der letzte russische Zar nahm noch bis zu seiner Abdankung 1917 diese Vollgewalt in Anspruch, und wer die Formeln, in welcher sich die englische Monarchie heute darstellt, wörtlich nimmt, muss glauben, dass auch der englische Monarch noch heute im Vollbesitz dieser umfassenden Staatsgewalt ist. In dieser Tradition war es denkunmöglich, den Träger der Souveränität, den Kaiser/König vor ein Gericht zu ziehen. Mit Umgestaltung der monarchischen Staatsform zum Verfassungsstaat trat an die Stelle des souveränen Königs der souveräne Staat selbst. Dieser stand nun ebenso über dem Gesetz wie einst die Person des Kaisers/Königs. Es kam nicht in Betracht, ihn vor Gericht zu ziehen.

b.   Hoheitlich/Privatrechtlich (Fiskalisch)

Es wurde in Europa allerdings schon immer zwischen dem hoheitlichen und privatrechtlichen (= fiskalischen) Tätigkeitsbereich des Staatsoberhauptes/Staates unterschieden. Im Bereich seiner Hoheit blieb der Staat unantastbar, er konnte nicht verklagt werden; im fiskalischen Bereich war das möglich. Dieser Dualismus in der Tätigkeit des Staates dürfte heute weltweit anerkannt sein. Weltweit gilt daher, dass der Staat im Bereich seiner fiskalischen Betätigung wie ein normaler Privatmensch vor Gericht verklagt werden kann und verpflichtet ist, ein gegen ihn ergehendes Gerichtsurteil zu erfüllen.

Hoheitlich: Weltweit gilt aber auch, dass der Staat im Bereich seiner hoheitlichen Betätigung nicht zur Rechenschaft gezogen werden kann. Wenn daher der ägyptische Staat, um ein Beispiel aus der aktuellen (2009) Menschenrechtsdiskussion zu nehmen, seinen nicht islamischen Staatsbürgern (z.B. koptischen Christen) die Pässe verweigert, dann ist das zwar ein Verstoß gegen die Verfassung der Republik Ägypten. Der Christ hat aber keine rechtliche Handhabe, den Staat durch ein Gerichtsurteil zwingen zu lassen, die Verfassung einzuhalten. Wenn in China der Jangste-Staudamm gebaut wird und Millionen von Menschen umgesiedelt werden, dann führt das im Einzelfall zu einem schweren Unrecht für die Betroffenen. Der Staat handelt aber hoheitlich, und der Betroffene hat keine Möglichkeit, sich gegen diese Maßnahmen zur Wehr zu setzen.

c.   (Fehlende) Verwaltungsgerichtsbarkeit

In Deutschland gibt es eine Verwaltungsgerichtsbarkeit, welche genau dieses zum Ziel hat: Den Staat auch in seiner hoheitlichen Betätigung einer richterlichen Kontrolle zu unterwerfen.

Es ist ein ganz wesentlicher, von deutschen Investoren oft viel zu wenig beachteter, Aspekt im internationalen Wirtschaftsverkehr, dass es in fast keinem Lande der Erde einen dem deutschen Verwaltungsgerichtsschutz entsprechenden Rechtsschutz gegen hoheitliche Maßnahmen gibt.[88] Wer in China, der Mongolei, Thailand und in einem fast beliebigen Land der Erde investiert hat, muss wissen, dass die Freiheit seiner gewerblichen Betätigung in diesem Lande ausschließlich darauf beruht, dass der Gaststaat ihn im eigenen Interesse duldet. Sollten die Behörden es für richtig halten, ihm die Gewerbeerlaubnis zu entziehen oder durch sonstige Maßnahmen das Leben schwer zu machen, gibt es keine Verwaltungsgerichte, die ihn gegen staatliche Willkür schützen. Diese Situation besteht grundsätzlich auch in den USA und den Staaten englischer Prägung. Investitionsschutzabkommen versuchen hier Abhilfe zu schaffen, s.u. S. 201.

3.   Staat und seine Hoheit: Völkerrechtlich

a.   Hoheitlich – *iure imperii*

Der Staat genießt nach einem der ältesten und über die Jahrhunderte unbestrittenen Sätze des Völkergewohnheitsrechts Immunität. Dieses galt im herkömmlichen Völkerrecht grundsätzlich. Der Staat war einer Gerichtsbarkeit nur unterworfen, wenn er sich für bestimmte Bereiche dazu herab ließ. Von diesem Konzept geht auch noch das Baseler Europäische Übereinkommen über Staatenimmunität v. 16. Mai 1972 aus. In den entscheidenden 11 Artikeln wird nicht gesagt, wann der Staat verklagt werden kann, sondern umgekehrt. Auf der Grundlage, dass der Staat an sich Immunität vor Gerichten genieße, wird im Einzelnen aufgelistet, wann er diese Immunität nicht in Anspruch nehmen kann. Das sind im Wesentlichen Handlungen, welche dem privatrechtlichen Bereich des Handels- und Wirtschaftsrechts zuzurechnen sind.[89] In allen anderen Bereichen, also insbesondere dem des hoheitlichen Handelns, bleibt es bei dem Grundsatz der Immunität.

Hoheitliches Handeln eines Staates (*acta iure imperii*= *Hoheitsakte*) wird ausschließlich nach Völkerrecht beurteilt. Der hoheitlich handelnde Staat, wird dafür ggfs von Instanzen des Völkerrechts, etwa dem IGH oder vom Sicherheitsrat den Vereinten Nationen zur Rechenschaft gezogen, er setzt sich auch möglichen völkerrechtlichen Sanktionen aus, aber er unterliegt nicht der Gerichtshoheit eines anderen Staates.[90] Diese Fragen wurden wichtig für Kriegsschadenansprüche, die gegen die Bundesre-

---

[88] Mit der in Deutschland wohl am weitesten ausgebildeten Verwaltungsgerichtsbarkeit wirklich vergleichbar ist anscheinend nur der Verwaltungsrechtsschutz in Österreich, Schweiz und Frankreich.
[89] vgl. auch Geimer, R, IPR 08, 223 f ; Vgl. Baseler Europäisches Übereinkommen über Staatenimmunität v. 16.5.1990, BGBl 90 II, 35. Text bei: Jayme/Hausmann Nr. 142
[90] Grds. BVerfG NJW 63, 1732; NJW 89, 679. Zu diesem Problem vgl. Sonderheft *Irak-Krieg und das Völkerrecht* Archiv für Völkerrecht 2003 , Verlag Mohr Siebeck. Hier lag auch der Kern des Problems im Fall 3: Kriegführung ist ein Hoheitshandeln. Deutschland unterstand damit nicht der griechischen Justiz; Ipsen S. 374 f.

publik Deutschland als Rechtsnachfolgerin des Deutschen Reichs erhoben wurden, Fall 3 (Distomo - Fall).

Kriegshandlungen sind hoheitlich.[91] Das führt zu der Folgerung, dass die Geschädigten keinen Schadensersatzanspruch geltend machen können, auch wenn diese Kriegshandlung gegen das Völkerrecht verstieß. Es ist z.B. unbestritten, dass die Flächenbombardierung der deutschen Zivilbevölkerung im Zweiten Weltkrieg völkerrechtswidrig war. Aber es handelte sich um eine kriegerische also hoheitliche Maßnahme. Der Völkerrechtsbruch der Bomberstaaten (England/USA) könnte daher nur von einem Völkerrechtssubjekt, der Bundesrepublik Deutschland, geltend gemacht werden. Die Geschädigten selbst hätten keine Aussicht auf Erfolg, wenn sie auf Ersatz klagen wollten. Auch das von der Generalversammlung der Vereinten Nationen am 2.12.2004 zur Annahme empfohlene und am 15.1.2005 zur Unterzeichnung aufgelegte, noch nicht in Kraft getretene, *Übereinkommen über die Staatenimmunität* hat im Zusammenhang mit Kriegshandlungen die Immunität der Staaten bzw. militärischen Aktionen nicht angetastet. Vorstöße, jedenfalls bei schweren Menschenrechtsverletzungen eine Ausnahme vorzusehen, scheiterten insbesondere am Widerstand der ständigen Mitglieder des Sicherheitsrates der Vereinten Nationen, also eben der Staaten, die seit dem 2. Weltkriege vornehmlich in kriegerische und sonstige militärische Auseinandersetzungen verwickelt waren.[92]

Die Bundesrepublik Deutschland ist daher formal im Recht, wenn sie eine Schadensersatzleistung im Fall 3 (Distomofall) ablehnt.[93]

b.   Privat – *iure gestionis*

Wenn der Staat von dem hohen Ross seiner Hoheit herabsteigt und wie eine Privatperson am Wirtschaftsverkehr teilnimmt, wird er auch wie eine Privatperson behandelt. Die nicht hoheitliche wirtschaftliche Betätigung eines Hoheitsträgers (*acta gestionis*) unterliegt daher der Gerichtsbarkeit der zuständigen in- oder ausländischen Gerichte. Dieser Grundsatz war lange umstritten. Das ist er heute nicht mehr. Er kann heute als Weltrechtssatz gelten. Damit wäre er ein Beispiel für die unter dem Einfluss des internationalen Handels sich vollziehende Fortentwicklung des Völkerrechts.[94] Im Fall 2 hat die Republik Argentinien wie ein privates Unternehmen Geld bei K aufgenommen. K durfte wie ein normaler privater Gläubiger kündigen und hat nun Anspruch gegen seinen Schuldner auf Zahlung der fälligen Summe. Das Landgericht Frankfurt, dessen internationale Zuständigkeit vereinbart worden war, gab dem K daher Recht.[95]

---

[91] Stürner, M, *Staatenimmunität und Brüssel I-Verordnung*, IPRax 08, 197 bejaht auf der Grundlage auch des heutigen Völkergewohnheitsrechts ausdrücklich eine Immunität Deutschlands gegenüber Ansprüchen, welche aus hoheitlichem, hier militärischem Handeln, herrühren. vgl. auch Geimer, R IPR 08, 223 f

[92] Geimer, R. IPRax 08, 226

[93] Nach dem zur Zeit der Vorgänge (1944) geltenden Kriegsvölkerrecht ist überdies zweifelhaft, ob das Deutsche Reich sich hier überhaupt völkerrechtswidrig verhalten hat; vgl. Geimer IPRax 08, 225 FN 7.

[94] BL – Albers § 20 GVG RN 2; BVerfG NJW 83, 2766; Gutzwiller ZSR 05, 122 spricht (aus Sicht der Schweiz) von einer allgemeinen völkerrechtlichen Regel.

[95] Die Problematik des Falles lag in der Frage, ob der (selbst ausgerufene) Staatsnotstand ein Recht zur Zahlungsverweigerung gebe. Juristisch ausgedrückt: Lag ein Fall Höherer Gewalt, der von einer privaten Pflicht befreit, vor? Wenn ja: durfte Argentinien als privater Schuldner sich darauf berufen?

Die Zweiteilung der staatlichen Tätigkeit in eine gerichtlich nicht nachprüfbare hoheitliche und eine wirtschaftliche, welche der Gerichtsbarkeit unterliegt, führt zu der Frage der Abgrenzung beider Bereiche. Weltweit gibt es wohl hinsichtlich der meisten Fragen Übereinstimmung über das, was jeweils als hoheitlich oder privatwirtschaftlich anzusehen ist.[96] Die Begebung einer internationalen Anleihe, die Verbürgung eines internationalen Kredits gehören sicherlich zum privatwirtschaftlichen Bereich. Problematisch können aber Verträge über solche Güter sein, welche dem Hoheitsbereich dienen, etwa der Einkauf von Militärgerät. Im Bereich der gesetzlichen Schuldverhältnisse, etwa im Deliktsrecht, wird die Abgrenzung besonders schwierig. Ein Staat baut ein Atomkraftwerk. Hoheitlich, weil die Energieversorgung des Volkes gesichert wird? Oder privatwirtschaftlich, weil der Strom, vielleicht sogar ins Ausland, verkauft werden soll?[97] Die allgemeine Antwort in diesen Fällen wird sein, dass das Gericht nach seiner *lex fori,* in Deutschland also nach den deutschen Grundsätzen des Verwaltungsrechtes, qualifiziert, ob es eine Maßnahme für hoheitlich oder privatwirtschaftlich hält.[98]

c.   Staatsnotstand

Argentinien hat sich in den Beispielsfällen darauf berufen, dass die Bedienung der Anleihen den Staat seiner Devisenreserven entblößen würde, welche aber zur Aufrechterhaltung seiner Funktion als Staat zwingend nötig seien. Seine Zahlungsverweigerung sei daher gerechtfertigt. Wenn das aus dem Völkerrecht herzuleiten wäre, dann müsste diese Zwangsstundung über Art. 25 GG von den deutschen Gerichten ohne weiteres zu berücksichtigt werden. Das Bundesverfassungsgericht hat jedoch festgestellt, es gebe keine allgemeine Regel des Völkerrechts, die einen Staat gegenüber einer Privatperson berechtige, die Erfüllung fälliger privatrechtlicher Zahlungsansprüche unter Berufung auf Staatsnotstand zeitweise zu verweigern.[99] Es wird wie folgt argumentiert werden können: Eine Parallele kann man zum Pfändungs- und Vollstreckungsschutz im privaten Bereich sehen. Der Schuldner ist und bleibt zwar auch dann verpflichtet, wenn er durch eigene Schuld oder widrige Umstände in Ver-

---

Beides wurde vom LG Frankfurt verneint. Zu Recht: Auch ein privater Schuldner kann sich seinen Zahlungspflichten nicht mit der Begründung entziehen, er sei durch Schicksalsschläge zahlungsunfähig geworden.
[96] **Exkurs:** Es ist auch heute nicht immer einfach, zwischen dem hoheitlichen und privatrechtlichem Bereich, zwischen den „zwei Körpern des Königs" (Kantorowicz) zu unterscheiden. Das römische Recht unterschied klar zwischen Staats- und Privatvermögen des Kaisers, obwohl dieser als absoluter Herrscher über Staatseigentum wie über sein Privateigentum verfügen konnte. Diese Unterscheidung haben wir in Europa erst etwa seit dem Hochmittelalter, Kaiser Friedrich II, gest. 1252, wieder entdeckt. Sie wurde zu einem wesentlichen Element des staatsrechtlichen Denkens. Diese Unterscheidung ist heute zwar auch im antiquierten englischen Verfassungsrecht des *common law* praktisch vollzogen, aber anscheinend theoretisch immer noch nicht ganz bewältigt. Das führt zu komplizierten Fragen wie: Wem gehört das Krongut in Kanada oder Australien in den Gebieten, die nicht als Provinzen, sondern als abhängige Gebiete, territories, organisiert sind? Wer ist der Prozessgegner der Ureinwohner bei ihren Rückerstattungsansprüchen: Die englische Königin als Eigentümerin des Landes; die kanadische Regierung?
[97] Vgl. öOGH 88, 459. Auf Klage eines Anrainers auf der österreichischen Seite der Donau wurde die damalige Tschechoslowakei verurteilt, den Bau eines Atomkraftwerks unmittelbar auf der Grenze zu Österreich zu unterlassen. Diese Fragen können dadurch verschwiegen werden, dass der Staat zur Vornahme einer hoheitlichen Handlung eine private Gesellschaft beauftragt, und umgekehrt eine private Maßnahme durch einen Hoheitsträger vornehmen lässt.
[98] Ipsen, S. 377 ; Gutzwiller ZSR 05, 123: das ist auch die Sicht in der Schweiz.
[99] Beschl. v. 8.5.07 IPRax 08, 427; a.A. Lübbe-Wolff NJW 07, 2610 f. – Schiedsgerichte der Weltbank haben z.T anders entschieden, vgl. Herdegen S. 284.

mögensverfall geraten ist, aber das Gesetz schützt ihn vor einer „Nacktpfändung". Es muß ihm von seinem Vermögen so viel gelassen werden, dass er ein menschenwürdiges Dasein zubringen kann. So auch ein Staat. Der Staatsnotstand ist kein Stundungsgrund, der sich auf seine materielle Verpflichtung auswirkt, wodurch also etwa der Zinslauf gehemmt würde, er ist aber Vollstreckungshindernis. Der Staat müsste also in jedem Einzelfall darlegen, dass die jeweils anstehende Vollstreckung die Wahrnehmung seiner staatlichen Funktionen gefährden würde. Da eine Vollstreckung ohnehin nur in sein Fiskalvermögen zulässig ist, kann dieser Fall eigentlich nicht eintreten, allenfalls gegenüber Großgläubigern. Gegenüber Kleinanlegern bliebe der Staat daher aufgrund dieser Überlegung immer zahlungspflichtig.

4.   Staatsgesellschaften[100]

Meistens nehmen Staaten nicht in eigener Person am Wirtschaftsverkehr teil, sondern setzen dafür Staatsgesellschaften ein. In Deutschland sind herausragende Beispiele die Banken und Sparkassen, welche unbeschadet ihrer Rechtsform als Körperschaft oder Anstalt des öffentlichen Rechtes als Teilnehmer des privaten Wirtschaftsverkehrs dem normalen Wirtschaftsrecht unterliegen. Gelegentlich werden zur Durchführung bestimmter wirtschaftspolitischer Aufgaben Projektgesellschaften gegründet, z. B die Gesellschaft für technische Zusammenarbeit GmbH, GTZ, als wichtiger Träger der politisch gewollten und eigentlich hoheitlichen deutschen Entwicklungspolitik. Auch die Erhebung der deutschen Autobahngebühr (Maut) ist an sich eine hoheitliche Aufgabe. Systemerstellung, Systempflege und Erhebung der Maut wurden allerdings einer eigens zu diesem Zweck gegründeten Gesellschaft übertragen, TollCollect.

Die Einschaltung einer Staatsgesellschaft findet regelmäßig dort statt, wo nationale Bodenschätze zu heben und zu vermarkten sind. Die norwegische Statoil oder ihr Gegenstück in Brasilien, die Petrobras, in Russland die Gasprom, sind auf dem Gebiet der Mineralölwirtschaft zu nennen. Bei diesen Unternehmen handelt es sich um privatwirtschaftlich tätige, im Grunde aber staatliche, Einheiten, die an einer eventuell gegebenen Immunität des Staates, welchem sie gehören, nicht teilnehmen.[101] Es ist gleichgültig, ob diese Unternehmen als Aktiengesellschaft organisiert sind oder den Status einer öffentlich-rechtlichen Körperschaft haben. An sich ergeben sich für das internationale Wirtschaftsrecht im Verkehr mit Staatsunternehmen keine Besonderheiten, aber doch Fragen wie gemäß Fall 5. Nach einem allgemeinen Rechtsgrundsatz, Weltrechtssatz, wird ein Vertragspartner von seinen Verpflichtungen befreit, wenn ihm die Erfüllung gesetzlich verboten wird. Formal konnte R sich auf das staatliche Verbot berufen. Es wäre aber zu einfach, wenn sich ein Staatsunternehmen in dieser Weise ohne Schadensersatzverpflichtung seinen Verpflichtungen entziehen könnte. Das wäre geradeso, als wenn eine konzernangehörige Gesellschaft ihre Vertragsverletzung dadurch entschuldigen wollte, die Konzernleitung habe ihr verboten zu liefern. Der englische *Court of Appeal* hat der Klage des C stattgegeben und die Entschuldigung der R nicht akzeptiert.

---

[100] Berger, Ariane , *Staatseigenschaft gemischtwirtschaftlicher Unternehmen,* Duncker & Humblodt 2006. S.: 81 ff: Öffentliche Aufgabe als Kriterium der Staatseigenschaft; S. 91: Unmöglichkeit, den Begriff der öff. Aufgabe inhaltlich genau zu bestimmen (mvN)
[101] Vgl. LG Frankfurt NJW 76, 1045

Das Problem besteht also darin, in wieweit Staatsgesellschaft und Staat für das internationale Recht als identische Person angesehen werden dürfen oder müssen. Fall 3: Gehört das Goethe-Institut e.V. in München und sein Haus in Athen zum Vermögen der beklagten Bundesrepublik Deutschland? Die Identität zwischen Beklagtem/ Schuldner und Vermögensträger ist klar zu verneinen. Aber es kann weiter gefragt werden, ob und ggfs unter welchen Voraussetzungen es zulässig ist, formal selbstständige Rechtsträger, hier Goethe-Institut e. V., mit ihrem staatlichen Träger juristisch gleichzusetzen, eine Personenidentität also zu fingieren. Die Antwort wird von Fall zu Fall verschieden sein.[102] Die Zentralbank eines Staates ist fast immer ein eigener Rechtsträger neben dem Staat, dem sie gehört. Sie ist aber in der Regel so eng in die staatliche Organisation eingebunden, dass eine Gleichsetzung angebracht ist. Ob allerdings die bei der Zentralbank gehaltenen Guthaben des Staates der Pfändung unterliegen, ist gesondert zu fragen, vgl. Nr. 5b.

5.   Vollstreckungsimmunität des staalichen Hoheitsvermögens

a.   Grundsatz

Es ist zu unterscheiden zwischen der oben Nr. 2 erörterten Frage, ob ein Staat der Gerichtsbarkeit unterliegt, Gerichtsimmunität, und der Vollstreckungsimmunität, also der Frage, in welche seiner Vermögensstücke ein zu seinen Lasten ergangenes Urteil vollstreckt werden kann. Es gelten dieselben Grundsätze wie oben. Durch die Vollstreckung darf die Wahrnehmung der souveränen, hoheitlichen Rechte des betroffenen Staates nicht gestört werden. Eine Vollstreckung in Hoheitsvermögen ist daher nicht zulässig. Fiskalvermögen, welches der Staat wie ein Wirtschaftsunternehmen hat, unterliegt aber der Vollstreckung. Auch dieser Grundsatz gehört heute wohl zu allgemein anerkannten Grundsätzen des Völkerrechts und ist daher über Art. 25 GG unmittelbar Bestandteil auch des deutschen Rechts.

Es kommt daher auf die Unterscheidung an: Was ist Fiskalvermögen? Was ist Hoheitsvermögen? Nach herrschender Meinung steht die Qualifikation einer staatlichen Handlung als hoheitlich oder als privatwirtschaftlich bei dem erkennenden Gericht entsprechend seiner *lex fori*. Das deutsche Gericht fragt also, ob die Maßnahme des fremden Staates, wäre sie in Deutschland geschehen, hoheitlich oder privatrechtlich wäre. So der BGH im Fall 3: *Ob die Ansprüche des ausländischen Staates als öffentlich-rechtlich zu qualifizieren sind, bestimmt sich nach den Maßstäben des innerstaatlichen Rechts der Bundesrepublik Deutschland. Die Schuldnerin erhebt die fraglichen Gebühren für die Einräumung von Rechten, die sich aus ihrer Gebietshoheit ergeben. Sie sind eine Gegenleistung für eine öffentlichrechtliche Tätigkeit der Schuldnerin auf dem Gebiet der Luftverkehrsverwaltung und daher als öffentlich-rechtlich zu qualifizieren.* [103]

---

[102] **Exkurs:** In den kommunistischen Staaten war alles Staat. Dennoch ließen sich viele westlichen Juristen dazu herbei, der Tatsache, dass die Außenhandelsbank AG der Deutschen Demokratischen Republik eine „Aktiengesellschaft" sei, in diesem Zusammenhang irgendeine Bedeutung zuzumessen. Der heutige Leser kann sich nicht mehr vorstellen, welches Maß an vorauseilendem Gehorsam und Feigheit westliche Unternehmen und Professoren gegenüber diesen verbrecherischen Regimen aufbrachten; vgl Neue Zürcher Zeitung v. 23. April 2005 betreffend Nobelpreisverleihung. Das Urteil des englischen Court of Appeal in Czarnikow v. Roth, welches heute als ganz selbstverständlich erscheint, war damals Zeichen einer eher ungewöhnlichen richterlichen Zivilcourage.
[103] BGH v. 4.10. 05 RIW 06. 61 m.N.

Der Verfasser ist anderer Meinung und glaubt, dass der BGH und die herrschende Meinung hier irren. Aus dem Souveränitätsbegriff folgt, dass jeder Staat seine innere Verfassung selbst regelt, und dass er selbst bestimmt, was er als hoheitlich oder privatwirtschaftlich ansehen will. Die vom Bundesgerichtshof behauptete Zuständigkeit, über die Rechtsqualität russischer Hoheitsakte nach deutschen Vorstellungen zu entscheiden (Qualifikation nach der *lex fori*) ist daher, auch wenn es sich nur um deren Auswirkungen in Deutschland handelt, eine Missachtung der Hoheit des fremden Staates, hier Russlands. Nach der hier vertretenen Ansicht kann der souveräne Staat also selbst auch mit Wirkung für uns entscheiden, welche seiner im In- und Ausland gehaltenen Vermögenstücke er hoheitlichen oder privatwirtschaftlichen Zwecken widmet. Es ist aber ein völkerrechtliches Exzessverbot zu postulieren. Es wäre danach völkerrechtswidrig, wenn ein Staat, um sein im Ausland belegenes Vermögen dem Vollstreckungszugriff zu entziehen, dieses einfach als hoheitlichen Zwecken dienend ausgeben würde. Der Widmungsakt, die Hoheitsbestimmung durch den Schuldnerstaat, ist daher für uns dann unbeachtlich, wenn das betreffende Vermögensstück nach allgemeinen Grundsätzen[104] nicht dem hoheitlichen Bereich zuzurechnen ist. Im Falle 3 kämen freilich beide Sichtweisen, die des BGH und die hier vertretene, zu demselben Ergebnis.

Eine Vollstreckung in Botschaftsgebäude und alles, was dem politischen Auftrag der Botschaft dient, ist grundsätzlich ausgeschlossen. Im Fall 2 kann K das Urteil in Vermögenstücke der Republik Argentinien, vollstrecken, wo er sie findet, aber bei der Botschaft hat er kein Glück. Auch der Dienstwagen des Botschafters dürfte daher nicht pfändbar sein. Geschützt ist aber nicht das Vermögensstück als solches, sondern die hoheitliche Funktion, dem es dient, hier also die politisch nötige Mobilität des Botschafters und auch eine angemessene Repräsentation. Wenn daher der Botschafter einen Maybach fährt, aber die Miete für sein Botschaftsgebäude nicht bezahlt, dann wird eine Austauschpfändung, § 811 a ZPO zulässig sein: der Maybach wird gepfändet, und der Botschafter bekommt einen Passat.

Auch das Bankguthaben der Botschaft kann, soweit es zur Arbeitsfähigkeit der Botschaft nötig ist, nicht gepfändet werden. Dient das Guthaben aber allgemeinen wirtschaftlichen Zwecken, dürfte es der Pfändung unterliegen. Das ist aber nur eine theoretische Aussage, denn in der Praxis wird eine Abgrenzung kaum möglich sein. Denkbar ist immerhin, dass die Botschaft eines „Schurkenstaates" Bankguthaben in solcher Höhe unterhält, dass sie schlechterdings mit den politischen Aufgaben dieses Staates in keinem nachvollziehbaren Zusammenhang stehen können.

b.   Abgrenzungen

Von großer praktischer Bedeutung kann die Frage werden, ob das Bankguthaben eines Staates bei ausländischen Banken dem Vollstreckungszugriff unterliegt.[105]

Hier stellt sich folgendes Problem. Die Republik Argentinien ist Eigentümer der argentinischen Zentralbank. Wenn der Staat Guthaben in Euro hat, dann ist das rechtlich ein Guthaben seiner Zentralbank bei der Europäischen Zentralbank in Frankfurt, EZB. Zentralbanken sind heute wohl überall vom Staat verschiedene Rechtsperso-

---

[104] Man wird hier wieder einer dem Art. 38 I c IGH entsprechende Formel verwenden: *Die von den Kulturvölkern anerkannten allgemeinen Rechtsgrundsätze.*
[105] LG Frankfurt NJW 76, 1045

nen. Wenn eine Forderung gegen die Republik Argentinien vollstreckt werden soll, liegt der Gedanke nahe, das Guthaben der argentinischen Zentralbank etwa bei der EZB zu pfänden. Kontoinhaber in Frankfurt ist aber eben nicht die Republik Argentinien, sondern ihre Zentralbank. Es stellt sich daher die Frage, ob die Zentralbank eines Staates zum Zwecke der Zwangsvollstreckung als mit ihrem Staat identisch angesehen werden kann. Sicher ist das nicht, weil in den jeweiligen Staaten sehr unterschiedliche Zentralbanksysteme bestehen. Grundsätzlich wird man diese Identität aber bejahen dürfen. Dazu kann man Rechtsfiguren aus dem Unternehmensrecht zum Vergleich heranziehen, etwa die faktische Identität zwischen herrschendem und beherrschtem Unternehmen bei Bestehen eines Beherrschungsvertrages, §§ 291 ff AktG. Dann allerdings entsteht wieder die schon berührte Frage: Ist das Guthaben, welches Argentinien über seine Zentralbank bei der EZB hält, Fiskal- oder Hoheitsvermögen?

Das von der Zentralbank gehaltene Geld eines Staates dient auch dazu, die Währungsreserven des Staates, und damit seine internationale Handlungsfähigkeit als Hoheitsträger zu gewährleisten. Das spricht gegen eine Pfändbarkeit.[106] In Staaten ohne freien Kapitalverkehr, müssen die privaten Unternehmen ihre auf fremde Währung lautenden Forderungen entweder bei ihrer Zentralbank umtauschen oder jedenfalls ihr Konto in Fremdwährung bei dieser führen. Die Zentralbank eines solchen Staates verwaltet daher mindestens auch Gelder, die nicht hoheitlichen Zwecken dienen. *Eine mögliche zukünftige Verwendung dieser Gelder zur Finanzierung staatlicher Aufgaben, vermag keine sachliche Immunität zu begründen.* [107]

Ganz ähnlich ist die Frage, wenn das Guthaben einer Staatsgesellschaft wegen Forderungen gegen ihren Staat gepfändet werden soll. Die National Iranian Oil Company gehört, wie schon aus dem Namen ersichtlich der Islamischen Republik Iran. Die Guthaben einer staatlichen Ölgesellschaft stammen aus privaten Verträgen und werden in erster Linie auch privatwirtschaftlich eingesetzt, auch wenn diese Zecke, z.B. Ankauf von Waffen, dem hoheitlichen Aufgabenbereich des entsprechenden Staates dienen. Überwiegend aber werden sie wohl als privatwirtschaftlich angesehen und können daher gepfändet werden.[108]

Fall 3 zeigt einen besonders schwierigen Abgrenzungsfall. Das Goetheinstitut ist als ein privatrechtlicher Verein mit der beklagten Bundesrepublik Deutschland nicht identisch, auch wenn diese der eigentliche Träger des Vereins ist. Eine Zwangsvollstreckung in Vereinsvermögen wegen Schulden des deutschen Staates ist daher zumindest sehr problematisch. Die im Ausland tätigen Goetheinstitute dienen der deutschen auswärtigen Kulturpolitik. Das ist aus deutscher Sicht eine hoheitliche Aufgabe. Das Vereinsvermögen kann also auch aus diesem Grunde nicht der Zwangsvollstreckung unterliegen. Aber: Eine der wesentlichen Betätigungen dieser Einrichtungen ist die Abhaltung von Deutschkursen. Damit stehen die Goetheinstitute mit den zweifellos privaten Sprachschulen, z. B. Berlitzschulen, auf derselben Ebene. Es entscheidet die *lex fori,* also griechisches Recht, ob die Tätigkeit der Goetheinstitute hoheitlich ist. Griechenland hat vielleicht ein ganz anderes Verständnis von dem, was

---

[106] Gutzwiller, Ch. *Die Vollstreckung gegenüber ausländischen staatlichen Körperschaften, insbesondere in die Währungsreserven einer Zentralbank* ZSR 02, 121 ff ; Gramlich. *Staatliche Immunität für Zentralbanken* RabelsZ 81, 545 ff
[107] LG Frankfurt NJW 76, 1045
[108] BL – Albers § 20 GVG RN 4

hoheitlich ist. Dann wird ein griechisches Gericht, wie tatsächlich geschehen, die Zwangsvollstreckung zulassen.

Eine ganz andere Frage ist, ob dieses griechische Verständnis völkerrechtskonform ist.[109] Deutschland könnte also gegen diesen völkerrechtswidrigen (wenn auch nach griechischem nationalem Recht anscheinend legalen) Rechtsakt völkerrechtlich zulässige Vergeltungsmassnahmen treffen, etwa durch Gesetz griechische Kulturarbeit in Deutschland verbieten.

6.   Insolvenz eines souveränen Staates

Es gehört an sich zu den souveränen Rechten eines Staates, dass er sein Geld selber schöpfen kann.[110] Solange sich ein Staat nur in seiner eigenen Währung verschuldet, kann er daher definitionsgemäß niemals zahlungsunfähig werden. Wenn er kein Geld mehr hat, seine Beamten zu bezahlen, dann hängt er der Million einfach eine „0" an – und schon sind daraus 10 Millionen geworden, und wenn es nicht reicht, dann noch einmal – und das Guthaben des Staates bei seiner Zentralbank beträgt plötzlich 100 Millionen. In einem solchen Falle verliert die Währung allmählich natürlich jeden Wert. In Simbabwe war es 2009 auf diese Weise dazu gekommen, dass Banknoten mit dem sagenhaften Betrag von 1 Trillion[111] Simbabwe Dollar umliefen. Das kann, wie es in Simbabwe auch geschieht, zum Zusammenbruch der privaten und staatlichen Funktionen führen, aber deswegen ist Simbabwe nicht pleite. Die USA ist gegenüber zahlreichen Ländern der Welt hoch verschuldet, aber fast ausschließlich in US-Dollar. Da die USA in beliebiger Höhe US-Dollarbeträge schöpfen kann, werden die im Zuge der Finanzkrise (2008/09) geschöpften Dollars nur die Folge haben, dass der Wert dieser Währung sinkt. Die USA kann aber deswegen nicht insolvent werden.

Ein Staat kann nur insolvent werden, wenn er in einer anderen als der eigenen Währung verschuldet ist. Diese Situation ist geschichtlich mehrfach aufgetreten. Das Deutsche Reich war infolge der ihm auferlegten Kriegsschulden 1923 zahlungsunfähig. Die Schulden mussten in US-Dollar gezahlt werden, die wir nicht hatten und immer teurer (= fallende Reichsmark) kaufen mussten, um sie nach Frankreich zu überweisen. Als nichts mehr ging, besetzte Frankreich 1923 für mehrere Jahre das Ruhrgebiet.[112]

Das Völkerrecht erlaubte das damals so wenig wie heute. Es entsteht daher die Frage nach völkerrechtlich zulässigen Mechanismen für ein Insolvenzverfahren von Staaten. Die hierzu diskutierten Vorschläge laufen letztlich auf ein Verfahren hinaus, in

---

[109] Nicht vertieft werden soll die vom Verfasser bejahte Frage, ob sich nicht aus der gemeinsamen Mitgliedschaft in der EU besondere Wohlwollenspflichten ergeben.
[110] Der Eintritt Deutschlands und anderer EU-Staaten in den Euroverbund ist daher ein sehr weit greifender Souveränitätsverzicht, nicht zuletzt deswegen, weil Deutschland nun auch insolvent werden kann, wenn es seine internen Schulden nicht mehr bezahlen kann, die EZB sich aber weigern wird (und nach ihrem Statut auch muss) Liquidität in beliebiger Höhe bereit zustellen.
[111] Es macht dann auch schon keinen Unterschied mehr, ob es sich um eine echte „Trillion" im Sinne der üblichen Zählung (1 Billion x 1 Billion) handelt oder um eine Trillion im USA-Verständnis. In den USA heißt unsere Milliarde (1000 x 1 Mio) bekanntlich Billion, unsere Billion (= 1 Mio x 1 Mio) heißt dort dann Trillion.
[112] Die Ruhrbesetzung war daher ein ebenso kriegerischer Akt wie etwa die russische Besetzung der baltischen Staaten 1940.

welchem die Gläubigerstaaten unter der Leitung der WTO oder der UNO als Schiedsrichter nach den Regeln etwa der WTO zwischen den Gläubigern und dem Schuldnerstaat vermitteln.[113] Ein solcher Vergleich wäre dann als rechtsverbindlich und vollstreckbar anzusehen. Es bliebe dann aber immer noch das Problem der Vollstreckung, wenn der Schuldnerstaat im Ausland einfach nichts hat und diese im Inland nicht zulässt. Im System des heutigen Völkerrechts ist eine Lösung also nur möglich, wenn wie bei einem Schiedsgericht alle Beteiligten zustimmen. Aber auch dann kann der Schuldnerstaat eigentlich nicht gezwungen werden, die ggfs auch reduzierte Schuld zu zahlen. Da die UN-Satzung Krieg, wenn sie nicht zur Verteidigung des Weltfriedens nötig sind, verbietet, ist das Völkerrecht gegenüber einem zahlungsunwilligen Staat eigentlich am Ende.

Der Verfasser schlägt aber vor, auf eine Rechtsfigur zurückzugreifen, welche er in einem anderen Zusammenhang vorgetragen hat.[114] Danach besteht die Souveränität eines Staates aus Teilsouveränitäten, insofern er auf wirtschaftlichem, kulturellem, justiziellem und anderen Gebieten seine Hoheit betätigt. Wenn dieser Stadt auf einem Gebiete, hier dem monetär-wirtschaftlichen, nicht die Pflichten erfüllt, welche nach allgemeinem Völkerrecht zum Kernbestand und zu den Kernpflichten eines souveränen Staates gehören, dann folgt, dass er seine Souveränität auf diesem Teilgebiet verliert. Nach einem Promiximitätsgrundsatz (Grundsatz der größten kulturellen, geographischen und politischen Nähe) kann dann ein Nachbarstaat diese Teilsouveränität für seinen defekten Nachbarn übernehmen. Er fungiert dann als Geschäftsführer ohne Auftrag solange, bis geordnete Verhältnisse wiederhergestellt sind. Inhalt einer solchen Geschäftsführung könte zum Beispiel sein, dass der proxime Staat völkerrechtlich befugt ist, über das (Auslands-) Vermögen des defekten Staates in aller Welt zum Zwecke der Schuldentilgung zu verfügen.

VI. Völkerrechtliche Grenzen der Staatsgewalt (Auswärtige Gewalt)

Fälle

1. Beispiel: Der deutsche Bundestag erlässt ein Gesetz, wonach Autos deutscher Herstellung in England nicht links, sondern rechts fahren müssen. Der in Paris lebende P hat sich mit seinem BMW an dieses Gesetz gehalten und in einem dadurch verursachten Unfall dem K einen Schaden zugefügt. K verklagt ihn in Paris. P meint, er habe sich an das Gesetz gehalten und sei daher an dem Unfall nicht schuld. Zu Recht?

   Stichworte: Übergriffe eines Staates in fremde Rechtsordnungen

2. Im Jahre 1982 erließ der amerikanische Kongress ein Gesetz, welches Ausländern, wenn sie Tochtergesellschaften amerikanischer Unternehmen waren, oder wenn sie amerikanische Patente benutzten, unter Strafandrohung verbot, mit der Sowjetunion Geschäfte zu machen, welche dem Bau der Erdgasleitung von Nordsibirien nach Westeuropa Vorschub leisten können. D aus Deutschland

---

[113] Paulus RIW 09, 11; vgl. auch Herdegen S, 279 f
[114] Aden, Internationale Notzuständigkeit, Zeitschrift für vergleichende Rechtswissenschaft 2007, S. 490

meint daraufhin, ihm seine die Erfüllung seines dem deutschen Recht unterstehenden Vertrages mit S unmöglich geworden. S verlangt die Erfüllung bzw Schadensersatz. [115]Zu Recht?

Stichworte: Grenzen der Wirkungserstreckung nationaler Gesetze

3. R war Russe mit deutschen Vorfahren und hatte aufgrund Art. 116 GG die deutsche Staatsangehörigkeit erworben. Er hatte zuletzt in Brasilien gelebt, wo er starb und ein Testament zugunsten seiner brasilianischen Freundin gemacht hat. Seine in Deutschland lebenden ehelichen Kinder meinen, auf den Erbfall sei deutsches Erbrecht anzuwenden, und verlangen den Pflichtteil. Die in Russland lebende Ehefrau E verlangt auch etwas aus dem Erbe. Welches Recht wird ein deutsches, brasilianisches, russisches Gericht anwenden?

Stichworte: Übergriffe des nationalen Rechtes in fremde Hoheit; Anknüpfungspunkte.

1.   Grundsatz

Aus dem Souveränitätsgrundsatz folgt, dass Gesetze nur in dem Staat gelten, der sie erlassen hat. In diesem Rahmen werden Gesetze eines Staates und deren Auswirkungen grundsätzlich in allen anderen Staaten anerkannt.[116] Die Umkehrung ist der Grundsatz der Nichteinmischung in die inneren Angelegenheiten eines anderen Staates. Gesetze eines Staates, welche sich nicht an diese Schranken halten, sind insoweit völkerrechtswidrig. Art. 116 I Grundgesetz ist völkerrechtlich daher eine gewagte Vorschrift. Darin steht: *Deutscher im Sinne dieses Grundgesetzes ist, wer die deutsche Staatsangehörigkeit besitzt oder als Flüchtling oder Vertriebener deutscher Volkszugehörigkeit oder als dessen Ehegatte oder Abkömmling in dem Gebiet des Deutschen Reiches nach dem Stand vom 31. Dezember 1937 Aufnahme gefunden hat.* Auf Grund dieser Vorschrift sind zahllose Menschen namentlich in Russland potenzielle deutsche Staatsangehörige (Russlanddeutsche). Nach russischer Meinung verstößt Art. 116 GG gegen das Völkerrecht, da Deutschland sich anmaße, russischen Bürgern (auch) die deutsche Staatsangehörigkeit zu verleihen. Man stelle sich vor, Deutschland erließe ein Gesetz: *Alle Bürger des Großherzogtums Luxemburg erhalten auf beim Landratsamt Trier zu stellenden Antrag die deutsche Staatsangehörigkeit.* Das wäre ein schwerer Verstoß gegen das völkerrechtliche Nichteinmischungsverbot, wobei die Luxemburger immerhin noch Deutsch sprechen.

Wenn Staat A seinen Gesetzen eine Wirkung im Staat B oder noch darüber hinaus beilegt, werden diese in B nicht anerkannt. Ein Gesetz wie im Fall 1 wäre ein Übergriff des deutschen Gesetzgebers in die inneren Angelegenheiten Englands. Ein solches Gesetz wäre als Verstoß gegen die Grundregeln des Völkerrechts, Art. 25 GG, auch in Deutschland verfassungswidrig. Es entfaltet daher weder in Deutschland noch sonst auf der Welt Rechtswirkungen. Das Gericht in Paris würde sich also dar-

---

[115] Die USA haben mehrfach solche Gesetze erlassen, .z. B. das Helms-Burton Act, welches den von den USA gegen Kuba verhängten Sanktionen dadurch Nachdruck verschaffen sollte, dass auch anderen Staaten der Handel mit Kuba verboten wurde; ähnlich das d' Amato-Act betreffend Iran und Libyen.

[116] Es ergeben sich allerdings heute Schranken aus dem allgemein anerkannten humanitären Völkerrecht, vgl. oben S. 22.

um nicht kümmern und den P verurteilen. Wirtschaftsgesetze zerfallen in deutscher Systematik in zwei Gruppen, nämlich

- Privatrechtliche Gesetze, welche die Vertragsfreiheit der Parteien regeln und lenken;
- Öffentlich-rechtliche Vorschriften, die dem Wirtschaftsverwaltungsrecht zuzurechnen sind und die Volkswirtschaft eines Staates insgesamt betreffen.

Gesetze, welche die grenzüberschreitende wirtschaftliche Betätigung der Bürger betreffen, führen zu Fragen des anwendbaren Rechts, welche im Internationalen Privatrecht behandelt werden. Gesetze, welche das öffentliche Wirtschaftsrecht im Verkehr mit dem Ausland betreffen, können unter dem Begriff des Außenwirtschaftsrechts zusammengefasst werden.

2.   Außenwirtschaftsrecht

Gesetze und Normen, welche den Handel eines Staates mit Personen in anderen Staaten regeln, bezeichnet man als Außenwirtschaftsrecht. Es handelt sich um öffentlich-rechtliche Vorschriften. Hauptansatzpunkte des Außenwirtschaftsrechts sind Einfuhr- und Ausfuhrbeschränkungen.

Auf der Importseite ist ein wichtiges Instrument zur Steuerung der Außenwirtschaft der Zoll, welcher auf die zu importierende Ware erhoben wird und diese für das Inland künstlich verteuert. Als Schutzzoll dient er der Abwehr ausländischer Güter zum Schutz von im Inland produzierten Waren. Auf der Exportseite wird das Außenwirtschaftsrecht durch absolute Verbote oder Verbote mit Genehmigungsvorbehalt durchgesetzt, und als ein Unterfall der letzteren durch die Kontingentierung, also die mengenmäßige Beschränkung von Im- und Exporten.

Gesetzliche Grundlage ist das Außenwirtschaftsgesetz, AWG. In dessen § 1 ist der Grundsatz des deutschen Außenwirtschaftsrechts niedergelegt. Es handelt sich um eine Erlaubnis mit Verbotsvorbehalt: Der Wirtschaftsverkehr mit dem Ausland ist frei, er kann aber durch das Gesetz oder durch Verordnungen aufgrund dieses Gesetzes beschränkt werden. Andere Staaten, z. B. die USA, gehen den umgekehrten Weg, nämlich den des Verbots mit Erlaubnisvorbehalt. Außenwirtschaftsverkehr ist „grundsätzlich" verboten, wird aber im Einzelfall oder in Bereichen erlaubt.[117]

Die aufgrund des AWG bzw der darauf gestützten Verordnungen erlassenen Beschränkungen des Wirtschaftsverkehrs mit dem Ausland sind das Instrument, mit welchem Deutschland bzw die EG z. B. Sanktionen der Vereinten Nationen gegenüber anderen Staaten umgesetzt. Das Außenwirtschaftsrecht ist zwar grundsätzlich weiterhin nationales deutsches Recht, seine Anwendungsbereiche werden aber durch europäisches Recht überlagert und zum Teil ganz verdrängt. Ein nationales deutsches Zollrecht gibt es seit Jahren kaum noch. An dessen Stelle ist wie in anderen EU-Mitgliedstaaten der einheitliche europäische Zollkodex getreten. Die Brücke zum privaten Wirtschaftsrecht ergibt sich aus § 134 BGB. Ein Vertrag mit einem in- oder ausländischen Partner ist unwirksam, wenn er gegen ein gesetzliches Verbot verstößt, dazu gehören auch auf das AWG gestützte außenwirtschaftliche Beschränkungen.

---

[117] Herdegen S. 25 f

3.　　Internationale Regelungskompetenz des nationalen Gesetzgebers

Was man auch zuhause tut, irgendwie wirkt es sich auch immer auf Außenstehende aus. So hat auch jedes nationale Gesetz irgendwie Auswirkungen im Ausland. Das deutsche Steuerrecht z. B. hat eine sehr große Bedeutung für seine Nachbarstaaten Luxemburg, Schweiz und Liechtenstein. Das sind – aus dortiger Sicht – positive Wirkungen, insofern nämlich deutsche Steuerflüchtlinge dort Möglichkeiten nutzen, ihr Vermögen zu schützen, die dort legal, für das deutsche Recht aber illegal sind. Eine gezielte Änderung des deutschen Rechts hätte für diese Staaten höchst unerfreuliche Wirkungen. Die Einführung der Todesstrafe und Folter in Albanien hätte wegen des dann folgenden Zustroms von Asylanten erhebliche Auswirkungen auf Deutschland. Die Körperschaftssteuersätze in den neuen Beitrittsländern der EU[118] werden in den Kernländern der EU als ausgesprochene „Kampfpreise" empfunden, durch welche, wie es schon Irland nach seinem EU-Beitritt praktiziert hatte, Gesellschaftsgründungen ins Land gelockt werden sollen. In allen diesen Fällen stellt sich zwar letztlich die Frage, ob „die" das dürfen. Die Antwort wird aber sein, dass Staat A sich nicht drum zu kümmern braucht, wie Staat B reagiert, wenn er bei sich etwas regelt. Völkerrechtliche Fragen entstehen erst, wenn unmittelbare Auswirkungen jenseits der Grenzen drohen oder gar bezweckt sind.[119]

4.　　Hinreichende Anknüpfung

Ein Gesetz wie im Fall 1 wäre ohne weiteres völkerrechtswidrig, im Fall 2 nur hinsichtlich seiner Wirkungen im Ausland.[120] Im Fall 2 hatte das Embargo-Gesetz immerhin darauf abgestellt, dass das ausländische Unternehmen amerikanische Patente nutzte, oder dass es sich um Tochtergesellschaften amerikanischer Gesellschaften handelte. Völkerrechtlich stellte sich also in diesem Fall die Frage, ob die genannten Anknüpfungspunkte hinreichend waren, um eine auch für ausländische Personen gültige Regelung zu treffen. Die Frage wurde außerhalb der USA allgemein verneint.[121]

Im Fall 3 stellt sich die Frage ähnlich. Es ist an sich eine unzulässige Einmischung in die inneren Angelegenheiten eines anderen Staates, wenn eine bestimmte Gruppe von dessen Staatsangehörigen (Russen mit deutschen Vorfahren) von einem anderen Staat (hier: Deutschland) als potentiell eigene Staatsangehörige reklamiert wird. Die Frage ist also, ob es ein hinreichender Anknüpfungspunkt für die Wirkungserstreckung des deutschen Staatsangehörigkeitsrechts ist, dass eine Person dem – übrigens nicht näher definierten – deutschen Volkstum angehört. Außerhalb Deutschlands wird bzw. wurde diese Frage sehr kritisch behandelt. Es kommt also in Betracht, dass ein russisches Gericht auf den Erbfall russisches Recht anwendet, weil es die deutsche Staatsangehörigkeit des R nicht anerkennt. Ein deutsches Gericht würde natürlich deutsches Recht anwenden, und deutsche Staatsangehörigkeit bei R annehmen,

---

[118] z. B. Baltische Staaten, Slowakei ua

[119] Dieses war etwa zur Zeit des Kommunismus der Fall bei der Versuchung der Oberelbe in der Tschechoslowakei oder der offenbar gezielten Versuchung der Oberläufe von Werra und Fulda durch die damalige DDR.

[120] Berg/Nachtsheim RIW 03, 15f: *Für die Wirkungserstreckung nationaler Gesetze über die nationalen Grenzen hinaus gilt das Auswirkungsprinzip (effects doctrine), welches sich im Völkerrecht zum Territorialitätsprinzip konkretisiert.*

[121] Die EU hat mit VO EG 2271/96 ein Abwehrmittel geschaffen, vgl Kayser, Joachim *Gegenmaßnahmen im Außenwirtschaftsrecht und das System des europäischen Kollisionsrechts*, Frankfurt 2001.

ein brasilianisches Gericht würde angesichts der völkerrechtlichen Unsicherheit in Bezug auf die Staatsangehörigkeit des R möglicherweise brasilianisches Recht als das Recht des letzten Wohnsitzes anwenden.

Die Frage, wie eng ein Sachverhalt mit dem gesetzgebenden Staat verbunden sein muss, damit seine Auswirkungen im Ausland als noch völkerrechtsgemäß angesehen werden, wird vom Völkergewohnheitsrecht unklar beantwortet. Es ist aber internationaler Konsens, dass es auf folgende Kriterien besonders ankommt:

- Persönliche Verknüpfung eines im Ausland betroffenen Staatsangehörigen oder Wohnsitzers mit dem Gesetzgebungsstaat
- Sachliche Verknüpfung zum eigenen Staatsgebiet, z. B. Immissionen über die Grenze
- Auswirkungsprinzip: wenn sich Vorgänge im Staate A im Staate B nachhaltig auswirken, darf Staat B in Bezug auf diese Vorgänge regelnd eingreifen. Das Auswirkungsprinzip hat eine besondere Bedeutung im internationalen Kartellrecht.
- Schutzprinzip: Es gilt als völkerrechtlich zulässig, dass ein Staat zum Schutz seiner Bürger und Institutionen vor schweren Beeinträchtigungen Maßnahmen trifft, die sich im Ausland auswirken.
- Universalitätsprinzip: Ein Staat trifft Maßnahmen, welche elementare Grundsätze des Menschenrechts so weit wie möglich umsetzen bzw. verhindern. Genannt werden die Bereiche Völkermord, Sklaverei, Frauen- und Drogenhandel; vgl. § 5 StGB.

Dieselben Kriterien gelten im Grundsatz auch bei der Bestimmung der internationalen Zuständigkeit der Gerichtsbarkeit eines Staates.[122] Es ergibt sich aus Vorstehendem, dass Fragen der Wirkungserstreckung nationaler Gesetze ins Ausland im Wesentlichen auf dem Gebiet des öffentlichen Wirtschaftsrechts, des Außenwirtschaftsrechts im engeren Sinne, problematisch werden.

---

[122] Vgl. Geimer S. 56 RN 166 f und S. 156 RN 373ff

2. Teil   Internationales Privatrecht (IPR)

I.   Grundsätze

Fälle

1. Kläger K aus Köln verklagt Beklagten B aus Bremen vor dem Landgericht in Leipzig auf Schadensersatz aus einem in Berlin geschlossenen Vertrag. Kurz vor der Gerichtsverhandlung stellt der Anwalt des K fest, dass die Forderung nach dem neuen deutschen Recht verjährt ist. Nach Schweizer Recht wäre sie nicht verjährt. K beantragt daher, dass das Landgericht Schweizer Recht anwende. Hat K darauf einen Anspruch?

   Stichworte: IPR als Anspruchgrundlage für die Anwendung des richtigen Rechts

2. Die Eheleute M und F Fränkel stammten aus Deutschland und hatten dort 1936 geheiratet. Als Juden sind sie im Dritten Reich nach Südafrika ausgewandert und haben nun beide die südafrikanische Staatsangehörigkeit. Das während der Ehe erworbene Einkommen von M und F wurde für die laufende Lebenshaltung ausgegeben, Vermögen wurde nicht gebildet. M hatte aber 100.000 Dollar geerbt, womit er sich ein Grundstück in Deutschland gekauft hat. M stirbt und hat seinen Vetter V in Deutschland als Erben eingesetzt. F verlangt von V einen Anteil an dem Nachlass. Zu Recht? [123]

   Stichworte: Qualifikation – Intertemporales IPR

3. Mann M und Frau F sind Türken und haben in der Türkei geheiratet. Seit langem leben sie in Bochum. M legt sich die Geliebte G zu. F verklagt M und G in Bochum auf Schmerzensgeld wegen ehewidriger Beziehungen. Aussicht auf Erfolg? [124]

   Stichworte: Internationales Privatrecht – Qualifikation

4. Antiquitätenhändler A in Athen hat von T einem Türken eine im antiken Ephesus (heute Türkei) gefundene griechische Statue gekauft, die er an K aus Deutschland verkauft und übereignet. A verlangt die Statue von K zurück, weil K kein Eigentum an der Statue habe erwerben können, denn das griechische Gesetz zum Schutze griechischen Kulturgutes verbiete die Übereignung an Ausländer. K meint, wenn das so sei, dann habe schon A kein Eigentum von T erwerben können, weil es in der Türkei ein gleiches Gesetz gebe, welches die Übereignung an Nichttürken verbiete. Die Klage sei also mangels Eigentums des A unbegründet

   Stichworte: Vorfrage – selbständige Anknüpfung

---

[123] Der Fall wurde nach einem echten Fall abgewandelt, vgl. Aden, *The German Matrimonial Regime of Zugewinngemeinschaft in South African Private   International Law,* South African Law Journal (Johannesburg) 1973, 160 ff
[124] AG Bochum v. 20.6.96, STREIT 98, 41

1.   Grundgedanke des Internationalen Privatrechts (IPR)

Internationales Privatrecht ist das nationale Recht eines Staates über die Anwendung fremden Rechts im eigenen Staat. Die europäischen Staaten bilden seit jeher, nicht erst seit der Gründung der Europäischen Union, eine enge kulturelle und wirtschaftliche Gemeinschaft. Es war in Europa niemals sinnvoll, auf dem eigenen Staatsgebiet nur das eigene Recht anzuwenden.[125] Das gilt heute weltweit. Jeder Staat hat ein Interesse daran, dass sein eigenes Recht in bestimmten Fällen auch in anderen Staaten angewendet werde, also muß er auch umgekehrt bereit sein, in entsprechenden Fällen das Recht anderer Staaten bei sich anzuwenden.[126] Das deutsche, französische, russische usw. IPR gibt also jeweils an, ob und wann die eigenen staatlichen Gerichte ein anderes als ihr eigenes Recht anwenden und ggf. welches.

Denkbar wäre, dass das IPR eines Staates nur aus einem einzigen Paragrafen bestünde, etwa: *Auf dem Staatsboden unseres geheiligten Vaterlandes gilt nur unser eigenes Recht.* Das Gegenteil einer solchen IPR-Regel wäre eine ebenso radikale Vorschrift nur zur anderen Seite etwa wie folgt: *Die nationalen Gerichte wenden nationales Recht nur an, wenn es im ausländischen (bzw. im französischen, englischen, russischen usw.) Recht keine Regelung gibt.*

Diese fiktiven Rechtssätze zeigen, welche Wertungen dem Internationalen Privatrecht zugrunde liegen können. Je mächtiger ein Staat ist, aber auch je isolierter er lebt, desto weniger wird er bereit sein, die Geltung fremder Rechtsnormen bei sich zu gestatten. Auch ohne nähere Kenntnis wird man also erraten können, dass Handel treibende, weltoffene Staaten ein IPR haben, welches der Anwendung fremden Rechtes offen gegenübersteht. Umgekehrt, dass auf sich selbst bezogene, dem Welthandel fern stehende Staaten wie Nordkorea, und dass die mächtigen Vereinigten Staaten von Amerika sich weniger um ausländisches Recht kümmern werden als z.B. Belgien. Das IPR der modernen Staaten liegt zwischen den von diesen fiktiven Regeln abgesteckten Extremen.

Vorschriften nach dem Muster des ersten Beispiels waren typisch für die kommunistischen Diktaturen. Vorschriften nach dem Muster des zweiten Beispiels sind typisch für Staaten unter Fremdherrschaft. Diese vollzieht sich in der Lebenspraxis des unterworfenen Volkes dadurch, dass der siegreiche Staat dem unterworfenen sein Recht aufzwingt und ihm Entfaltung nur noch in dem Rahmen lässt, der durch das siegreiche Recht nicht abgedeckt wird.[127]

---

[125] Schlechtriem, S. 35 : *Vom 13. bis in 18 Jahrhundert bestand das Bewußtsein einer einheitlichen Rechtskultur in Europa.* Zur Geschichte des IPR vgl. Kegel S. 162 ff ; v. Hoffmann S. 45 ff

[126] Die Regeln des IPR sind daher ein Souveränitätsverzicht des jeweiligen Staates, zu welchem er zwar völkerrechtlich nicht verpflichtet ist, den er aber im Rahmen der Höflichkeit unter Staaten (lat. *comitas= engl .comity*) zu leisten bereit ist, vgl. v. Hoffmann, S. 52

[127] **Exkurs:** Ein Staat kann sich völkerrechtlich verpflichten, in bestimmten Bereichen auf die Anwendung des eigenen Rechtes zu Gunsten eines anderen Rechtes zu verzichten. Bei der Übernahme eines fremden Rechtes ist zu unterscheiden, ob der Staat sich dem Rechte des anderen Staates unterwirft, wie es im Falle von Monaco (gegenüber Frankreich) und teilweise Liechtenstein (gegenüber Schweiz) der Fall ist, oder ob der übernehmende Staat ein fremdes Recht als eigenes Recht annimmt. Beispiel: Durch die napoleonischen Kriege war Deutschland links des Rheins unter französische Herrschaft gekommen. Frankreich führte hier den 1804 in Kraft gesetzten Code Civil ein. Bis zur Neugründung des Deutschen Reiches 1871 wurde in diesen Landesteilen, die zu Preußen gehörten, das französische Recht weiter angewendet, allerdings als eigenes Recht des preußischen Staates. Für die Auslegung dieses Rechtes war also nicht das französische oberste Gericht (*Cour de Cassation*) zu-

2.   Auffindung der richtigen Rechtsordnung

Man kann das IPR definieren als ein Recht, welches einer Partei einen Anspruch gegen das Gericht gibt, den anhängigen Rechtsfall nach einem bestimmten Recht zu beurteilen. Das IPR, Kollisionsrecht, ist zwingend. Der Richter muss es ebenso anwenden wie die ZPO oder ein anderes Gesetz, und zwar muss er von sich aus in jeder Lage des Verfahrens prüfen, ob er die richtige Rechtsordnung anwendet.[128]

Der Verfasser meint allerdings: Innerhalb von EU-Europa sind die Rechtsordnungen einander so ähnlich geworden, dass es, mit Ausnahme des Ehe- und Familienrechts, unnötige Kosten verursacht, über das Kollisionsrecht das anwendbare Recht zu bestimmen und dann anzuwenden. Es gilt innerhalb EU-Europas eine Vermutung der gleichwertigen Lösung in allen nationalen Rechtsordnungen. Der Richter ist also, wenn eine Auslandberührung mit einem EU-Staat besteht, nicht verpflichtet, sein IPR nach der anwendbaren Rechtsordnung zu befragen, er muss auch nicht gemäß § 293 ZPO den Inhalt des betreffenden EU-Staates ermitteln. Er kann das materielle Recht des Gerichtsorts, *lex fori,* auch dann anwenden, wenn sein IPR eigentlich das Recht eines EU-Staates für beruft. Das kollisionsrechtlich berufene Recht hat der Richter nur dann anzuwenden und ggfs dann nach § 293 ZPO zu verfahren, wenn die Parteien glaubhaft machen, dass das kollisionsrechtlich berufene Recht zu einer anderen Lösung als die *lex fori* führen würde.[129]

Herrschende Ansicht ist das freilich noch nicht. Das angerufene Gericht hat daher weiterhin als erstes festzustellen, ob der Fall eine Auslandsberührung aufweist. Wird diese bejaht, muss es prüfen, ob aufgrund der am Gerichtsort geltenden (deutschen, französischen usw.) Kollisionsnormen der Fall insgesamt oder Teilbereiche davon nach ausländischem, und ggf. nach welchem, Recht zu beurteilen sind.[130] Es gilt daher im IPR aller Staaten eine Art Obergrundsatz, Weltrechtssatz[131], der wie folgt formuliert werden kann:

- Der Richter ist verpflichtet, anhand des am Gerichtsort geltenden IPR zu prüfen, ob die Rechtssache dem am Gerichtsort geltenden materiellen Recht, lex fori, unterliegt. Diese Pflicht besteht entweder aufgrund Gesetzes (so in Deutschland, Schweiz, Frankreich ua) oder aufgrund des Antrages einer Partei (so im Recht Englands und der ihm folgenden Staaten).
- Führt diese Prüfung dazu, dass das materielle Recht der lex fori nicht anwendbar ist, hat er an Hand des am Gerichtsort geltenden IPR zu prüfen, welches Recht stattdessen gilt, und muß dieses anwenden.

---

ständig, sondern das preußische bzw. deutsche Gericht. Für bestimmte Rechtsbereiche hat der Code Civil in diesen Gegenden auch heute noch Bedeutung, und er wird als deutsches Recht angewendet.

[128] Allgemeine Meinung vgl. BGH v. 25.9.97 NJW 98, 1321; vgl. auch Art. 13 Schweiz. IPRG

[129] Aden, *Kollisonrechtliche Wahlfeststellung* aaO. Der Verfasser ist davon überzeugt, dass in wenigen Jahren innerhalb Europas eine solche Regelung gelten wird. Die Arbeit mit dem Internationalen Privatrecht ist oft zu einem juristischen Glasperlenspiel geworden. Im praktischen Ergebnis antwortet es oft nur noch auf die Frage, ob man – in einem Bilde – zum Hauseingang die Freitreppe links oder recht hinauf gehen soll.

[130] BGH v. 27.2.03 IPrax 03, 449: Bei Auslandsberührung ist das deutsche Kollisionsrecht von Amts wegen zu beachten und anzuwenden.

[131] Vgl. auch art. 3 frz Code Civil, Dalloz Nr. 1 ff

Dieser Obergrundsatz besagt zugleich: Nicht jeder Auslandsbezug führt dazu, dass die Sache einem anderen als dem am Gerichtsort geltenden Recht unterliegt, sondern nur dann, wenn das IPR die Anwendung eines bestimmten fremden Rechtes vorschreibt. Für das deutsche Gericht ergibt sich bei jeder Klage daher ein Prüfungsschema wie gemäß Anlage III, s.u. S. 282.

Fall 1: Einen Anspruch auf die Anwendung des Schweizer Rechts kann K nur aufgrund des deutschen IPR haben. Der Fall hat nichts mit der Schweiz zu tun, aus Art. 28 EGBGB kann sich dieser Anspruch also nicht ergeben. Allenfalls kommt Art. 27 EGBGB in Betracht. K müsste darlegen und ggfs beweisen, dass die Parteien Schweizer Recht vereinbart haben.

3.   Rechtsquellen des IPR

Das deutsche Internationale Privatrecht ist im Wesentlichen[132] in den Vorschriften Art. 3-46 Einführungsgesetz zum BGB (EGBGB) geregelt. Das EGBGB ordnet an, wann das BGB gilt und wann nicht. Das EGBGB verweist also bei Sachverhalten mit Auslandsberührung nicht nur auf fremdes Recht, sondern ordnet ggfs auch an, dass trotz des Auslandsbezuges deutsches Recht gilt.

Das EGBGB betrifft nicht nur die internationale Kollision zwischen deutschem und nicht deutschem Recht. Die Art. 64 ff betreffen das inländische Kollisionsrecht, also die Kollision zwischen deutschem Bundesrecht, wozu auch das BGB gehört, und dem Recht der Bundesländer oder altem aber fortgeltendem Regionalrecht. Die praktische Bedeutung dieses inländischen Kollisionsrechts war in Deutschland niemals besonders groß und nimmt weiter ab. In Staaten mit mehreren Rechtsordnungen, insbesondere USA, aber auch Großbritannien, spielt das interlokale Kollisionsrecht historisch eine große aber auch noch heute beträchtliche Rolle. Auch dort geht sie aber anscheinend zurück. Es wäre bei der letzten Reform des deutschen IPR 1986[133] sinnvoll gewesen, die Fragen der internationalen Kollision des Rechts in einem deutlich vom BGB abgesetzten IPR-Gesetz zusammenhängend zu regeln.[134]

In anderen Ländern, z. B. England und USA, gibt es keine systematisch geordneten Kollisionsregeln. Hier werden die Verweisungsnormen hauptsächlich aus dem Richterrecht entwickelt. [135]

Zum europäischen Kollisionsrecht s.u. VI, S. 101ff.

---

[132] Aber auch außerhalb des EGBGB finden sich verstreut Kollisionsnormen, z. B.: Art. 91 WechselG; §§ 335 ff InsolvenzO; § 130 II GWB.
[133] Gesetz v. 25. 7. 1986 BGBl 1142; seither mehrfach geändert und ergänzt.
[134] Manche Länder haben das getan, vgl. das österreichische Bundesgesetz v.15. Juni 1978 über das internationale Privatrecht (IPR-Gesetz). Schweiz: Bundesgesetz über das Internationale Privatrecht, IPRG, 18.12.1987
[135] Vgl. auch Frankreich: Art. 3 Code Civil und Rechtsprechung dazu.

4.   Gesamtverweisung

a.   Grundsatz

Es gilt der Grundsatz der kollisionsrechtlichen Gesamtverweisung. Wenn das IPR auf ein fremdes Recht verweist, ist die betreffende Rechtsordnung in Gänze gemeint, nicht nur einzelne Vorschriften, Art. 4 EGBGB. Die Gesamtverweisung umfasst also grundsätzlich auch das öffentliche Recht der betreffenden Rechtsordnung.[136] Dasselbe gilt, wenn das IPR einen Sachverhalt dem deutschen Recht unterstellt.[137]

Es wird auf die fremde Rechtsordnung nicht nur in der Form verwiesen, wie sie im Augenblick der Rechtswahl oder der gerichtlichen Feststellung besteht, sondern auch auf ihre künftigen Änderungen. Es kommt nicht darauf an, ob die Parteien diese Änderungen voraus sehen konnten oder im Gegenteil fest angenommen haben, dass eine solche Änderung nicht eintreten werde. Partner eines langfristigen Vertrages werden daher bei der Rechtswahl Vorsorge gegen überraschende Änderungen in dem berufenen Recht treffen. Dieses kann durch eine so genannte Versteinerungsklausel[138] geschehen (statische Verweisung), welche etwa folgenden Wortlaut haben kann:

> *Der Vertrag unterliegt deutschem Recht. Änderungen dieses Rechtes nach dem 1.1.2000 sollen nur gelten, wenn die Parteien dieses zusätzlich vereinbaren.*

b.   Unverfügbarkeit der prozessualen *lex fori*

Der Grundsatz der kollisionsrechtlichen Gesamtverweisung enthält eine im Gesetz nicht genannte äußerst wichtige Einschränkung. Die kollisionsrechtliche Gesamtverweisung auf eine fremde Rechtsordnung umfasst nicht das Verfahrensrecht.[139]

Das Verfahrensrecht regelt die Art und Weise, wie Ansprüche notfalls mit staatlicher Gewalt durchgesetzt werden. Das Verfahrens- oder auch formelle Recht ist daher ein Teil des öffentlichen Rechts und so der Privatautonomie entzogen. Das deutsche Verfahrensrecht ist hauptsächlich in der Zivilprozessordnung, ZPO, geregelt. Die deutsche Gerichtsverfassung führt zwar zu unterschiedlichen Verfahrensordnungen, etwa die Verwaltungsgerichtsordnung, VwGO, Arbeitsgerichtsgesetz ua. Diese sind aber nur Anpassungen der ZPO an den jeweiligen Gerichtszweig. Es ist ein Grundsatz nicht nur in Deutschland sondern weltweit, dass die Parteien zwar über das materielle Recht, nicht aber über das Verfahrensrecht verfügen können. In einem Bilde: Der Gast im Restaurant kann dem Koch zwar sagen, welche Speise (d.h. die materiellen Rechtsansprüche) er möchte; er schreibt ihm aber nicht vor, auf welchen Töpfen er kochen soll (d.h. wie diese Ansprüche zu verwirklichen sind).

---

[136] Palandt – Thorn, Art. 3 EGBGB RN 4. Dieser Grundsatz gilt auch im IPR anderer Staaten, vgl. Art. 13 Schweiz IPRG: Die Gesamtverweisung umfasst grundsätzlich auch das öffentliche Recht der betreffenden Rechtsordnung.
[137] Vgl. Art. 13 Schweiz. IPRG, ausdrücklich ist auch das öffentliche Recht des anwendbaren Rechts gemeint.
[138] Zum Problem, Kegel S. 851
[139] BGH v. 14.10.93 NJW-RR 93, 130: *Auch in Fällen mit Auslandsberührung ist das deutsche Recht als lex fori maßgebend.* Vgl. Geimer S. 140 RN 319

Die einzelnen Rechtsordnungen lassen den Parteien zwar gewisse Möglichkeiten, das gerichtliche Verfahren durch Vereinbarungen (Prozessverträge) zu beeinflussen. Die Art der im Prozess zugelassenen Beweismittel und ihr Gebrauch, die Fristen usw. können durch Vertrag festgelegt werden. Das deutsche Recht ist damit verhältnismäßig großzügig. Ausländische Rechtsordnungen sind darin oft restriktiver. Allgemein gilt aber, dass das Verfahren von dem Prozessrecht des Ortes, an welchem der Prozess stattfindet, vorgegeben ist. Verfahrensrecht ist fast immer *lex fori*.

Die Frage, ob diese weltweit geltende Regel eigentlich sinnvoll ist, wird noch nur selten gestellt; s.u. S. 99f.[140] Es wäre aber wohl sinnvoll, wenn den Parteien nicht nur die Möglichkeit eingeräumt würde, das Verfahrensrecht selber zu bestimmen bzw. dem Gericht die Bestimmung des Verfahrensrechts zu überlassen, sondern wenn mit der kollisionsrechtlichen Bestimmung, kraft IPR oder Rechtswahl, des (materiellen) Rechts ohne weiteres auch das Verfahrensrecht bestimmt wäre. Die unter folgend c. genannten Probleme träten dann nicht auf.

Hier zeigt sich ein wichtiger Unterschied zur Schiedsgerichtsbarkeit. Die Vereinbarung einer Schiedsklausel überträgt das gesamte Verfahren aus der staatlichen Verantwortung in die private Sphäre. Die Parteien können daher auch das Verfahrensrecht praktisch ohne Rücksicht auf staatliches Recht selbst gestalten, s.u. S. 202f.

c.   Abgrenzungsfragen: Materielles und prozessuales Recht

Diese ungeschriebene Kollisionsnorm unterstellt, dass eine Unterscheidung zwischen materiellem und Verfahrensrecht möglich sei. Beide Rechtsbereiche sind aber nur, im Einzelfall sogar sehr, schwer von einander zu abzugrenzen. Zu welchem Bereich gehört z. B. § 287 Satz 2 BGB? Der Schuldner haftet während des Verzuges auch für Zufall, *es sei denn, dass der Schaden auch bei rechtzeitiger Leistung eingetreten sein würde.* Diese Vorschrift steht in BGB, das spricht also dafür, sie als materiellrechtlich anzusehen. Eigentlich handelt es sich aber um eine Beweisregel. Beweisrecht gilt aber als Verfahrensrecht.

Weiteres Beispiel: Das deutsche Recht kennt keine Rechtsfigur, welche der französischen Haftung *pour le fait des choses*, entspricht. Diese ist eine zivilrechtliche Zustandshaftung des Besitzers einer Sache. Bei dieser Vorschrift des französischen Rechts handelt es sicherlich um eine materiell-rechtliche. Im deutschen Recht werden über die Rechtsfigur des Beweises des ersten Anscheins (prima-facie-Beweis) zwar nicht immer, aber doch im Wesentlichen dieselben Ergebnisse erreicht. Gehört der prima-facie-Beweis zum deutschen Verfahrensrecht, oder ist er materiellrechtlich einzustufen, weil er sich aus der zweifellos materiellrechtlichen Verkehrssicherungspflicht gemäß § 823 BGB inhaltlich ergibt?[141]

Dieses Problem tritt in allen Rechtsordnungen auf. Der österreichische Oberste Gerichtshof hatte über die Ehescheidung eines bosnischen Ehepaars zu entscheiden. Da die Ehe nach bosnischen Recht geschlossen worden war, entschied dieses Recht auch

---

[140] vgl. aber Geimer S. 140 RN 319ff.
[141] Ähnliche Fragen stellen sich für Beweisgrundsätze gemäß Art. 8 ff Schweizer ZGB. Sind diese sachrechtlich, schließlich stehen sie im Zivilgesetzbuch, oder verfahrensrechtlich, weil es sich um *Beweis*regeln handelt? Stehen sie vielleicht nur deswegen im ZGB, weil es in der Schweiz noch keine Bundeszivilprozessordnung gibt? Grundsätzlich hierzu: Geimer S. 710 RN 2261.

darüber, ob die Scheidungsklage des Klägers begründet war. Nach bosnischem Recht ist aber die Scheidungsklage nur zulässig, nachdem die Eheleute einen vergeblichen Schlichtungsversuch unternommen haben. Nach österreichischem Recht ist dieser nicht erforderlich. Wird der Schlichtungsversuch als Teil des materiellen Rechts angesehen, so waren die nach dem anwendbaren Recht erforderlichen Scheidungsgründe noch nicht gegeben, und die Klage war abzuweisen. Qualifiziert man diese Voraussetzung aber verfahrensrechtlich, dann folgt aus der *lex fori*, dem österreichischen Verfahrensrecht, dass Schlichtung keine Zulässigkeitsvoraussetzung der Klage ist, und die Ehe kann geschieden werden. Dafür entschied sich der öOGH. [142]

Insgesamt stellt sich die Frage, ob dieser weltweite gewohnheitsrechtliche Satz eigentlich wirklich sinnvoll ist, insbesondere dann, wenn er mit der Überzeugung verbunden wird, dass die Parteien das Verfahrensrecht vor dem staatlichen Gericht nicht in derselben Weise bestimmen können, wie es ihnen gemäß Art. 27 EGBGB für das materielle Recht erlaubt ist. Vorerst aber gilt dieser Grundsatz vor deutschen wie vor ausländischen Gerichten.

5.   Qualifikation

Die Qualifikation gilt als das schwierigste Problem im IPR.[143] Der Verfasser vermutet allerdings, dass dieses Thema oft auch künstlich schwer gemacht wird.

Rechtsnormen sind abstrakte Umschreibungen von konkreten Vorgängen. Abstrakter Begriff und konkreter Vorgang decken sich niemals vollständig. Der Leser versuche einmal, ein Ei zu beschreiben, und er wird feststellen, dass er die natürliche Einfachheit dieses ovalen Hühnerprodukts auch mit den ausgesuchtesten Formulierungen nur höchst unvollkommen trifft. Jede Rechtsnorm muß daher ausgelegt werden, also befragt werden, ob sie und die von ihr gebrauchten Begriffe wirklich auf den konkreten Vorgang passen. Die Auslegung einer Kollisionsnorm heißt Qualifikation. Die Schwierigkeit liegt darin, dass eine Kollisionsnorm in aller Regel ziemlich abstrakt und ungenau ist.

Den Anwendungsbereich einer normalen Rechtsnorm kann der Gesetzgeber verhältnismäßig leicht abschätzen, da er die Umstände im eigenen Land und die rechtlichen Begriffe kennt. Eine Kollisionsnorm betrifft aber nicht nur deutsche Rechtsbegriffe. Sie muß so gefasst sein, dass die Rechtsbegriffe aller Rechtsordnungen der Erde irgendwie auch darunter passen. Kollisionsnormen müssen daher sehr allgemein formuliert werden. Die Verweisungsnormen sind selten eindeutig. Oft passt ein Sachverhalt, je nach Sichtweise, unter mehrere Verweisungsnormen.

Das wird durch den Fall 2 verdeutlicht. Gemäß Art. 25 EGBGB unterliegt die „Rechtsnachfolge von Todes wegen" dem Recht des Staates, dem der Erblasser im Zeitpunkt des Todes angehörte. M hatte zur Zeit seines Todes die südafrikanische Staatsangehörigkeit, folglich wird er (aus deutscher Sicht!) nach dem Recht dieses Staates beerbt. Das südafrikanische Recht kennt kein gesetzliches Erbrecht der Ehefrau. F bekommt also nichts. Die güterrechtlichen Folgen einer Eheschließung aber unterliegen gemäß Art. 15 EGBGB dem Recht des Staates, in welchem die Ehe geschlossen wurde, also dem deutschen. Nach deutschem Recht gilt § 1371 I BGB.

---

[142] öOGH v. 29.7.07 öZeitschrift für Rechtsvergleichung 08, 24
[143] Vgl. v. Hoffmann S. 212 f zu den Auslegungsmethoden für kollisionsrechtliche Systembegriffe.

Danach hat, wenn die Ehegatten im gesetzlichen Güterstand gelebt hatten, der über-
lebende Ehegatte, unabhängig davon ob tatsächlich ein Zugewinn erzielt wurde, Anspruch auf einen pauschalen Zugewinnausgleich in Höhe eines Viertels seines gesetzlichen Erbteils. Die hier entscheidende Frage ist also, ob der Anspruch auf Zugewinnausgleich eine Frage des Erbrechts ist (= südafrikanisches Recht = kein Anspruch der F) oder eine Frage des ehelichen Güterstandes (= deutsches Recht = F hat
Anspruch). Vom Wortlaut passen sowohl Art. 25 EGBGB als auch Artikel 15. Der
Begriff *Zugewinnausgleich* muß ausgelegt/qualifiziert werden: Passt er besser zu
Rechtsnachfolge von Todes wegen? Oder besser zu *güterrechtliche Folgen einer E-
heschließung?* Auszugehen ist vom Zweck des Gesetzes. Der Anspruch ist vom
deutschen Gesetzgeber als ein zusätzlicher Anspruch neben dem nach deutschem
Recht ohnehin gegebenen gesetzlichen Erbrecht des überlebenden Ehegatten ausgestaltet. Man wird den Anspruch daher wohl als güterrechtliche Wirkung der Ehe qualifizieren.

Im Fall 3 stellt sich die Frage, ob der von F geltend gemachte Schadensersatzanspruch ein Anspruch aus der Ehe oder ein Anspruch aus unerlaubter Handlung ist.
Beide in Betracht kommenden Kollisionsnormen passen eigentlich, Art. 40 ebenso
wie Art. 14. Gemäß Artikel 14 sind Ansprüche aus unerlaubter Handlung nach dem
Recht des Staates zu beurteilen, in dem der Ersatzpflichtige gehandelt hat, das wäre
also Deutschland. Die nach Art. 6 GG verfassungsrechtlich geschützte Ehe ist ein
sonstiges Recht im Sinne des § 823 BGB. Es kommt also in Betracht, den Ehebruch
des M als eine zum Schadensersatz verpflichtende unerlaubte Handlung zu sehen.
Allerdings sind der Fall und die daraus entstehende Kränkung für F sicherlich auch
eine *allgemeine Wirkung der Ehe* gemäß Art. 14 EGBGB. Diese Folgen sollen aber
nach dem Recht des Staates beurteilt werden, die beiden Ehegatten angehören, hier
also türkisches Recht. Wie im vorherigen Fall stellt sich also die Frage, ob *Schmerzensgeld des betrogenen Ehegatten* besser zu Art. 40 oder besser zu Art. 14. passt.
Für das deutsche Recht wurde zwar von einigen Schriftstellern vertreten, dass der
Ehebruch zu einem Schadensersatzanspruch gegen den Ehebrecher führen könne.[144]
Die einhellige Meinung der Rechtsprechung verneint jedoch einen solchen Anspruch.[145] Das türkische Recht aber gibt dem betrogenen Ehegatten einen solchen
Anspruch. Es macht also einen Unterschied, welches Recht anwendbar ist.

Es liegt nahe, den Anspruch *Schmerzensgeld des betrogenen Ehegatten* als eine Folge der Ehe anzusehen. Der Fall ist nicht davon geprägt, dass M die Neigung hat, die
geschützten Rechte Dritter zu verletzen, sondern dadurch, dass er mit der F. verheiratet ist. Das Landgericht Bochum wendete daher zu Recht türkisches Recht an und
verurteilte M entsprechend.

Hier wie auch sonst oft bei der Anwendung fremden Rechts stellt sich allerdings die
Frage, ob die Rechtspraxis im Heimatland des berufenen Rechts dem entspricht, was
im Gesetz steht. Durch die Reformen unter Atatürk wurde auch das türkische Zivilrecht umgestaltet, im Wesentlichen nach deutschem, schweizerischem und französischem Vorbild. Der hier behandelte Anspruch war in den dreißiger Jahren ein Teil
des französischen Rechtes. Es ist anzunehmen, dass die Türkei diese Regelung nur
"abgeschrieben" hat. Was heute als türkische Rechtswirklichkeit wahrzunehmen ist

---

[144] vgl. Aden, MDR 78, 536
[145] Palandt – Sprau § 823 RN 17 f

(Zwangs- und Kinderheirat) lässt eher zweifeln, ob diese Vorschrift der türkischen Rechtswirklichkeit entspricht. Selbst wenn das aber der Fall sein sollte, stellt sich die weitere Frage ist, ob es sinnvoll ist, eine ausländische Vorschrift, ins Inland zu transportieren, wenn die Personen, zu deren Gunsten das IPR da ist, hier die beiden türkischen Eheleute, seit vielen Jahren in einem Umfeld leben, welches diese Regeln zwar kennt, aber aus guten Gründen nicht in ihr Recht übernommen hat. Muß es nicht irritieren, wenn M in diesem Falle Schadensersatz leisten soll, sein deutscher Arbeitskollege aber, wenn er die Ehe bricht, nicht?

6. Vorfrage

Im Fall 4 geht es um die Frage, ob K Eigentümer der Statue geworden ist. Dazu musste der Vertrag K-A gültig sein. Mangels einer ausdrücklichen Rechtswahl galt wohl griechisches Recht, Art. 28 EGBGB. Danach ist er unwirksam, weil auch dieses Recht eine dem § 134 BGB entsprechende Vorschrift kennt. K ist nicht Eigentümer der Statue geworden und muß sie dem Eigentümer herausgeben. Die Frage aber, ob A einen Herausgabeanspruch hat, ist davon abhängig, ob er Eigentümer war, als er an K übereignete. Das Eigentum des A ist also Vorfrage für die Entscheidung über den Herausgabeanspruch des A.

Vorfragen werden gesondert angeknüpft. Das Eigentum des A wird also nicht ohne weiteres nach griechischem Recht beurteilt. Der deutsche Richter befragt sein IPR gleichsam ganz „von vorne": Welchem Recht unterstand der Vertrag T-A? Vermutlich dem türkischen. War nach diesem Recht eine Übereignung an A möglich? Nein; vielleicht hätte T einen Anspruch gegen K, A aber nicht.[146]

7. Statuten: Personal-, Vertragsstatut usw.

Beispiel:

> Aufgrund eines Vertrages zwischen Amerikaner A und Belgier B soll B dem A 100.000 Euro zahlen. Der Vertrag steht unter deutschem Recht. A tritt die Forderung gegen B an T in der Tschechei ab. Als B nicht zahlt, verklagt T den B. B entgegnet: 1. Der Vertrag sei noch gar nicht gültig geworden, weil eine vereinbarte Bedingung in der USA, also im Verantwortungsbereich des A, noch nicht eingetreten sei, 2. die Forderungsabtretung sei gesetzlich unzulässig und 3. er habe eine Gegenforderung gegen den A wegen einer von dessen Gehilfen G bei Vertragsausführung verübten unerlaubten Handlung im Staate S, mit der er aufrechne. T bestreitet das alles und meint auch: a) G sei gar nicht Gehilfe des A und b) sollte das doch der Fall sein, dann sei die Handlung des G nach dem Recht von S nicht als unerlaubt anzusehen, c) außerdem könne gegen seinen hier in Frage stehenden Anspruch mit einer Forderung aus unerlaubter Handlung grundsätzlich nicht aufgerechnet werden usw.
> Welches Recht soll für die einzelnen Teilrechtsfragen, Ansprüche und Gegenansprüche gelten?

---

[146] Es wird hier nur der Herausgabeanspruch des Eigentümers, § 985 BGB, betrachtet. Nach deutschem Recht käme auch ein Anspruch des A aus ungerechtfertigter Bereicherung, § 812 BGB in Betracht, Wiedereinräumung des Besitzes.

a.   Kollision durch überschneidende Rechtsordnungen

Das Aufeinandertreffen von mehreren Rechtsordnungen in einem einheitlichen Lebenssachverhalt kann zu rechtlichen Reibungen und Widersprüchen führen. Rechtsverhältnisse greifen in einander. Wenn A z. B. das Kind K adoptiert, stellt er nicht
nur ein Kindschaftsverhältnis mit K her, sondern begründet nach deutschem Recht
auch Namens-, Erb- und Pflichtteilsrechte des K. Die Adoption hat zudem Auswirkungen auf die Steuerpflicht des A, und in einem Strafprozess gegen A braucht K
nicht auszusagen usw.

In einer nationalen Rechtsordnung sind die Rechtsvorschriften aufeinander abgestimmt, so dass sich eventuelle Widersprüche im Rahmen halten bzw durch die
Rechtsprechung ausgeglichen werden. Wenn im Rahmen eines einheitlichen Lebens-
sachverhaltes aufgrund des Kollisionsrechts Teilfragen nach ausländischem Recht
beurteilt werden müssen, dann wird gleichsam zwischen das einheitliche Porzellan-
service, mit dem der Tisch gedeckt ist, eine Schüssel gestellt, die zu dem Service
nicht richtig passt. Das Recht nimmt dieses „Nicht-richtig-passen" bis zu einem gewissen Grade in Kauf. Wenn in einem Lebenssachverhalt ein Teilbereich aus der
Rechtsordnung herausgenommen wird und einer fremden unterstellt wird, dann deswegen, weil das fremde Recht zur Lösung dieses Teilbereichs trotz allem als besser
geeignet erscheint. In dem Bild: Die an sich unpassende Schüssel wird deswegen
bevorzugt, weil unter den gegebenen Umständen ihre Größe wichtiger ist als der äs-
thetische Gleichklang des Porzellans.

b.   Mehrdeutiger Sinn von Statut

Im IPR sind Begriffe wie Personalstatut, Gesellschaftsstatut, Erbstatut usw. häufig.
Der Begriff Statut ist mehrdeutig. Wenn es auch, siehe obiges Schüsselbeispiel, im
Kollisionsrecht nötig sein kann, Teile eines an sich einheitlichen Lebenssachverhalts
verschiedenen Rechten zu unterstellen, dann ist es doch sinnvoll, das so zu tun, dass
Zusammengehöriges möglichst zusammen bleibt. In einem Bild: Wer verschiedene
Nahrungsmittel einkauft, wird Zusammengehöriges, z.B. Käseerzeugnisse, in einen
Korb, Milcherzeugnisse in einen anderen und Fisch noch wieder in einen gesonder-
ten Korb legen. Diese Körbe heißen im IPR Statut.

Das Beispiel: Es werden sehr verschiedenartige Rechtsverhältnisse aufgezeigt, welche in dem konstruierten Fall ineinander greifen. Der Vertrag untersteht zunächst
einem bestimmten Recht, dem Vertragsstatut. Es kann schon fraglich sein, ob die
vereinbarten Bedingungen nach diesem Recht zu entscheiden sind oder nach dem
Recht eines US-Bundesstaates. Über die Existenz der abgetretenen Forderung entscheidet sicherlich das Vertragsstatut, es ist aber fraglich, ob dieses auch darüber
entscheidet, ob diese Forderung abtretbar ist. Über die Frage, ob der Gehilfe G überhaupt eine unerlaubte Handlung begangen hat, entscheidet das Recht des Staates S,
ob A für dessen Handlungen einzutreten hat, entscheidet aber vielleicht das Recht,
welches den Vertrag zwischen A und G beherrscht; ob diese Forderung dann zur
Aufrechnung verwendet werden kann, entscheidet möglicherweise das Vertragsstatut
usw. Im deutschen Recht würden wir alle diese Teilfragen wohl einheitlich unter das
Vertragsstatut, vgl. Art. 32 EGBGB, stellen. Wir würden also alle Teilrechtsfragen
dieses Beispiels in den Korb Vertragsstatut legen. Wir brauchen dann nur noch festzustellen, welchem Recht dieser Korb untersteht. Andere Rechtsordnungen können

das anders sehen und die verschiedenen Teilerechtsbereiche in verschiedene Körbe legen, und je für jeden Korb das anwendbare Recht bestimmen. Danach bedeutet:

- Personalstatut: Rechtsverhältnisse, welche die Person oder Individualität eines Menschen betreffen (z. B. Rechts- und Geschäftsfähigkeit, Entmündigung, Todeserklärung, Schutz des Namens und Ehre usw) werden in einem gemeinsamen juristischen Korb gesammelt und nach demselben Recht beurteilt.
- Vertragsstatut: Rechtsfragen (z. B. Zugang von Willenserklärungen, Anfechtbarkeit, Verzug und Unmöglichkeit usw), welche im Rahmen eines Vertrages zusammengehören, werden in einem Korb gesammelt und nach demselben Recht beurteilt.
- Gesellschaftsstatut: Fragen, die sich auf die Gesellschaft beziehen (z. B. Vertretungsverhältnisse, Haftung, Rechnungslegung, Gesellschafterrechte und -pflichten usw) werden in einen Korb getan und nach demselben Recht beurteilt.

In dieser Weise kann man im IPR praktisch nach Belieben von Ehe-, Erbschafts-, Schenkungs-, Miet- usw. -stauten sprechen, je nachdem, welche Rechtsfrage ansteht.

Über die Zugehörigkeit einer Rechtsfrage zu einem bestimmten Statut/Korb bestehen in den verschiedenen Rechtsordnungen oft unterschiedliche Vorstellungen. In obigem Bild: Quark kann man als Käseprodukt, aber auch als Milchprodukt bezeichnen, also je nach Wertung in den einen oder anderen Korb tun. Es ist also ein Frage der Qualifikation, ob der Richter eine Teilfrage, welche sich z. B. auf einen Vertrag bezieht, etwa die der gültigen Vertretungsmacht des Handelnden, in den Vertragskorb legt, oder ob er der Meinung ist, sie gehöre in den Korb „Personalstatut". Oder: Ob der Richter die Haftung eines Geschäftsherrn für seinen Angestellten dem Korb „ Verträge", also dem Vertragsstatut, zuordnet, oder in den Korb „unerlaubte Handlungen" (Deliktstatut) legt. Oder: Wir legen die Frage der Rückforderung wegen groben Undanks bei der Schenkung, § 530 BGB, in den Korb „Schenkung" (Schenkungsstatut); ein anderes Recht ordnet diese vielleicht dem Recht der unerlaubten Handlung zu usw.

Mit der inhaltlichen Festlegung eines solchen Korbes (Statuts) ist nur der erste Schritt getan. Der zweite Schritt betrifft die Frage: Welchem Recht unterliegt dieser Korb mit den Rechtsfragen, welche sich darin befinden Auf diese antwortet z. B. Art. 5 EGBGB, wenn als Personal*statut* einer Person das *Recht* des Staates bezeichnet wird, dem diese Person angehört. Der hier gemeinte Sinn von Statut ist also „anwendbares Recht." Es ist also etwas verwirrend, wenn es einmal heißt, Vollmacht *gehört* zum Vertragsstatut, und in einem anderen Falle, dass z. B. das italienische Recht das Vertragsstatut *ist*. Im ersten ist Statut im Sinne von Korb im obigen Sinne gemeint, im zweiten ist Statut im Sinne des anwendbaren Rechts.

Nicht in allen Fällen gibt das EGBGB eine so klare Antwort auf die Frage nach dem anwendbaren Recht wie in Art. 5. Das EGBGB kennt zwar den Begriff Personalstatut. Begriffe aber wie Delikts-, Gesellschaftsstatut usw. sind Begriffe der Rechtspraxis. Aber auch für diese gilt der Doppelsinn des Wortes „Statut". In einem ersten Schritt ist also der Korb/Statut inhaltlich zu füllen und in einem zweiten Schritt ist für diesen das anwendbare Recht aufzufinden.

II.   Anwendung fremden Rechts im Inland

Fall

> Die Brasilianerin B hatte in Brasilien M geheiratet und war, nachdem sie nach
> Deutschland gezogen war, von einem deutschen Gericht rechtskräftig geschieden
> worden. Sie heiratet in Dänemark erneut, den D. Offensichtlich hat sie sich in ih-
> rem Ehemann abermals vergriffen und möchte sich auf die Ungültigkeit der Ehe
> berufen. B ist der Meinung, dass ihre zweite Ehe zu einem Zeitpunkt geschlossen
> worden sei, als die erste noch bestand, und beantragt vor dem deutschen Gericht,
> die Ehe mit D als bigamisch für nichtig zu erklären.[147]

Stichworte: Personalstatut – Verweisung – Rückverweisung

1.   Ermittlung fremden Rechts gemäß § 293 ZPO

a.   Grundsatz

Der Richter kennt an sich nur das Recht an seinem Gerichtsort, die *lex fori*. Muss er
ein fremdes Recht anwenden, hat er es zu ermitteln, § 293 ZPO. Der zugrunde liegende Gedanke findet sich in einem alten Rechtsgrundsatz: *iura novit curia – Der
Richter kennt das Recht.* Die Parteien sind also nicht dafür verantwortlich, wie der
Richter sich die Kenntnis des anwendbaren Rechts verschafft. Sie haben ihm lediglich die Tatsachen vorzutragen, auf welche er das Recht anwendet.

Zu ermitteln und anzuwenden ist dabei nicht nur das ausländische Gesetzesrecht,
sondern auch die Rechtspraxis, wie sie in der Rechtsprechung der Gerichte des
betreffenden Landes zum Ausdruck kommt.[148] Hier ergibt sich ein wichtiger Unterschied zum englischen/amerikanischen *common law*.[149] Aber wohl nicht nur zu diesem. Das spanische Recht ist wie auch sein Vorbild, das französische Recht, nicht
völlig klar. Der Richter muss von Amts wegen die Kollisionsnormen beachten und
fremdes Recht anwenden. Der Inhalt des fremden Rechts aber muss bewiesen werden, wobei für diesen Beweis allerdings etwas andere Regeln gelten als für den Beweis einer Tatsache. Im *common law* wird das fremde Recht als Tatsache behandelt,
deren Behauptung und Beweis der interessierten Partei obliegt. Wer sich darauf berufen will, dass der Rechtsfall nach einem ausländischen Recht zu beurteilen ist, hat
daher zunächst dieses vorzutragen; sodann hat er den Inhalt der ausländischen
Rechtsnormen, auf welche es ihm ankommt, darzulegen und im Bestreitensfall zu
beweisen.

Der Unterschied zwischen beiden Auffassungen lässt sich wie folgt zusammenfassen:

---

[147] AG Groß-Gerau IPrax 03, 356: Für die Gültigkeit der 1. Ehe weist das brasilianische Recht auf hier
deutsches Recht zurück.
[148] Vgl. Kommentare zu § 293 ZPO. Die Rechtslage ist in Frankreich ähnlich, aber nicht identisch:
art.3 Code Civil, Dalloz Nr. 4: Der französische Richter wendet das fremde Recht in eigener Verantwortung an. Nr. 5: Er hat sich kundig zu machen; Pflicht des Richters, den Inhalt eines für anwendbar
erklärten ausländischen Gesetzes zu erforschen
[149] Trautmann, C. Ausländisches Recht vor deutschen und englischen Gerichten. ZEuP2006, 283 ff,
vgl. *The Proof of foreign Law in the New Spanish Civil Procedure Code* IPRax 05, 170 ff

- Wenn in einem deutschen Verfahren Parteien und Richter übersehen haben, dass auf den Fall ausländisches Recht anwendbar gewesen wäre, dann ist dieses ein Rechtsanwendungsfehler, der ohne weiteres zur Aufhebung des Urteils führt, wenn er in der Berufung oder Revision gerügt wird. In England/Amerika würde diese Unterlassung so behandelt werden wie ein verspäteter Beweisantrag; sie hätte daher im Zweifel keine Bedeutung mehr.
- Wenn der deutsche Richter das z. B. anwendbare afghanische Recht nicht kennt, dann ist es seine Sache, wie er sich die Kenntnis beschafft. Kosten für ein Gutachten gehen grundsätzlich zulasten des Gerichts.[150] Im englischen/amerikanischen Recht ist es die Aufgabe der Partei, dem Richter die entsprechende Kenntnis zu verschaffen, die interessierte Partei müsste also ggfs ein von Gutachten über das afghanisches Recht beibringen und den Gutachter selbst bezahlen.

b.   Arten der Ermittlung

In welcher Weise sich das Gericht sich die notwendige Kenntnis verschafft, liegt in seinem pflichtgemäßen Ermessen.[151] Handelt es sich um das Recht eines Staates, welcher Vertragspartner des *Londoner Europäischen Übereinkommens betreffend Auskünfte über ausländisches Recht* v. 7. Juni 1968 (AuskÜ)[152] ist, kann der Richter nach dem darin vorgesehenen Verfahren aus dem Vertragsstaat die Rechtsauskunft einholen. Unter dem Gesichtspunkt, dass die Ermittlung des fremden Rechts gemäß § 293 ZPO eigentlich eine ausschließliche Aufgabe des Richters ist, fällt § 1 des Ausführungsgesetzes[153] auf, wonach das Gericht die Abfassung des Ersuchens auch den Parteien überlassen kann. Art. 1 dieses AuskÜ enthält die allgemeine Pflicht der Vertragsstaaten, einander *Auskünfte über ihr Zivil- und Handelsrecht, ihr Verfahrensrecht auf diesen Gebieten und über ihre Gerichtsverfassung zu erteilen*. Das Auskunftsersuchen ist im Rahmen eines bereits anhängigen Prozesses zulässig. Es wird an eine Verbindungsstelle im Zielstaat gerichtet, welcher Anfragen nach diesem Übereinkommen zentral bearbeitet. Art. 7 beschreibt den Inhalt der Antwort: *Zweck der Antwort ist es, das Gericht, von dem das Ersuchen ausgeht, in objektiver und unparteiischer Weise ...zu unterrichten. Die Antwort hat, je nach den Umständen des Falles, in der Mitteilung des Wortlauts der einschlägigen Gesetze ... sowie in der Mitteilung von einschlägigen Gerichtsentscheidungen zu bestehen.* Das Abkommen hat praktisch anscheinend bisher keine große Bedeutung erlangt.[154]

Wenn der Richter es sich zutraut, das fremde Recht selbst zu ermitteln, was etwa im Verhältnis zu dem uns sehr nahe stehenden schweizerischen Recht in der Regel nahe liegen wird, dann darf er es tun; wenn er glaubt, dass seine arabischen Sprachkenntnisse ausreichen, um auch das ägyptische Recht richtig zu Kenntnis nehmen, dann ist

---

[150] Geimer S. 811 RN 2619. Interessant und nachahmenswert ist die Regelung in Artikel 16 I 2 schweiz. IPRG: In vermögensrechtlichen Sachen *können* die Kosten des Nachweises des fremden Rechtes den Parteien auferlegt werden.
[151] OLG Saarbrücken NJW 02, 1209
[152] Jayme/Hausmann Nr. 200
[153] v.7. Juli 1974, Jayme/Hausmann Nr. 200a
[154] Jastrow, S.-D. IPRax 04, 402: Was leistet das Londoner Auskunftsübereinkommen in der Praxis? Von 1999-2000 kamen aus Deutschland 32 Ersuchen. Pfeiffer, S. 288: *Bedeutung ist begrenzt.*

ihm auch das erlaubt. In allen anderen Fällen ist das Gericht auf Gutachten angewiesen.[155]

2.   Recht und Nicht-Recht

a.   Grundfragen

Recht kann man definieren als die Gesamtheit von Regeln, deren Nichtbefolgung kraft staatlicher Autorität zu Nachteilen führt. Diese Regeln heißen (Rechts-) Normen.

Neben Rechtsnormen gibt es viele Regeln, etwa der Höflichkeit und der Sitte, Gepflogenheiten, Verhaltensvorschriften, Standesregeln der Anwälte, Ärzte usw. Diese mögen in ihrem Rahmen auch verbindlich sein. Ob es sich dabei aber um Rechtsnormen handelt, kann im Einzelfall schwierig zu entscheiden sein. Das gilt insbesondere, wenn der inländische Richter anzuwenden und zu prüfen hat, ob es sich bei einer ausländischen Sitte/Übung/Überzeugung usw um eine Rechtsnorm handelt oder eben nur um eine Sitte, Übung oder Überzeugung.

Ist z. B. der Ausspruch eines Gerichtes Recht? Der eines Einzelrichters? Wohl nicht, wenn es sich um eine vereinzelte Aussage handelt. Wenn dieses Gericht aber das Höchstgericht eines Staates ist? Wie ist das Sondervotum zu bewerten, welches ein durch die Mehrheit überstimmter Richter abgibt? In Staaten des *common law* ist diese Frage oft sehr unsicher. Zwar entsteht auch in diesem Rechtskreis das Recht heute zum allergrößten Teil durch positive Rechtssetzung (Gesetze). Es bleiben aber, namentlich im Kernprivatrecht, also in dem Bereich, der etwa die ersten tausend Paragraphen unseres BGB ausmacht, große Bereiche, in denen das Recht durch Gerichtsurteile entsteht und erst als Recht anzusehen ist, wenn es durch eine gewisse Tradition allgemein anerkannt ist. Wann aber ist eine solche Tradition gegeben? Wann ist die Lösung einer umstrittenen Rechtsfrage anerkannt? Wenn die Vertreter der Gegenmeinung gestorben sind? Oder wenn sich seit Jahren niemand mehr zu dieser Frage geäußert hat?

In den Staaten, welche der mitteleuropäischen Rechtstradition folgen, das ist heute bei weitem die Mehrzahl der Staaten auf der Welt, gilt als Recht in erster Linie das durch ein Gesetzgebungsorgan (Parlament) geschaffene Gesetz. Hierdurch entsteht eine scheinbare Klarheit in der Unterscheidung zwischen Recht und Nicht-Recht. Diese Klarheit erweist sich als nur scheinbar, wenn es um die Frage der richtigen Auslegung der Norm geht. So ist etwa der verdeckte Kalkulationsirrtum nach § 119 BGB nicht anfechtbar; die deutsche Rechtsprechung meint das seit jeher. Ein ausländischer Richter, welcher deutsches Recht anzuwenden hätte, könnte das aber dieser Vorschrift nicht entnehmen.

Es gibt Gesetze, die nur noch scheinbar gelten. Der inzwischen auch förmlich aufgehobene frühere § 1301 BGB gab der betrogenen Verlobten einen Anspruch auf ein so genanntes Kranzgeld. Diese zur Entstehungszeit des BGB bereits umstrittene Vorschrift war rechtstatsächlich bereits seit mindestens 50 Jahren überholt, als sie aufge-

---

[155] Deutscher Marktführer ist insofern wohl die Max-Planck-Gesellschaft e. V. durch ihr Institut für Ausländisches Recht in Hamburg, vgl. Pfeiffer S. 284

hoben wurde. Sie war seit Jahrzehnten nicht mehr angewendet worden. Sie stand aber noch bis vor kurzem als gültiges Recht im BGB. Für einen ausländischen Richter, welcher deutsches Recht anwenden sollte, musste der Eindruck entstehen, dass es sich um gültiges deutsches Recht handele; tatsächlich war aber diese Vorschrift zu einem Zeitpunkt, den man nicht genau datieren kann von einer Rechtsnorm zu einer Scheinnorm geworden. Die Verwandlung einer Rechtsnorm in eine Scheinnorm, wie man sie nennen kann, geschieht auch bei prominenten Rechtsvorschriften. Wer den Art. 6 GG liest, glaubt, dass *Ehe und Familie unter dem besonderen Schutz des Grundgesetzes stehen*. Tatsächlich aber ist diese Vorschrift heute fast völlig funktionslos geworden, nachdem die gleichgeschlechtliche Partnerschaft der herkömmlichen Ehe praktisch gleichgestellt ist.

b. Rechtsähnliche Regeln

In Staaten mit autoritärer Regierung ist die Frage, was eine Rechtsnorm ist bzw. was zum Recht gehört, fast unbeantwortbar. Welche Rechtsqualität hatte der „Führerbefehl", ein Parteitagsbeschluß einer regierenden Kommunistischen Partei? Ist der (Nicht-) Anwendungserlass des Bundesfinanzministers/OFD in Steuersachen eine Rechtsnorm?

Sehr schwierig ist es auch, das Recht von den im jeweiligen Lande bestehenden Verkehrssitten und Handelsbräuchen abzugrenzen. Diese Fragen können aber wichtig werden, weil der Richter kraft Amtes nur das *Recht* zu erforschen hat, die Geltung von Handelsbräuchen aber von der Partei bewiesen werden muss, die sich darauf beruft.[156] Besonders problematisch ist es, wenn das Recht eines Landes anwendbar ist, welches ein fremdes Recht importiert oder in der Kolonialzeit aufgedrückt bekommen hat. Aber was ist eigentlich das wirkliche Recht? In Indonesien, bis 1949 holländische Kolonie, z. B. gilt formal wohl noch heute das in Holland selbst inzwischen abgelöste frühere holländische Zivilgesetzbuch. Es ist aber zweifelhaft, ob Indonesien sich noch an einem überdies veralteten Gesetz aus der Kolonialzeit festhalten lassen will.

3. Richtige Anwendung fremden Rechts

a. Vier Fehlerquellen

Die Anwendung fremden Rechts durch den inländischen Richter ist mit mehreren Fehlermöglichkeiten behaftet. Natürlich gilt, dass der Richter das kraft IPR anwendbare ausländische Recht „richtig" anwenden muss. Dazu muss er das fremde Recht erst einmal zur Kenntnis nehmen, was in der Regel nur in seiner geschriebenen Form möglich ist. Recht steht aber nicht nur in Büchern, sondern ist Teil der sozialen Wirklichkeit, die man nicht nachlesen kann. Das ist die erste Fehlerquelle.

Die zweite wichtige Fehlerquelle liegt in folgendem. Exotische Rechtstexte können oft nicht einmal im Originaltext eingesehen werden. Das Gericht muss dann auf eine Übersetzung, gelegentlich auf eine Übersetzung aus einer Übersetzung, vertrauen.[157]

---

[156] vgl. Oestmann JZ 03, 285. Das besondere Problem einer Abgrenzung von Handelsbräuchen und nicht geschriebenem Gewohnheitsrecht sei hier nur angedeutet; vertieft werden kann es hier nicht.

[157] Das Zivilgesetzbuch von Afghanistan ist z.B. für den deutschen Normaljuristen nur in einer fast 50 Jahre alten englischen Übersetzung lesbar.

Richter sind schon ängstlich, einen Text aus der dem Deutschen sehr nahe stehenden niederländischen Sprache selbst zu übersetzen, Französisch kann kaum noch jemand. Wer aber kann schon wirklich fremde Sprachen wie Japanisch, Arabisch oder Farsi? Oft werden daher mehr oder weniger glückliche englische Übersetzungen des fremden Rechtstextes zugrunde gelegt. Damit wird aber die eigentliche Grundlage des IPR und des § 293 ZPO in Frage gestellt. Das fremde Recht wird ja nur aus dem Grunde der *lex fori* vorgezogen, weil es für diesen Fall die angemessenere Lösung bereithält. Wenn der Richter das fremde Recht aber nur über ggfs mehrfache Übersetzungen zur Kenntnis nehmen kann, ist eigentlich nicht zu erwarten, dass auf diese Weise das fremde Recht, wie es wirklich ist, erkannt wird. Die Lösung des *common law,* wonach der Inhalt des fremden Rechts von dem zu beweisen ist, der sich darauf beruft, hat also viel für sich.

Die dritte Fehlerquelle ist die folgende. Was richtig ist, weiß im Grunde niemand. Das Höchstgericht hat zwar die Befugnis, die richtige Anwendung des Rechts durch ein Untergericht zu überprüfen. Was aber richtig ist, weiß es nicht. Auch das Höchstgericht sagt nur, was es derzeit für richtig hält.[158] Der Richter muss das fremde Recht so anwenden, wie er es für richtig hält. § 545 ZPO wird aber allgemein dahin ausgelegt, dass der Bundesgerichtshof das von einem Instanzgericht, meistens Oberlandesgericht, angewendete ausländische Recht nicht überprüfen kann. Hat das Oberlandesgericht eine ausländische Rechtsnorm falsch ausgelegt, dann bleibt es bei diesem Fehler. So sieht es auch das österreichische Recht. Es sei nicht die Aufgabe des OGH, einen Beitrag zur Auslegung ausländischen Rechts zu leisten. [159] Der Verfasser ist freilich der Meinung, dass die h.M. hier irrt und meint, dass das kollisionsrechtlich berufene ausländische Recht in vollem Umfang der Revision unterliege.[160]

Der inländische Richter wird fremdes Recht daher wohl immer in enger Anlehnung an die herrschende Rechtsprechung im Heimatland des anwendbaren Rechts anwenden. Hier liegt die vierte Fehlerquelle. Es ist nicht die Aufgabe des Richters, eine herrschende Meinung zu reproduzieren, sondern eine selbst gefundene Rechtsentscheidung zu treffen, die freilich in dem fremden Recht wurzeln muss. Es folgt also paradoxerweise, dass gerade der Richter, welcher sich besonders sorgfältig bemüht, das kollisionsrechtlich berufene fremde Recht zu ermitteln und es richtig anzuwenden, Gefahr läuft, seine ureigenste richterliche Aufgabe, die der selbständigen Rechtsfindung, zu verfehlen.

---

[158] Hier ist das Problem der Rückwirkung von Rechtsprechung angesprochen, von welchem der Verfasser meint, dass es in seiner Bedeutung überhaupt noch nicht wirklich erkannt worden ist, vgl. Aden *Dauerschuldverhältnisse und AGB-Klauseln,* DWiR 92, 353 f.
[159] OGH v. 3.4. 08 öst. Zeitschrift für Rechtsvergleichung 08, 172: Lediglich, wenn ausländisches Recht unzutreffend ermittelt oder eine in Rechtsprechung und Lehre gefestigte Ansicht übergangen wurde, sei aus Gründen der Rechtssicherheit eine Überprüfung denkbar.
[160] Aden RIW 09, Juliheft. Hierfür werden insbesondere Gründe der Gleichbehandlung der heute massenhaft vorkommenden auslandsrechtlichen Fälle sowie auch praktische Überlegungen geltend gemacht. vgl. auch Pfeiffers, S, 300, Forderung nach speziellen Auslandsspruchkörpern, was Adens Lösung im Ergebnis entspricht.

b.   Ermittlungspflicht und richtiges Recht

Der Richter muss sich kundig machen, § 293 ZPO. Die Verletzung der Aufklärungspflicht in Bezug auf das fremde Recht kann in der Revision gerügt werden. Wenn der deutsche Richter bei Anwendbarkeit des schweizerischen Rechts die Rechtsprechung des schweizerischen Bundesgerichts zur Kenntnis genommen hat, dann steht es ihm an sich frei, es anders auszulegen, als das Bundesgericht in Lausanne es tut. Ein in der Revision überprüfbarer Rechtsfehler liegt erst vor, wenn die Auslegung des fremden Rechtes dermaßen daneben liegt, dass von einer Anwendung dieses Rechts nicht mehr die Rede sein kann.[161] Solche schweren Fehlgriffe sind allerdings selten. Häufiger wird es zu Fehlern der Art kommen, dass der Richter die fremde Rechtsnorm und gegebenenfalls die dazu bestehende Rechtsprechung auf Grund eines ihm vorgelegten Gutachtens zur Kenntnis nimmt, oder auch nicht, und eine freie Rechtsentscheidung zu Papier bringt, welche er als Auslegung des Schweizer Rechtes ausgibt.

Dieses Problem wird im Bereich der staatlichen Gerichtsbarkeit seltener vorkommen, als in der internationalen Handelsschiedsgerichtsbarkeit. Der Verfasser hat hierzu eine Geprägetheorie vorgeschlagen.[162] Fremdes Recht ist danach nur dann richtig angewendet, wenn seine Begründung von dem anwendbaren Recht geprägt ist. Prägung bedeutet, dass das Urteil erkennen lässt, dass der Richter die Systematik und Eigenheiten des berufenen fremden Rechts zur Kenntnis genommen und gewürdigt hat, und dass er aufgrund dieser Kenntnis seine Meinung gebildet hat.

4.   Rück- und Weiterverweisung, Art. 4, 35 EGBGB

Die Gesamtverweisung umfasst auch das internationale Privatrecht des berufenen Rechts, Art. 4 EGBGB. Ergibt sich aus diesem, dass der Fall dem deutschen unterstehe, dann nimmt der deutsche Richter diese Rückverweisung an und wendet deutsches Recht an; verweist das fremde Recht auf ein weiteres fremdes Recht, dann folgen wir dieser Weiterverweisung. Beispiel: Der amerikanische Staatsangehörige A, wohnhaft in Santo Domingo, stirbt während eines Besuchs bei seinen Verwandten in Deutschland. Nach welchem Recht wird er (aus deutscher Sicht!) beerbt? 25 EGBGB führt zu amerikanischem Recht; dieses Recht verweist auf das Wohnsitzrecht weiter; dieses aber knüpft an die Staatsangehörigkeit an und verweist in die USA zurück. Der deutsche Richter beachtet zwar Rück- und Weiterverweisungen eines anderen Rechts, eine Rückverweisung wird aber abgebrochen, wenn sie zu einer Pattsituation wie hier führt. Es bleibt nun bei dem Recht der Dominikanischen Republik.

Der Fall: Die Frage ist, ob B noch mit M verheiratet war, als sie die Ehe mit D schloss. Gemäß Art 13 EGBGB unterliegen die Voraussetzungen der Eheschließung dem Recht des Staates, dem der Verlobte z. Z. der Eheschließung angehört. Das deutsche Gericht befragt also das brasilianische Recht, ob B heiraten darf. Dieses Recht sagt uns, dass B und M gültig geheiratet haben. Bigamie ist auch in Brasilien verboten. Die Ehe mit D ist also ungültig, wenn die erste Ehe nach dortigem Recht noch besteht. Die Ehescheidung ist in Brasilien erst mit der Eintragung in ein dorti-

---

[161] BVerfG NJW 91, 12: zur Verfassungswidrigkeit falscher Gerichtsentscheidungen. In solchen Fällen ist dann nicht das *fremde* Recht verletzt, sondern der ungeschriebene *deutsche* Rechtssatz, dass ein Urteil vernunftgemäß sein muß.
[162] RIW 84, 934 f; s.u. S. 204

ges Register gültig. Die war nicht erfolgt. Aber: Die Ehe kann auch durch eine im
Ausland ausgesprochene Scheidung beendet werden, wenn die Scheidung gültig ist.
Für diese Frage verweist das brasilianische Recht auf das Recht des Staates, in dem
die Ehegatten bei Scheidung wohnten, hier also auf das deutsche. Nach deutschem
Recht war die Ehescheidung gültig. Die Ehe mit D war also nicht bigamisch, B muss
sich förmlich scheiden lassen.[163]

Fragen dieser Art sind im internationalen Familienrecht recht häufig, im internationalen Wirtschaftsrecht sind sie weniger bedeutsam. Sie können aber praktische Bedeutung im Vermögens- und Sachenrecht bekommen.

5. Reichweite und Geltungswille des nationalen Rechts

Fälle

1. E hatte immer noch die deutsche Staatsangehörigkeit, als sie nach vielen Jahren
   in Peru in einem Altersheim in Lima starb. Ihr gehörte ein Grundstück in Ostfriesland, welches sie auf Grund eines nach peruanischem Recht gültigen Tes-
   tamentes dem Leiter ihres Heims vermachte. Ihre in Deutschland lebende
   Schwester S, die einzige in Betracht kommende gesetzliche Erbin, verlangt die
   Umschreibung des Grundstücks auf sich. Sie meint, das Testament sei ungültig.
   Wird sie Erfolg haben?[164]

   Stichworte: Formvorschriften – Öffentliches Recht und IPR – Grenzen des
   inländischen Rechts

2. Beispiel: Russische Gesellschaft R verkauft der A-Company in einem afrikanischen Land A 100 Kampfpanzer, welche die russische Armee außer Dienst gestellt hat für 10 Millionen Dollar. Sie vereinbaren deutsches Recht. A hat eine
   Anzahlung von 25 Prozent geleistet. R kann oder will nicht liefern. Dem Anspruch von A auf Lieferung hält R entgegen, dass nach deutschem Recht
   (KriegswaffenkontrollG) ein Vertrag über Kriegswaffen unwirksam, seine Lie-
   ferpflicht also nicht entstanden sei. A besteht auf Lieferung, jedenfalls auf
   Rückzahlung der Anzahlung. Dem hält R entgegen, dass nach § 817 BGB eine
   Rückzahlung dann nicht geschuldet werde, wenn wie hier beide Seiten die
   Rechtswidrigkeit des Vertrages kannten. A klagt vor dem vereinbarten Gericht
   in Zürich. Wie wird dieses entscheiden? Würde ein deutsches Gericht anders ur-
   teilen?

   Stichworte: Internationales öffentliches Recht

Das fremde Recht wird in seiner Gesamtheit berufen, s.o. S. 57. Das bedeutet aber
nicht zwingend, dass jede Norm der berufenen Rechtsordnung auch wirklich anwendbar ist. Das berufene Recht ist vielmehr daraufhin zu befragen, inwieweit es im
konkreten Fall anwendbar sein möchte. Mit anderen Worten: Jede Rechtsordnung

---

[163] AG Groß-Gerau IPrax 03, 356. Der Unterschied kann groß sein: Bei Ehescheidung entstehen u.U.
gegenseitige Ansprüche auf Unterhalt, bei nichtiger Ehe nicht. Ähnlicher Fall OLG Stuttgart 16.10.02
FamRZ 03, 1669: In Deutschland wohnende ghanaische Eheleute wollen sich scheiden lassen: Deutsches IPR verweist auf das ghanaische Recht, dessen IPR bestimmt, dass sich die Ehescheidung nach
dem Recht des Landes bestimmt, wo die Eheleute wohnen, also Rückverweisung auf deutsches Recht.
[164] OLG Oldenburg NJW 99, 2448 = EWiR (Aden) 99, 113

enthält meist ungeschriebene Rechtsgrundsätze, welche die Grenzen angeben, die sich ein nationales Recht selbst hinsichtlich seiner Anwendbarkeit im Ausland setzt.

Im Fall 1: Auf den Erbfall war deutsches Recht anzuwenden, Art. 25 EG, da die E Deutsche war. Im deutschen Recht gibt es das Heimgesetz. Danach ist ein Testament ungültig, wenn ein Heiminsasse zugunsten eines Heimmitarbeiters testiert. Die Gesamtverweisung auf deutsches Recht macht daher an sich auch das Heimgesetz anwendbar. Dieses will aber nur insoweit angewendet werden, als sein Regelungshorizont reicht. Das HeimG ist öffentliches Recht. Es will die Ordnung in *deutschen* Heimen regeln. Es beabsichtigt nicht, in den Heimen auf der ganzen Welt für Ordnung zu sorgen. Bei richtiger Auslegung des HeimG gilt also, dass es für Auslandssachverhalte nicht gelten will, auch wenn deutsches Erbstatut gilt. Die immanenten Grenzen des Regelungshorizonts müssen für jedes in Betracht kommende Gesetz durch Auslegung ermittelt werden.

Ähnlich ist Fall 2 zu sehen: Der Zweck des KontrollG ist klar auf Deutschland beschränkt. Das Gesetz kann und will nicht verhindern, dass mit Kriegswaffen gehandelt wird, es will nur verhindern, dass in Deutschland hergestellte Waffen ohne staatliche Genehmigung auf den Weltmarkt kommen und umgekehrt, dass im Ausland hergestellte Kriegswaffen in den deutschen Verkehr gelangen. Der Regelungshorizont des Kriegswaffenkontrollgesetzes ist Deutschland, nicht aber das Ausland, auch wenn für den Auslandssachverhalt aufgrund des IPR deutsches Recht anwendbar ist. Im Fall 2 wird das Gericht in Zürich zwar deutsches Recht anwenden. Aber die Beschränkungen des KriegswaffenkontrollG wird es nicht anwenden, da das Gesetz insofern nur einen deutschen Regelungshorizont hat; R und A stehen außerhalb desselben. Auch ein deutsches Gericht würde diesen Fall so entscheiden.

6.   Vorbehaltsklausel (ordre public), Art. 6 EGBGB

Fall

> Mann M und Frau F sind persische Staatsangehörige und haben ein 14-jähriges Kind K gleicher Staatsangehörigkeit. Sie leben seit Jahren in Deutschland. M und F lassen sich in Deutschland scheiden. M verlangt, dass ihm, wie es unbestritten dem persischen Recht entspricht, allein das Sorgerecht für K übertragen wird. F widerspricht. Wer hat Recht?[165]
>
> Stichworte: Anwendung von in Deutschland verfassungswidrigem ausländischen Recht

Wenn das anwendbare fremde Recht zu einer Lösung führt, die gegen unser Rechtsgefühl geht, dann ist das eben so. Es ist Zweck des IPR, dass eine andere Lösung möglich ist als die, welche sich bei Anwendung der *lex fori* ergäbe. Es spielt grundsätzlich keine Rolle, ob uns die Regelung eines durch IPR zur Anwendung kommenden ausländischen Rechts merkwürdig oder auch abstoßend vorkommt. So ist etwa die Eingehung einer Doppelehe mit unserem abendländischen Rechtsgefühl seit jeher nicht vereinbar. Aber wir akzeptieren, dass andere Kulturen, z.B. der Islam, das anders sehen. Auch wir werden daher die Zweitfrau des Jordaniers als „Ehefrau" be-

---

[165] Nach BGHZ 120,29

handeln, wenn sie nach dem anwendbaren Eheschließungsstatut gültig verheiratet ist.[166]

Es gibt aber Grenzen. Durch Art. 6 wird die Anwendung einer Rechts*norm*[167] (nicht Rechts*ordnung*) des ausländischen Rechts ausgeschlossen, wenn diese zu einem Ergebnis führt, welches mit wesentlichen Grundsätzen des deutschen Rechtes offensichtlich unvereinbar ist. Art. 6 entfernt aus der fremden Rechtsordnung nur die einzelne anstößige Rechtsnorm, im Übrigen bleibt das fremde Recht anwendbar. Der Anwendungsumfang von Art. 6 entspricht ziemlich genau dem, der sich bei gleichem Wortlaut auch aus § 328 I Nr. 4 ZPO für die Anerkennung ausländischer Urteile ergibt. Die doppelte Betonung (*wesentlich* und *offensichtlich*) unterstreicht den Ausnahmecharakter dieser Regel. Die Rechtssprechung legt diese Vorschrift daher eng aus. Aufs Ganze gesehen gibt es nicht sehr viele Fälle, in denen Art. 6 zum Tragen gekommen ist.[168] Eine ausländische Norm, die gegen allgemein anerkannte Regeln des Völkerrechts verstößt, vgl. Art. 25 GG, wird bei uns nicht angewendet.

Die theoretische Bedeutung der Vorschrift ist größer als ihre praktische. Im Fall gilt nach iranischem Recht, was auch bei uns früher galt, dass das Kind unter väterlicher, nicht elterlicher, Gewalt steht. So abwegig ist also die iranische Rechtsnorm nicht. Das Gleichberechtigungsgebot gemäß Artikel 3 GG gilt aber heute als prägender Verfassungsgrundsatz. Wenn Perser dauerhaft bei uns leben, sind sie hieran gebunden, wenn nicht, sollte es lieber bei der persischen Regel bleiben. Der Antrag des M wurde aber zurückgewiesen, F bekam Recht. [169]

Art. 6 S. 2 bereitet Schwierigkeiten. Eine ausländische Vorschrift, deren Ergebnis mit den Grundrechten unvereinbar ist, soll nicht angewendet werden. Die Grundrechte sind zwar Ausdruck der Rechtskultur in Deutschland, aber nicht jede Auslegungsvariante des Bundesverfassungsgerichts ist wesentlicher Teil unseres Rechts. Ein Kriterium für den Vorbehalt des Art. 6 S. 2 sollte daher die Schwere sein, mit der die anstößige ausländische Vorschrift auf den Schutzbereich des Grundgesetzes einwirkt. Diese Schwere ist eine Funktion aus Normwidrigkeit und Dauer der Einwirkung. Je länger ein Ausländer in Deutschland lebt, desto stärker. Bei nur kurzen Aufenthalt und geringem Inlandbezug, sollte sich unser Recht bis auf einen wirklich unverzichtbaren Kernbereich der Grundrechte (z.B. Verbot von Kinderhandel, Doppelehe uä) zurücknehmen

---

[166] Das bedeutet aber nicht, dass ein Muslim in Deutschland eine zweite, dritte usw. Ehe neu eingehen kann. Vgl. zu dem Themenkreis die viel ergiebigere französische Rechtsprechung, art. 3 Code Civil, Dalloz Nr. 25.
Exkurs: Diese liberale Sicht führt freilich zu Weiterungen im Sozialrecht. Wenn J zwei gesetzliche Ehefrauen hat und in Deutschland einer sozialversicherungspflichtigen Beschäftigung nachgeht, sind nach der geltenden Rechtslage auch beide Ehefrauen mit versichert, vgl. *Der Spiegel*, 2/05, S. 16.; Der Koran erlaubt einem Moslem übrigens, auch mehr als 2 Frauen zu heiraten. Es ist nicht die Aufgabe des IPR, fremde Kulturvorstellungen nach Deutschland zu bringen, sondern in einem Einzelfall den Ausländer nach seinem Recht zu behandeln.
[167] Ebenso . Art. 17 schweiz. IPRG
[168] Palandt – Thorn, Art. 6 RN 6 vgl. auch zu § 328 ZPO unten: S. 162, III. BGHZ 104, 240: Ein solcher Ausnahmefall liegt vor, wenn eine Vorschrift des ausländische Rechts den Bürgen aus einer für seine eigene Gesellschaft gegebenen Bürgschaft haften lässt, obwohl diese Gesellschaft unter derselben Rechtsordnung entschädigungslos enteignet wurde.
[169] Vgl. Palandt – Thorn, Art. 6 RN 7.

Im Anwendungsbereich der Rom I VO wird Art. 6 EGBGB künftig durch Art. 21 ergänzt und zum Teil überlagert werden. Materielle Änderungen sind zwar nicht zu erwarten, da Art. 21 Rom I VO inhaltlich im Wesentlichen mit Art. 6 EGBGB übereinstimmt. Es werden sich aber grundsätzliche Fragen ergeben unter folgendem Gesichtspunkt. Europarecht, also auch Art. 21 Rom I, wird letztinstanzlich vom EuGH ausgelegt. Die Anwendung des durch die Verordnung berufenen fremden Rechtes kann nur versagt werden, wenn *ihre Anwendung mit der öffentlichen Ordnung (ordre public) des Staates des angerufenen Gerichts offensichtlich unvereinbar ist.*

Es würde sich also hieraus ergeben, dass nicht der Bundesgerichtshof oder möglicherweise das Bundesverfassungsgericht darüber entscheidet, was mit der öffentlichen Ordnung in Deutschland unvereinbar ist, sondern der EuGH. Das aber ist ein Ergebnis, welches mit dem Subsidiaritätsgrundsatzes gemäß Art. 5 EUV kaum vereinbar ist.

III. Ausländisches öffentliches Recht als Vorfrage im IPR

Fälle

1. (Beispiel) Der in Frankreich wohnende Franzose F hat mit dem in Deutschland bei V versicherten Auto in Frankreich einen Unfall verursacht. V reguliert den Schaden, klagt aber vor dem zuständigen deutschen Landgericht auf Rückgriff gegen F, weil er keinen Führerschein gehabt habe. [170]

    Stichworte: Anwendung und Anerkennung ausländischen öffentlichen Rechts

2. Mann M und Frau F sind Deutsche; sie sind verheiratet. Da sie die Mühe, eigene Kinder aufzuziehen, scheuen, adoptieren sie in der Ukraine das von den dortigen Behörden zur Adoption freigegebene Kind K. Nach dem zeitgleichen Unfalltod von M und F verlangt K das Erbe. Bruder B des M, sonst sein einziger gesetzlicher Erbe, meint die Adoption sei ungültig, weil die ukrainische Behörde entgegen der deutschen Strenge im Familienstandsrecht für K – wie unbestritten – ein falsches Geburtsdatum eingetragen habe. [171] Zu Recht ?

    Stichworte: Ausländische Rechtsakte als Bedingung einer inländischen Entscheidung.

3. Beispiel: Käufer K in Deutschland hat von Verkäufer V im Staat S 500 t Kaffee gekauft. Zur Finanzierung des Kaufpreises hatte K einen Kredit der B-Bank aus dem Staate Z bekommen und ihr das Sicherungseigentum an dem Kaffe übertragen. K fällt nach Ankunft des Kaffees in Deutschland in Konkurs. B-Bank verlangt vom Insolvenzverwalter I die Herausgabe des Kaffees. I meint, B habe kein Eigentum erwerben können: B habe in Z keine Banklizenz und sei daher nach dem Recht von Z nicht befugt, im Geschäftsbetrieb Sicherungseigentum zu erwerben. Wer ist Eigentümer?

---

[170] Vgl. allg. EuGH v. 3.7.08 NJW 09, 207 zum europäischen Führerschein
[171] vgl. OLG Karlsruhe NJW 04, 516

Stichworte: Öffentlich-rechtliche Vorfrage bezüglich eines im Inland geltend gemachten privaten Rechtes.

4. Im Zuge des kommunistischen Umsturzes in Chile unter Allende um 1970 enteignete die chilenische Regierung entschädigungslos die Kupfergruben in amerikanischem Eigentum zugunsten der Staatsgesellschaft S, darunter auch die C-Grube der C.-Company. Der deutsche Importeur I kaufte von S 1000 t Kupfer, welches aus der C-Grube stammte, und bezahlte sie auch. Als das Kupfer in Hamburg angelandet wird, verlangt C von I ihr Eigentum heraus. Zu Recht? Macht es einen Unterschied, ob die Enteignung gegen Entschädigung oder nicht erfolgte?

Stichworte: Völkerrechtswidrige Enteignung

1.   Grundsatz

Die Bezeichnung Internationales *Privatrecht* bringt zum Ausdruck, dass die innerstaatliche Anwendung ausländischen *Privat*rechts gemeint ist. Ausländisches *öffentliches* Recht wird also im Inland grundsätzlich nicht angewendet. In vielen Fällen hängt aber die Entscheidung einer inländischen *privat*rechtlichen Frage davon ab, ob nach ausländischem öffentlichem Recht bestimmte Rechte oder rechtliche Eigenschaften bestehen. Man spricht dann von einer öffentlich-rechtlichen Vorfrage. Es ist zu unterscheiden zwischen der *Anwendung* ausländischen öffentlichen Rechts (grds Nein!) und seiner *Anerkennung* (grds. Ja). Ausländisches öffentliches Recht und die darauf gegründeten Entscheidungen werden bei uns *anerkann*t, wenn der ausländische Staat

- im Rahmen seiner Zuständigkeit gehandelt hat, s.o. S. 51, und
- nicht gegen die Grundsätze verstößt, deren Verletzung gemäß Art. 6 EGBGB die Anwendung einer fremden Rechtsnorm verbieten.

2.   Anerkennung ausländischen öffentlichen Rechts

Beispiel: Der Anspruch ist nur begründet, wenn F keine Fahrerlaubnis hatte. Der Anspruch V-F ist privatrechtlich, er hängt aber entscheidend von der Vorfrage ab, ob die dem F in seiner Heimat erteilte Fahrerlaubnis (= Verwaltungsakt, VA) bei uns anerkannt wird. Wenn Nein, dann hatte F keine, und V kann Rückgriff nehmen. Nur wenn wir den französischen VA anerkennen, kommt es überhaupt darauf an, ob F einen Führerschein hatte. Die Erteilung einer Fahrerlaubnis an seine Bürger liegt klar in der Zuständigkeit des französischen Staates; wir werden diesen Verwaltungsakt also anerkennen.

Angenommen, F hatte eine Fahrerlaubnis gehabt, diese sei ihm aber durch französischen Verwaltungsakt entzogen worden. Zur Beantwortung der Vorfrage (Führerschein ja/nein) muss also jetzt noch gefragt werden: Erkennt das deutsche Landgericht diesen belastenden französischen VA an? Das Landgericht wird fragen: War der französische Staat zuständig, dem F die Fahrerlaubnis zu entziehen? Eindeutig : Ja. Er ist also ohne Führerschein gefahren, und V kann Rückgriff gegen F nehmen.

Weiter sei angenommen: F beweise, der zuständige französische katholische Verwaltungsbeamte habe ihm die Fahrerlaubnis nur entzogen, weil er 6-mal hinter einander die Messe versäumt habe. Selbst wenn es in Frankreich eine Vorschrift gäbe, welche den Entzug der Fahrerlaubnis gestattet, wenn man nicht zur Kirche geht, verstieße dieses ausländische öffentliche Recht bzw. die darauf gestützte Entscheidung gegen wesentliche Grundsätze des deutschen Rechts und würde hier nicht anerkannt. F würde dann von uns so behandelt, als wäre ihm der Führerschein nicht entzogen worden, und die Klage der V wird abgewiesen.[172]

Im Fall 2 ist K nach dem anwendbaren deutschen Recht, Art. 25 EGBGB, dann gesetzlicher Erbe, wenn er die Stellung eines ehelichen Kindes der Eheleute hat. Diese Stellung ist nur dann gegeben, wenn K gültig adoptiert worden ist. Die Gültigkeit der Adoption ist gemäß Art. 22 nach deutschem Recht, §§ 1741 ff BGB, zu beurteilen. § 1746 BGB macht die Gültigkeit von der Zustimmung des Kindes bzw. seiner gesetzlichen Vertreter abhängig, Art.23. Die öffentlich-rechtliche Vorfrage war, ob das Kind K überhaupt adoptiert werden konnte. Das war nach dem Recht der Ukraine zu beurteilen. Ob diese Regeln aus unserer Sicht zu lax oder zu scharf sind, spielt keine Rolle. Das ukrainische Recht hat das bejaht, K war also adoptionsfähig. Da der Adoptionsvertrag nach deutschem Recht gültig war, war K Erbe.

Im Beispiel 3 ist eine fiktive, aber praktisch vorkommende, Problemlage beschrieben. Der Anspruch der Bank auf Herausgabe der Ware setzt voraus, dass sie Eigentümerin geworden ist. Bevor die Frage der Übereignung zwischen B und V beantwortet wird, kommt es auf die Frage an, ob B eine Banklizenz hatte. Das ist eine Frage des öffentlichen Rechtes im Staate Z. Die Entscheidung der Behörden in Z hat das deutsche Gericht zu Grunde zu legen, und zwar auch dann, wenn es der Meinung ist, dass diese das Recht von Z falsch angewendet haben.

3.   Anwendung ausländischen öffentlichen Recht

Beispiel: F hat inzwischen seinen Wohnsitz in den Bundesstaat Montana der USA verlegt. Da er in Deutschland ein Auto mieten möchte, beantragt er die Erteilung einer Fahrerlaubnis nach dem Recht von Montana. In diesem dünn besiedelten Bundesstaat reiche es für die Erteilung einer Fahrerlaubnis aus, wenn man lesen und schreiben könne. Es ist zu unterscheiden zwischen der Frage, ob eine eventuell in Montana ausgestellte Fahrerlaubnis in Deutschland als gleichwertig angesehen wird (das ist möglich; vermutlich aber nein) und der Frage, nach welchem Recht das deutsche Straßenverkehrsamt eine Fahrerlaubnis erteilt. In Deutschland gilt deutsches öffentliches Recht. Die deutsche Behörde kann daher nicht nach dem Recht von Montana, sondern ausschließlich nach dem deutschen Recht handeln. Ausnahme: völkerrechtliche Verträge, welche durch ein deutsches Ausführungsgesetz zu deutschem Recht geworden sind, bestimmen etwas anderes.

4.   Enteignungsrecht[173]

Im Fall 4 ist der Anspruch der C gerechtfertigt, wenn C Eigentümer des Kupfers ist. Nach dem Grundsatz der *lex rei sitae* entscheidet das deutsche Recht über diese Frage, da sich das Kupfer in Deutschland befindet. Dieses befragt die frühere *lex rei sitae* (Chile), ob C nach dortigem Recht Eigentümer des Kupfers geworden ist. Das

---

[172] Dieses ist ein nur Beispiel! Es geht also hier nicht um die Anerkennung von Fahrerlaubnissen in der EU.
[173] grds. Kriebaum, U., *Eigentumsschutz im Völkerrecht*, Duncker & Humblodt, 2008

wurde bejaht. C ist daher immer noch Eigentümer, wenn er es nicht verloren hat. Eigentumsverlust kann aufgrund der Enteignungsmaßnahme in Chile eingetreten sein. Wenn dieser chilenische Rechtsakt in Deutschland anerkannt wird, hat C sein Eigentum zugunsten des S verloren. Es gelten die unter 1 genannten Grundsätze. Ein hoheitlicher Akt eines Staates in seinem Machtbereich wird bei uns grundsätzlich anerkannt. Die Enteignung ist ein solcher Hoheitsakt. Wenn sich die Sache im Zeitpunkt der Enteignung im Machtbereich des enteignenden Staates befand, kann gegen die Rechtsänderung daher nichts gesagt werden.

Eine Anerkennung unterbleibt aber, wenn der ausländische Rechtsakt (hier: entschädigungslose Enteignung) gegen wesentliche Grundsätze des deutschen Rechts verstößt, vgl. die Rechtsgedanken in Art. 6 EGBGB und § 328 I Nr 4 ZPO. Das wäre der Fall, wenn die entschädigungslose Enteignung gegen das Völkerrecht verstößt. Diese Frage ist umstritten.

Einen solchen Grundsatz könnte man zwar aus Artikel 17 Nr. 2 UN-Erklärung der Menschenrechte herzuleiten versuchen. Diese Vorschrift schützt die Institution des Privateigentums als konstitutives Element der Freiheitsrechte. Sie gibt aber keinen Bestandsschutz für die jeweilige Eigentumsposition. Sie ist daher kein Schutz gegen Enteignungsmaßnahmen. Art. 17 wäre wohl nur verletzt, wenn ein Staat jedes Privateigentum ohne Entschädigung nach Willkür entziehen könnte. Weithin Konsens ist es aber, dass ein Staat befugt ist, seine Bodenschätze für sich zu sichern. C-Company muss daher versuchen, gegen den chilenischen Staat eine Enteignungsentschädigung durchzusetzen; Eigentümer ist er nicht mehr.

IV. Allgemeiner Teil des BGB im IPR

Fälle

1. Beispiel: Deutscher D lebt schon lange in Phuket/Thailand, wo er eine Surfschule betreibt. Die Tsunamikatastrophe 2005 bringt D auf den Gedanken, das ganze Deutschland zu vergessen. Er meldet sich nicht mehr zu Hause. Da die Bundesregierung „unbürokratische" Behandlung zugesagt hatte, wird D auf Antrag seiner in Essen lebenden Frau F am 28.2.05 für tot erklärt. Als Todesdatum wird der 30. Januar 2005 festgelegt. D liest in der Westdeutschen Allgemeinen Zeitung, dass W ihn, der ja nun tot sei, als Sextouristen und Kinderschänder bezeichnet hat. D verlangt von W Schmerzensgeld wegen übler Nachrede. Anspruch des D gegen W?

   Stichworte: Fragen rund um die Person.

2. A war, bevor er als Deutscher eingebürgert wurde, Rumäne ungarischer Volkszugehörigkeit. Im Kommunismus gab es keinen Adel. Nun als Deutscher beruft A sich darauf, dass seine Familie seit 1544 dem ungarischen Grafenstand angehört hat und beantragt die Änderung seines Namens von „A" in „Graf A". Erfolgsaussichten? [174]

   Stichworte: Personalstatut – Namensrecht – Staatsangehörigkeit im IPR

---

[174] VGH Baden-Württemberg v. 20. 5. 92

1.   Rechtsfragen, welche die Person betreffen

a.   Anknüpfung: Wohnsitz- oder Staatsangehörigkeit

Rechtsfragen, welche die Person betreffen, sollten von dem Recht beherrscht werden, welchem die betreffende Person am nächsten steht. Zwei Anknüpfungen bieten sich an:

- Wohnsitz: Viele Staaten, insbesondere des englischen Rechtskreises, knüpfen an den Wohnsitz an. Die zum Personalstatut gehörenden Fragen werden also von dem Recht des Staates beherrscht, in welchem die betreffende Person ihren Wohnsitz hat oder mangels eines solchen sich aufhält. Die *lex fori* entscheidet, wann ein Wohnsitz gegeben ist.

- Staatsangehörigkeit: In Deutschland, Frankreich und den Staaten, die diesen folgen, wird an die Staatsangehörigkeit angeknüpft, Art. 5 EGBGB.[175] Das deutsche IPR unterstellt daher die zur Person gehörenden Rechtsfragen nur dann dem Recht des Wohnsitzes, wenn die Person mehreren Staaten angehört. Ein in der Schweiz lebender Deutscher, der zugleich die Schweizer Staatsangehörigkeit hat, wird daher in Fragen der Person nach dem Schweizer Recht beurteilt.

Die Anknüpfung an das Heimatrecht ist rechtspolitisch für Deutschland lästig und unpraktisch geworden. Etwa 7 Millionen Menschen mit ausländischer Staatsangehörigkeit leben bei uns, zumeist mit der Absicht, dauerhaft hier zu bleiben. Die meisten Fragen des IPR stammen ohnehin aus dem persönlichen Bereich, bei dieser Gruppe fast ausschließlich. Deutschland macht sich und seinen Gerichten das Leben unnötig schwer, indem es diese Fragen nicht nach dem Wohnsitzprinzip entscheiden lässt, also nach deutschem Recht, sondern über die Anknüpfung an die Staatsangehörigkeit die mühselige Ermittlung der Regeln eines exotischen Familienrechts erzwingt.

Übersicht:

Anknüpfung	Vorteil	Nachteil
Wohnsitz	Pragmatisch, flexibel	Gelegentlich schwierig festzustellen, besonders wenn kein fester Wohnsitz; leichte Möglichkeit, das anwendbare Recht zu manipulieren durch Wohnsitzvortäuschung usw.
Staatsangehörigkeit	Eindeutig dauerhaft	Starr, oft ist es gegen die Interessen einer Person, nach dem Recht ihrer alten Heimat beurteilt zu werden, welche sie hinter sich gelassen hat.

Dem Personalstatut, unterliegen alle Fragen, die sich auf die Person beziehen. Zunächst die Frage, ob es diese Person überhaupt gibt. Jeder Mensch ist heute, solange er lebt, rechtsfähig.[176] Die Rechtsordnungen können, was insbesondere im Erbrecht bedeutsam sein kann, sich aber darin unterscheiden, ab wann ein Ungeborenes als Mensch gilt, vgl. § 1 BGB, und ab wann jemand als tot, infolge Todeserklärung, Art.

---

[175] vgl. Aden RIW , Gestaltwandel des IPR, 1. Seite Heft 9/2008;
[176] Vgl. 9. Teil § 1 BGB, s.u. S. 250

9 EGBGB. Das Personalstatut entscheidet insbesondere darüber, welche Rechte unmittelbar mit der Existenz einer Person verbunden sind. So gehören alle Fragen der Geschäftsfähigkeit, aber auch der Umfang der allgemeinen Persönlichkeitsrechte dazu. Im Beispiel ist die Äußerung des W eine Verletzung des Persönlichkeitsrechts des D. W hat D zwar für tot gehalten, deswegen macht er sich auch nicht wegen §§ 185 ff StGB strafbar, aber auch Tote genießen nach deutschem Recht einen nachwirkenden Persönlichkeitsschutz, der zu einem Schadensersatzanspruch (der Erben) führen kann. Da D tatsächlich noch lebte, käme eine entsprechende Anwendung dieser Rechtsprechung in Betracht und D hätte einen Anspruch gegen W.

Die Frage, welchen Namen eine Person trägt, gehört ebenso zum Personalkorb, Personalstatut. Fall 2: A ist jetzt Deutscher, also entscheidet deutsches Recht, wie er heißt, A oder Graf A. Das deutsche Recht fragt als Vorfrage, wie A hieß, bevor er nach Deutschland kam. Das rumänische Recht hat die Adelstitel abgeschafft. A hieß A. Der Anspruch auf den Adelsnamen kann sich für den nunmehrigen Deutschen A daher nur aus einem deutschen Gesetz ergeben. § 3 a Namensänderungsgesetz ist an sich einschlägig, lässt aber die Änderung eines Namens auf einen Adelsnamen nur für Volksdeutsche zu; da A ungarischen Volkstums war, trifft es auf ihn nicht zu.[177]

In Bezug auf das Wirtschaftsrecht hat das Namensrecht große Bedeutung für das Recht an der Handelsfirma; aus dem Namensrecht entwickelt sich auch das Recht an der Internetdomäne.[178]

b.   Geschäftsfähigkeit

Geschäftsfähigkeit ist eine Ausprägung der Person. Das vom Personalstatut berufene Recht entscheidet daher, ob eine Person ihre Rechte selbstverantwortlich wahrnehmen kann und darüber, ob und ggfs welche Beschränkungen (Testierfreiheit, Ehemündigkeit uä), bestehen. Dieses Recht entscheidet auch, ob für diese Personen ein gesetzlicher Vertreter und ggfs mit welchen Wirkungen für die vertretene Person auftreten darf/muss. *Wer* dieser Vertreter ist, und wie er bestellt wird, entscheidet sich aber ggfs nach anderen Regeln, vgl. Art. 20 ff EGBGB (Wohnsitz).

c.   Personalstatut der juristischen Person

Wie zum Personalstatut des erst entstehenden Mensch die Frage gehört, ob und ab wann er rechtsfähig ist, so gehört zum „Personalstatut" der künftigen juristischen Person die Frage, ob und ab wann das entstehende juristische Gebilde rechtsfähig ist. Der Korb der Personalrechte der juristischen Person hat an sich denselben Inhalt wie der der natürlichen Person. Dazu gehören Rechte und Pflichten dieses Gebildes bzw. seiner Gründer bis zur Gründung und vor allem danach. Insbesondere: Welche Organe dieses Gebilde hat, wie es seinen Willen bildet, wie es am Rechtsverkehr teil-

---

[177] **Exkurs:** Der Verfasser hätte anders entschieden. Der Adelstitel wurde durch das kommunistische Recht abgeschafft. Das steht im Widerspruch zu den in Europa anerkannten Wertvorstellungen über das Persönlichkeitsrecht. Das für A an sich geltende rumänische Namensrecht darf daher gem. Art. 6 EGBGB bei uns insofern nicht angewendet werden, als es das Persönlichkeitsrecht eines (nun sogar deutschen) Bürgers verletzt. A hieß also nach dieser Lösung mit Grenzübertritt, also nicht erst durch Erwerb der deutschen Staatsangehörigkeit, Graf A.
[178] Pierson/Seiler S. 446 f

nimmt, ob es grundrechtsfähig ist,[179] wann und wie es endet. Der Personalkorb der juristischen Person enthält auch alle Fragen, die sich auf die Begründung und den Gebrauch ihres (Handels-) Namens, Firma, §§ 17 ff HGB, beziehen.

Das Statut der juristischen Person wird grundsätzlich wie bei der natürlichen Person angeknüpft, nämlich an Wohnsitz oder Staatsangehörigkeit. Freilich, die juristische Person hat keine förmliche Staatsangehörigkeit und auch keinen Wohnsitz wie ein Mensch. Diese Anknüpfungen müssen daher besonders definiert werden. Das leistet die *lex fori*. Die wichtigsten Ansätze ergeben sich aus der Sitz- oder Gründungstheorie, s.u. S. 214.

d.   Verkehrsschutz

Die Anwendung ihres Heimatrechtes kann für die im Inland handelnde Person dazu führen, dass sie mangelnde Geschäftsfähigkeit geltend macht oder sich allgemein darauf beruft, besondere Rechte/Pflichten zu haben oder nicht zu haben, die hier nicht bekannt sind. Damit hätte sie im Grundsatz Recht. Art. 12 I schützt aber den gutgläubigen Inländer. Rechte, die sich aus dem ausländischen Personalstatut einer Person ergeben, genießen gegenüber Gutgläubigen keinen weiteren Schutz als das deutsche Recht einräumt.[180]

Aus Artikel 12 I wird aber darüber hinaus ein allgemeiner Grundsatz des Verkehrsschutzes hergeleitet, insbesondere wenn es sich um juristische Personen handelt. Rechtliche Beschränkungen der Handlungsfähigkeit einer juristischen Person oder ihrer gesetzlichen Vertreter können nur in dem Rahmen geltend gemacht werden, wie sie auch im Inland anerkannt werden. In der Tendenz führt also Art. 12 zu einer Annäherung des Staatsangehörigkeitsprinzips an das Wirkungsstatut.

Art. 13 Rom I VO: Diese Tendenz wird bestätigt durch Art. 13 Rom I VO, welcher mit Art. 12 wesentlich übereinstimmt. Künftig gilt der Verkehrsschutz wie in Art. 12 also gemeinschaftsweit.

2.   Rechtsgeschäfte

Fälle

> 1. W betreibt auf dem zwischen Saßnitz und Trelleborg unter deutscher Flagge verkehrenden Schiff „ *MS Franz Schlegelberger*" einen Ausschank. W ärgert sich über die vielen schwedischen Nichtverzehrer, die im Gastraum herumhängen. W stellt daher deutlich sichtbar ein Schild auf: *Nichts – das neue Überraschungsgetränk, EUR 5,-.* Schwede S antwortet auf die Frage des W, was er haben wolle, auf Deutsch: *Nichts.* W serviert ihm „Nichts." Man befindet sich gerade in internationalen Gewässern. Muss S zahlen?
>
>   Stichworte: Rechtsfolgewille im IPR
>
> 2. Franzose F aus Mühlhausen/Elsass gibt auf die Ausschreibung für den Neubau einer Turnhalle der Gemeinde Bad B. auf der anderen Seite des Rheins das bei

---

[179] Nach deutschem Recht genießen juristische Personen an sich zwar keinen Grundrechtsschutz, ein solcher kann sich aber jeweils aus dem Satzungszweck ergeben.

[180] Kegel, S. 435; 604

weitem günstigste Gebot aller Mitbewerber ab. Der Vertrag zwischen B und F wird geschlossen. Jetzt merkt F, dass in der Kalkulation Transport- und Montagekosten vergessen wurden. [181] Kann F den Vertrag anfechten?

Stichworte: Willensmängel und Anfechtung im IPR

a.   Grundsatz

Über das anwendbare Recht entscheidet das IPR am Gerichtsort. Die Rechtsordnungen haben verschiedene Anknüpfungen, um das für Rechtsgeschäfte anwendbare Recht zu bestimmen. Das IPR eines Staates kann einen Vertrag, ein Bereicherungsverhältnis und alle Rechtsverhältnisse, die sich darauf beziehen, insgesamt unter ein Vertragsstatut, vgl. Art. 32 EGBGB, stellen; es kann aber auch vorschreiben, dass bestimmte Teile eines Rechtsgeschäfts, z.B. Abgabe und Zugang, gesondert angeknüpft werden und verschiedenen Rechten unterstehen.

Die Fragen in den Eingangsfällen sind daher falsch gestellt: Wichtig ist, in welchem Staat die jeweilige Rechtsfrage entschieden werden soll. Im Fall 1 kann das Amtsgericht Trelleborg zu einem anderen Ergebnis kommen als das deutsche Amtsgericht Bergen/Rügen, je nachdem welches Gericht zuständig wird.

Ansprüche aus einem Rechtsverhältnis, können unterschiedlich angeknüpft werden, je nachdem, ob es sich um einen gültigen Vertrag handelt oder nicht. Aber gerade die Frage, ob es sich überhaupt um einen Vertrag handelt, kann von den in Betracht kommenden Rechtsordnungen unterschiedlich beurteilt werden. Oft haben die Parteien eine Rechtswahl getroffen, s.u. S. 88. Wenn jedoch diese Rechtswahlklausel selbst ungültig sein sollte, beginnt ein gleichsam ewiger Kreislauf in der Frage nach dem anwendbaren Recht. Dieser wird durchbrochen von einer bisher schon praktisch geltenden Regel, die künftig gemeinschaftsweites Recht ist, Art. 10 Rom I VO: Das Zustandekommen und die Wirksamkeit des Vertrages beurteilen sich nach dem Recht, das anwendbar wäre, wenn der Vertrag wirksam wäre.

b.   Willenserklärung

Die Willenserklärung bewirkt eine Rechtsfolge. Es liegt nahe, die Frage, ob überhaupt eine Willenserklärung vorliegt und welche Wirkungen sie hat, nach dem Recht zu entscheiden, welches den Vertrag bzw. den zu schließenden Vertrag beherrscht (Geschäftsrecht, *lex causae*). So entscheidet das deutsche IPR. Das IPR eines anderen Staates könnte diese Fragen aber gesondert anknüpfen, also die die Willenserklärung betreffenden verschiedenen Fragen (Entstehung, Anfechtbarkeit, Zugang uä) verschiedenen Rechten unterstellen. Denkbar wäre auch die Lösung, dass jeweils das Recht des Staates gilt, wo die betreffende Rechtsfolge gültig werden soll (Wirkungsstatut). Diese Lösung wäre jedenfalls dann angebracht, wenn die Willenskärung durch Schweigen, z.B. Schweigen auf ein kaufmännisches Bestätigungsschreiben, „erklärt" wird. [182]

Im Fall 1 wird mangels einer abweichenden Rechtswahl wohl deutsches Recht als Geschäftsrecht gelten (Art.28 EGBGB: deutsche Flagge, deutscher Wirt, deutsche

---

[181] Abgewandelt nach: BGH NJW 98, 3198
[182] Kegel S. 615

Sprache). Deutsches Recht hat daher zu beantworten, ob die Antwort „Nichts" überhaupt als Willenserklärung anzusehen ist. Im Zweifel: nein, denn es fehlt wohl der
Rechtsfolgewille.

c.   Willensmängel

In Fall 2 beruft F sich auf einen Irrtum. Mangels abweichender Rechtswahl wird
auch hier deutsches Geschäftsrecht gelten, denn das Schwergewicht des Vertrages
liegt wohl in Deutschland; ganz sicher ist das aber nicht. Das wird auch ein französisches Gericht so sehen und, wenn der Fall vor ein französisches Gericht käme (z.B.:
B klagt gegen F auf Schadensersatz vor dem *Tribunal de grand ` instance*, Landge-
richt, Mulhouse), die Anfechtbarkeit wegen Irrtums wie nach deutschem Recht beurteilen und abweisen. Aber vielleicht knüpft das französische Gericht nach seinem
IPR die Frage, ob überhaupt ein rechtserheblicher, zur Anfechtung berechtigender
Irrtum vorliegt, gesondert an mit der Folge, dass es diese Frage dem französischen
unterstellt und vielleicht die Anfechtung für zulässig hält.

3.   Stellvertretung

Beispiel

> Firma A aus dem Staat S beauftragt P, der sich als Prokurist bezeichnet, aber in S
> mangels eines Handelregisters nicht eingetragen ist, mündlich, mit D in Deutsch-
> land einen Vertriebsvertrag zu schließen. Das tut P. Der Vertrag wird dem Recht
> von S unterstellt und enthält eine Schiedsgerichtsklausel. Als es zum Streit kommt,
> meint A, P sei nicht bevollmächtigt gewesen, eine Schiedsgerichtsklausel zu unter-
> zeichnen. Nach dem Recht von S bedürfe es dazu nämlich einer besonderen schrift-
> lichen Vollmacht. D hält die Schiedsgerichtsklausel für gültig. Zu Recht?

a.   Grundsatz

Die Vertretungsmacht kann sich ergeben aus einem Rechtsgeschäft (Vollmacht, §§
164 ff BGB) oder Gesetz (gesetzliche Vertretungsmacht).[183] Es ist im deutschen IPR
nicht geregelt, welches Recht darüber entscheidet, ob eine Vertretungsmacht besteht.
In Betracht kommt, die Gültigkeit einer Vertretungsmacht dem Recht des Gegenstandes zu unterstellen, auf welches sich diese beziehen soll (Geschäftsrecht). Das auf
den Vertrag und die Vertretung anwendbare Recht wäre daher stets gleich. Diese
Lösung würde im Beispiel dazu führen, dass P keine Vollmacht zum Abschluss der
Schiedsgerichtsklausel hatte.

Nach deutschem IPR wird die Vertretungsmacht aber von dem Geschäft, auf welche
sie sich bezieht, getrennt und gesondert angeknüpft. Aus dem Schutzgedanken des
Art. 12 folgt allgemein, dass die Fähigkeit, Willenserklärungen für sich selbst und
andere abzugeben, sowie die Tragweite von Willenserklärungen dem Recht des Ortes
unterstehen, wo die Willenserklärung wirken soll (Wirkungsstatut). Nach dieser Lösung würde also das deutsche Recht über die Wirksamkeit der Vertretungsmacht und
der Schiedsgerichtsklausel entscheiden. Es handelt sich um ein Geschäft, welches der
Betrieb eines Handelsgewerbes mit sich bringt, § 49 HGB; P ist in Deutschland mit

---

[183] 9. Teil § 164

Willen des A unter dem Titel Prokurist aufgetreten. P ist daher als bevollmächtigt anzusehen, diese Klausel zu unterschreiben.

Im kaufmännischen Verkehr verhandelt man i.d.R. nicht mit einem bestimmten Individuum, sondern mit der dahinter stehenden Unternehmung. Der Ort, wo die Verhandlungen stattfinden, ist oft zufällig, nicht aber der Ort, von wo aus der Kaufmann oder sein Vertreter agiert bzw. Weisungen gegeben werden. Die Gültigkeit der Vollmacht (Prokura) und ihre Tragweite werden daher nach dem Recht des Ortes beurteilt, wo sich die Niederlassung befindet, von der aus gehandelt wird (Gebrauchsstatut). Damit ist die Anscheins- oder Duldungsvollmacht der wirklich bestehenden Vertretungsmacht im IPR weitgehend angenähert.[184] Für Vollmachten, die sich auf Grundstücksgeschäfte beziehen, gilt das Geschäftsrecht, und dieses ist in der Regel die *lex rei sitae,* das Recht des Ortes, wo sich das Grundstück befindet.[185]

b.   Gesetzliche Vertretung

Das Bestehen einer gesetzlichen Vertretungsmacht für eine natürliche oder juristische Person ist Ausprägung ihrer rechtlichen Handlungsfähigkeit, sie hat also mit dem Geschäft, welches der Vertreter jeweils vornehmen will oder muss, nichts zu tun. Die gesetzliche Vertretungsmacht über einen Menschen folgt daher seinem Personalstatut. Die gesetzliche Vertretungsmacht über eine juristische Person untersteht dem Gesellschaftsstatut, welches sich aus der Gründungs- bzw. Sitztheorie ergibt.

4.   Formvorschriften für Rechtsgeschäfte, Art. 11 EGBGB

Fälle:

1. Belgier B ist Eigentümer einer Eigentumswohnung in New York. Diese verkauft er dem Niederländer N. Beide wohnen in Düsseldorf. Sie schließen einen schriftlichen Kaufvertrag ohne Beiziehung eines Notars. Später tut dem N der Kauf wegen des zu hohen Preises leid. B verlangt Zahlung und verklagt ihn vor dem LG Düsseldorf. Wie wird das Gericht entscheiden?

   Umkehrung des Falles: B verkauft dem N seine in Düsseldorf belegene ETW. Beide wohnen in New York und schließen den Vertrag wieder nur normal schriftlich. N zieht nach Düsseldorf, wo er von B verklagt wird.

   Stichworte: Wirkungsstatut, Geschäftsrecht

2. E ist Deutsche. Sie hat jahrzehntelang in New York gelebt und ist dort gestorben. 1974 hat E vor einem deutschen Notar ein gültiges Testament zugunsten des A errichtet. 1998 machte E ein neues Testament zugunsten B, welches sie in Maschinenschrift abfasste und in Gegenwart zweier Zeugen unterzeichnete. A meint, das zweite Testament sei ungültig, er sei Erbe. Zu Recht? [186]

   Stichworte: Formvorschrift am Abfassungsort

---

[184] Kegel, S. 620 f m. N.
[185] Kegel, S. 621 m. N.
[186] BGH Beschl. v. 27.3.03 FamRZ 03, 1594

3. Dr. med. W. aus der Kleinstadt R verlässt seine Frau und wendet sich seiner Arzthelferin A zu. Da ihm die Sache doch etwas peinlich ist, heiraten W und A anlässlich eines Kurzbesuches in der Casino-Stadt Las Vegas. Sind W und A auch nach deutschem Recht verheiratet?

Stichworte: Formvorschrift am Abfassungsort

4. A-GmbH in Aalen/Württemberg hat nur einen Gesellschafter, die Schweizer Aktiengesellschaft A. Vor einem Notar in Zürich hält A eine Gesellschafterversammlung ab, in welcher die Satzung der GmbH geändert wird. Die Notargebühren sind hier viel niedriger als in Deutschland. Der Registerrichter in Aalen weigert sich, die Satzungsänderung zum Handelsregister einzutragen, weil die Satzungsänderung einer deutschen GmbH der Beurkundung durch einen deutschen Notar bedürfe. A-GmbH verlangt Eintragung. Zu Recht?[187]

Stichworte: Formvorschriften, Substitution

5. Der reiche V, deutscher Staatsangehöriger, trifft sich mit seinen beiden einzigen Kindern, A und B, auf Hawaii. Um künftigem Streit vorzubeugen, vereinbaren sie, dass A allein erben soll, B verzichtet gegen Zahlung einer Geldsumme auf seinen Pflichtteil. Der Vertrag wird unter Zuhilfenahme eines dort gerade in Urlaub befindlichen deutschen Notars aufgesetzt und unterschrieben. Nach dem Tode des V findet B, er sei doch zu schlecht weggekommen. Er hält den Verzichtsvertrag für nichtig und verlangt einen Nachschlag; A will nicht. Wer hat Recht?

Stichworte: Formbedürftiges, im Ausland unbekanntes Rechtsgeschäft

a.   Grundsätze

Willenserklärungen sind formfrei gültig, wenn nicht das Gesetz eine bestimmte Form vorschreibt. Auch Verträge sind, unabhängig von ihrer Größenordnung und Bedeutung, solange formlos, also schlicht mündlich, gültig, als nicht Gesetz oder Vertrag etwas anderes bestimmen.

Schreibt das Gesetz eine Form vor, dann ist die Willenserklärung nichtig, wenn sie nicht in dieser Form abgegeben ist, § 125 BGB. Das Schenkungsversprechen bedarf der notariellen Beurkundung, § 518. Besonders wichtig ist § 311 b BGB für den Grundstückskauf. Kauf- und Verkaufspflicht müssen notariell beurkundet sein.[188] Die einfache, nicht notarielle Schriftform ist z.B. vorgeschrieben in § 492: Darlehensverträge mit Verbrauchern i.S.d. § 13 BGB § 550: Mietverträge über eine längere Zeit als ein Jahr; § 623: Die Kündigung eines Arbeitsverhältnisses; § 766: Bürgschaftserklärung; § 780: abstraktes Schuldanerkenntnis. Außerhalb des BGB gibt es eine Anzahl von Sondervorschriften, welche eine Form, zumeist die schlichte Schriftform, vorschreiben.[189] Insbesondere Verträge im Familien- und Erbrecht sind bei uns formbedürftig (Testament §§ 2247 ff BGB, aber auch Erbvertrag, Erbverzicht; Adoption uä). Die Eheschließung steht unter einer ganz besonders strengen

---

[187] BGHZ 80, 76; Reithmann, *Substitution bei Anwendung von Formvorschriften des GmbH-Gesetzes,* NJW 03, 385 ff
[188] BGH NJW 2000, 951: Ist eine (Zusatz-) Vereinbarung einseitig von einem Grundstücksvertrag abhängig, dann ist diese formlos gültig.
[189] Palandt – Ellenberger § 125 RN 1

Form. Bei fast allen Rechtsgeschäften kann man sich vertreten lassen, bei der Eheschließung nicht.

Ausländische Rechtsordnungen haben oft andere Formen. Die Bürgschaft ist nach englischem Recht auch mündlich gültig, ein Grundstück kann nach manchen Rechtsordnungen durch einfachen schriftlichen, manchmal sogar mündlichen Vertrag verkauft werden usw. In anderen Fällen wieder schreibt ausländisches Recht eine Form vor, die wir nicht für nötig halten.

Es entsteht daher die Frage, ob ein im Ausland geschlossenes nach dortigen Formen gültiges Rechtsgeschäft auch im Inland als gültig anzusehen ist, obwohl die deutschen Formvorschriften nicht eingehalten sind. Oder auch: Ist ein im Ausland geschlossenes Geschäft, welches nach den dortigen Formvorschriften ungültig ist, im Inland als gültig anzusehen, wenn es den inländischen Formen entsprochen hat. Die Antwort gibt Art. 11 I S. 1: *Ein Rechtsgeschäft ist formgültig, wenn es die Formerfordernisse des Rechts, das auf das seinen Gegenstand bildende Rechtsverhältnis anzuwenden ist oder des Rechts des Staates erfüllt, in dem es vorgenommen wird.*

Die Form gehört zu *dem Gegenstand des Rechtsverhältnisses,* also zu dem Vertrag und den dazu ausgetauschten Willenserklärungen. Das Recht, welches diese regiert, das Geschäftsrecht (= *lex causae*), bestimmt daher auch seine Form. Ein in London geschlossener Vertrag über den Kauf eines Aktienpaktes an einer deutschen Gesellschaft unterliegt vermutlich dem deutschen Recht, nicht dem englischen. Es müssen also die Formen des deutschen Rechts eingehalten werden. Das Testament, welches die Deutsche D in New York macht, unterliegt vermutlich dem deutschen Recht, nicht dem Recht von New York. Das Testament ist also gültig, wenn es den deutschen Formen entspricht.

Wenn die Formvorschriften des anwendbaren ausländischen Rechts eingehalten sind, das kann auch die Formfreiheit sein, ist das Geschäft in Deutschland auch dann gültig, wenn wir dafür eine Form oder einer strengere Form vorschreiben.[190] Art. 11 I S. 1 ergänzt daher: *...oder des Rechts des Staates erfüllt, in dem es vorgenommen wird.* Das im Ausland vorgenommene Geschäft ist im Inland also auch gültig, wenn es nach dem Recht des Abschlussortes formgültig war. Ist also das englische Recht beim Aktienkauf mit weniger Form zufrieden als das deutsche, dann ist die Einhaltung der Ortsform auch zur Gültigkeit im Inland ausreichend. Verlangt das Recht New York die Einhaltung anderer Formvorschriften für die Gültigkeit des Testaments, dann reicht das in Deutschland auch.

b.   Form der *lex causae* (Geschäftsrecht)

Fall 1: Ein Kaufvertrag über ein Grundstück bedarf nach dem Ortsrecht (hier: Deutschland) der notariellen Beurkundung, § 311b BGB. Diese Form ist nicht eingehalten. Es genügt aber gemäß Art. 11 I die Einhaltung der Form, welche nach dem Geschäftsrecht erforderlich ist. Da die ETW in New York liegt, gilt im Zweifel das Recht der belegenen Sache, also das Recht von New York. Danach genügt ein schlicht schriftlicher Vertrag. B hat also Recht.

---

[190] Palandt –Thorn Art. 11 EGBGB RN 5

Wenn ein Rechtsgeschäft, welches bei uns einer bestimmten Form unterliegt, im Ausland gar nicht bekannt ist, gibt es kein Ortsrecht, welches alternativ neben dem Geschäftsrecht anwendbar sein kann; dann gilt allein das Geschäftsrecht. Fall 5: Nach deutschem Recht, dem Geschäftsrecht, musste der Pflichtteilsverzicht des B notariell beurkundet werden. Diese Form war nicht eingehalten. In Betracht kam, dass eine Ortsform eingehalten war. In den Ländern des *common law*, also auch in den USA, gibt es den Pflichtteil des gesetzlichen Erben nicht, folglich kennt man dort auch nicht den Pflichtteilsverzicht. Geschäfte dieser Art sind in den USA also nicht formfrei, es gibt für sie kein Ortsrecht. Zu prüfen ist allenfalls, ob die vom deutschen Recht vorgesehene notarielle Beurkundung in angemessener Weise substituiert wurde. Die Vertragschließenden haben zwar einen deutschen Notar hinzugezogen. Ein Notar darf aber außerhalb seines Bezirks keine Amtshandlungen vornehmen, und es ist zweifelhaft, ob ein Notar im Urlaub dieselbe Atmosphäre von Ernsthaftigkeit erzeugt und insbesondere dasselbe Maß an rechtlicher Belehrung erteilen kann wie daheim. Der Erbverzichtsvertrag des B war daher wohl ungültig.

c.   Ortsform

In Fall 2 galt deutsches Geschäftsrecht, weil die E deutsche Staatsangehörige war, Art. 25 EGBGB. Das erste Testament war gültig gewesen. Gemäß § 2258 BGB wird ein Testament dadurch ungültig, dass ein neues gültiges errichtet wird; soweit das deutsche Recht. Ob das zweite Testament gültig war, entscheidet an sich auch das deutsche Recht als Geschäftsrecht; dessen Form (§§ 2247ff BGB, Vollschriftlichkeit) war nicht eingehalten. Es genügt aber die Einhaltung der New Yorker Ortsform. Diese war eingehalten worden. B war Erbe.

Das Rechtsgeschäft, welches nicht nur nach deutschem Recht den strengsten Formvorschriften unterliegt, ist die Eheschließung. Bei einer ersten Heirat sind die Brautleute meist bereit, diese Formvorschriften zu hinzunehmen; bei der 2. und 3. Eheschließung, wenn die Dinge nicht mehr so eng gesehen werden, hat die formlose Schnelltrauung z. B. in Las Vegas an Bedeutung gewonnen. Auch wenn es sich um ein deutsches Paar mit Wohnsitz in Deutschland handelt, ist die Eheschließung gemäß Art. 11 auch in Deutschland gültig, wenn sie nach den Vorschriften des Vornahmeortes, hier US-Bundesstaat Nevada, gültig ist.[191]

d.   Substitution

Formvorschriften haben nicht nur die Aufgabe, den Einzelnen vor übereilten Rechtsgeschäften zu warnen (Warnfunktion). Zusätzlich oder hauptsächlich besteht ihre Funktion darin, klare Rechtslagen zu schaffen (Beweisfunktion). Die im GmbHG vorgeschriebene Form hat eine Beweisfunktion. Sie soll weniger die GmbH-Gesellschafter schützen, als den Gläubigern der Gesellschaft eindeutige Rechtsverhältnisse zu dokumentieren. Ähnliches gilt im Grundstücksverkehr.

---

[191] vgl. BGHZ 29,137 f: Handschuhehe, also durch Stellvertreter vollzogene Eheschließung nach italienischem Recht, wird als gültig anerkannt, aber nur wenn alle vom italienischen Recht vorgeschriebenen Formen eingehalten sind. Jahrbuch 1904, S. 1903: Bis 1901 galt in NewYork die aus Schottland stammende Konsensualehe: Eheschließung war gültig ohne jede Form, Mündlichkeit genügte.

Hier lag das Problem im Fall 4. Gesellschaftsstatut war das deutsche Recht. Gemäß Art. 11 I 2 genügt an sich die Einhaltung der am Vornahmeort vorgeschriebenen Form (*lex loci actus*). Die nach deutschem Recht vorgeschriebene Form dient aber der Sicherheit des deutschen Rechtsverkehrs. Dieser vertraut, so ist der Gedanke, auf die Sicherheit, welche durch die anspruchvollen Formvorschriften des deutschen Gesellschaftsrechts gewährleistet wird. Könnten diese Formschriften durch schlichten Ortswechsel umgangen werden, wäre das vom Gesetzgeber erstrebte Vertrauen gefährdet. Eine Beurkundung im Ausland ist daher grundsätzlich unzureichend. Der schweizerische Notar steht aber nach Ausbildung und Berufsbild dem deutschen gleich; die deutsche notarielle Form kann daher durch die Beurkundung eines Schweizer Notars ersetzt (substituiert) werden.[192] A-GmbH hat Recht.

V. Vertragsrecht im IPR

Fälle

1. D-AG aus Deutschland und S aus Südafrika vereinbaren für ihren Vertrag über die Errichtung eines schlüsselfertigen Zementwerkes in Kapstadt die Geltung des englischen Rechts. Während der Bauarbeiten lässt sich der Projektleiter P der D-AG zu Indiskretionen hinreißen, die mit dem Bauvorhaben an sich nichts zu tun haben, die aber der T, einer Tochtergesellschaft der S, erheblichen Schaden zufügen. S verlangt Schadensersatz von D-AG. D-AG meint, sie habe P sorgfältig ausgewählt, und beruft sich auf den Entlastungsbeweis gemäß § 831 BGB. Zur Recht?

   Stichworte: Reichweite des Vertragsstatuts

2. Der Kläger K ist Gastwirt in Köln. Beklagte B ist eine englische Brokergesellschaft mit Sitz in London. K hat sich mit B. auf verlustreiche Differenzgeschäfte eingelassen. K klagt vor dem Landgericht in Köln auf Feststellung, dass er dem B zu keinen Zahlungen verpflichtet sei. B beruft sich darauf, für den Vertrag sei englisches Recht vereinbart worden. Außerdem sei eine Schiedsgerichtsklausel vereinbart, sodass das staatliche Gericht ohnehin nicht zuständig sei.[193]

   Stichworte: Sonderanknüpfung (Vorrang) des Verbraucherschutzes im IPR

3. Kläger K auf Jamaika importiert Kraftfahrzeuge der beklagten BMW AG. 1987 schlossen die Parteien einen Import-Vertrag, welcher dem deutschen Recht unterstellt wurde. Der Vertrag wurde von BMW vorzeitig beendet. Für diesen Fall steht dem K nach dem Recht von Jamaika zwingend eine Abfindung zu. Nach deutschem Recht nicht. K verklagte die BMW.[194] Wird er Erfolg haben?

   Stichworte: Umgehung zwingender Normen durch Wahl eines fremden Rechtes.

---

[192] Die Frage der Substitution und insbesondere der Gleichwertigkeit ist im Einzelfall sehr streitig, vgl. Palandt – Thorn Art. 11 RN 13.
[193] OLG Düsseldorf v. 8.3.96 RIW 96, 681 ff; vgl. Aden RIW 97, 723
[194] OLG München v. 20. 11. 02 RIW 302: die Klage wurde abgewiesen.

4. Der in Straßburg/Frankreich lebende Hauptschuldner bat seine Schwester S, die ebenfalls dort wohnte, für ihn eine Bürgschaft gegenüber der klagenden französischen Bank zu übernehmen. S tat das. Später zog S nach Frankfurt/Main. Dort wurde sie von der Klägerin aus der Bürgschaft verklagt. S meinte, nach deutschem Recht brauche sie nicht zu bezahlen. Zu Recht?

Stichwort: Sittenwidrigkeit nach deutschem Recht

5. Der deutsche Zahnarzt D verbringt in Südafrika seine Ferien. Auf der Hotelterrasse wird er von V, dem Vertreter der amerikanischen Gesellschaft G, angesprochen und zum Erwerb von Anteilen an einem Schiffsfonds überredet. D unterschreibt den Vertrag, der dem Recht von New York untersteht. Wieder Zuhause will D nichts mehr von der Sache wissen. G verklagt D vor dem Landgericht Hamburg auf Zahlung. Variante: G hat für sein Produkt Werbung in Deutschland gemacht, und V hat sich im Gespräch mit D auf diese bezogen. [195] Wie wird das Landgericht entscheiden?

Stichworte: Vorbehalt des Verbraucherrechts bei der Rechtswahl.

6. U ist Projektentwickler in Köln und hat Projekte, insbesondere in Brasilien. U beschäftigt den Arbeitnehmer AN. Da U das deutsche Kündigungsschutzgesetz ablehnt, vereinbart er mit AN die Geltung des brasilianischen Rechts. U will dem AN fristgerecht kündigen, weil er einen anderen für besser als AN hält. AN erhebt in Köln Schutzklage gemäß KündigungsschutzG. Hat AN Aussicht auf Erfolg? Variante: AN ist zwar Deutscher, wohnt aber ständig in Brasilien.

Stichworte: Rechtswahl und international zwingendes Recht

1.   Vertragsstatut gemäß Art. 32 EGBGB = Art. 12 Rom I VO

Wenn die Parteien ihren Vertrag einem bestimmten Recht unterstellen, oder wenn sich das anwendbare Recht aus Art. 28 EGBGB ergibt, sollen nicht sämtliche Rechtsbeziehungen jetzt und künftig diesem Recht unterstehen, sondern nur die Rechtsbeziehungen, welche sich aus dem bezeichneten Vertrag ergeben. Welche sind das? Welche konkreten Rechtsfragen gehören in den Korb Vertragsstatut? Im Fall 1 ist die Frage, ob D-AG für den von P angerichteten Schaden haftet. Das vereinbarte englische Recht soll für die vertraglichen Ansprüche gelten. Es stellt sich daher die Frage, ob das Vertragsstatut auch die Frage der außervertraglichen Haftung der D-AG für Verrichtungsgehilfen, § 831 BGB, umfasst. Das wäre nur zu bejahen, wenn P im Sinne des § 278 als Erfüllungsgehilfe der D-AG gehandelt hätte. Da die Äußerung des P in keinem unmittelbaren Zusammenhang mit der Vertragserfüllung stand, gilt das Deliktstatut, im Zweifel das Recht am Tatort.

Art. 32 EGBGB, nennt die Bereiche, welche normalerweise zum Vertragsstatut gehören. Art. 12 Rom I VO ist mit Art. 32 fast identisch. Diese Bereiche sind:

- Auslegung, Abs. 1 Nr. 1 = Art. 12 I a Rom I: Der Sinn der im Vertrag gebrauchten Wörter und Begriffe wird nach den Auslegungsregeln des Vertragsstatuts bestimmt. Das gilt für Systembegriffe wie Schaden, Schuld,

---

[195] Dieser Fall ist Fällen nachgebildet, die bis zum Inkrafttreten der entsprechenden Gesetzgebung, 1994, häufig an die Gerichte gelangten, vgl. Mäsch IPRax 97, 442 m. N.

Rechtswidrigkeit, Ursächlichkeit, Rechtfertigungsgrund usw. Das gilt aber auch für Allgemeinbegriffe wie Treu-und-Glauben, angemessen, verkehrsüblich usw. Hierbei ist stets das Sprachenrisiko zu beachten. Beispiel: Ein deutschsprachiger Vertrag unterliege dem französischen Recht, zuständiges Gericht sei Antwerpen. Der Richter in Antwerpen wird die deutschen Ausdrücke in die niederländische Gerichtssprache übertragen und dann die entsprechenden Rechtsbegriffe im französischen Recht aufsuchen, um sie auszulegen.

- Erfüllung, Abs.1 Nr. 2= I b: Das anwendbare Recht entscheidet darüber, wann eine Verpflichtung erfüllt ist, also über Fragen gemäß §§ 362 ff BGB. Damit ist auch die Frage angesprochen, ob Teilleistungen zulässig sind, ob durch Aufrechnung bezahlt werden kann usw.
- Schadensersatzansprüche, Abs. I Nr. 3 = I c: entstehen unter dem anwendbaren Recht. Dieses entscheidet über Voraussetzungen, Grund, Höhe, Rechtfertigungsgründe usw.
- Formen des Erlöschens, Abs. I Nr. 4= I d: Die Gültigkeit der Kündigung und eines Rücktritts werden vom Vertragsstatut bestimmt, auch das Erlöschen der Vertragspflichten durch Erfüllungssurrogate (Aufrechnung, Erlass, Leistung an Erfüllungsstatt) richten sich nach diesem Recht. Dasselbe gilt für Verjährung und Verwirkung.
- Folgen der Nichtigkeit, Abs. I Nr. 5= I e: das gesetzliche Schuldverhältnis betreffend Rückgewährpflichten in Bezug auf Leistungen, welche aufgrund eines unwirksamen Vertrages erbracht worden sind, vgl. insbesondere §§ 812 ff BGB, werden nach denselben Recht abgewickelt, welchem der unwirksame Vertrag unterstand oder unterstanden hätte, falls er gültig gewesen wäre.

2.   Rechtswahl Art. 27 EGBGB[196]

a.   Grundsatz

Art. 27 EGBGB sagt: *Der Vertrag unterliegt dem von den Parteien gewählten Recht.* Ab dem 17. Dezember 2009 ist zu beachten, dass Art. 27 EGBG zum Teil durch den inhaltlich aber nicht sehr abweichenden Art. 3 Rom I-VO verdrängt bzw. überlagert wird, s.u. S. 102. Der Richter muss daher den Vertrag nach dem Recht beurteilen, welches die Parteien in dem Rechtswahlvertrag (Rechtwahlklausel) bezeichnet haben, hilfsweise ist Vertragsstatut das aus Art. 28 sich ergebende Recht. Fast alle internationalen Verträge enthalten, regelmäßig am Ende, eine Rechtswahlklausel. Diese enthält meist nicht mehr als die Worte: *Dieser Vertrag unterliegt dem deutschen (dänischen, brasilianischen usw.) Recht.* Die Rechtswahlklausel ist ein eigenständiger Vertrag, der also durch zwei übereinstimmende Willenserklärungen zustande kommt, ggfs auch durch schlüssiges Verhalten.[197]

Es ist i.d.R. ein Kunstfehler, wenn in einem internationalen Vertrag eine Rechtswahlklausel fehlt – es sei denn dass die Parteien aus bestimmten Gründen, sozusagen ausdrücklich, über die Rechtswahl schweigen wollen. In solchen Fällen empfiehlt sich darüber nachzudenken, ob sie in Anbetracht der dann gemäß Art. 28 zu treffen-

---

[196] allg. Mankowski, Rechtswahl für Verträge des internationalen Wirtschaftsverkehrs, RIW 03, 2 ff
[197] KG v. 21.2.08 NJW-RR 09, 196 : Teppichkauf eines deutschen Touristen in der Türkei, wobei Vertragssprache und alle Umstände auf deutsches Recht hinwiesen.

den Bestimmung eine „negative" Rechtswahl treffen wollen, also z.B.: Jedes in Betracht kommende Recht, aber nicht das dänische usw.

Der Verweisungsvertrag, mit welchem die Parteien anstelle des an sich geltenden ein anderes Recht wählen, unterliegt wie alle Verträge der Vertragsfreiheit. Die Parteien können daher die Anwendbarkeit des gewählten Rechts von einer Bedingung abhängig machen, die Rechtswahl spreizen (z.B. wenn der Käufer klagt, soll sein Heimatrecht gelten, wenn der Verkäufer klagt, dessen Recht usw.). Denkbar sind auch Klauseln wie: Der Vertrag soll dem Schweizer Recht unterstehen, aber hinsichtlich der Gewährleistungsansprüche gilt griechisches, hinsichtlich der Verjährung norwegisches Recht usw. [198] Wenn nicht ganz besondere Gründe dafür sprechen, sind solche Spezialitäten allerdings nicht zu empfehlen.

b. Auslandsbezug

Früher wurde bei uns, und von ausländischen Staaten gelegentlich wohl noch, die Gültigkeit der Rechtswahl davon abhängig gemacht, dass das betreffende Rechtsgeschäft eine Beziehung zu dem gewählten Recht habe, jedenfalls aber einen Auslandsbezug aufweise. Das gilt nicht mehr, wie sich im Umkehrschluss aus Artikel 27 III ergibt. Auch reine Inlandsgeschäfte, etwa der Kaufvertrag zwischen dem Käufer in Bremen und dem Verkäufer in Berlin können dem Recht von z. B. Costa Rica unterstellt werden.[199]

Theoretisch denkbar wäre also, dass der EDEKA-Laden um die Ecke durch einen Aushang erklärt, dass die hier geschlossenen Verträge nicht dem deutschen, sondern dem Recht von z.B. New York unterliegen.[200] Art. 27 III macht die Wahl eines fremden Rechtes in diesen Fällen für den Unternehmer allerdings uninteressant. Zwingende Vorschriften des deutschen Rechtes können bei reinen Inlandsgeschäften nicht abgewählt werden.[201] Edeka im Beispiel ginge damit nur das Risiko ein, dass das für gültig erklärte ausländische Recht zusätzliche Vorschriften zugunsten des Käufers enthält, an welche man gar nicht gedacht hat.

c. Reserverecht

Als Vertragswährung haben sich im internationalen Wirtschaftsverkehr einige, wenige Währungen als Ersatz- oder Reservewährungen empfohlen. Die bei weitem häufigst verwendete Reservewährung ist der US-Dollar, gefolgt von den Währungen weiterer wichtiger Wirtschaftsräume, wozu auch die Deutsche Mark gehörte und heute der Euro. Bei der Wahl des Reserverechts spielt das amerikanische Recht eine ähnlich große, und offenbar zunehmende, Rolle. Das amerikanische Recht, genauer das Recht des Staates New York, hat aber noch nicht die Quasi-Monopolstellung wie der Dollar im Bereich der Währung.

---

[198] Das ist alles ohne weiteres zulässig, Reithmann/Martiny S. 66 ff
[199] Palandt – Thorn, Art. 27 RN 2 m. N.; Reithmann/Martiny S. 72 ff
[200] Ein solcher Aushang wäre aber Stellung von Allgemeinen Geschäftsbedingungen gemäß §§ 305 ff BGB, und als überraschend, § 305 c, wohl unwirksam.
[201] Kegel, S. 654

Von großer Bedeutung ist auch das Recht der Schweiz.[202] Dem Musterland der Neutralität wird offenbar von den Vertragsparteien auch im Recht ein besonderes Maß an Ausgewogenheit zugetraut. Hinzu kommt, dass Gesetze und obergerichtliche Entscheidungen, auf welche es letztlich ankommt, in den drei Landessprachen authentisch veröffentlicht werden. Für Partner deutscher und französischer Sprache, die sich gegenseitig nichts dadurch vergeben wollen, dass sie der Rechtsordnung des Partners den Vorrang einräumen, ist daher die Wahl des schweizerischen Rechts nahe liegend.

3.   Vertrag über die Rechtswahl

a.   Verweisungsvertrag (kollisionsrechtliche Verweisung)

Der Vertrag über die Rechtswahl wird als Verweisungsvertrag bezeichnet, weil auf eine andere Rechtsordnung insgesamt verwiesen wird. Es handelt sich um eine Gesamtverweisung, vgl. S. 57. Die alte Rechtsordnung wird, grundsätzlich einschließlich aller zwingenden Vorschriften, durch die neue Rechtsordnung, ebenfalls einschließlich aller bekannten und unbekannten zwingenden Vorschriften, ersetzt. Da nicht auf einzelne Rechtsvorschriften verwiesen wird, können die Parteien sich auch nicht auf einen Irrtum, vgl. § 119 BGB, berufen, wenn sie später sehen, dass das gewählte Recht etwas ganz anderes sagt, als sie erwartet hatten.

Die Rechtswahlklausel muss als eigener Vertrag nach den normalen Regeln ausgelegt werden. Die Rechtswahlklausel (für Gerichtsstands- und Schiedsklausel gilt dasselbe) wird „gesondert angeknüpft", das für sie anwendbare Recht wird also nach Regeln ermittelt, die von denen für die Rechtswahl des Hauptvertrages verschieden sein können. Der Verweisungsvertrag und der Hauptvertrag, auf welchen sich die Rechtswahl bezieht, können daher ein unterschiedliches rechtliches Schicksal haben (Trennungstheorie, *separability)*. Theoretisch könnten die Parteien des Verweisungsvertrages eigens für diesen eine Rechtswahlklausel treffen, etwa nach dem Muster: *Der Vertrag steht unter englischem Recht. Diese Rechtswahlklausel aber steht unter belgischem Recht.* Das geschieht aber wohl niemals. Um einem theoretisch möglichen Patt vorzubeugen, beurteilt sich das für die Rechtswahlklausel (Verweisungsvertrag) anwendbare Recht gemäß Art. 31 EGBGB nach dem Recht, welches anzuwenden wäre, wenn der Vertrag gültig wäre; vgl. künftig den inhaltsgleichen Art. 10 Rom I VO.

Fall 2: Nach deutschem Recht war der Vertrag zwischen dem Gastwirt und der Brokergesellschaft gemäß § 55 BörsG ungültig, nach englischem Recht war er gültig. Es kommt also darauf an, ob deutsches oder englisches Recht gilt. Englisches Recht gilt, wenn die Rechtswahlklausel gültig ist. Aber bevor das deutsche Gericht das prüfen kann, muss es prüfen, ob es für diese Prüfung überhaupt zuständig ist oder das durch die Schiedsklausel vereinbarte Schiedsgericht. Es hat also zuerst über die Gültigkeit Schiedsgerichtsklausel zu befinden. Dazu muß es wissen, welchem Recht diese unterliegt. Ausgangspunkt ist die *lex fori*, hier also deutsches Recht. Dieses entscheidet über die Erstfrage: War es überhaupt zulässig, die Schiedsklausel einem anderen als dem deutschen Recht zu unterstellen?

---

[202] Tercier, P *Le rayonnement international du droit suisse (= Die internationale Ausstrahlung des schweizerischen Rechts)* ZSR 99, 1 ff

Die freie Rechtswahl ergibt sich aus Art. 27 EGBGB. Aber Art. 29, 34 sagen, dass Bestimmungen des deutschen Rechts, die den Sachverhalt zwingend regeln, unabhängig von einer Rechtswahl anwendbar bleiben. Die Vorschriften, welche dem Verbraucher den staatlichen Rechtsschutz gewährleisten, gehören dazu, daher sind Schiedsklauseln zwischen Unternehmer und Verbraucher grundsätzlich unwirksam.[203] Das deutsche staatliche Gericht war also zuständig, über die Gültigkeit der Rechtswahlklausel zu entscheiden. Dazu muß es das Recht wissen, dem diese unterliegt. Es wird vermutet, dass die Parteien die Rechtswahlklausel demselben Recht wie dem des Hauptvertrages unterstellen. Dass deutsche Gericht hatte daher die Rechtswahlklausel nach englischem Recht auf Gültigkeit zu prüfen. Gegen die Gültigkeit der Klausel bestehen nach diesem Recht keine Bedenken. Der Vertrag untersteht also englischem Recht.

Nun tritt das Gericht in die Prüfung des Vertrages ein, und zwar aufgrund des englischen Rechts. Am Gerichtsort in Deutschland gilt Artikel 34. Vorschriften des Verbraucherschutzes bleiben also trotz der grundsätzlichen Geltung des englischen Rechts unberührt, so das Börsengesetz. Der Vertrag unterstand daher gewissermaßen zwei Rechten: Hinsichtlich allgemeiner Fragen (z. B. Gültigkeit und Zugang der zum Vertragsschluss führenden Willenserklärungen) galt englisches Recht, aber hinsichtlich der Frage, ob der Vertrag gemäß Börsengesetz gültig war, entscheidet das deutsche Recht. Das Gericht entschied zu Gunsten des G.

Im Fall 3 hätte dem Kläger nach dem Recht von Jamaika ein Anspruch auf Abfindung zugestanden, und es wäre nicht möglich gewesen, diesen Anspruch auszuschließen. Die Parteien hatten aber das deutsche Recht vereinbart, welches das erlaubte. Die Parteien hatten also eine zwingende Vorschrift des Rechtes von Jamaika dadurch umgangen, dass sie ein anderes Recht, welches diese zwingenden Vorschriften nicht kennt, wählten. Die Wahl des deutschen Rechts war gültig, die Klage wurde daher abgewiesen. Hätte ein Gericht auf Jamaika entschieden, so hätte dieses Gericht vermutlich zwar auch die Wahl des deutschen Recht anerkannt, aber unter Anwendung ähnlicher Gedanken wie Art. 34 vermutlich argumentiert: Die Vorschrift des jamaikanischen Rechts, welche dem Handelsvertreter zwingend einen Abfindungsanspruch gibt, ist ein wesentlicher Teil unseres Arbeitnehmerschutzrechts und bleibt trotz der abweichenden Rechtswahl anwendbar. Dieses Gericht hätte BMW vermutlich zur Zahlung der Abfindung verurteilt. Sein Urteil wäre in Deutschland vermutlich vollstreckbar gewesen, denn die Tatsache, dass ein Gericht im Ausland eine Rechtsfrage anders entscheidet als wir, ist kein Grund, ein ausländisches Urteil nicht anzuerkennen. Es machte also für die BMW AG einen großen Unterschied, ob der Prozess in München oder in Kingston/Jamaika stattfand. Offenbar hatte die Rechtsabteilung der BMW AG richtigerweise einen ausschließlichen Gerichtsstand in München vereinbart. Die richtige Kombination von Rechtswahl und Gerichtsstand kann daher im internationalen Wirtschaftsrecht von großer Bedeutung sein.

b.   Materiellrechtliche Verweisung

Kollisionsrechtliche Verweisung bedeutet, dass an Stelle der sonst berufenen Rechtsordnung eine neue Rechtsordnung gestellt wird. Im Unterschied dazu spricht man von einer materiellrechtlichen Verweisung, wenn die Parteien nicht eine

---

[203] Palandt – Grüneberg § 310 RN 46

Rechtsordnung insgesamt berufen, sondern nur bestimmte Regelungen einer Rechtsordnung oder ein nicht staatliches Regelwerkes zum Inhalt ihres Vertrages machen,
etwa die Regeln des Weltfußballbundes, FIFA. [204]

Der Vertrag unterliege dem kanadischen Recht; die Gewährleistungsansprüche regeln die Vertragspartner aber in der Weise, dass sie die §§ 434 ff BGB wörtlich in
ihren Vertrag abschreiben. Dasselbe gilt bei der Vereinbarung von Allgemeinen Geschäftsbedingungen. Diese sind kein staatliches Recht. Auch wenn sie, wie etwa die
AGB-Banken eindeutig aus dem deutschen Recht stammen, werden sie, wenn der
Gesamtvertrag kanadischem Recht unterliegt, nicht nach deutschem Recht ausgelegt,
sondern als Teil des Vertrages nach kanadischem.

In- oder ausländische Rechtssätze verlieren ihre *Rechts*qualität, wenn sie durch eine
solche materiellrechtliche Verweisung als solche vereinbart werden. Der Richter
muss also jetzt nicht gemäß § 293 ZPO von Amt wegen ermitteln, ob diese Rechtsvorschriften noch gültig sind, und wie sie in dem bezogenen Land ausgelegt werden.
Sie werden nach dem Vertragsstatut ausgelegt. Im Beispiel müssen also die zitierten
Vorschriften des BGB nach kanadischem Recht ausgelegt werden.[205] Zu beachten ist
folgende Unterscheidung: Die Parteien vereinbaren eine Rechtswahlklausel wie
folgt: *Dieser Vertrag unterliegt dem kanadischen Recht; die Gewährleistungsansprüche des Käufers sollen jedoch denn deutschen Recht unterstehen, eventuelle Gegenansprüche des Verkäufers unterliegen dem Schweizer Recht.*

Eine solche Klausel ist möglich. Hier haben die Parteien klar zum Ausdruck gebracht, dass sie die Vorschriften des deutschen Gewährleistungsrechts nicht als Vertragsinhalt, sozusagen Wort für Wort vereinbaren wollten, sondern dass sie diese
Rechtsfragen dem Recht so unterstellen wollen, wie es objektiv in Deutschland gilt.
Hier würden also die Gewährleistungsansprüche nicht unter dem Gesichtspunkt des
kanadischen Rechts ausgelegt werden, sondern nach deutschem Recht. Entsprechendes würde für die Anwendung des Schweizer Rechtes auf die Gegenansprüche des
Verkäufers gelten.

4.   Wahl eines nicht staatlichen Rechts

Fälle

1. Bank aus Bahrain und ihr englischer Kunde haben eine komplizierte Gestaltung
   gewählt, um das Zinsverbot des Korans zu umgehen, welche im Ergebnis aber
   der Bank einen zinsähnlichen Ertrag gewährt. Korangelehrte hielten diese vertragliche Gestaltung für ungültig. Dieser Vertrag war mit einer Rechtswahlklausel versehen wie folgt: *Vorbehaltlich der Grundsätze des heiligen Koran*[206] *steht*

---

[204] Schweizer Bundesgericht v. 20.12.05 IPrax 07, 230 Reglemente privatrechtlicher Vereine (hier:
FIFA-Regeln) können nicht Gegenstand einer Rechtswahl i.S. v Art. 116 IPRG sein. Sie können nur
im Rahmen einer materiell rechtlichen Verweisung unter Berücksichtigung der zwingenden Bestimmungen des anwendbaren Sachrechts Vertragsinhalt werden.
[205] Schütze NJW 69, 1652; Geimer S, 798 RN 2578. Ausländische Allgemeine Geschäftsbedingungen
werden in der Revision vom Bundesgerichtshof nicht überprüft, wohl aber inländische. Ein Unternehmer kann also auf die Idee verfallen, inländische Allgemeine Geschäftsbedingungen als Vertragsklauseln in den Vertrag zu schreiben und diesen Vertrag einem ausländischen Recht zu unterstellen,
womit sie der revisionsrechtlichen Überprüfung entzogen wären.
[206] Engl. *Subject to the principles of the Glorious Koran*

dieser Vertrag unter englischem Recht. War der Vertrag gültig? Gegebenenfalls nach welchem Recht?[207]

Stichworte: Religion als anwendbares Recht?

2. Ein in Lippstadt lebendes muslimisches Ehepaar griechischer Staatsangehörigkeit hat in Griechenland vor Jahren vor dem Mufti in seiner Heimatstadt geheiratet. Der Mann erklärt entsprechend dem islamisch-hanafitischen Recht die Ehe für aufgekündigt. Die Frau widerspricht. Ist die Ehe geschieden?[208]

Stichworte: Religiöses Recht als Teil eines staatlichen Rechts

a. Religiöses Recht

Das Kollisionsrecht beruft nur staatliche Rechtsordnungen. Art. 27, 28 werden daher allgemein dahin ausgelegt, dass auch durch Rechtswahl nur ein staatliches Recht berufen werden kann, nicht aber rechtsähnliche Systeme. Wenn die Parteien nicht staatliche Regelungswerke vereinbaren wollen, können sie das zwar tun, nicht aber durch Gesamtverweisung. Sie müssen das im Rahmen einer materiell-rechtlichen Verweisung, vgl. S. 91, tun, indem sie die gewünschten Vorschriften einzeln aufführen, wenn sie etwa auf die Idee kommen sollten, das Preußische Allgemeine Landrecht für ihren Vertrag zugrunde zu legen oder die Betriebsvereinbarung ihres Betriebes. Das IPR anderer Staaten sieht das ebenso. Religiöse Regeln oder freie ethische Systeme, etwa die Benediktinerregeln zur Ordnung der Klostergemeinschaft, sind kein Recht. Auch die zahlreichen Vorschriften des Alten Testaments, die von jüdischen und christlichen Fundamentalisten insbesondere in den USA jedenfalls teilweise für absolut verbindlich gehalten werden, sind kein Recht.[209]

Auch die Grundsätze des Korans sind keine Rechtsordnung, auf welche kollisionsrechtlich verwiesen werden kann. In Fall 1 kam, jedenfalls nach Meinung der befragten Islamgelehrten, in Betracht, dass der Vertrag als anscheinend zu durchsichtiges Umgehungsgeschäft gegen die Grundsätze der Scharia verstieß und ungültig war. Das englische Gericht hat in Fall 1 diese Rechtswahl aber nicht akzeptiert. Die Wahl eines unbestimmten religiösen Systems sei keine zulässige Rechtswahl. Da die Rechtswahlklausel insofern für ungültig gehalten wurde, wandte es englisches Recht an. Nach diesem war der Vertrag gültig. Ein deutsches Gericht hätte vermutlich genauso entschieden

Etwas anderes gilt und bestätigt zugleich das Gesagte, wenn das jeweilige religiöse Recht Teil des nationalen Rechts ist. *Rechtssätze des religiösen Rechts sind von deutschen Gerichten anzuwenden, wenn die staatliche Rechtsordnung, auf die das Kollisionsrecht der lex fori verweist* (das war im Falle der Iran) *auf das religiöse Recht weiter verweist.*[210] So war es auch im Fall 2. Die Scheidung unterliegt dem Recht,

---

[207] Zitiert bei: Bälz, K IPrax 05, 44 f. Shamil Bank of Bahrain v. Beximco (engl.) Court of Appeal v.28.1.04 EW CA Civ. 19.

[208] OLG Hamm IPRax 08, 353

[209] Etwas anderes gilt, jedenfalls nach dem deutschen Staatskirchenrecht für die kirchliche Gesetzgebung der katholischen und evangelischen Kirchen, vgl. Art. 140 GG. Dieses Recht spielt aber in der kollisionsrechtlichen Betrachtung keine Rolle, und zwar schon deswegen nicht, weil es sich um öffentliches Recht handelt.

[210] BGHZ 160, 322 v. 6. 10. 04

welches die Ehewirkungen regiert, Art. 17 EGBGB. Das ist, da die Parteien Griechen sind, Art. 14 I 1, das griechische Recht und dieses verweist für diesen Fall auf islamisches Recht.

b.   Begriff der Scharia

Die zunehmende Bedeutung des Islam auch in westlichen Ländern hat die Blicke auf das islamische Recht gerichtet, insbesondere die so genannte Scharia. Islamische Staaten sehen darin ein vollgültiges Recht, welches sogar wegen seines göttlichen Ursprungs dem von Menschen in ihren Parlamenten gesetzten Recht des Westens überlegen sei. Es bietet sich daher an, im Rahmen dieses Buches eine kurze Bewertung dieses Rechtsgebietes vorzunehmen. Es ist hier nicht auszuführen, nur daran zu erinnern, dass die islamische Kultur arabischer Sprache bereits einen sehr hohen Entwicklungsstand hatte, als die germanisch geprägten Völker des Abendlandes erst anfingen, eine eigene Kultur zu entwickeln. Der folgende Ausschnitt stammt aus dem Werk *El Muqqadima* des Ibn Khaldun (1332-1406) und gibt einen Einblick in den Stand der islamischen Rechtswissenschaft um diese Zeit:[211]

Der Rechtswissenschaft ist die Kenntnis der Urteile, welche Gott in Bezug auf die verschiedenen Handlungen vernünftiger Wesen erlassen hat. Diese Urteile enthalten die Grundsätze von Geboten und Verboten, aber auch der Aufmunterung, der Missbilligung oder der Erlaubnis. Diese finden sich im Buch (Koran), der Sunna und in den Hinweisen, welche der göttliche Gesetzgeber uns zu deren Verständnis gegeben hat. Mit dem Begriff Rechtswissenschaft bezeichnet man die Entscheidungen, welche auf diesen Quellen beruhen. Die ersten Muslime schöpften hieraus ihre Rechtsgrundsätze, freilich ohne sich allzu sehr um ihrer förmliche Ableitung zu kümmern. …(Viele Umstände) führten zu einer großen Verschiedenartigkeit von Rechtsmeinungen, die sich notwendigerweise einstellte. Hieraus ergaben sich Widersprüche zwischen den Lehren der ersten Muslime und denen, welche die Rechtsgelehrten später entwickelten. Auch waren nicht alle Gefährten des Propheten in der Lage, Rechtsfragen zu entscheiden... Dieser Zustand währte die ersten Zeit des Islam. Als aber Städte gegründet waren und die Muslime zu einem großen Volk angewachsen waren, ... entwickelten sich feste juristische Methoden, und die Rechtswissenschaft, welche nun immer weitere Lebensbereiche erfasste, nahm die Form einer Kunst, die man übte, und einer Wissenschaft, die man lehrte, an.

Im 11. Jahrhundert ist die islamische Rechtswissenschaft vollendet. Sie besteht aus einem ausgeklügelten Gefüge von Verfahren, mit deren Hilfe die Fragen des alltäglichen Lebens auf den Koran oder die Sunna zurückgeführt werden können. Es gibt nicht nur die im Amte des Kadis gipfelnden Institutionen der Rechtsprechung. Die Scharia ist die einende Mitte aller sunnitischen Muslime geworden [212]

---

[211] Einleitung zu Buch III. Zitiert wird nach der französischen Übersetzung des William Mac Guckin de Slane (1801-1878), hieraus die deutsche Übersetzung vom Verfasser. El Muqqadima, im Westen leider fast unbekannt, ist ein schlechthin erstaunliches Werk, in welchem Ibn Khaldun, Rechtsgelehrter und hoher Richter, unter dem Gesichtspunkt des Koran die ganze Welt, Geographie, Geschichte und alle Wissenschaften zu erklären unternimmt.

[212] Nagel, Tilman , Geschichte der islamischen Theologie von Mohamed bis zur Gegenwart, München, 1994, S. 174

c. Scharia heute

Die Einheit der islamischen Welt zerfiel bereits im 13. Jahrhundert. Seither sind verschiedene politische Systeme und Fremdherrschaften über die islamische Welt gekommen. Von besonderer Bedeutung war die Entstehung des Osmanischen Reiches. Die einheitliche Rechtskultur zerbrach. Mit dem Beginn der Neuzeit entstanden im Abendland neue rechtliche Formen (Handels- und Gesellschaftsrecht), im Bereich der Scharia nicht. Ab dem 19. Jahrhundert wurden die Rechtsordnungen der islamischen Staaten mehr und mehr von westlichen Rechtsvorstellungen beeinflusst und zum Teil verdrängt. Es ist zu erwarten, dass die islamischen Staaten ein neues Rechtssystem der Scharia entwickeln werden, welches als vollgültiges staatliches Recht angewendet werden kann. Im Augenblick ist dieses jedoch noch nicht der Fall. Derzeit scheint es einigermaßen gleichartige Scharia-Regeln nur im Familienrecht zu geben. Die Wiedergewinnung der Scharia als einigendes Band ist offenbar ein wichtiges Anliegen islamischer Juristen. Praktische Ergebnisse sind bisher nicht da. Es gibt kein Scharia-Gesetzbuch, es gibt im Wirtschaftsrecht anscheinend überhaupt keine wirklich allgemein anerkannten Vorschriften der Scharia. Dem westlichen Betrachter erscheint daher heute als einziges Merkmal der Scharia das so genannte Zinsverbot.

Die einschlägigen Stellen des Koran (Sure 2, 276 ff; 3, 125; 4, 159 und 30, 38) sagen aber nur, was auch gemäß § 138 II BGB auch gilt: Übervorteilung ist verboten. Um dem Zinsverbot zu entsprechen und dennoch Zinsen nehmen zu können, werden in mehr oder weniger komplizierten Gestaltungen Umgehungsgeschäfte vorgenommen. Deren Grundgedanke, der natürlich variiert werden kann, ist wie folgt: Die Bank gibt dem Kreditnehmer keinen Kredit, sondern „beteiligt" sich an dem Geschäft/Projekt des Kreditnehmers. Eine Kündigungsklausel sieht vor, dass der Teilhaber (Bank) seinen Gesellschaftsanteil unter denselben Voraussetzungen zurückziehen kann, wie eine Bank den Kredit kündigen könnte. Der vom Kreditnehmer zu zahlende Zins heißt nicht Zins, sondern ist als garantierte Gewinnbeteiligung ausgestaltet, auf welche „Vorauszahlungen" in Höhe des Kreditzinses (der nur nicht so heißt) gezahlt werden. Der Teilhaber (Bank) verzichtet im Voraus auf eine Gewinnbeteiligung, soweit sie über dem vereinbarten Garantiegewinn (Zinssatz) liegt. Der Kreditnehmer „garantiert" seinem Teilhaber, der Bank, die Rückzahlung seiner Einlage nach Auflauf der Beteiligungszeit usw.

d. *Lex mercatoria*

Das Recht der internationalen Vertragsbeziehungen löst sich aus den nationalstaatlichen Bindungen. Die bis vor etwa zwanzig Jahren noch grundsätzlich geführte Diskussion, ob es so etwas gebe wie eine *lex mercatoria*, also eine überstaatliche „Rechtsordnung" von ungeschriebenen Rechtsgrundsätzen, hat sich erledigt. Es gibt sie. Als Rechtswahl gemäß Art. 27, 28 EGBGB kommt sie gleichwohl nach h. M. (noch) nicht Betracht, da die Normen dieses Rechts unklar und ihre verpflichtende Kraft im Einzelfall sehr zweifelhaft ist. In der internationalen Handelsschiedsgerichtsbarkeit wird diese „Rechtswahl" allerdings für zulässig gehalten.[213]

---

[213] vgl. Aden, Int. Handelsschiedsgerichtsbarkeit, zu ICC-O Art. 17 Abs. III; W.-H. Roth in Jayme S. 757 ff.; ders. NJW 97, 1493.

5.   Anwendbares Recht bei Fehlen einer Rechtswahl, Art. 28 EGBGB

Viele Transaktionen zwischen internationalen Handelspartnern finden statt, ohne dass sich die Partner über die Frage des anwendbaren Rechts Gedanken machen.[214] Der internationale Devisen- und Aktienhandel findet nicht in der Weise statt, dass die Vertragspartner erst telefonisch darüber beraten, welches Recht gelten soll. Wer mit der Eisenbahn von Essen nach Warschau fährt, macht sich keine Gedanken darüber, nach welchem Recht er reist usw. In diesen Fällen gilt Art. 28 EGBGB. Danach unterliegt der Vertrag, dem Recht des Staates, mit dem die engste Verbindung besteht. Die Feststellung der engsten Verbindung ist meist nicht schwer. Das Gesetz stellt hierzu Vermutungen auf, die also im Einzelfall widerlegt werden können. Gemäß Art. 28 II wird vermutet, dass der Vertrag die engsten Verbindungen mit dem Staat aufweist, in dem die Partei, welche die charakteristische Leistung[215] zu erbringen hat, im Zeitpunkt des Vertragsschlusses ihren gewöhnlichen Aufenthalt oder, wenn es sich um eine Gesellschaft handelt, ihre Hauptverwaltung hat.

Charakteristisch ist die Leistung, welche dem Vertrag das Gepräge gibt. Der Kaufvertrag über ein Auto wird nicht dadurch geprägt, dass der Käufer Geld bezahlt, sondern dadurch, dass ein Auto geliefert wird; ein Dienstvertrag über eine im Ausland zu erbringende Dienstleistung wird nicht durch die Lohnzahlung, sondern dadurch geprägt, dass eine Dienstleistung erbracht wird.[216] Art. 28 III vermutet, dass ein Vertrag über ein dingliches Recht an einem Grundstück im Zweifel dem Recht des Staates unterliegt, in welchem sich das Grundstück befindet.

Hier wie sonst ist das wahrscheinliche Interesse der Parteien Ausgangspunkt der Vermutung. Die Eingangsfrage ist also: Welches Recht hätten die Parteien vereinbart, wenn sie bei Abschluss des Vertrages an diese Frage gedacht hätten? Wenn ein Deutscher einem anderen Deutschen seine Ferienwohnung in Spanien für 14 Tage vermietet, dann wird im Zweifel deutsches Recht anwendbar sein, denn die Beziehungen dieses Mietvertrages zu Spanien sind mit Ausnahme der Tatsache, dass die Wohnung unter spanischer Sonne liegt, gering. Wenn ein deutsches Unternehmen von einem anderen deutschen Unternehmen eine Hotelanlage in Spanien pachtet, oder wenn es sich auch nur um die Bereitstellung einer Lagerhalle in Barcelona handelt, wird die Vermutung in Artikel 28 III greifen und das spanische Recht wird im Zweifel anwendbar sein.

6.   Grenzen der Rechtswahl

a.   Zwingende Vorschriften, Art. 34 EGBGB / Art. 9 Rom I VO

In reinen Inlandsfällen können gemäß Art. 27 III zwingende Vorschriften des deutschen Rechts durch eine abweichende Rechtswahl überhaupt nicht ausgeschlossen werden. Im Übrigen ist die freie Rechtswahl aber grundsätzlich eine legale Möglichkeit, dem zwingenden Recht einer Rechtsordnung auszuweichen.

Art. 34 schränkt diese Möglichkeit jedoch ein. Art. 9 Rom ist nicht identisch, entspricht aber inhaltlich. Die Rechtswahl bleibt gültig, aber der Anwendungsbereich

---

[214] Oft wird freilich in diesen Fällen die Rechtswahl durch AGB getroffen.
[215] Vgl dieselbe Wortwahl in Art. 117 schweiz. IPRG
[216] BGHZ 128, 48

des Art. 34 bleibt gleichsam eine Insel des deutschen Rechts in dem umgebenden Meer des sonst anwendbaren ausländischen. Gemeint sind die Sachverhalte, für welche die Bestimmungen *des deutschen Rechts... den Sachverhalt zwingend regeln.* Im Fall 2 war die Geltung des Börsengesetzes eine solche deutsche Insel im englischen Meer. Art. 34 bedeutet nicht, dass alle Vorstellungen, welche wir im Hinblick auf unserer Wertvorstellungen als zwingend ansehen, stets auch international zwingend sind. Andernfalls wäre die freie Rechtswahl funktionslos. Zweck der freien Rechtswahl ist es ja gerade, aus dem fremden Recht eine andere rechtliche Lösung zu gewinnen, als sie sich nach dem eigentlich berufenen Recht ergäbe. Art. 34 und entsprechende Vorschriften in ausländischen Kollisionsrechten (so genannter *Ordre public international*) möchten nur gewisse rechtliche Grundentscheidungen derjenigen Rechtsordnung vorbehalten, welche mangels einer Rechtswahl anwendbar wäre.

Es kann nicht allgemein gesagt werden, welche Bestimmungen Art. 34 /Art. 9 Rom I meinen. Die Vorschrift ist eine Generalklausel, die von Fall zu Fall zu konkretisieren ist.[217] Bei der Prüfung wird man zweistufig vorgehen.

Erstens: Zwingende Normen sind im Zweifel auch international zwingend. Der Zweifel wird ausgeräumt, wenn sich aus einer hinreichenden Auslandsverknüpfung ergibt, dass das fremde Recht aus sachlichen Gründen gewählt wurde, und nicht zur Umgehung inländischer Vorschriften. Wird eine solche Verknüpfung bewiesen, dreht sich die Vermutung um: Zwingende Normen der deutschen Rechtsordnung sind im Zweifel international nicht zwingend.

Zweitens: Damit eine intern zwingende Rechtsnorm auch international zwingend im Sinne des Art. 34 EGBGB sei, muss sich aus ihr über ihren primären Verbotsinhalt hinaus zusätzlich ein klarer Gestaltungswille des Gesetzgebers ergeben.

Das Gericht hat im Einzelfall, und zwar eng,[218] auszulegen, ob eine zwingende Rechtsnorm des deutschen Rechts in diesem Sinne international zwingend ist. Beispiel: § 248 BGB, Zinseszinsverbot, ist eine intern zwingende Vorschriften und hat ihren Sinn. Auch die zwingende Formvorschrift § 766 BGB für die Bürgschaft ist eine verständige Regelung. Es handelt sich aber um Ordnungsvorschriften, nicht um Ausdruck eines politischen Gestaltungswillens. Beide Verbote könnten dadurch umgangen werden, dass die Parteien ihren Vertrag dem Recht von z. B. Nauru unterstellen.

Etwas anderes gilt etwa für das Kriegswaffenkontrollgesetz, welches einer Privatperson den Erwerb von Kriegswaffen verbietet. Dieses Gesetz kann nicht dadurch umgangen werden, dass der deutsche Erwerber eines Panzers den Kaufvertrag dem Recht eines Staates unterstellt, welches ein solches Gesetz nicht kennt. Ähnliches gilt für den Kulturgüterschutz. Das Verbot, deutsche Kulturgüter ins Ausland zu verbringen, betrifft das Interesse des deutschen Volkes und lässt einen klaren Willen des Gesetzgebers erkennen. Das Verbot kann also nicht dadurch umgangen werden, dass die Parteien ihren Vertrag dem Recht von Nauru unterstellen.[219] Ebenso das Recht des Mieterschutzes. Diese Vorschriften sind zwar nach fast einhelliger Ansicht aller Kenner wirtschaftlich unsinnig, aber sie sind Ausdruck eines klaren Willens des

---

[217] Palandt-Thorn Art. 34 RN 3
[218] Mann NJW 88, 3075
[219] Vgl. Kayser, Th. Internationaler Kulturgüterschutz, Köln 1998; s.u. S. 232

deutschen Gesetzgebers. Man kann daher den Mieterschutz nicht dadurch unterlau-
fen, dass man seinen Mieter dazu überredet, den Mietvertrag unter z. B. Schweizer
Recht zu stellen. Der Mietvertrag kann zwar unter Schweizer Recht gestellt werden,
aber die entscheidenden Vorschriften des deutschen Mieterschutzrechtes bleiben
gemäß Art. 34 unberührt.

Im Fall 4 beruft S sich auf die Rechtsprechung des BGH, wonach die Bürgschaft
einer vermögenslosen Nahbereichsperson gemäß § 138 BGB unwirksam sei.[220] §
138 BGB ist zwingend. Bank und der Bürge können nicht vereinbaren, diese Rechtssprechung solle in ihrem Falle nicht gelten. Im Rahmen von offenen Rechtsbegriffen
wie §§ 138, 242 BGB fließen aber gesellschaftspolitische Vorstellungen in die deutsche Rechtsprechung ein. Der bei uns erreichte Lebensstandard und unser durch lan-
gen Wohlstand verwöhntes Lebensgefühl lassen uns manche Dinge als zwingendes
Gebot der Gerechtigkeit erscheinen, was andernorts locker hingenommen wird. Das
kann sich mit der Änderung des Wohlstands auch wieder einmal ändern. Zwingende
Regeln und Grundsätze, die von der Rechtsprechung aus §§ 138, 242 BGB entwickelt werden, fallen daher im Zweifel nicht unter Art. 34.[221]

b.   Verbraucherverträge, Art. 29 EGBGB = Art. 6 Rom I VO

Ein Spezialfall des Art. 34 ist Art. 29; Art. 6 Rom I VO entspricht inhaltlich.[222] Die
besondere Bedeutung des Verbraucherschutzes folgt aus Art. 153 EGV. Verbraucherschutz wird als eine der Kernaufgaben der Gemeinschaft bezeichnet. Der
Verbraucherschutz könnte leicht dadurch ausgehebelt werden, dass die entsprechenden Verträge dem Recht eines Staates unterstellt werden, welcher diese Fragen etwas
großzügiger sieht. Das will Art. 29 verhindern. Verbraucherrechte können durch abweichende Rechtswahl nicht verkürzt werden, eine eventuelle Rechtswahl kann nur
sonstige Vertragsteile betreffen.

Allerdings müssen auch die Interessen des Unternehmers gesehen werden. Der weiß
vielleicht gar nichts vom europäischen Verbraucherrecht, und er muss auch nichts
davon wissen, solange er hier keine Geschäfte macht. Art. 29 gilt daher nur, wenn
der Verbrauchervertrag auf Seiten des Unternehmers einen wie in Art. 29 I Nr. 1-3
(= Art. 6 I a und b Rom I) beschriebenen Inlandsbezug hat. Für den Fall 5 ergibt sich
damit: Die Parteien haben eine gültige Rechtswahl auf das New Yorker Recht getroffen. Die Rechtswahl darf aber gemäß Art. 29 *nicht dazu führen, dass dem Verbraucher die durch zwingende Regeln des Staates, in dem er seinen gewöhnlichen Aufenthalt hat* (hier: Deutschland) *gewährte Schutz entzogen wird.* Nach deutschem
Recht hat D als Verbraucher ein Widerrufsrecht. Dieses ist gemäß § 312 f BGB
zwingend. Das Landgericht wird die Klage des G abweisen, wenn Art. 29 gilt.

Dieser kommt aber nur zur Anwendung, wenn für G einer der Inlandsbezüge gemäß
Art. 29 Nr. 1-3 besteht. Das ist in Fall 5 nicht der Fall; D hat also doch kein Wider-

---

[220] *Aden,* Bürgschaft vermögensloser Nahbereichspersonen NJW 99, 3763 f
[221] LAG Düsseldorf RIW 92, 402. Zur aus §§ 138,242 BGB entwickelten Unabdingbarkeit, vgl. Palandt – Thorn Art. 34 RN 2
[222] Dieser geht zurück auf die Vorgaben der Richtlinie des Rates v. 5.4.93 über mißbräuchliche Klauseln in Verbraucherverträgen (93/13/EWG). Grundsätzlich und zu der Frage, wie europäische Nach-
barländer mit dieser Frage umgehen, Basedow in Jayme S. 3 ff; Palandt-Thorn Art. 34 RN 3a. Für
Finanzverträge gemäß Art. 6 IV vgl. Mankowski RIW 09, 98

rufsrecht. Etwas anderes gilt in der Variante: G hat in Deutschland für sein Produkt geworben, Art. 29 I Nr. 1; nun gilt Art. 29 wieder.

c.   Arbeitsverträge, Art. 30 EGBGB = Art. 8 Rom I VO

Das deutsche Arbeitsrecht ist, wie wohl allgemein anerkannt ist, wirtschaftlich eher kontraproduktiv, ebenso wie das Mieterschutzrecht. Es ist aber ein politisch gewollt, den Besitzstand der pauschal als schutzwürdig fingierten Gruppe der Arbeitnehmer zu schützen. Dieser Schutz kann durch eine abweichende Rechtswahl daher nicht umgangen werden. Im Fall 6 wird AN daher durchdringen. In der Variante wird hingegen U Recht behalten, vgl. Art. 30 II Nr. 2, entspricht Art. 8 III Rom I.

7.   Übersicht Zwingende Vorschriften des deutschen Rechts im IPR

Im Zusammenspiel mit ausländischem Recht ergeben sich mehrere Abstufungen der Unwirksamkeit von Vertragsklauseln. Diese sollen zur Übersicht zusammengestellt werden:

Vorschrift des EGBGB	Fall/Erklärung
Art. 6	Die Anwendung der Rechts*norm* eines fremden Rechts ist in Deutschland ausgeschlossen, wenn diese zu einem Ergebnis führen würde, welche mit wesentlichen Grundsätzen des deutschen Rechts unvereinbar ist. Es ist nicht wörtlich vorausgesetzt, dass die fremde Rechtsnorm gegen eine *zwingende* Rechtsnorm verstößt; das ergibt sich aber aus der Natur der Sache.
Art. 27 III	Die Parteien können ihren Vertrag auch dann einem fremden Recht unterstellen, wenn keinerlei Auslandsbezug besteht. In diesem Fall liegt aber der Verdacht einer missbräuchlichen Gesetzesumgehung nahe, so dass alle zwingenden Normen des deutschen Rechtes weiter gelten.
Art. 29, 29a	Zwingende Vorschriften des deutschen Verbraucherschutzrechtes können durch abweichende Rechtswahl nicht umgangen werden. Art. 29 a erweitert dieses auf Geschäfte, welche außerhalb der EU stattfinden und einem solchem EU-fremden Recht unterstehen, aber einen Bezug zu einem EU-Staat haben.
Art.30	Arbeitsverträge unterliegen grundsätzlich dem Recht des Ortes, wo der Arbeitnehmer seine Arbeit gewöhnlich verrichtet. Abweichende Rechtswahl ist zwar möglich, kann aber nicht dazu führen, dass ihm Vorteile genommen werden, welche ihm das Recht an diesem Ort bietet. Abweichende Rechtswahl kann also die Position des Arbeitnehmers nur verbessern, wenn nämlich das gewählte Recht zusätzliche Vorteile für ihn bereithält.
Art. 34	Politische Entscheidungen können dazu führen, dass der deutsche Staat sein im Inland ohnehin zwingendes Recht auch dann angewendet wissen will, wenn die Vertragsparteien im übrigen zulässigerweise ein fremdes Recht wählen. Anwendungsfälle können sein: Kulturgüterschutz, Devisenrecht, Kartellrecht uä.

8.   Mangelnder Gleichlauf von materiellem und prozessualem Recht

Haben die Parteien ihren Vertrag dem deutschen Recht unterstellt, ist aber das Landgericht Graz/Steiermark zuständig, so wendet dieses Gericht das deutsche materielle, aber das österreichische Prozessrecht an. Im internationalen Wirtschaftsrecht kommt es also vor, dass das materielle Recht eines Staates mit den prozessualen Mitteln eines anderen Staates verwirklicht wird. Die Trennung von materiellem und prozessualem Recht kann im Einzelfall im Interesse der Parteien liegen, etwa wenn die Parteien ein Recht suchen, welches besondere Erfahrung mit der Erdöl-Exploration hat und deswegen das schottisches materielle Recht wählen, während sie aber die prozessualen Feinheiten eines schottischen Gerichtsstandes fürchten und sich lieber der ihnen bekannten österreichische Prozessordnung anvertrauen.

Im Normalfall spricht aber eigentlich alles für einen Gleichlauf von materiellem und formellem Recht. In der Praxis kann das durch geschickte Fassung der Rechtswahl- und Gerichtsstandsklausel meist gesteuert werden, so dass sich die Probleme im Rahmen halten.[223] Der mangelnde Gleichlauf von materiellem und prozessualem Recht ist aber nicht immer zu vermeiden, etwa wenn für den Rechtsstreit Gerichts-stände in verschiedenen Staaten begründet sind und das gewählte materielle Recht gerade ein anderes ist als das, welches am Gerichtsort gilt. Probleme aus dem man-gelnden Gleichlauf können sich ergeben, wenn das angerufene Gericht nach seiner *lex fori* Fragen als verfahrensrechtlich ansieht, welche von den Parteien oder dem Gericht eines anderen Staates als materiellrechtlich angesehen würden.

Standardbeispiel: Die Verjährungsregeln nach §§ 194 ff BGB gelten im deutschen IPR als Teil unseres materiellen Rechts.[224] Untersteht eine Forderung dem deutschen Recht, dann verjährt sie nach § 194 ff BGB. Darauf, welches in- oder ausländische Gericht über die Forderung entscheidet, kommt es aus unserer Sicht eigentlich nicht an, da deutsches materielles Recht gilt. Wird diese Forderung aber vor einem engli-schen Gericht eingeklagt, dann wendet dieses zwar das deutsche materielle Recht an, aber englisches IPR ordnet Verjährungsfragen dem Verfahrensrecht zu, also dem englischen Recht als der *lex fori,* sodass nicht §§ 194 BGB, sondern die englischen Verjährungsregeln greifen.[225]

Ein weiteres Beispiel ist § 894 ZPO, Fiktion der Abgabe einer Willenserklärung durch rechtskräftiges Urteil. Diese Regelung gehört aus deutscher Sicht zweifellos zum Prozessrecht; im niederländischen Recht wird sie aber als eine besondere Form der Abgabe einer Willenserklärung angesehen und dürfte dort materiellrechtlich qua-lifiziert werden.[226] Steht also ein Vertrag unter niederländischem Recht, dann hat ein Urteil die Fiktionswirkung auch dann, wenn das ausländische Prozessrecht am Orte des Gerichtes eine andere Wirkung vorschreibt; steht der Vertrag unter deutschem Recht, dann entscheidet ausschließlich das Verfahrensrecht am Gerichtsort, welche Wirkungen ein solches Urteil hat.

Oder: Nach art. 1315 frz. CC muß der Schuldner den Nachweis der Erfüllung seiner Schuld in bestimmter Weise erbringen. Handelt es sich hierbei um materielles Recht, wie die Ansiedlung dieser Vorschrift im Code Civil andeutet, oder um eine nur aus Versehen in den Code Civil geratene Vorschrift des französischen Prozessrechts?[227] Diese und viele ähnliche Fragen stellen sich nicht, wenn materielles und prozessuales Recht derselben Rechtsordnung angehören. Sie sind daher eigentlich überflüssig und können von einem geschickten Vertragsjuristen vermieden werden.

---

[223] Im internationalen Familien- und Erbrecht macht sich ein mangelnder Gleichlauf von prozessualem und materiellem Recht besonders störend bemerkbar, vgl. Kegel S. 928 f; 1019, vgl. oben S. 58f
[224] 9. Teil § 194; s.u. S. 261
[225] vgl. Kegel, S. 637 m. N.; s.u. S. 262
[226] 9. Teil § 130; s.u. S. 230
[227] Der Code Civil enthält auch sonst verfahrensrechtliche Vorschriften, die eigentlich nicht in dieses Gesetz gehören, vgl. art 14.

VI. Europäisches Kollisionsrecht gemäß Verordnungen Rom I und Rom II

1.   Rom I VO: Ausgangspunkt

Der 5. Abschnitt des EGBGB (Art. 27 ff) regelt, welchem Recht ein Vertrag und die daraus folgenden Pflichten unterliegen. Diese Vorschriften sind das Ergebnis des Übereinkommens von Rom v. 19. Juni 1980 über das auf vertragliche Schuldverhältnisse anzuwendende Recht. Dieses 1991 in Kraft getretene Übereinkommen wurde in deutsches Recht umgesetzt, und entsprechend in den EWG-Partnerstaaten. Durch nachfolgende Protokolle wurde gemeinschaftsweit festgelegt, dass diese Vorschriften einheitlich der Auslegung des EuGH unterliegen. Das derzeitige deutsche Kollisionsrecht für Vertragsverhältnisse ist daher, auch wenn es noch im Rock eines deutschen Gesetzes erscheint, bereits jetzt im Wesen nicht mehr deutsches sondern europäisches Recht.[228] Künftig entfällt sogar der deutsche Rock.

Die Verordnung (EG) Nr. 593/2008 des Europäischen Parlaments und des Rates über das auf vertragliche Schuldverhältnisse anzuwendende Recht (= Rom I VO) tritt an die Stelle des Übereinkommens von Rom v. 19. Juni 1980.[229] Jetzige Art. 27 ff EGBGB werden teilweise hinfällig. Es gelten dann gemeinschaftsweit (Ausnahme: Dänemark) die Regeln dieser Verordnung unmittelbar. Sie beseitigt daher in ihrem Anwendungsbereich die noch verbliebenen nationalen Unterschiede und ersetzt sie durch ein einheitliches europäisches Regime. In den Mitgliedstaaten der EG, die bisher kein ausformuliertes IPR haben, wird damit im Anwendungsbereich dieser VO erstmals ein einheitliches Regime des Internationalen Privatrechts begründet.

Die Verordnung wird gemäß Art. 29 am 17. Dezember 2009 in Kraft treten. Für die Art. 27 ff bleibt dann nur noch der Anwendungsbereich, der von dieser Verordnung nicht abgedeckt wird. Da diese Verordnung nur für neue Fälle gilt und ein bestimmter Anwendungsbereich der Art. 27 ff EGBGB bestehen bleiben wird, werden wir in Deutschland ab dem 17.12.2009 im Bereich des vertraglichen Kollisionsrechts zwei unterschiedliche Regime haben.

- Rom I VO: für ab dem 17. 12. 09 geschlossene Verträge im Anwendungsbereich der Verordnung, Art. 28, und
- EGBGB: für Verträge, die vor dem 17. 12.09 geschlossen werden, sowie solche, die nicht in den Anwendungsbereich der Verordnung fallen.

---

[228] Zur Geschichte: Kegel § 4 II
[229] Mandel//Wagner IPRax 09, S. 1ff

2.   Anwendungsbereich von Rom I VO

Die Verordnung gilt für vertragliche Schuldverhältnisse in Zivil- und Handelssachen, die eine Verbindung zum Recht verschiedener Staaten aufweisen, Art. 1. Dabei kann es sich gemäß Art. 2 auch um einen Staat handeln, der nicht zur EU gehört. Die Verordnung kommt also auch dann zur Anwendung, wenn ein in Deutschland geschlossener Vertrag eine Verbindung zu Japan aufweist, oder ein in Frankreich geschlossener Vertrag eine Verbindung zu Brasilien hat. Art. 1 der VO gibt also denselben Gedanken wieder, den wir in Art.3 I EGBGB finden, wo es heißt: *Bei Sachverhalten mit einer Verbindung zum Recht eines ausländischen Staates bestimmen die folgenden Vorschriften, welche Rechtsordnungen anzuwenden sind.*

Art. 2 II der VO nennt eine Reihe von Bereichen, in welchen diese Verordnung nicht gilt. Dazu gehören Fragen, welche dem Personalstatut zugerechnet werden, also Fragen des Ehe- und Familienrechts, Erbrechts, Fragen der Rechts- und Geschäftsfähigkeit uä. Ausgenommen sind auch vertragliche Verpflichtungen aus Wechseln, Schecks und Inhaberpapieren. Für das Wirtschaftsrecht wichtig ist, dass der gesamte Bereich des Gesellschaftsrechts, sowie das Recht der Vertretung und Versicherungsverträge nicht der Verordnung unterliegt.

3.   Anwendbares Recht

a.   Freie Rechtswahl

Art. 3 wiederholt den Grundsatz der freien Rechtswahl, und zwar im Wesentlichen in dem Umfang, wie er bereits aus Artikel 27 I. EGBGB bekannt ist. Die Rechtswahl muss *ausdrücklich* durch eine *frei ausgehandelte Vereinbarung* getroffen werden. Eine durch Allgemeine Geschäftsbedingungen gestellte Rechtswahlklausel wird daher im Zweifel nicht gültig sein. Erwägungsgrund Nr. 13 zu dieser Verordnung sagt: Diese Verordnung hindert die Parteien nicht daran, in ihrem Vertrag auf ein nicht staatliches Regelwerk oder ein internationales Übereinkommen Bezug zu nehmen.

b.   Mangels Rechtswahl anzuwendendes Recht

Art . 4 entspricht insofern Artikel 28 EGBGB, als hier eine Regelung vorliegt für den Fall, dass die Parteien eine Rechtswahl nicht getroffen haben. Eine Neuerung ist, dass nicht allgemein auf die charakteristische Leistung oder den Schwerpunkt des Vertrages abgestellt wird. Vielmehr werden für bestimmte Vertragsgruppen klare Zuweisungen getroffen.

Art. 4 a: Kaufverträge über bewegliche Sachen unterliegen dem Recht des Staates, in dem der Verkäufer seinen gewöhnlichen Aufenthalt hat.
b. Dienstleistungsverträge unterliegen dem Recht des Staates, in dem der Dienstleister seinen gewöhnlichen Aufenthalt hat.
c: Verträge über ein dingliches Recht an einer unbeweglichen Sache unterliegen dem Recht des Staates, in dem die Sache belegen ist.
f: Vertriebsverträge unterliegen dem Recht des Staates, in welchem der Vertriebshändler seinen gewöhnlichen Aufenthalt hat, usw.

Für Verträge, welche nicht unter diese Gruppen fallen, gilt weiterhin Artikel 28 EGBGB. Es ist nicht zu erwarten, dass sich aus dieser Regelung gegenüber der bisherigen nach Artikel 28 I EGBGB besondere Änderungen ergeben. Das Kriterium der charakteristischen Leistung verweist in der Regel auf dasselbe Recht wie jetzt Art. 4.

4.   Synopse Rom I VO / EGBGB

Artikel der Rom I VO	Artikel des EGBGB	Anmerkung
1: Anwendungsbereich: Verträge mit bestimmten Ausnahmen.	3. Anwendungsbereich: Alle Rechtsbeziehungen, einschließlich aller Verträge. Künftig: Ausnahme der Bereiche, die unter Rom I fallen.	Die in 37 EGBGB genannten Ausnahmen sind grds dieselben wie die gemäß Rom I 2 f-j
3: Freie Rechtswahl	Art. 27	
4: Mangels Rechtswahl anzuwendendes Recht	Art. 28: Charakteristische Leistung	
5 Beförderungsverträge	Keine Regelung (=k.R.)	
6 Verbraucherverträge	29	
7 Versicherungsverträge Abs. III: beschränkt die freie Rechtswahl	k.R.	Rom I meint bestimmte Versicherungen von Großrisiken
8 Individualarbeitsverträge	30	
9. Eingriffsnormen	34	
10 Einigung und materielle Wirksamkeit	k.R.	Positive Regelung im Sinne einer in der Rechtslehre allgemein vertretenen Ansicht
11 Form	11 wesentlich identisch	Rom beschreibt etwas detaillierter, was bisher schon galt.
12 Geltungsbereich des anzuwendenden Rechts	32: wesentlich identisch	
13. Rechts-, Geschäfts- und Handlungsunfähigkeit	12 wesentlich identisch	
14. Übertragung der Forderung	33.	Hierzu vgl. Flessner[230]
15. Gesetzlicher Forderungsübergang	33 III : Inhaltlich wesentlich identische, aber klarere Regelung	
16. Mehrfache Haftung	k.R.	Gemeint ist der Binnenausgleich bei der gesamtschuldnerischen Haftung
17. Aufrechnung	k.R.	Positive Regelung entsprechend h.M.
18. Beweis	k.R	Die oft schwierige Frage, ob eine Vermutung als materiellrechtlich oder verfahrensrechtlich zu qualifizieren ist, wird im ersteren Sinne positiv entschieden.
19ff Allgemeine Vorschriften wie Öffentliche Ordnung	6: wesentlich identisch	

---

[230] Flessner, Die Internationale Forderungsabtretung nach der Rom I VO, IPRax 09, 35

5.   Rom II VO: Ausgangspunkt

Seit dem 11.1.2009 gilt gemeinschaftsweit (wieder mit Ausnahme Dänemarks) die
Verordnung (EG) Nr. 864/2007 des Europäischen Parlaments und des Rates über das
auf außervertragliche Schuldverhältnisse anzuwendende Recht (= Rom II). Rechtsentwicklung und Rechtsfortbildung im internationalen Deliktsrecht und verwandten
Bereichen werden sich künftig nur noch im europäischen Rahmen vollziehen.

Gegenüber der bisherigen Regelung in Art. 38-42 EGBGB ist die Verordnung eine
deutliche Verbesserung und Präzisierung des Kollisionsrechts.

6.   Anwendungsbereich von Rom II

Der Anwendungsbereich der Verordnung ergibt sich auch aus Art. 1. Sie gilt für außervertragliche *Schuldverhältnisse in Zivil- und Handelssachen, die eine Verbindung
zum Recht verschiedener Staaten* aufweisen, nicht aber für öffentlichrechtliche Ansprüche gegen Staaten. Nach dem Muster der Rom I VO werden in Artikel 1 II Be-
reichsausnahmen vorgesehen, z.B.:

a-b: Die Verordnung gilt nicht im Bereich des Personalstatuts (Familienrecht, eheli-
ches Güterrecht usw).
d. Sie gilt auch nicht für außervertragliche Schuldverhältnisse, die sich aus dem Gesellschaftsrecht und dem Recht der juristischen Personen ergeben.
g. Sie gilt auch nicht für Ansprüche, welche aus der Verletzung des Persönlichkeitsrechts folgen.

Art. 2 beschreibt, was die Verordnung unter außervertraglichen Schuldverhältnissen
versteht. Für den deutschen Juristen ergeben sich hier keine Überraschungen. Gemeint sind die unerlaubte Handlung (§§ 823 ff BGB), die ungerechtfertigte Bereicherung (§§ 812 ff), Geschäftsführung ohne Auftrag (§§ 677 ff). Aus deutscher Sicht ist
allenfalls überraschend, dass Ansprüche aus *culpa in contrahendo* (Verschulden bei
Vertragsabschluss) als außervertragliches Rechtsverhältnis qualifiziert werden.

7.   Rechtswahl bei gesetzlichen Schuldverhältnissen gemäß Rom II VO

Gesetzliche Schuldverhältnisse entstehen naturgemäß unerwartet und außerhalb eines
Vertrages, sodass eine Rechtswahl üblicherweise nicht in Betracht kommt. Theoretisch ist aber natürlich möglich, dass Parteien/Geschäftspartner, die häufiger mit einander in Kontakt stehen, allgemein für ihre sämtlichen jemals künftig auftretenden
Rechtsstreitigkeiten vorsorglich bestimmte Rechtswahlen treffen. Das gilt aber nicht
für Verbraucher. Das war schon bisher so, ist aber jetzt in Art. 14 I lit. b Rom II-VO
ausdrücklich erlaubt, freilich nur, *wenn alle Parteien einer kommerziellen Tätigkeit
nachgehen*. Die Rechtswahl muss *ausdrücklich* durch eine *frei ausgehandelte Vereinbarung* getroffen werden. Eine durch Allgemeine Geschäftsbedingungen gestellte
Rechtswahlklausel für gesetzliche Schuldverhältnisse wird daher im Zweifel nicht
gültig sein.[231]

---

[231] Kadner G aaO, A I 2

Rechtswahl ist ein Vertrag. Wie die Parteien sich jederzeit über den Vertragsgegenstand durch Nachtragsverträge neu einigen, z.B. vergleichen können, dürfen sie auch eine Rechtswahl dann noch treffen, wenn der Rechtsstreit schon entstanden ist. Auch das war bisher so, ist aber durch Art. 14 Rom II VO ausdrücklich erlaubt Art. 14 I sagt: *Die Parteien können das Recht wählen, dem das außervertragliche Schuldverhältnis unterliegen soll.* Diese Formulierung wird man dahin verstehen müssen, dass die Parteien auch ein nicht staatliches Recht wählen können. In Betracht kommen etwa die *Principles of European Tort Law.*[232]

8.   Synopse Rom II / EGBGB[233]

Artikel Rom II VO	Artikel EGBG	Anmerkung
4 Allgemeine Kollisionsnorm	40: allg. Auffassung, dass das Recht des Ortes anzuwenden ist, an welchem der Schaden eintritt, wird hier festgeschrieben.	Weltweit anerkannt ist die Anknüpfung an die *lex loci delicti*
5. Produkthaftung	Keine Regelung (= k.R.). Ohne spezielle Regelung bisher aus 40 mit ähnlichem Ergebnis hergeleitet.	Erwägungsgrund Nr. 20. Anknüpfung an den Wohnort des Verbrauchers entspricht der allgemeinen Tendenz im Verbraucherschutz.
6: Unlauterer Wettbewerb und den freien Wettbewerb einschränkendes Verhalten	k.R. Ohne spezielle Regelung bisher aus 40 mit ähnlichem Ergebnis hergeleitet.	Regelung ist eine Präzisierung des Erfolgsortprinzips in Art 4
7. Umweltschädigung	k. R. Ohne spezielle Regelung bisher aus 40 mit ähnlichem Ergebnis hergeleitet.	Nach Wahl des Gläubigers Erfolgsort oder Herkunftsland
8. Verletzung von Rechten des geistigen Eigentums	k.R Ohne spezielle Regelung bisher aus 40 mit ähnlichem Ergebnis hergeleitet.	Vgl. das Schutzlandprinzip, s.u. S. 226
9. Arbeitskampfmassnahmen	k. R.	Erfolgsort oder 4
10. Ungerechtfertigte Bereicherung	38	Präzisierung der bisherigen Regelung. In Staaten, deren Rechtsordnung das Rechtsinstitut der ungerechtfertigten Bereicherung nicht geregelt hat, findet sich hier eine positiv-rechtliche Anerkennung dieses Rechtsinstituts.
11 Geschäftsführung ohne Auftrag	39	Wie zu 10

---

[232] Kadner G A I 3; vgl. www.egtl.org
[233] vgl. insbesondere die ausführliche kommentierende Darstellung von Wagner, Die neue Rom-II-Verordnung. IPRax 08, 1ff

12. Verschulden bei Vertrag-sabschluß	k.R	Bisher als vertragsrechtlich qualifiziert und dem Vertragsstatut zugewiesen.
14 Freie Rechtswahl	k.R.	Keine grds Änderung
19. Gesetzlicher Forderungs-übergang	k.R.	Nützliche u. wichtige Klarstellung

9.   Rom III-VO

Weitere Bereiche des Kollisionsrechts sollen gemeinschaftsweit harmonisiert werden. Zunächst stehen an Regeln für das Familien- und Scheidungsrecht. Die entsprechenden Vorarbeiten sind aber vorerst als gescheitert anzusehen, so dass die Rom III-VO wohl noch etwas auf sich warten lassen wird[234].

---

[234] Mansel//Wagner IPRax 09, 1 ff

3. Teil Besonderes Schuldrecht im IPR

Vorab

Die in allen Rechtsordnungen ausdrücklich oder stillschweigend zugestandene Vertragsfreiheit lässt beliebig viele Gestaltungsmöglichkeiten. Moderne Entwicklungen lassen in rascher Folge neue Vertragstypen entstehen, welche in den Kodifikationen nicht enthalten sein können. In den Gesetzen der verschiedenen Rechtsordnungen werden manche Vertragstypen ausformuliert. Welche Vertragstypen das sind, hängt von den Besonderheiten des jeweiligen Landes ab, aber wohl mehr noch davon, zu welcher Zeit das Gesetzbuch entstand. Der in §§ 759ff BGB geregelte Leibrentenertrag spielt heute kaum noch eine Rolle, auch die Vorschriften zum Nießbrauch (§§ 1030 ff) sind angesichts der heutigen Bedeutung dieses Rechtsinstituts viel zu detailliert. Das war aber zur Zeit des Entstehens des BGB um 1890 anders. Aus heutiger Sicht wären Transport- und Versicherungsverträge, Leasing- und Franchiseverträge usw. sicherlich wichtiger als diese. Die Regelung des besonderen Vertragsrechts ist daher auch ein Spiegel der wirtschaftlichen Entwicklung.[235] Der Kaufvertrag als der weltweit bei weitem häufigste Vertragstyp findet sich überall. Der Werkvertrag schon nicht mehr. Das deutsche Recht regelt den Werkvertrag, der frz. Code Civil nicht, jedenfalls nicht ausdrücklich. Das französische Recht kennt aber dafür in art. 1964 ff CC „Ungewisse Verträge", *contrats aléatoires,* welche wiederum das BGB nicht, bzw nicht in derselben Weise kennt. Auch die Tatsache, dass der Dienstvertrag im französischen Recht als eine Form der Miete angesehen wird, art 1708 CC, ist für das BGB eher befremdlich. Das niederländische Recht regelt in Buch 8 Art. 20 ff ausführlich den Transportvertrag, welcher bei uns noch mangels einer Regelung als Ausprägung des Werkvertrages verstanden wird, usw.

Eine rechtsvergleichende Darstellung der hauptsächlichen Vertragstypen kann im Rahmen dieses Buches nicht geleistet werden. Im internationalen Wirtschaftsrecht stellt sich aber in erster Linie die Frage nach der kollisionsrechtlichen Behandlung von Verträgen. Die folgende Übersicht kann hier hilfreich sein.[236]

I. Kaufvertrag, § 433 BGB

1. Ausgangspunkt

Bei Fehlen einer Rechtswahl unterliegt der Kaufvertrag über bewegliche Sachen dem Recht am Ort des gewöhnlichen Aufenthalts bzw. der Hauptverwaltung des Verkäufers (=Kaufvertragsstatut). Das folgte aus Art. 28 EGBGB, da die charakteristische

---

[235] Hierzu Aden, BGB, S. 218: *Das Leben ist bunt, es kommen die verrücktesten Fälle vor. Es gibt mehr Fälle als Vorschriften. Die im BGB genannten Vertragstypen sind nur Beispiele für Verträge, wie sie aus Sicht des Gesetzgebers des BGB um 1890 als typisch gelten konnten.*
[236] Die Einteilung Verträge in Bereitstellungs-, Dienstleistungs- und Beteiligungsverträge folgt der Einteilung in dem Buch des Verfassers BGB-Leicht.

Leistung im Kaufvertrag die des Verkäufers ist. Allerdings nur im Zweifel, wenn also kein anderes Recht sich aufdrängt.

Für den Kauf von Forderungen und Rechten gilt weiterhin Art. 28 EGBGB, da Art. 4 a Rom I VO von beweglichen *Sachen* spricht. Die charakteristische Leistung ist die des Forderungsverkäufers, die Gültigkeit des schuldrechtlichen Vertrages unterliegt daher im Zweifel dem am Wohnsitz des Forderungsverkäufers geltenden Recht.

2.   Art. 4 a Rom I VO

Die gemäß Art. 28 EGBGB nur im Zweifel geltende Regel gilt nach der Rom I VO gemeinschaftsweit, und zwar nicht nur im Zweifel, sondern verbindlich. Praktische Unterschiede gegenüber der bisherigen Regelung sind nicht zu erwarten. Die Rechtswahl kann sich gemäß Art. 3 auch aus den Umständen ergeben. Wenn also überwiegende Gründe gegen das Recht am Verkäuferort sprechen, kommt auch ein anderes in Betracht. [237]

3.   Unbewegliche Sachen

Für den schuldrechtlichen Grundstücks- bzw. Immobilienkaufvertrag gilt *im Zweifel* das Recht der belegenen Sache, Art. 28 III. Jetzt ist der Zweifel durch Art. 4 c Rom I ausgeräumt.

II.   Bereitstellungsverträge

1.   Mietvertrag, § 535 BGB

a.   Grundsatz

Bewegliche Sache: Die charakteristische Leistung wird vom Vermieter erbracht, § 535. Der Mietvertrag über eine bewegliche Sache, z. B. Mietwagen, untersteht daher dem Recht am Ort des Wohnsitzes/Niederlassung des Vermieters. Das folgt aus Art. 28 EGBG.

Unbewegliche Sache: Auf den Miet- /Pachtvertrag über ein Grundstück/Wohnung ist grundsätzlich das Recht der belegenen Sache, Art. 28 III, anzuwenden. Künftig: Art. 4 c Rom I VO.

Kurze Privatvermietung (*time-sharing*): Gemäß Art.4 d Rom I untersteht bei Vermietungen bis zu 6 Monaten an Private der Mietvertrag dem Recht des Staates, in welchem Mieter und Vermieter wohnen. Gemeint ist der Fall, dass Vermieter und Mieter einer Ferienwohnung in z.B. Spanien in demselben Staat leben. Die Geltung spanischen Rechts kann auch hier zwar vereinbart werden, das ist aber im Zweifel nicht sinnvoll.

---

[237] KG v. 21.2.08 NJW-RR 09, 196 : Teppichkauf eines deutschen Touristen in der Türkei, wobei Vertragssprache und alle Umstände auf eine Geltung des deutschen Rechts hinwiesen und eine Rechtswahl auf deutsches Recht angenommen wurde.

b. Einzelfragen

Vermieterpfandrecht, § 562 BGB: Das Vermieterpfandrecht ist ein dingliches Recht an der Sache. Über Entstehen und Reichweite entscheidet daher nicht das Vertragsstatut, sondern das Recht der belegenen Sache.

Kauf bricht nicht Miete, § 566 BGB: Diese Vorschrift des deutschen, aber z.B. auch des Schweizer Rechts, wird nicht in allen Rechtsordnungen gelten. Es ist zweifelhaft, ob sie in Bezug auf eine im Ausland liegende Immobilie gilt, auch wenn das Vertragsstatut deutsches Recht ist. Der ausländische Richter könnte das in § 566 dem Vermieter gegebene Recht als ein dingliches Recht auf Besitz qualifizieren und dem Recht der belegenen Sache unterwerfen.

c. Mieterschutz

Wird der Mietvertrag über in Deutschland gelegenen Wohnraum einem fremden Recht unterstellt, ist gemäß Artikel 34 EGBGB zu prüfen, welche Vorschriften des deutschen Mietrechts weiter gelten. Im Zweifel gehören alle Vorschriften über die Einschränkung des Kündigungsrechtes seitens des Vermieters zu den Bestimmungen, die *ohne Rücksicht auf das auf den Vertrag anzuwendende Recht den Sachverhalt zwingend regeln* sollen. Das gilt vermutlich auch für §§ 557 (Regelungen der Miethöhe) ua.

2. Darlehensvertrag, § 488 BGB

a. Grundsatz

Die charakteristische Leistung wird von dem Darlehensgeber erbracht, § 488. Auf den Darlehensvertrag ist daher das Recht anzuwenden, welches am Ort der darlehensgebenden Bank bzw. ihrer Niederlassung herrscht. Handelt es sich um einen ausländischen Darlehensgeber oder vereinbaren die Parteien das anwendbare Recht eines Vertragsstaates, ist Artikel VIII Abschnitt 2 lit. B. Satz 1 des Abkommens von Bretton-Woods zu berücksichtigen, s.u. S. 238. Dieser lautet:

> *Aus Devisenkontrakten, welche die Währung eines Mitglieds berühren und den von diesem Mitglied in Übereinstimmung mit diesem Einkommen aufrecht erhaltenen oder eingeführten Devisenkontrollbestimmungen zuwiderlaufen, kann in den Hoheitsgebieten der Mitglieder nicht geklagt werden.*

Der inländische Gläubiger kann also seinen ausländischen Schuldner vor deutschen Gerichten nicht verklagen, wenn in dessen Staat solche Kontrollbestimmungen bestehen, auch wenn deutsches Recht anwendbar ist.

Kredite gegen Grundsicherheiten (Realkredite) werden in der Regel die engste Verbindung mit dem Staat aufweisen, in welchem das verpfändete Grundstück liegt und im Zweifel diesem Recht unterstehen. Zwingend ist dieses jedoch nicht, da der Sicherungsvertrag gesondert anzuknüpfen ist, s.u. S. 116.

b.   Verbraucherdarlehen

Für Verbraucherverträge gilt über die Sonderanknüpfung gemäß Art. 29 II EG stets
das deutsche Verbraucherschutzrecht,[238] §§ 491 ff. Ist also der Darlehensvertrag zwischen dem Verbraucher und dem Darlehensgeber einem Recht unterstellt, welches
Darlehensverträge formlos gültig sein lässt, und wird der Darlehensvertrag überdies
dort abgeschlossen, so bleibt unter den Voraussetzungen des Art. 29 EGBGB entgegen Art. 11 EGBGB das Schriftformerfordernis gemäß § 492 I BGB erhalten; der
Vertrag ist ungültig, § 494.

III.   Dienstleistungsverträge

1.   Dienstvertrag, § 611 BGB

Fall

> Rechtsanwalt R berät Mandanten M in einer Erbschaftssache in Amerika, deren
> Wert etwa bei DM 150.000 liegt. R vereinbart mit M, dass der Beratungsvertrag
> amerikanischem (!) [239] Recht untersteht. R schreibt in der Sache 16 Briefe, zum
> Teil auf Englisch, und liquidiert am Ende DM 100.000. M will nicht zahlen. Zu
> Recht?[240]

a.   Grundsatz

Die charakteristische Leistung erbringt der Dienstverpflichtete. Dienstverträge, welche keine Arbeitsverträge sind, unterstehenden daher im Zweifel dem Recht des Ortes, an welchem der Dienstverpflichtete sich gewöhnlich aufhält. Das gilt künftig
gemäß Art. 4 b Rom I nicht nur im Zweifel, sondern zwingend.

Dieses betrifft insbesondere freiberufliche Dienstleistungen wie die des Anwalts,
Steuerberaters usw. Für Architekten gilt grundsätzlich dasselbe, es kann sich aber aus
der Belegenheit des Objektes im Ausland und den Umständen etwas anderes ergeben.

Arbeitsverträge werden über Art 30 EG besonders angeknüpft, s.u. S. 223.

b.   Zwingendes Honorar- und Gebührenrecht

Die freien Berufe schließen im Rahmen der Vertragsfreiheit zwar freie Verträge, ihre
Gebühren werden aber zum Teil noch durch staatliche Regelungen festgesetzt. Zu
nennen ist das Rechtsanwaltsvergütungsgesetz, RVG, die Honorarordnung für Architekten und Ingenieure, HoAI, ua. Von diesen kann nicht immer und gegebenenfalls
nur unter besonderen Voraussetzungen abgewichen werden. Das gilt grundsätzlich in

---

[238] Genau genommen handelt es sich nicht um deutsches Recht, sondern um in deutsches Recht umge-
setztes europäisches Recht, vgl. Palandt – Weidenkauff Vorbem. zu §§ 491-498 BGB.

[239] Beachte: Ein amerikanisches Recht gibt es eigentlich nicht, sondern nur das Recht der US-
Bundesstaaten oder des Bundes, s.u. S. 174ff.

[240] Vgl. BGH v. 24.7.03 Iprax 05, 150; allg. Spickhoff, A, Zwingendes Gebührenrecht im internationalen Vertragsrecht IPRax 05, 125f

beide Richtungen, indem die Gebührensätze nicht unter- aber auch nicht überschritten werden dürfen. Es stellt sich die Frage, ob diese Gebührenordnungen zu den Bestimmungen gehören, welche gemäß Art. 34 EGBGB ohne Rücksicht auf das auf den Vertrag anwendbare Recht gelten sollen. Der Jurist hat nicht darüber zu entscheiden, ob solche Honorarordnungen wirtschaftlich sinnvoll sind. Sie lassen jedenfalls einen klaren gesetzgeberischen Willen erkennen, so dass die zwingenden Vorschriften auch als international zwingend anzusehen sind.

Das in den USA allgemein akzeptierte Erfolgshonorar, auch die Beteiligung des Anwalts am Prozesserfolg, gilt in Deutschland noch als standeswidrig. Aufwandsabhängige, auch sehr hohe Honorare sind aber bis an die Grenze des § 138 BGB zulässig. Im Eingangsfall ist es nicht ganz einfach, dem M zu helfen. Auch in Deutschland kann es einem Mandanten passieren, dass er für den Anwalt mehr ausgeben muss, als die Sache wert ist. Aus der Stellung des Anwalts als eines Organs der Rechtspflege ergibt sich aber, dass er nur Anspruch auf eine *angemessene* Vergütung hat. Dieser Begriff enthält stets auch eine vernünftige Bezugnahme zu dem Wert, den die Arbeit des Anwalts für den Mandanten hat. Sollte das amerikanische Anwaltsvergütungsrecht eine derartige Honorarnote für Rechtens erklären, kann dem M daher vielleicht über Artikel 6 EGBGB geholfen werden.

Problematisch ist es, wenn das deutsche Vergütungsrecht eine Mindestvergütung vorschreibt, und der ausländische Vertragspartner des deutschen Architekten später erfahren muss, dass die Vergütungsvereinbarung, soweit sie unterhalb der HOAI liegt, vor deutschen Gerichten nicht gilt. [241]

c.   Rom I-VO

Nach Art. 4 b unterliegen *Dienstleistungsverträge dem Recht des Staates, in dem der Dienstleister seinen gewöhnlichen Aufenthalt hat*. Gemäß Art. 50 EGV ist der Begriff Dienstleistungsvertrag weit auszulegen. Danach sind alle Verträge, in denen eine Person einer anderen Dienste und Leistungen erbringt als solche zu qualifizieren, auch der Werkvertrag, Auftrag ua.[242] Arbeitsverträge, die vom Wesen her als Dienstleistungsvertrag zu qualifizieren sind, werden aber zum Schutz des Arbeitnehmers gesondert angeknüpft, Art. 8 .

2.   Werkvertrag, § 631 BGB [243]

Beispiel:

Der Unternehmer Jean Klein aus Kembs/Elsass hat den Auftrag zum Abriss des alten Rathauses von Rheinweiler, gegenüber auf der deutschen Seite, übernommen. Da Klein bei der Kalkulation seines Angebots vergessen hat, die Transportkosten einzurechnen, wird die Durchführung des Auftrages zu einem Verlust führen. Klein möchte daher den Auftrag nach § 119 BGB anfechten. Nach deutschem Recht geht das nicht.[244] Nach französischem Recht vielleicht. Welches Recht gilt?

---

[241] BGHZ 154, 110
[242] Palandt – Grüneberg, § 312 b RN 10 c
[243] Vgl. auch s.o. S. 107
[244] Vgl. BGH NJW 98, 3198

a.   Grundsätze

Der Werkvertrag ist in anderen Rechtsordnungen, etwa im französischen Code Civil, nicht als eigenständiger Vertragstyp bekannt. Er verbindet Elemente des Kaufvertrages mit denen eines Dienstvertrages. Die charakteristische Leistung wird von dem Unternehmer erbracht. Mangels einer Rechtswahl findet daher auf den Werkvertrag das Recht des Ortes Anwendung, in welchem der Unternehmer Hauptsitz oder Niederlassung hat, von welcher aus das Vertragsverhältnis betrieben wird.[245] Bestehen und ggfs Reichweite eines Unternehmerpfandrechts, § 647 BGB, wird gesondert nach der *lex rei sitae* anzuknüpfen sein. Das Recht des Ortes, wo sich die dem Pfandrecht unterliegende Sache befindet, entscheidet also, ob ein solches entsteht und mit welchem Inhalt.

Es kommt auf die Umstände an, ob ein Werkvertrag, welcher sich auf eine im Ausland zu erbringende Leistung bezieht, im Einzelfall die engeren Beziehungen zu diesem Ort hat, sodass dessen Recht gilt. Im Beispiel könnte daher deutsches Recht anwendbar sein, da hier der Schwerpunkt des Vertrages liegt.

Rom I VO: Gegenüber der bisherigen Regelung ändert sich im Grunde nur, dass anstelle der Auslegungsregel in Art. 28 eine klare Anknüpfung tritt. Es kommt, wenn nicht deutsches Recht vereinbart wurde, im Beispiel nur französisches Recht in Betracht.

b.   Beförderungsverträge

Beispiele:

1. A – Verlagsbuchhandlung in Düsseldorf lässt deutsche Bücher in Bulgarien drucken und versendet diese über einen Düsseldorfer Spediteur mit einer Niederlassung in Sofia a) nach Spanien und b) nach Hamburg. Welches Recht gilt?

2. Der deutsche Rentner R wohnt seit Jahren auf Mallorca. Zur Taufe seiner Enkelin in Detmold kommt R nach Deutschland und bucht, um seinem Schwiegersohn, der seit zwei Jahren bei einer Bank in New York arbeitet, seine ostpreußische Heimat zu zeigen, bei einem russischen Busunternehmer eine Kurzreise nach Breslau. Welches Recht gilt? [246]

Für Güterbeförderungsverträge trifft Art. 28 IV eine gesonderte Vermutung. Es gilt das Recht am Sitz des Beförderers, aber nur wenn ein zusätzliches Kriterium des Vertrages auf diesen Ort weist, also wenn sich dort auch der Verladeort, der Entladeort oder die Hauptniederlassung des Versenders befinden. Beispiel 1 a: Zwar deutscher Beförderer, aber es fehlt das Zusatzkriterium. Es muss die größte Nähe gemäß Art. 28 I ermittelt werden, vermutlich Bulgarien. Beispiel 1 b: Abladeort ist Hamburg; Zusatzkriterium erfüllt, also deutsches Recht.

---

[245] Palandt – Thorn, Art. 28 EGBGB RN 15
[246] Schön wäre es, wenn der Leser hier stutzte: Breslau liegt nämlich in Schlesien!

Für Personenbeförderungsverträge gilt Art. 28 I, II, wonach das Recht des Staates gilt, mit dem die engsten Verbindungen bestehen, d. h. in der Regel Sitz des Beförderers. Beispiel 2: An sich russisches Recht, aber Gesamtzusammenhang spricht hier wohl eher für deutsches Recht.

Rom I VO: Hier wird ausdrücklich zwischen Güterbeförderung, Abs. I, und Personenbeförderung, Abs. II, unterschieden. Abs. I beruft das Recht ebenso wie Art. 28 IV EGBGB.

Abs. II beruft das Recht am Wohnsitz des Reisenden, aber wiederum nur, wenn ein Zusatzkriterium auf diesen hinweist, also wenn sich hier der Abgangs- oder Zielort der Reise befindet, sonst gilt der Ort am Sitz des Beförderers. Es gilt also trotz der Gesamtumstände russisches Recht; eine flexible Auslegung wie nach Art. 28 EGBGB ist nicht mehr möglich.

Im Übrigen gelten Sonderanknüpfungen nach internationalen Vereinbarungen, z. B. Übereinkommen von Montreal v. 28. 5. 99, welches die Haftung für Flugunfälle praktisch welteinheitlich regelt.

3.   Auftrag, §§ 662 BGB

Beispiel:

1. A, Deutscher, steht neben B, einem Franzosen aus Forbach/Lothringen, wo man muttersprachlich deutsch spricht, auf dem Bahnsteig in Saarbrücken und sagt zu ihm: „Könnten Sie für 5 Minuten auf meinen Koffer aufpassen, ich muss eben zur Toilette?" B sagt: „In Ordnung!" Nach 3 Minuten geht B weg. Der unbekannte Dieb stiehlt den Koffer. Hat A einen Schadensersatzanspruch gegen B?

2. H, ein deutschsprachiger Däne aus Tingleff, bereist wegen seiner dänischen Sprachkenntnisse für den deutschen Unternehmer U, der an Videotheken gebrauchte Filme verleiht, Nordschleswig und Dänemark. H wohnt aber in Flensburg. DVDs, die er nicht losschlagen kann, vermietet H über das Wochenende an seinen Freund F und dessen Freunde, ehe er sie dem U vertragsgemäß am Montag zurückgibt. U verlangt Herausgabe des von F gemachten Gewinns. Zu Recht?

a.   Grundsatz

Die charakteristische Leistung im Auftragsvertrag wird von dem Beauftragten erbracht. Mangels anderer Anhaltspunkte wird daher das Wohnsitzrecht des Beauftragten gelten. Etwas anderes kann sich ergeben, wenn der Auftrag hauptsächlich in einem anderen Land zu erfüllen ist. Das Recht des Ortes, an dem die typischen Tätigkeiten entfaltet werden und der angemessene Aufwand entsteht, sollte dann den Vertrag regieren.

Rom I VO führt im Beispiel 1 aber dazu, dass zwingend französisches Recht anwendbar wird, denn es ist nicht anzunehmen, dass A und B an eine Rechtswahl gedacht haben. Der nach deutschem Recht in Betracht kommende Anspruch wird nach französischem Recht wohl nicht bestehen.

b.   Handelsvertreter

Die charakteristische Leistung wird vom Handelsvertreter erbracht. Maßgebend ist
daher das Recht am Ort seiner Niederlassung. Unter Umständen aber, z. B. ständiger
Einsatz in einem bestimmten Staat, können sich besondere Verbindungen zu diesem
ergeben, so dass mangels einer Rechtswahl dessen Recht anwendbar ist. Nach Art.
28 wäre im Fall 2 wohl dänisches Recht anwendbar.

Rom I VO erzwingt mangels Rechtswahl das deutsche Recht. Beispiel 2: Nach deutschem Recht muss H den Gewinn herausgeben, § 812 BGB. Zöge H nach Kolding,
auf die andere Seite der Förde, wäre er nach dem dann geltenden dänischen Recht
dazu vielleicht nicht verpflichtet.

Der Anspruch des Handelsvertreters auf den Ausgleich wird besonders angeknüpft,
auch wenn der Vertrag im Übrigen einem außereuropäischen Recht untersteht. Dieser Ausgleichsanspruch ist zwingend und kann innerhalb Europas durch abweichende Rechtswahl nicht umgangen werden.[247]

c.   Geschäftsbesorgungsvertrag

Die charakteristische Leistung wird von dem Geschäftsbesorger erbracht. Das gilt
insbesondere für Rechtsanwälte, Banken usw. Zu berücksichtigen ist, dass einzelne
Tätigkeitsabschnitte gesondert anzuknüpfen sein können, z. B. die Verwaltung eines
im Ausland befindlichen Vermögens; Beratung betreffend eine ausländische Gesellschaft. Bei diesem rechtskundigen Personenkreis ist allerdings davon auszugehen,
dass stets eine ausdrückliche Rechtswahl getroffen wird. Die Tatsache, dass das im
Einzelfall doch nicht geschehen sein sollte, kann im Rahmen der Vermutung gemäß
Art. 28 besonders berücksichtigt werden.

Rom I VO: Der Geschäftsbesorgungsvertrag ist Dienstleistungsvertrag im Sinne der
VO. Es gilt also das Recht des Wohnsitzes.

IV. Beteiligungsverträge

1.   Gesellschaftsvertrag, § 705 BGB

Beispiel

> A aus Weil am Rhein, B aus Basel/Schweiz und C aus Hüningen/Frankreich sind
> Arbeitskollegen im Rheinzentrum in Weil. Sie bilden seit zwei Jahren eine Tippge-
> meinschaft, jeweils im deutschen, schweizerischen und französischen Lotto. A gibt
> den Lottoschein im eigenen Namen ab und verteilt Gewinne, wenn welche kommen.
> Die drei zahlen monatlich je 10 EUR, die A einsammelt. Während seiner sechswö-
> chigen Kur hat C völlig vergessen, seinen Beitrag zu leisten. A und B haben auch
> nicht daran gedacht, aber wie üblich gespielt. Jetzt knallt der Topf im schweizeri-
> schen Lotto, wo B den Schein abgegeben hat. B freut sich. Hat auch A Grund zur
> Freude? Wie steht es mit C? Welches Recht gilt?

---

[247] EuGH NJW 01, 2007 vgl. EG-Richtlinie Nummer 86/653 vom 18.12.1986 betreffend den Ausgleichsanspruch des selbständigen Handelsvertreters.

Eine Gesellschaft wird im Zweifel mit dem Staate die engsten Verbindungen im Sinne von Art. 28 I aufweisen, wo die Gesellschaft ihre Wirksamkeit entfalten soll. Die Anknüpfung an eine charakteristische Leistung, Art. 28 II, scheidet in der Regel aus, da die Gesellschafter gleichartige Leistungen erbringen. Etwas anderes kann gelten, wenn ein Gesellschafter eine besonders charakteristische Leistung zu erbringen hat, z. B. Einbringung von Sachleistungen, Bereitstellung besonderer Dienstleistungen oder gewerblicher Schutzrechte, dann wird der Wohnort dieses Gesellschafters ausschlaggebend sein. Im Beispiel liegt der Schwerpunkt der Lottogemeinschaft doch wohl in Deutschland als dem Ort des gemeinsamen Arbeitsplatzes, auch wenn B im Schweizer Lotto gespielt hat. Nach deutschem Recht besteht zwischen den Dreien eine BGB-Gesellschaft. Daher haben alle drei Grund zur Freude.

Rom I VO gilt gemäß Art. 1 IV für Gesellschaftsverträge nicht.

2.   Bürgschaft, § 765 BGB [248]

Beispiel

> Der in Kehl/Baden wohnende Bürge K verbürgt sich für eine Schuld des in Straßburg/Elsass wohnenden Hauptschuldners S gegenüber der französischen Bank B. Welchem Recht unterstehen die Verträge?

Der Bürgschaftsvertrag ist von dem Vertragsstatut der verbürgten Schuld gesondert anzuknüpfen, denn die charakteristische Leistung wird vom Bürgen erbracht. Maßgebend ist also das Recht am Wohnsitz oder gewöhnlichen Aufenthalt des Bürgen. Die Forderung B-S untersteht wohl dem französischen Recht, Art. 28 I. Der Bürgschaftsvertrag K-B untersteht aber im Zweifel dem deutschen Recht; freilich kann sich aus den Umständen ergeben, dass die Parteien einen Gleichlauf von Hauptschuld und Bürgschaftsschuld wollten. Es ergeben sich aus der unterschiedlichen Anknüpfung von Hauptschuld und Bürgschaft unter Umständen eine Reihe von schwierigen Fragen, so dass sich insgesamt empfehlen wird, beide Rechtsverhältnisse demselben Recht zu unterstellen. [249]

Dieselben Grundsätze gelten auch für die rechtlich wesensgleiche Garantie; diese untersteht dem Recht am Ort der Bankniederlassung, welche die Garantie erbringt.

---

[248] s.o. S. 87

[249] **Exkurs:** Das Bürgschaftsstatut, im Beispiel deutsches Recht, entscheidet, ob und wann der Bürge leisten muss. Das Statut der Hauptschuld, französisches Recht, entscheidet darüber, ob die Hauptschuld entstanden ist, wann sie fällig ist, ob sie verjährt oder bereits durch Aufrechnung untergegangen ist usw. Da nach dem Grundsatz der Akzessorietät der Bürge nur haftet, wenn die Hauptforderung existiert, ist zu fragen, ob die Hauptschuld nach französischem Recht überhaupt entstanden ist bzw. noch besteht. Da der Bürge nach deutschem Recht die dem Hauptschuldner zustehenden Einreden geltend machen kann, ist in einem von B gegen K geführten Prozess unter Umständen nach französischem Recht zu prüfen, ob und welche Einreden S gegenüber B hat. Das französische Recht entscheidet dann darüber, ob S gegebenenfalls auf solche Einreden verzichtet hat, und das deutsche Recht entscheidet darüber, ob ein solcher Verzicht im Verhältnis zum Bürgen gültig ist; und dergleichen Fragen mehr.

Rom I VO: Auch den Bürgschaftsvertrag wird man Dienstleistungsvertrag im Sinne der VO ansehen.[250] Es gilt also das Recht des Wohnsitzes des Bürgen.

V.   Atypische Verträge

1.   Sicherungsverträge

Beispiel

> Die in München sitzende Bank M gibt der luxemburgischen Gesellschaft L ein Darlehen. Dieses wird von F aus Forbach/Lothringen, aufgrund eines von dem in Venedig/Italien wohnenden V vermittelten Vertrages mit L, durch eine Hypothek auf seinem Grundstück in der Schweiz besichert. Die englische Bank E gibt der M eine Bürgschaft auf den eventuellen Ausfall aus der Hypothek. Welches Recht gilt für die Vertragsbeziehungen?

Im Gesetz nicht ausformulierte Verträge heißen atypisch. Im Gegensatz also z.B. zum Kauf- oder Mietvertrag ist der nicht geregelte Sicherungsverträge atypisch. Das schießt nicht aus, dass der Rechtsverkehr bestimmte „typische" Vertragsformen dafür entwickelt hat. Im Sicherungsvertrag verpflichtet sich ein Sicherungsgeber, dem Sicherungsnehmer bestimmte Gegenstände (Sachen, Rechte, Forderungen) zu (Sicherungs-) Eigentum oder als Pfandrecht zu übertragen mit der Vereinbarung, dass der Sicherungsnehmer davon nur Gebrauch machen darf, wenn die gesicherte Forderung nach Fälligkeit und ggfs Eintritt weiterer Voraussetzungen nicht bezahlt wird. Sicherungsverträge sind also von dem Vertrag, aus welchem die zu sichernde Forderung herrührt, zu unterscheiden. Der Vertrag M-L wird im Zweifel dem deutschen Recht unterliegen.

Der Sicherungsvertrag ist gesondert anzuknüpfen. Die charakteristische Leistung des Sicherungsvertrages wird von dem Sicherungsgeber erbracht. Der Vertrag F-M unterliegt daher im Zweifel dem französischen Recht, weil F in Forbach/Frankreich wohnt. Aufgrund des Sicherungsvertrages ist F verpflichtet, der M. die Hypothek zu einzuräumen/übertragen. Da das Grundstück in der Schweiz liegt, kann der Übertragungsakt, das dingliche Geschäft, nur nach den Regeln des Schweizer Rechts vollzogen werden. Vielleicht liegt es daher für F und M näher, auch den Sicherungsvertrag dem Schweizer Recht zu unterstellen; das muss das Gericht gegebenenfalls an Hand der Vermutungen in Art. 28 ermitteln.

Vertrag F-L: Aus deutscher Sicht handelt es sich um ein Auftragsverhältnis, dessen charakteristische Leistung von F erbracht wird; denkbar ist aber, dass die Verpflichtung des F im Rahmen einer weiteren Vereinbarung mit L übernommen wurde, so dass sich die engste Verbindung dieses Vertrages doch mit Luxemburg ergibt, so dass das luxemburgische Recht anwendbar wird. Möglicherweise ist aber auch italienisches Recht anwendbar, wenn sich aus der Vermittlungstätigkeit des V ein besonders enger Bezug dieses Vertrages mit Italien ergibt.

---

[250] EuGH NJW 98, 1295; Palandt – Grüneberg § 12 b, RN 10 c

V-L: Die charakteristische Leistung ist von V erbracht worden; im Zweifel gilt also italienisches Recht, wenn sich nicht aus dem Sachzusammenhang eine größere Nähe zum luxemburgischen oder französischem Recht ergibt.

E-M: Die charakteristische Leistung wird von E erbracht, so dass im Zweifel englisches Recht anwendbar ist. Das englische Recht kennt aber unsere Bürgschaft nicht, so dass sich vielleicht aus den Umständen ergibt, dass deutsches Recht gelten soll; da sich die Bürgschaft auf den Ausfall aus der Hypothek bezieht, die Bürgschaft also nur dann fällig wird, wenn die nach Schweizer Recht verwertete Hypothek nicht zur Deckung der Verbindlichkeiten der L gegenüber M ausreicht, kommt auch in Betracht, dass diese Ausfallbürgschaft dem Schweizer Recht unterliegt.

Man kann das Eingangsbeispiel beliebig weiterspinnen, etwa dadurch, dass eine Gesellschaft auf den Bahamas die Ausfallbürgschaft der E durch eine Rückgarantie sichert, und dass eine Gesellschaft in Panama der M eine Sicherheit durch Eintragung einer Hypothek auf einem Schiff, welches in Costa Rica registriert ist, stellt und so weiter.[251] Es wird mit diesen Hinweisen nur bezweckt, den Leser auf die theoretisch mögliche Variationsbreite hinzuweisen, welche sich aus einem einheitlichen Lebenssachverhalt, wie er sich in der heutigen globalen Wirtschaft ohne weiteres darstellen kann, ergibt.

Rom I VO: Sicherungsverträge gelten als Dienstleistungsverträge. Mangels Rechtswahl gilt also das Recht am Wohnsitz des Sicherungsgebers

2.   Dingliche Verträge

Durch den dinglichen Vertrag wird keine Verpflichtung begründet, sondern ein Recht verändert. Die Verpflichtung, eine Sache zu übereignen, wird z.B. durch einen Kaufvertrag oder eine testamentarische Anordnung usw begründet; erfüllt wird die Pflicht durch einen Vertrag gemäß § 929 BGB. Ist Gegenstand des Kaufvertrages eine Forderung, so liegt der entsprechende dingliche Vertrag in der Abtretung gemäß § 398. Diese Vorschrift beschreibt nur den dinglichen Übertragungsakt. Systematisch richtig müsste diese Vorschrift daher im Bereich der §§ 929 BGB stehen.

Der dingliche Vertrag wird getrennt angeknüpft. In der Regel wird er aber demselben Recht folgen, welches für den schuldrechtlichen Vertrag gilt. Es können sich aber unterschiedliche Anknüpfungen ergeben. Z. B.: A tritt seiner Bank seine künftigen Forderungen gegen alle Kunden weltweit ab. Der schuldrechtliche Sicherungsvertrag untersteht deutschem Recht, der Erwerbsvorgang der einzelnen Forderungen richtet sich nach dem Recht, dem die Forderungen unterstehen werden, Forderungsstatut.[252]

Rom I VO: Die VO gilt für vertragliche Schuldverhältnisse, also nicht für dingliche Verträge. Es bleibt also bei der bisherigen Reglung.

---

[251] Solche bunten, viele Länder und Rechtsordnungen berührenden Rechtsverhältnisse kommen wirklich vor, vgl. BGH IPRax 05,25 ff
[252] Freitag RIW 05, 28; vgl. 9. Teil § 398

VI.   Außervertragliche/gesetzliche Schuldverhältnisse

Fälle

1. D in Deutschland hat dem Kind K in Holland seit Jahren Unterhalt überwiesen, weil er K für seinen unehelichen Sohn hielt. Auf Grund einer neueren Untersuchung stellt sich heraus, dass K gar nicht mit D verwandt ist. D verlangt die Zahlungen von K zurück. Zu Recht?

    Stichworte: Leistungskondiktion im IPR

2. Schuldner S in Deutschland bezahlt seine Schuld bei Gläubiger G aus Italien über $ 100.000 durch Überweisung auf dessen Konto bei B-Bank in New York aus Versehen doppelt. Da G pleite ist, hat B den Betrag mit Schulden des G verrechnet und weigert sich, ihn an S zurückzuzahlen. Zu Recht?

    Stichwort: Leistungskondiktion im Dreiecksverhältnis

3. Kläger K in den USA stellt Nuckelflaschen her, die er in Indien vertreibt. Beklagte B in Deutschland stellt sehr ähnliche Nuckelflaschen her, die B ebenfalls in Indien verkauft. K hatte, was B nicht wusste, für die Gestaltung der Flaschen in Indien ein gewerbliches Schutzrecht erworben. K kann nachweisen, dass der Umsatz des B im Jahre 2003 um eine Million Dollar gestiegen ist, weil er von der Werbekampagne profitiert hat, welche K in Indien für diese Flaschen durchgeführt hat. K verlangt von B eine Entschädigung.[253] Zu Recht?

    Stichworte: Eingriffskondiktion im IPR

4. Das *Gelbe Blatt* berichtet wahrheitswidrig, dass der deutsche Sänger S sich mit Pädophilie abgegeben habe. Als das bekannt wird, werden dem S, der sich gerade in den USA auf Tournee befindet, sämtliche Engagements in USA gekündigt. Ihm entsteht ein Schaden in Höhe von $ 100.000. S verklagt das *Gelbe Blatt* vor dem Landgericht Hamburg, dem Erscheinungsort des Blattes. Welches Recht wendet das Landgericht an?

    Stichworte: Deliktsstatut – Tatort – Erfolgsort

5. Der Kläger K wohnt in Australien. Er wird in der von der Beklagten in USA verlegten Zeitschrift verleumdet. Der Artikel erscheint in den USA und wird von der Beklagten ins Internet gestellt, der entsprechende Server steht in den USA. Dieser Artikel kann weltweit, auch in Australien, gegen eine Gebühr abgeholt werden. K verlangte Schadensersatz vor einem australischen Gericht. Erfolgsaussichten?[254]

    Stichworte: Internet – anwendbares Recht – Zuständigkeit

6. Beispiel. Von Weil/Rhein führt eine Gehbrücke nach Frankreich: Ein Querstrich markiert hier die Grenze. A, der noch auf deutscher Seite steht, wird von einem Unbekannten angestoßen und verletzt den B, der 50 cm von ihm entfernt

---

[253] Dem Fall in BGHZ 35, 329 f nachgebildet.
[254] Dow Jones v. Gutnick besprochen von Deißner in Iprax 05, 54; auch Witzleb RabelsZ 05, 124f

auf der anderen Seite des Strichs in Frankreich steht, mit der Spitze seines Regenschirms ziemlich schwer am Auge. Schuldet A dem B Schadensersatz?

Stichworte: Haftung über die Grenze mit/ohne Schuld

1. Ausgangspunkt

Bei nicht vertraglichen Rechtsverhältnissen scheidet eine vorherige Rechtswahl der Parteien in der Regel aus. Das auf nicht vertragliche, gesetzliche Schuldverhältnisse anwendbare Recht muss sich daher aus gesetzlichen Kollisionsnormen ergeben. In vielen Bereichen der Weltwirtschaft haben sich Entwicklungen ergeben, auf welche die herkömmlichen Kollisionsnormen nur noch unzureichend eingehen. Im Bereich des Wirtschaftsrechts, insbesondere des Wettbewerbsrechtes, des Kartellrechts, des Rechtes des gewerblichen Rechtsschutzes einschließlich des Urheberrechtsschutzes, in Rechtsgebieten also, welche typischerweise grenzübergreifend auftreten, gibt es weder im deutschen Recht noch, so weit zu sehen, in anderen Rechtsordnungen ein systematisches Kollisionsrecht. Wünschenswert wäre eine einheitliche Regelung des materiellen Rechts in der EU. Solange diese nicht erreichbar ist, wären jedenfalls aufeinander abgestimmte Kollisionsnormen innerhalb der EU erstrebenswert. Besonders hinzuweisen ist daher auf den *Vorschlag* – bisher also noch nicht gültig – *für eine Verordnung des Europäischen Parlaments und des Rates über das auf außervertragliche Schuldverhältnisse anzuwendende Recht.*[255]

Der vorstehende Absatz aus der 1. Auflage wurde unverändert gelassen, um die Schnelligkeit der europäischen Rechtsentwicklung deutlich zu machen. Die ab 2009 geltende Rom II VO hat die hier geäußerten Erwartungen erfüllt.[256] Dasselbe gilt, nur auf einem höheren Niveau, für die Weltwirtschaft. Zur Vermeidung von kollidierenden Geltungsansprüchen, z. B. nationaler Kartellgesetze, wäre es bereits heute dringend, einheitliche Kollisionsnormen zu finden, wenn schon eine weltweit einheitliche materielle Regelung nicht in Aussicht steht.

2. Ungerechtfertigte Bereicherung

a. Regelung nach Art. 38 EGBGB

Art. 38 EGBG ist der Systematik des deutschen Bereicherungsrechts nachgebildet.[257]

Leistung: Dasselbe Recht, welches den Hinweg regiert, also zu der Leistung Anlass gab, soll auch für den Rückweg, die Rückabwicklung, gelten. Leistung ist die zielgerichtete Vermehrung fremden Vermögens, z. B. der Verkäufer übergibt die Kaufsache dem Käufer, die Bank zahlt ihrem Kunden Geld aus. Im Fall 1 hat D eine Leistung an K erbracht in der irrigen Annahme, dass die Voraussetzungen des deutschen Rechtes, §§ 1601 ff BGB, die zu einer solchen Zahlung verpflichten, gegeben waren. Deutsches Recht regiert daher auch den Anspruch auf Erstattung, insbesondere die kritische Frage, ob K sich gemäß § 818 III auf Bereicherungswegfall berufen darf und ggfs ab wann.

---

[255] KOM (2003)427: Text in Iprax 05, 174
[256] Vgl. Kommentar zur Rom II-VO in : Palandt-Thorn, Anhang zu EGBGB 38-42 IPR
[257] Busse, RIW 03, 406

Eingriff: Im Fall 3 handelt es sich mangels Verschuldens nicht um eine unerlaubte Handlung des B, Art. 40. Ansprüche, welche sich aufgrund einer Rechtsverletzung ergeben, Schadensersatz und/oder Bereicherungsanspruch, richten sich nach dem Recht des Ortes, an welchem der Eingriff geschehen ist. Die Frage, wo das ist (im Fall: Indien als Markt oder Deutschland als Herstellungsland der Flasche), ist oft problematisch. Es hat sich das Auswirkungsprinzip durchgesetzt. Die Rechtsverletzung hat sich zumindest auch in Indien ausgewirkt. Das indische Recht entscheidet also darüber, ob dem K ein Anspruch zusteht, auf Bereicherung oder aus einem sonstigen Rechtsgrund. Vielleicht hat B Glück, und das indische Recht ist nicht so fein gesponnen wie unser deutsches Bereicherungsrecht. In diesem Fall würde das Hamburger Landgericht die Klage abweisen, obwohl eine Klage unter gleichen Vorzeichen in Deutschland dem K einen Bereicherungsaspruch geben würde.

Sonstige Weise: Die dritte Variante ist ein Auffangtatbestand für Bereicherungsfälle, welche unter die ersten beiden Fallvarianten nicht passen. Es entscheidet das Recht, wo die Bereicherung eingetreten ist, ob es einen solchen Anspruch überhaupt anerkennt.[258]

b.   Rom II VO

Artikel 38 wird künftig von Artikel 10 Rom II VO verdrängt werden. Damit passt die Kollisionsnorm nicht mehr so gut in die deutsche Systematik des Bereicherungsrechts. Es ist aber nicht zu erwarten, dass sich im Ergebnis sehr viel ändern wird.

Art. 10 I: Leistungskondiktion: Gewollte Zahlung/Leistung im Rahmen eines nicht bestehenden vertraglichen oder gesetzlichen Schuldverhältnisses. Das Recht, dem dieses Scheinschuldverhältnis unterliegt, entscheidet auch über das (Nicht-) Bestehen eines Rückforderungsanspruches. Fall 1: Die (Schein-) Vaterschaft ist Grund für Zahlung. Diese unterliegt dem deutschen Recht; dieses regiert daher auch den Rückforderungsanspruch. Fall 3 ist künftig gemäß Art. 13 Rom II VO ausschließlich nach Art. 8 zu behandeln. Es bleibt aber auch hier bei der Anwendbarkeit des indischen Rechts.

Die systematische Unterscheidung zwischen Eingriffs- und Leistungskondiktion hat besondere Bedeutung im Dreiecksverhältnis nach dem Muster wie Fall 2. (Rückabwicklung nur im Leistungsverhältnis). Hierfür trifft Art. 10 keine Regelung. Es sollte aber auch künftig das Recht des Leistungsverhältnisses gelten.[259]

Art. 10 III: Notfalls gilt das Recht des Ortes, an welchem die Bereicherung eingetreten ist, ggfs auch das Recht des Ortes, mit welchem die engste Verbindung besteht.

3.   Unerlaubte Handlung, Art. 40 EGBGB

a.   Tatortgrundsatz, *lex loci delicti*

Die näheren Umstände eines Vorganges werden am besten dort ermittelt, wo er sich abgespielt hat. Dort kann man auch am besten beurteilen, was unter den Umständen erlaubt war, ob und welche Rechtfertigungsgründe für eine Schadenshandlung in

---

[258] Vgl die fast identische Regelung in Art. 128 schweiz. IPRG.
[259] Palandt – RomII VO RN 9

Betracht kommen. Auf dieser Einsicht beruht Art. 40 I EGBGB, wonach Ansprüche aus unerlaubter Handlung dem Recht des Staates unterliegen, in welchem gehandelt wurde. Dieser Tatortgrundsatz ist einer der verbreitetsten Grundsätze des Internationalen Privatrechts, er ist offensichtlich ein Weltrechtssatz.[260]

b.   Auswirkungsgrundsatz

Fall 3 zeigt nicht nur, dass der Tatort nicht immer eindeutig zu bestimmen ist. Er zeigt auch, dass der Tatort (im Fall: Deutschland) mit dem Schaden, um dessen Ersatz es eigentlich geht, nicht immer viel zu tun hat. Gemäß Art. 40 I 2 kann der Verletzte daher verlangen, dass anstelle des Tatortrechts das Recht des Staates angewandt wird, in welchem der Erfolg eingetreten ist. Im Fall 4 könnte S also vor dem Landgericht Hamburg verlangen, dass die ehrenrührige Behauptung der Zeitung nach amerikanischem Recht beurteilt wird.[261] Das amerikanische Recht wird vom Landgericht Hamburg aber nur insofern angewendet, als die in Amerika entstehenden Schäden zu beurteilen sind. Schäden in Deutschland, oder wenn das Blatt auch in der Schweiz gelesen wurde, in der Schweiz, werden nach dem Recht jeweils dieser Länder beurteilt.[262]

Fall 5 ist einer der ersten entschiedenen Fälle, die eine über das Internet begangene Persönlichkeitsrechtsverletzung betreffen. Die Besonderheit des Falls besteht darin, dass das Internet als globales Medium zeitgleich praktisch in jedem Staat der Welt präsent ist. Eine in das Netz gestellte Mitteilung kann also nach dem Wirkungsstatut in allen Staaten der Erde sofort Wirkungen entfalten. Das bedeutet, dass sie theoretisch von 250 verschiedenen Rechtsordnungen, und zwar ganz verschieden beurteilt werden kann. Unter dem Gesichtspunkt des weltweit geltenden Grundsatzes, dass für Klagen aus unerlaubten Handlungen das Gericht zuständig ist, in dessen Bereich die Handlung begangen ist bzw Wirkungen erzeugt, vgl. § 32 ZPO, könnte eine solche Klage an praktisch 250 verschiedenen Gerichten rechtshängig gemacht werden.

Die amerikanische Beklagte hatte sich daher darauf berufen, dass nach der in den USA herrschenden Einheitstheorie (*single publication rule*)[263] die Begehung eines Mediendelikts nur einmal stattfinde, nämlich durch die erstmalige Veröffentlichung der vorgeworfenen Nachricht. Durch diese Ersthandlung werden das anwendbare Recht und die internationale Zuständigkeit bestimmt. Das australische Gericht ist dem nicht gefolgt. Zu der o. g. Problematik hat es gar nichts gesagt, sondern nur festgestellt, dass K in Australien wohne, dass ihn eine eventuelle Ehrverletzung also hier treffe, er müsse daher die Möglichkeit haben, hier, und zwar nach dem hier geltenden Recht, zu klagen und beurteilt zu werden.

Eine ungezähmte Anwendung des Auswirkungsprinzips würde für Internetdelikte zu chaotischen Zuständen führen. Dem könnte eine Kumulationstheorie, die der Verfasser vorschlagen möchte, entgegenwirken. Danach würden Zuständigkeit und an-

---

[260] ZB: Belgien: Art. 624 Code Judiciaire; Frankreich Art. 12, 46 NCPC; Art. 133 Schweiz IPRG: die Reihenfolge der Absätze I und II, mit jeweils praktisch identischem Inhalt ist nur gegenüber Artikel 40 EG vertauscht.

[261] Bei Pressedelikten kommt daher das Recht eines jeden Staates in Betracht, in welchem das Presseerzeugnis Wirkungen entfaltet hat, BGH NJW 96, 1128.

[262] Palandt – Thorn Art. 40 RN 4: Mosaiksystem

[263] Witzleb RabelsZ 05, S. 130 m. N.

wendbares Recht sowohl nach dem Tatortgrundsatz der USA bestimmt, als auch nach dem Recht des Staates, wo das Delikt sich am stärksten auswirkt. Andere Zuständigkeiten sind ausgeschlossen. Unter diesen beiden Zuständigkeiten/Rechtsordnungen hat der Kläger die Wahl. Für die Feststellung der stärksten Auswirkung kommt es auf den Schutzzweck der verletzten Norm an. Eine Ehrverletzung wirkt sich dort am stärksten aus, wo der Betreffende seinen Lebensmittelpunkt hat; eine Urheberrechtsverletzung dort, wo der Rechtsinhaber die größten Umsätze/Einnahmen aus seinem Recht erzielt, eine Markenverletzung würde sich dort am stärksten auswirken, wo die Marke den höchsten Bekanntheitsgrad hat usw.

c.   Rom II VO

Art. 10 Rom II trifft gegenüber Art. 40 EGBGB eine grundlegende Änderung. Tatort ist nicht der Ort, wo der Täter gehandelt hat. Als Tatort gilt, wo sich seine Handlung als schädlich auswirkt. In den weitaus meisten Fällen tritt der Schaden am Tatort ein, etwa im Falle eines Verkehrsunfalls. Dann ergibt sich kein Unterschied zwischen Art. 40 EGBGB und Art. 4 Rom II VO.

Bei so genannten Distanzdelikten (Tat in A, Schaden in B) wird die Option des Klägers gemäß Art. 40 I 2 jetzt zur Regel. Fall 6: Das Beispiel ist konstruiert. Das Beispiel soll zugleich die politisch-praktischen Veränderungen in Europa bewusst machen. Noch vor 10 Jahren wäre das Beispiel ein praxisfernes Gedankenspiel gewesen. Das ist es heute nicht mehr. Die Gehbrücke gibt es. Sie wird stark begangen, der ausgedachte Unfall ist leicht vorstellbar. Rechtlich kann es im Beispiel einen großen Unterschied machen, ob das Tatort- oder Auswirkungsprinzip gilt. Tatort war (noch) Deutschland: Es gilt § 823 BGB. Da A selbst gestoßen wurde, hat er ohne Schuld gehandelt. Unter der Kollisionsregel des Art. 40 EGBGB haftet er daher nicht. Art. 4 II Rom II VO hingegen verweist auf den Auswirkungsort; der war schon Frankreich. Hier gilt art. 1384 I Code Civil: *Man haftet nicht nur für den Schaden, den man durch eigene Tat verursacht, sondern auch...für den, den eine Sache im Eigenbesitz verursacht.*[264] A haftet also.

VII. Sachenrecht

Fälle

1. A, ein Spross des Alten Ziethen[265], hat einen Wald in Brandenburg geerbt. Er liebt die alten Zeiten. Er möchte das Rechtsinstitut des Familienfideikommisses wieder einführen. Entsprechend verfügt er in seinem Testament, dass sein Wald auf „ewige Zeiten" unveräußerlich sein soll, und dass die Nutznießung dieses Vermögens unter Ausschluss anderer Erben und Familienmitglieder jeweils dem erstgeborenen Sohn zustehen soll. Geht das?

   Stichworte: Exklusivität der gesetzlich beschriebenen dinglichen Rechte.

---

[264] Art. 1384 CC: *On est résponsable non seulement du dommage que l`on cause par son propre fait, mais encore de celui qui est cause par .... des choses que l`on a sous sa garde.*
[265] Preußischer Reitergeneral aus dem Siebenjährigen Krieg (1756-63)

2. Der Militärarzt in der US-Armee John Sandford in Missouri/USA, der Beklagte, war 1834 Eigentümer des Negersklaven Dred Scott, des Klägers. Beklagter wurde in das von Frankreich gekaufte Gebiet westlich des Mississippis versetzt, und nahm Scott als Sklaven mit. Dieses Gebiet war noch nicht als US-Bundesstaat organisiert. Sklaverei war hier weder ausdrücklich erlaubt noch verboten. Sandford zog dann wieder zurück in einen Sklavenstaat. Scott meint, er sei durch den Aufenthalt in einem sklavenfreien Territorium frei geworden. Er klagt gegen Stanford auf entsprechende Feststellung.[266]

    Stichworte: Statutenwechsel und Rechtsverlust

3. Sicherungsnehmer S hatte sich von dem Sicherungsgeber G in Berchtesgaden/ Deutschland einen in der Wohnung des G befindlichen wertvollem Schrank zur Sicherung übereignen lassen. Der Schrank blieb also im Besitz des G. Kurze Zeit danach zieht G ua mit dem Schrank nach Salzburg/Österreich um. Dort wird der Schrank von der beklagten Bank B auf Grund eines Anspruchs gegen G gepfändet. S wendet sich gegen diese Pfändung aufgrund seines Sicherungs-eigentums. Zu Recht?[267]

    Stichworte: Statutenwechsel und Rechtsverlust

4. John Doe aus Texas hatte 1945 in einem Schloss des Herzogs von Sachsen-Weimar-Eisenach ein Gemälde von Lucas Cranach „weggefunden" und mit nach Hause genommen. Sein Erbe E findet dieses nach dessen Tod 1990 auf dem Heuboden und verkauft es 1999 an den Kunsthändler K für 500 Dollar. Die Erben des Herzogs verlangen ihr Bild von K heraus. Zu Recht ?

    Stichworte: Eigentumserwerb an gestohlenen Sachen

5. K hat in Zürich/Schweiz Münzen für 7000 Franken in öffentlicher Versteige-rung erworben, welche aus einem Museum in Schleswig-Holstein gestohlen worden waren. Schleswig-Holstein hat als Eigentümer die Münzen zurückbe-kommen. K verlangt von dem beklagten Land die Erstattung von 7000 Franken. Zu Recht?[268]

    Stichworte: Qualifikation als dingliches oder schuldrechtliches Recht

6. Der Kläger, Fürst von Liechtenstein, ist Erbe seines Vaters. Dieser war Eigen-tümer eines wertvollen Gemäldes, welches seit mindestens 1767 im Eigentum der Familie war und sich bis zum Ende des Zweiten Weltkrieges in einem der Familienschlösser in Mähren, jetzt Tschechien, befand. Die tschechische Regie-rung beschlagnahmte 1946 ua das Gemälde.[269] Im Jahre 1991 befand sich das Gemälde als Leihgabe in Köln. Der Kläger klagt vor dem Landgericht

---

[266] Berühmter Leitfall des Obersten Gerichts der USA aus dem Jahre 1856 Dred ./. Sandford; Internet über caselaw.lp.findlaw. Vgl. auch den von P. Kinsch in Jayme S. 422 berichteten ähnlichen Fall des Negersklaven Jean Boucaux, der um 1750 von seinem Eigentümer aus den französischen Kolonien, wo die Sklaverei legal war, nach Frankreich, wo sie verboten war, gebracht wurde. Hier wurde er auf seine Klage zum freien Mann erklärt.

[267] Öster. OGH Iprax 85, 165

[268] BGH v. 8.4. 1987 NJW 87, 3077f

[269] Dekret Nr. 12 des Präsidenten der Republik vom 21.6.1945 *Über die Konfiskation und beschleu-nigte Aufteilung des landwirtschaftlichen Vermögens der Deutschen... (und sonstigen) ... Verräter und Feinde des tschechischen und des slowakischen Volkes* (sogen. Benes-Dekrete).

Köln auf Herausgabe des Bildes.[270] Erfolgsaussichten?

Stichworte: Verhältnis alter und neuer *leges rei sitae*

1.   Dingliche Rechte als rechtliche Eigenschaft der Sache

Sachenrechtliche Tatbestände werden nach dem Recht der Belegenheit, *lex rei sitae*, beurteilt, welche zu dem Zeitpunkt gilt oder gegolten hat, in welchem das betreffende Recht entstanden ist.[271] Art. 43 I EGBGB formuliert diesen Satz für das deutsche Recht: *Rechte an einer Sache unterliegen dem Recht des Staates, in dem sich die Sache befindet.*[272] Der Gedanke des Art. 43 findet sich anscheinend in allen Rechtsordnungen. Die *lex rei sitae* ist Weltrechtssatz.[273]

Die *lex rei sitae* gibt einer Sache ihre rechtlichen Eigenschaften, und zwar grundsätzlich für die gesamte Lebensdauer dieser Sache. Absolute oder dingliche Rechte sind gleichsam rechtliche Eigenschaften einer Sache. Die Rechtseigenschaft Eigentum, Besitz, Pfandrecht usw. einer Sache wirkt gegenüber allen Menschen. Ein Schuldverhältnis erzeugt nur Rechte zwischen Gläubiger und Schuldner, relative Rechte. Das dingliche Recht wirkt absolut, denn es gibt Ansprüche gegen alle anderen Menschen. In Bezug auf mein Haus habe ich gegenüber meinem Bruder dieselben Rechte wie gegenüber jedem Chinesen oder Indianer. Und umgekehrt: Ein Chinese oder Indianer darf ohne meinen Willen mein Haus ebenso wenig betreten, bewohnen, verkaufen oder verpfänden, wie mein Bruder es dürfte. Gelangt die Sache an einen Ort mit einem anderen Recht, dann bleiben ihre rechtlichen Eigenschaften, dinglichen Rechte, grundsätzlich bestehen, wenn sie nicht nach neuem Recht ausdrücklich erlöschen.

Gemäß Art. 43 II gilt aber, dass diese *nicht im Widerspruch zu der Rechtsordnung dieses Staates ausgeübt werden* können. Art. 43 III zieht die Schlussfolgerungen aus Absätzen I und II für das Inland: Kommt eine Sache, welche im Ausland eine rechtliche Eigenschaft wie Eigentum, Pfandrecht usw angenommen hat, ins Inland, dann wird diese ausländische rechtliche Eigenschaft, das im Ausland begründete dingliche Recht, im Inland beachtet, soweit es in unserer Rechtssystem passt. Wir sind aber ebenso wenig wie andere Staaten bereit, unser Sachenrecht jeweils dahin abzuändern, damit das ausländische dingliche Recht in derselben Weise bei uns zur Geltung kommt wie im Ausland. Die im Ausland empfangene rechtliche Prägung bleibt in Deutschland zwar bestehen, erhält hier aber den nach deutschem Sachenrecht am ehesten passenden Inhalt.[274]

2.   Exklusivität dinglicher Rechte

Das Belegenheitsrecht entscheidet zunächst darüber, welche Rechte an einer Sache überhaupt möglich sind. Weltweit gilt der Grundsatz der Exklusivität: Durch private Rechtsgeschäfte können keine dinglichen Rechte neu geschöpft werden; ausschließlich das staatliche Recht kann sachenrechtliche, dingliche, Rechtsformen schaffen

---

[270] Europäischer Gerichtshof für Menschenrechte, EMGR, v. 12.7.01 NJW 03, 649
[271] Kegel, S. 766f;
[272] Vgl. identische Regel § 31 öster. IPR-Gesetz.
[273] Vgl. auch art 3 II frz CC: *Immobilien in Frankreich unterliegen dem französischen Recht.*
[274] Palandt – Thorn Art. 43 EG RN 10

und abschaffen.[275] Fall 1: Fideikommisse waren eine besondere Form des Gesamt-handeigentums. Sie haben Jahrhunderte lang die Bodenverfassung im deutsch besiedelten Osten, namentlich östlich der Weichsel, geprägt. 1919 wurde diese Rechtsform durch die Weimarer Reichsverfassung abgeschafft. Das Testament des A wäre bis 1918 sinnvoll gewesen, heute ist es ungültig.[276] Entsprechendes gilt in Bezug auf fremdes Sachenrecht. Das Eigentum, welches der Bürgergemeinde Zermatt im Wallis am Matterhorn zusteht, mag beneidenswert sein, aber wenn die Bürger von Garmisch beschlössen, für die Zugspitze dasselbe zu machen, wäre es unwirksam.

Die im internationalen Wirtschaftsrecht vorkommenden Sachenrechte scheinen sich weltweit nicht sehr voneinander zu unterscheiden. Überall ist das Eigentum die Grundform des Herrschaftsrechts über eine Sache, und überall scheint es Sachenrechte in der Form zu geben, dass ein Gegenstand verpfändet und Dritten ein Nutzungsrecht übertragen werden kann. Die bei uns aus dem Eigentum entwickelten dinglichen Rechte Nießbrauch, Reallast usw. sowie das anscheinend von dem deutschen Gesetzgeber nach dem Ersten Weltkrieg aus der Dienstbarkeit entwickelte Erbbaurecht, die besondere Eigentumsform nach dem Wohnungseigentumsgesetz, WEG, unterscheiden sich zwar in ihren Gegenstücken in anderen Staaten, letztlich aber nicht sehr.

3.   Statutenwechsel: Immobilien

Als Statutenwechsel bezeichnet man den Wechsel des herrschenden Rechts an einer Sache. Ein Statutenwechsel kommt bei unbeweglichen Sachen (Grundstücke und grundstücksgleiche Rechte) naturgemäß nur in Betracht, wenn das betreffende Gebiet in eine andere Rechtsordnung übergeht, etwa infolge einer Gebietsabtretung. Der Ort, wo sich z. B. das Schloss des Fürsten von Liechtenstein mit einem bestimmten Ölgemälde an der Wand, befand, früher in Böhmen/Österreich, liegt jetzt in der Tschechei, und es gilt jetzt tschechisches Recht in dem früher vom österreichischen Recht beherrschten Gebiet; vgl. Fall 6. Rechtsverhältnisse an dem Haus in Breslau, Kaiserstrasse 44, aus welchem der Eigentümer nach dem Kriege vertrieben wurde, unterlagen zwar bis 1945 zweifellos dem deutschem Recht, seither aber leider dem polnischem.

Das Grundstück der Ehefrau des Verfassers im Markgräfler Land hat ihrer Familie seit dem 12 Jahrhundert gehört. Dieses hat zu Deutschland gehört, solange es unser Vaterland gibt. Die Rechtsverhältnisse daran unterlagen also immer dem deutschen Recht. Dieses Recht war aber nicht immer dasselbe. Ursprünglich stand es unter Lehnsrecht, denn es war den Vorfahren vom Kaiser zu Lehen übergeben worden. Mit Ende des 1. Deutschen Reichs (1806) und der nachfolgenden französischen Besetzung galt in Baden das französische Recht, welches ab dem 1.1.1900 durch das BGB abgelöst wurde.

---

[275] 9.Teil § 854; s.u. S. 273
[276] Ein ferner Nachhall dieses altehrwürdigen Rechtsinstituts findet sich in der Entscheidung des BayObLG (Fideikommisssenat) NJW 05, 608, in welcher es um die Fragen der uralten und wertvollen Bibliothek des Fürsten von Thurn und Taxis geht.

4.   Statutenwechsel: bewegliche Sachen

Bei beweglichen Sachen kommt ein Rechtswechsel zusätzlich in der Weise in Betracht, dass die Sache an einen anderen Ort gebracht wird, wo sie nun dem dortigen Belegenheitsrecht unterliegt. Wer in China eine Rolexuhr für 10 Euro gekauft hat, bleibt auch in Deutschland ihr Eigentümer, Art. 43 II. Im Fall 2 war im US-Staat Missouri Eigentum an der „Sache", dem Negersklaven Scott, entstanden. Der Rechtsstreit betraf die Frage, ob dieses Eigentum infolge Statutenwechsels unterging, als Scott in ein Gebiet eintrat, welches keine Sklaverei kannte. Die von dem Obersten Gericht der USA in diesem Fall gegebene Antwort entspricht der Regelung in Art. 43 EGBGB. Das an einer Sache, hier dem Sklaven, begründete Recht ändert sich durch den Statutenwechsel nicht.[277] Die neue *lex rei sitae* entscheidet aber darüber, ob und ggfs wie dieses Recht ausgeübt werden kann, § 43 II EG. In dem sklavenfreien Territorium bestand also die rechtliche Eigenschaft der Sache, Eigentum an dem Menschen, an sich weiter, es konnte aber nicht ausgeübt werden. Wird der Gegenstand an einen Ort zurückgebracht, an welchem dieses Recht entstanden war, oder wo es dieses Recht auch gibt, lebt es mit dem ursprünglichen Inhalt wieder auf. Die Klage wurde daher abgewiesen; Scott war wieder Sklave.

Im Fall 3 war das Sicherungseigentum des S nach deutschem Recht entstanden. Das Sicherungseigentum war nicht dadurch untergegangen, dass der Schrank nach Österreich verbracht worden war; vgl. § 31 ö IPR-Gesetz. Angenommen, der Schrank würde nach Deutschland zurückgeführt, wäre alles beim Alten. Fraglich ist jedoch, wie das im Ausland entstandene dingliche Recht an dem Schrank im Inland ausgeübt werden kann. § 31 II enthält inhaltlich dieselbe Regelung wie Artikel 43 II EG, wenn er sagt: *...der Inhalt der in Absatz 1 genannten Rechte ist nach dem Recht des Staats zu beurteilen, in dem sich die Sachen befinden,* hier also Österreich. Das deutsche Sicherungseigentum wird nach österreichischem Recht als besitzloses Pfandrecht qualifiziert, was es eigentlich auch ist. Das österreichische Recht fragt also nicht, ob S nach deutschem Recht gültig Eigentum erworben hat, sondern ob er dieses Recht in der österreichischen Rechtsform ausüben darf, welche dem deutschen Sicherungseigentum am nächsten steht; das ist das Pfandrecht. Das Pfandrecht kann in Österreich aber nur geltend gemacht werden, wenn es in einer bestimmten Weise öffentlich dokumentiert ist. Das Sicherungseigentum ist nicht öffentlich dokumentiert, folglich konnte S aus seinem Sicherungseigentum in Österreich keine Rechte herleiten.

Auch der umgekehrte Fall ist entschieden worden. Ein mündlich vereinbarter Eigentumsvorbehalt wirkt nach italienischem Recht nur zwischen den Parteien, nicht gegenüber Dritten. Eine unter italienischem Eigentumsvorbehalt verkaufte Sache wurde nach Deutschland gebracht, und es entstand die Frage, ob der Vorbehaltseigentümer im Konkurs des Schuldners ein dingliches Vorrecht gegenüber den anderen Gläubigern des Käufers hatte. Der Bundesgerichtshof bejahte diese Frage. Dem im Ausland entstandenen Eigentumsvorbehalt entspricht im deutschen Recht der dinglich wirkende Eigentumsvorbehalt, er kann also in Deutschland so ausgeübt werden, wie es bei Vorbehaltseigentum nach unserem Recht auch sonst üblich ist.[278] Man kann die-

---

[277] Kegel, S. 771
[278] BGHZ 45, 95.

Exkurs: Das Problem dieses Falles lag aber darin, ob es sich bei dem italienischen Eigentumsvorbehalt wirklich um ein dingliches Recht handelt, dann hätte der BGH Recht. Wahrscheinlich handelte es

sen Fall umdrehen: Ein deutscher Verkäufer hat dem Italiener K einen antiken Schrank unter Eigentumsvorbehalt verkauft; dort fällt K in Konkurs. V fragt, welche Rechte er an dem Schrank hat: Bis zur deutschen Grenze gilt das deutsche Eigentum als dingliches Recht; in Italien verdünnt sich das Vorbehaltseigentum des V zu einem obligatorischen Recht, welches dem V nicht mehr allzu viel nützt.[279]

5. Rechtsverlust infolge Statutenwechsel

Die nach dem anwendbaren Recht gültig vollzogenen Rechtsänderung an der Sache bleibt gültig, wenn sie ins Inland kommt, Art. 43 III. Wenn Frau F ihr Perlenhalsband in Monaco ihrem Rouletteberater R übereignet, und R später mit dem Halsband in Deutschland auftaucht, fällt das Eigentum nicht an F zurück. Und umgekehrt: Wenn das in Staat A begründete Recht an der Sache nach der neu zuständigen *lex rei sitae* des Staates B erlischt, so bleibt es erloschen, auch wenn der Gegenstand nach A zurückkommt.[280]

In Fall 2 kam es darauf an, ob die rechtliche Eigenschaft des Scott, das Eigentumsrecht des Stanford, infolge seines Aufenthaltes in den Territorien westlich des Mississippi förmlich erloschen war. Das wäre nur anzunehmen gewesen, wenn dort die Sklaverei förmlich verboten gewesen wäre. Das war nicht der Fall. Das Eigentumsrecht hat, wenn überhaupt, nur geruht, so dass Stanford nach Rückkehr in einen Sklavenstaat, sein Eigentum wieder ausüben konnte.[281]

Ähnliche Fälle, nur mit wirklichen Sachen, kommen mehrfach vor.[282] Fall 4: Diebstahl ändert die Eigentumsverhältnisse natürlich nicht. 10 jähriger Besitz führt aber auch nach deutschem Recht zum Eigentumserwerb durch den gutgläubigen Besitzer, § 937 BGB. John Doe war bösgläubig, er konnte also nach deutschem Recht auch nach Jahrzehnten kein Eigentum erwerben. Erbe E aber war im Zweifel gutgläubig, andernfalls hätte er das Bild nicht so billig verkauft. Die nach deutschem Recht erforderlichen 10 Jahre waren aber noch nicht vorbei. Noch waren die Erben des Herzogs Eigentümer. K hatte das Bild daher noch vom Nichtberechtigten erworben. Ein rechtsgeschäftlicher Erwerb durch K schied unabhängig von seiner Gutgläubigkeit gemäß § 935 BGB aus.

---

sich nur um ein schuldrechtliches Recht. Die in Italien unter dortigem Eigentumsvorbehalt verkaufte Sache wäre dann mit der sachenrechtlichen Prägung in Deutschland angekommen, welche sie in Italien erhalten hatte. Wenn aber der dortige Eigentumsvorbehalt gar keine sachenrechtliche Prägung bewirkt, sondern nur einen schuldrechtlichen Anspruch des Verkäufers gegen den Käufer, dann wäre Artikel 43 EGBGB gar nicht anwendbar.
[279] Palandt – Thorn Art. 43 RN 8 m. N.
[280] Palandt – Thorn Art. 43 RN 5
[281] **Exkurs:** Die Ausführungen des Obersten Gerichts der USA zu diesem verfassungsrechtlichen Problem sind außerordentlich sorgfältig und interessant. Galt das gekaufte Territorium schon als Staatsgebiet der USA? Ja. Damit galt hier auch die Verfassung der USA. Diese Verfassung erlaubt zwar nicht ausdrücklich die Sklaverei, verbietet sie aber auch nicht ausdrücklich. Die Sklaverei in den USA war älter als die Verfassung Die Tatsache, dass die Verfassung zur Sklaverei nichts sagte, war daher in dem Sinne zu verstehen, dass diese als gleichsam vorkonstutionelles Recht geduldet wird.
[282] LG Hamburg IPRspr 77, Nr. 48: Eine in London wohnhafte Portugiesin ersteigert ein Gemälde von Picasso. Der britische Krankenpfleger ihres behinderten Sohnes stiehlt das Bild und flieht ins Ausland. Ein deutscher Kunsthändler erwirbt dieses Bild, will es aber später nicht herausgeben. Welches Recht ist anwendbar?

Nach dem Recht von Texas beträgt die Ersitzungszeit vielleicht nur 3 Jahre. Nach texanischem Recht kann man als Gutgläubiger vielleicht auch an gestohlenem Gut Eigentum erwerben. Wenn E bzw. K nachweisen können, dass sie nach der *lex rei sitae* Eigentümer geworden sind, dann bleibt es dabei, und zwar auch wenn die Sache zurück nach Deutschland kommt. Es verstößt nicht gegen das Völkerrecht, wenn ein Staat den Eigentumserwerb an gestohlenen Gegenständen anders regelt als wir.[283] Wir werden daher die im Ausland vollzogene Rechtsänderung hinnehmen müssen. Die Herzogsfamilie hat verloren.

Fall 5: Anspruchsgrundlage für K kann nur Art. 934 schweizerische ZGB sein. Darin heißt es: *Ist die Sache öffentlich versteigert worden,....so kann sie dem gutgläubigen Empfänger nur gegen Vergütung des von ihm bezahlten Preises abgefordert werden.* (Lösungsrecht). Der gute Glaube des K ist anzunehmen, aber auch dass das Land Schleswig-Holstein noch Eigentümer war. Nach deutschem Recht kann der Eigentümer sein Eigentum herausverlangen, ohne dem gutgläubigen Käufer seinen Aufwand ersetzen zu müssen.

Die entscheidende Frage ist, ob das Lösungsrecht auch in Deutschland anzuerkennen ist. Wenn das Lösungsrecht ein dingliches Recht gemäß Art. 43 III EGBGB ist, dann bleibt diese „rechtliche Eigenschaft" bestehen, auch wenn die Münzen wieder nach Deutschland gelangen. Dieser Ansicht dürfte der Vorzug gebühren. Das Lösungsrecht ist vom Gesetzeszweck mit dem Unternehmerpfandrecht, § 647 BGB, zu vergleichen. Der Bundesgerichtshof sieht im schweizerischen Lösungsrecht aber nur einen schuldrechtlichen Anspruch des gutgläubigen Erwerbers gegen den Eigentümer. Die schuldrechtliche Beziehungen zwischen K und dem Eigentümer unterliegen aber hier dem deutschen Recht. Da das deutsche Recht ein Lösungsrecht nicht kennt, hatte K. also keinen Anspruch.

6.   Statutenspaltung

Grundsätzlich wird die ausländische Norm des Belegenheitsrechts, welche eine Rechtsänderung an einer Sache bewirkt, bei uns akzeptiert, Art. 43 EG, aber nicht immer, Art. 6 EGBGB. Fall 6. Das Eigentum an dem Bild war nach österreichischem[284] Recht wirksam begründet worden. Rechtsverlust kann nach Belegenheitsrecht, hier tschechischem, eingetreten sein. Durch die so genannten Beneschdekrete war für das Binnenrecht der damaligen Tschechoslowakei ua das Eigentum des Fürsten v. Liechtenstein in Staatseigentum überführt worden. Die Norm, welche die dingliche Eigenschaft einer Sache verändert, kann aber sittenwidrig oder völkerrechtswidrig sein und ist dann hier nicht anzuerkennen, vgl. Art. 6 EGBGB.

Die Benesch-Dekrete hatten nicht einmal nach tschechischem Recht eine gesetzlich-verfassungsgemäße Grundlage. Die Tschechoslowakei hat diese Dekrete aber später gebilligt und noch im Jahre 2004 wurden sie vom tschechischen Parlament als wohltätig gepriesen. Sie werden daher im tschechischen Inland als Rechtsgrundlage nicht in Frage gestellt. Es stellt sich freilich die Frage, ob ein heutiges sonst verfassungs-

---

[283] Z. B.: Nach niederländischem Recht, 3. Buch Art. 86 III, erlischt der Herausgabeanspruch des Eigentümers in 3, nach Schweizer Recht, Art. 34 ZGB, in 5 Jahren. In allen Rechtsordnungen ist freilich ein Eigentumserwerb ausgeschlossen, wenn der Erwerber bösgläubig war.
[284] Das Gebiet der heutigen Tschechische Republik hatte als Königreich Böhmen seit etwa dem Jahre 1000 bis 1920 zum Deutschen Reich bzw. Österreich gehört.

mäßiges Gesetz eine verfassungswidrige Maßnahme rückwirkend rechtfertigen kann. Das ist nach den Grundsätzen des europäischen Staatsrechts, auf welches sich die Tschechische Republik heute gerne beruft, wohl zu verneinen.

Diese Dekrete verstoßen als diskriminierend gegen die auch schon 1945 allgemein anerkannten Menschenrechte, sodass diese Enteignung im Ausland, hier Deutschland als nicht geschehen gilt. Das umso weniger, als der Fürst v. Liechtenstein nicht die deutsche Staatsangehörigkeit hatte. Da der Eigentumsverlust aus der Sicht des deutschen Rechts nicht stattgefunden hat, ist der Kläger noch Eigentümer. Es entsteht hier eine so genannte Statutenspaltung: im tschechischen Inland gehört das Bild dem Staat, im Ausland gilt weiterhin der Fürst als Eigentümer. Die Klage hätte Erfolg haben müssen.[285]

7.   Durchgangsstatut – Res in transitu

Beispiel (nach Kegel)

> V in Basel/Schweiz versendet am 3. 4. 05 die an S verkaufte Ware nach Saarbrücken per LKW über das Elsass/Frankreich. Als sich der Lkw in Colmar befindet, um 12:30 Uhr, wird über das Vermögen des S in Saarbrücken das Insolvenzverfahren eröffnet. Um 14h fällt der LKW des V aus. V beauftragt den Fuhrunternehmer F aus Frankreich mit dem Weitertransport. Als S nicht bezahlt, beruft sich F auf ein nach französischem Recht entstandenes gesetzliches Pfandrecht an der Ware. Der Insolvenzverwalter I ist der Meinung, dass die Ware zur Masse des S gehört von einem Pfandrecht des F will er nichts wissen. Rechtslage?

Das Recht der belegenen Sache entscheidet darüber, ob V Eigentümer der Ware war, und wenn ja, ob er dieses Eigentum gültig an S übertragen hat. Ist letzteres nicht der Fall, dann ist er noch Eigentümer. Nach Schweizer und ebenso deutschem Recht, geht das Eigentum erst mit Übergabe auf den Erwerber über. Nach französischem Recht tritt die Übereignung mit Abschluss des Kaufvertrages ein.[286] Hätten V und S den Vertrag in Mülhausen/Elsass geschlossen, hätte I Recht und V müsste seine Kaufpreisforderung in Insolvenzverfahren anmelden. Nun aber ist V Eigentümer geblieben, I kann die Ware nur gegen Bezahlung an V herausverlangen.

Ein deutscher Richter wird in diesem Fall folgendes erwägen: Das Insolvenzstatut entscheidet, welches Vermögen zur Masse gehört. Das Insolvenzverfahren ist in Saarbrücken eröffnet worden, also gilt deutsches Recht. § 35 InsolvenzO zieht alles zur Masse, was dem Schuldner im Zeitpunkt der Verfahrenseröffnung gehört. Es ist daher zu prüfen, wem die Ware um 12:30 Uhr gehörte. Es gilt das Recht der belegenen Sache. Es ist daher das französische Recht zu befragen. Das französische IPR enthält eine Regelung, die unserem Art. 43 EG entspricht. Ursprünglichen war V Eigentümer, und er ist es noch, wenn er das Eigentum nicht an S verloren hat. Nach französischem Recht wäre zwar das Eigentum bereits mit Abschluss des Vertrages

---

[285] Die Klage wurde aus formalen Gründen abgewiesen. Aufgrund spezieller staatsvertraglicher Regelungen seien deutsche Gerichte für diese Frage international nicht zuständig. Vgl. hierzu heute innerhalb der EU das Kulturgüterrückgabegesetz v. 15.10.1998, BGBL I, S. 3162 (Umsetzung der Richtlinie 93/7/EWG). Diese Begründung ist nicht sehr überzeugend; sie ist vermutlich eine Folge der politischen Verängstigung, die in Deutschland sofort aufkommt, wenn es sich darum handelt, Rechtsbrüche, die an Deutschen begangen worden sind, auszusprechen.
[286] 9. Teil § 929; s.u. S. 275

auf S übergegangen, der Vertrag zwischen V und S untersteht aber nicht dem französischen Recht. Nach dem insofern gleichen deutschen oder Schweizer Recht wird S also erst mit Übergabe Eigentümer. I hat Unrecht. F macht ein Pfandrecht geltend, welche sich aus französischem Recht ergibt. Die Ware befand sich in Frankreich, als die Umstände eintraten, welche das Pfandrecht nach französischem Recht entstehen lassen. Das Pfandrecht entstand zu einem Zeitpunkt, als zwar das Insolvenzverfahren schon eröffnet war, aber das Eigentum noch nicht bei S lag, daher kam die Ware mit dem Pfandrecht belastet in Saarbrücken an. I bzw V werden das Pfandrecht anerkennen müssen.

4. Teil Internationales Zivilprozessrecht

Fälle:

1. Beispiel: Kläger K ist Franzose, Beklagter B ist Deutscher. Beide wohnen in Frankfurt/M. K kehrt in seine Heimatstadt Reims zurück und verklagt dort den B auf Schadensersatz aus einem in Frankfurt fehlgeschlagenen Autokauf. Ist das Gericht in Reims zuständig? Variante: B wohnt in der Türkei.

   Stichworte: Zuständigkeit und Völkerrecht

2. Klägerin K aus Zypern hatte sich verpflichtet, in Libyen Anlagen zu errichten. Sie beauftragte die beklagte Bank B in Ankara, eine Garantie für den libyschen Auftraggeber zu erstellen. K meint, B. habe sich bei der Abwicklung der Garantie fehlerhaft verhalten und verlangt von B Schadensersatz. K erhebt vor dem Landgericht Frankfurt Klage. B bestreitet die örtliche Zuständigkeit des Landgerichts Frankfurt.[287] Zu Recht?

   Stichworte: Internationale Zuständigkeit, Gerichtsstand des Vermögens, Inlandsbezug, *forum non conveniens*

3. Kläger K verklagt Beklagten B in Belgien vor dem LG Nürnberg auf Zahlung von 100.000 Euro aus einem Transportversicherungsfall. Die Klage wurde am 1. 12. 2000 rechtshängig. B hatte bereits vorher den K in Belgien verklagt, und zwar auf Feststellung, dass er 100.000 Euro nicht schulde (negative Feststellungsklage). Ist die Klage in Nürnberg zulässig?[288]

   Stichworte: Beachtung ausländischer Rechtshängigkeit

4. Beispiel: Kläger K aus Köln hatte B aus Brüssel aus Kaufvertrag auf Zahlung von 100.000 Euro verklagt. B wurde verurteilt. B erhebt nun Klage gegen K in Köln auf Feststellung, dass er das Geld nicht schulde. Zulässig?

   Variante: Die Klage des K war nur erfolgreich gewesen, weil das Brüsseler Gericht eine von B zur Aufrechnung gestellte Gegenforderung über 150.000 Euro für unbegründet gehalten hat. Diese Forderung hatte B von dem Gläubiger des K, G aus Graz/Österreich, gekauft. B möchte, jetzt aber richtig, K auf Zahlung dieser Gegenforderung verklagen. Zulässig?

   Stichworte: Streitgegenstand – Aufrechnung

5. Kläger K, Unternehmer aus Treviso/Italien, hat dem Beklagten B, einem aus Italien stammenden Inhaber einer Eisdiele in Koblenz, Einrichtungsgegenstände geliefert. B verbringt mindestens die Hälfte des Jahres in Koblenz, wo er auch polizeilich gemeldet ist. Der Vertrag unterlag italienischem Recht. Als Gerichtsstand war Treviso vereinbart. K verklagt B in Koblenz wegen Restzahlung. B hält das LG Koblenz für zuständig.[289] Zu Recht?

   Stichworte: Wahlgerichtsstand, Gründe der Gerichtsstandswahl

---

[287] BGH v. 2.7.91 BGHZ 115, 90. Vielfach besprochen vgl. Nachweise bei Geimer S. 365 FN 282
[288] BGH ZZP 05, 95 ff.
[289] OLG Koblenz IPrax 97, 308

Hauptbereiche

Das internationale Zivilprozessrecht betrifft folgende Hauptbereiche.[290]

- Gerichtsbarkeit: Befugnis über eine Person ein Gerichtsurteil zu fällen, vgl. Immunität von Staaten und Diplomaten
- Zuständigkeit: Befugnis der Gerichte eines Staates, ihre Gerichtsbarkeit auszuüben
- Rechtshängigkeit: Beachtung einer im Ausland begründeten Rechtshängigkeit
- Anerkennung und Vollstreckung ausländischer gerichtlicher Entscheidungen
- Beweiserhebung über die Grenzen

Das Recht der internationalen Handelsschiedsgerichtsbarkeit gehört an sich auch unter dieses Thema, wird aber wegen seines Umfangs meistens gesondert behandelt, so auch hier, 6. Teil; s.u. S.197f.

I.   Zuständigkeit

1.   Formen der Zuständigkeit

a.   Sachliche und örtliche Zuständigkeit

Man unterscheidet zwischen sachlicher und örtlicher Zuständigkeit eines Gerichts. Die sachliche Zuständigkeit betrifft die Gerichtsart, in Deutschland also z. B. die Frage, ob für den Rechtsstreit über eine Enteignungsentschädigung das Verwaltungsgericht (nein) oder das Landgericht (ja) zuständig ist. In den USA stellt sich etwa die Frage nach der sachlichen Zuständigkeit der Staatsgerichte oder der Gerichte des Bundes.

Die örtliche Zuständigkeit entscheidet darüber, an welchem Ort eines der sachlich zuständigen Gerichte zur Entscheidung berufen ist. Der Rechtsstreit über die Entschädigung wegen Enteignung eines Grundstücks in Cottbus steht daher in der sachlichen Zuständigkeit der Zivilgerichte, und damit in der örtlichen Zuständigkeit des Landgerichts Cottbus.

b.   Internationale Zuständigkeit

Die internationale Zuständigkeit betrifft die Zuweisung von Rechtsprechungsaufgaben an einen Staat.[291] Man spricht nicht von der internationalen Zuständigkeit z. B. des Landgerichts Heilbronn oder Salzburg, sondern von der internationalen Zuständigkeit der deutschen bzw. österreichischen Gerichtsbarkeit. Der Staat, dessen Gerichtsbarkeit international zuständig ist, bestimmt intern, welches seiner Gerichte örtlich oder sachlich zuständig ist. Die internationale Zuständigkeit hat zwei Aspekte:

---

[290] Allg. Geimer , S. 1 RN 1 ff
[291] Wörtlich übernommen von Geimer S. 294 RN 844

- Intern, aus Sicht des Gerichtsstaates A: Nach dem Recht von A sind A-Gerichte zuständig, einen bestimmten Fall zu entscheiden, auch wenn er im Ausland spielt und ausländische Interessen berührt. Es interessiert A grundsätzlich nicht, ob die Staaten B, C usw. das ebenso sehen.
- Extern, aus der Sicht des Staates B mit zwei Folgen:
  - o Wir in B erkennen an, dass Staat A zu dem betreffenden Fall hinreichende Anknüpfung hat, s.o. S. 51. Die von einem A-Gericht in dieser Sache getroffene Entscheidung kann bei uns in B deswegen grundsätzlich anerkannt werden.
  - o Wir in B können nicht verhindern, dass A seine Gerichte für einen Fall zuständig hält, der ihn nichts angeht. Wir halten uns oder einen anderen Staat, ggfs ausschließlich, für zuständig. A-Urteile in dieser Sache werden wir deswegen bei uns nicht anerkennen.

2.   Bedeutung der Zuständigkeit

Zuständigkeitsfragen gelten oft als leere Formalität. In Wahrheit sind sie zur Sicherung des Rechtsfriedens wichtig, indem Herrschaftsbereiche gegeneinander abgegrenzt werden. Niemand könnte den deutschen Gesetzgeber hindern, unseren Gerichten die Zuständigkeit für alle Rechtsfragen, die weltweit das Heil der Menschheit betreffen, zuzusprechen. Dann wäre vielleicht das Landgericht Essen zuständig, die Ansprüche der australischen Ureinwohner gegen die australische Regierung auf Rückgabe von Stammesland zu beurteilen, und das Verwaltungsgericht Gelsenkirchen wäre berufen, die Planfeststellung im Zusammenhang mit dem Riesenstaudamm am Jangtse in China zu überprüfen uä.[292]

Es liegt auf der Hand, dass Deutschland sich mit der Anmaßung solcher Zuständigkeiten nicht nur keine Freunde machen würde; unsere Maßnahmen würden in anderen Staaten auch nicht anerkannt. In einer zusammenwachsenden Welt wird es zwar immer deutlicher, dass im Grunde alle Dinge mit allen anderen irgendwie zusammenhängen. In gewissem Sinne ist also heute tatsächlich jeder für alles zuständig.[293] Dadurch entstehen Kollisionsmöglichkeiten, welche es früher nicht gab. Die Bedeutung von Zuständigkeitsregeln im internationalen Rechtsverkehr wird also eher zunehmen als abnehmen. Jeder Staat hat daher die Frage seiner internationalen gerichtlichen Zuständigkeit unter den zwei genannten Aspekten zu betrachten.

Intern: In welchen Fällen möchten z. B. wir in Deutschland, dass unsere Gerichte entscheiden? Wir werden kein Interesse daran haben, über das Unrecht, welches im 19. Jahrhundert an den australischen Ureinwohnern begangen wurde, zu Gericht zu sitzen. Vielleicht hätten wir schon ein etwas größeres Interesse, bei der Planfeststellung hinsichtlich des Jangste-Staudamms mitzusprechen. Diese Angelegenheit geht uns, auch wenn sie in China spielt, durchaus etwas an. Es handelt sich um einen der

---

[292] Diese Beispiele sind nicht ganz so unsinnig, wie es scheint. Amerikanische Gerichte halten sich durchaus für zuständig, über Schadensersatzansprüche zu entscheiden, welche Hereros gegen die Deutschland, als Rechtsnachfolger des Kaiserreichs aus der Zeit des Hererokrieges 1907 in Deutsch-Südwestafrika haben könnten; s.u. 5.Teil.

[293] Es gilt heute als ausgemacht, dass wir in Deutschland nicht einfach wegucken können, wenn in Südostasien eine große Naturkatastrophe ganze Landstriche verwüstet, ungeheure Sachschäden verursacht und Menschenleben fordert, wir fühlen uns *zuständig*, Hilfe zu leisten, daraus folgen auch Rechte und Pflichten, an Entscheidungen mitzuwirken.

größten Eingriffe, welche Menschen jemals in die Natur vorgenommen haben. Davon sind auch wir durch die Gefahr einer Klima-Veränderung berührt. Die politischen Verhältnisse schließen aber jeden Gedanken daran aus, dass wir bei dieser Frage mitsprechen. Es gibt Fälle, in welchen unser Staat, z. B. um deutsche Staatsangehörige zu schützen, Maßnahmen vornehmen muss, welche in anderen Staaten Auswirkungen haben. Im Bereich des Wirtschaftsrechts kommt in Betracht, dass wir zu Gunsten des inländischen Rechtsverkehrs Zuständigkeitsregeln schaffen, welche im Ausland als befremdlich angesehen werden und daher dort nicht anerkannt werden.

Extern: In welchen Fällen können wir in Deutschland anerkennen, dass nicht wir, sondern die Gerichte eines ausländischen Staats über einen Fall abschließend urteilen, der (vielleicht) auch uns angeht? Die Antwort kann wohl nur allgemein gegeben werden: Immer wenn uns die Sache nichts angeht, überlassen wir anderen die Entscheidung. Die entscheidende Frage ist, ab wann eine Angelegenheit, die sich auch oder wesentlich im Ausland abspielt, uns so berührt, dass wir uns selber auch für zuständig zu halten, eine Entscheidung zu treffen. Es gelten im Grundsatz dieselben Erwägungen wie zu S. 48 f.

Fall 1: Art. 14 frz Code Civil[294] begründet eine Zuständigkeit der französischen Gerichte für französische Staatsangehörige in Rechtsstreitigkeiten gegen Ausländer. Ein Nicht-Franzose kann von diesem Gerichtsstand keinen Gebrauch machen. Art. 14 ist unter dem Gesichtspunkt des Diskriminierungsverbots völkerrechtlich bedenklich. Die französische Staatsangehörigkeit des Klägers ist in den Augen des Auslandes kein hinreichender Anhaltspunkt dafür, dass französische Gerichte über Sachverhalte entscheiden, die sonst mit Frankreich nichts zu tun haben. Der französische Staat sieht das aber anders. Er möchte seinen Staatsangehörigen nun einmal den in Artikel 14 versprochenen Schutz gewähren. Er nimmt es in Kauf, dass andere Staaten eine auf diese Zuständigkeit gestützte Gerichtsentscheidung nicht anerkennen.

Fall 2: Die Zuständigkeit der Vermögensbelegenheit, § 23 ZPO, ist eigentlich nicht für Fälle wie hier gedacht. Ihr Zweck ist es, den innerdeutschen Rechtsverkehr zu erleichtern, wenn ein anderer Gerichtsstand des Beklagten nicht ermittelt werden kann. Es stört uns aber auch nicht, wenn ausländische Unternehmen in einer Angelegenheit, die mit Deutschland nichts zu tun hat, diesen Gerichtsstand nutzen. Der Bundesgerichtshof verlangte aber einen hinreichenden Inlandsbezug. Das bedeutet zu Ende gedacht, dass die Zuständigkeit verneint werden kann, obwohl die Voraussetzungen der Zuständigkeitsnorm erfüllt sind. Damit gerät der BGH in die Nähe der *forum-non-conveniens*-Lehre des englischen Rechtskreises, die wohl für unser Recht nicht ohne weiteres passt.[295]

Allerdings muss die Klägerin bedenken, dass ein auf die Zuständigkeit des § 23 ZPO gestütztes deutsches Urteil geringe Aussichten hat, außerhalb Deutschlands anerkannt und vollstreckt zu werden. Beide Zuständigkeitsregeln, Artikel 14 CC und § 23

---

[294] Art. 14 frz Code Civil lautet (ÜvV): *Ein Ausländer, auch wenn er sich nicht in Frankreich aufhält, kann vor französischen Gerichten verklagt werden, wenn es sich um Verpflichtungen handelt, welche er in Frankreich mit einem Franzosen begründet hat; dasselbe gilt für im Ausland begründete Verpflichtungen, wenn der Gläubiger ein Franzose ist.*

[295] In Österreich wurde mit § 27a JN (=Jurisdiktionsnorm = ZPO) 1998 ausdrücklich gesagt: *Sind die Voraussetzungen der Zuständigkeit des Gerichts gegeben, dann besteht ..Gerichtsbarkeit, ohne dass eine zusätzliche Voraussetzung erfüllt sein muß.*

ZPO sind durch die EuGVO für den EU-Binnenrechtsverkehr unterdrückt worden. Im Fall 1 wohnt B in Deutschland, das Gericht in Reims muß daher seine Zuständigkeit verneinen; in der Variante wohnt B außerhalb der EU, hier darf Frankreich weiterhin seine besonderen Zuständigkeitsvorschriften anwenden.

3.   Nationale örtliche Zuständigkeit

a.   Grundsatz

Jede Rechtsordnung entscheidet für sich, wann ihre Gerichte zuständig sind; in Deutschland §§ 12 ff ZPO. Diese Gerichtsstände gelten, wenn die Parteien nichts anderes vereinbart haben oder nichts anderes vereinbaren dürfen; sie heißen gesetzlicher Gerichtsstand. Bei den Gerichtsständen unterscheidet man:

- Allgemeiner Gerichtsstand: dieser knüpft an den Wohnsitz bzw. Aufenthaltsort des Beklagten an und gilt allgemein, also für alle Rechtsangelegenheiten, die so vorkommen, wenn nicht kraft Gesetzes oder Vertrages etwas anderes gilt.
- Besonderer Gerichtsstand: dieser knüpft an den jeweiligen Streitgegenstand an, z. B. § 24 ausschließlicher Gerichtsstand für Streitigkeiten betreffend Immobilien; § 32 besonderer Gerichtsstand des Tatorts usw.
- Vereinbarter oder Wahlgerichtsstand: dieser spielt im internationalen Wirtschaftsrecht eine besondere Rolle; vgl unten Nr. 5.

b.   Wohnsitzgerichtsstand

Wo eine Person wohnt, dort hat sie ihren allgemeinen Gerichtsstand, § 12 ZPO. Das dort zuständige Gericht ist für alle Klagen zuständig, sofern nicht ein anderer ausschließlicher Gerichtsstand begründet ist.[296] Dieser Gerichtsstand ist auch dann gegeben, wenn sich der Beklagte zeitweilig woanders aufhält. Der Gerichtsstand des Wohnsitzes ist nicht nur in Deutschland der bei weitem wichtigste. Es kommen Fälle vor, in denen eine Person P ihr Leben auf ihrer Segelyacht verbringt und nur noch an den Belustigungszentren der Welt an Land geht.[297] Wenn da ein Wohnsitz nicht festgestellt werden kann, genügt der schlichte Aufenthaltsort, um einen Gerichtsstand zu begründen, § 16 ZPO, also Amtsgericht Pinneberg, wenn P in Helgoland anlegt.

Ein Wohnsitz kann überall bestehen, wo man sich mit der Absicht zu bleiben, niederlässt.[298] Diese Absicht muß nicht realisiert, aber irgendwie objektiv bekundet werden. Hotel, Campingplatz, Sanatorium uä können daher Wohnsitze sein. Der Gerichtsstand des Wohnsitzes gilt auch für juristische Personen, hier ist es der Verwaltungssitz. Es kommt im Sinne der deutschen Sitztheorie auf den wirklichen Sitz im

---

[296] Das französische Recht sagt dieses mit fast denselben Worten, Art. 42 CPC: *Die örtliche Zuständigkeit ist, vorbehaltlich einer anderen Bestimmung, die des Wohnsitzes des Beklagten.*

[297] Ein solches Leben als *Fliegender Holländer* mag auf die Dauer nicht schön sein, es ist aber eine der wenigen Lebensformen ohne Steuerpflicht.

[298] **Exkurs:** Der Wohnsitz ist in vielen Rechtsverhältnissen von Bedeutung, er verdrängt anscheinend immer mehr das herkömmliche Anknüpfungsmoment der Staatsangehörigkeit. Das Steuerrecht nicht nur Deutschlands knüpft heute nicht an die Staatsangehörigkeit an, sondern an den Wohnsitz des Steuerpflichtigen. Es ist allerdings zu beachten, dass der Begriff des Wohnsitzes im Prozessrecht, im Steuerrecht und in anderen Rechtsgebieten, z. B. dem Gesellschaftsrecht, nicht derselbe ist.

Sinne von Schwerpunkt der Tätigkeit an. Die Definition des Wohnsitzes, § 7 BGB, kann im Einzelfall schwierig werden, wenn der Beklagte sich nur unregelmäßig dort aufhält.[299]

4.   Rechtshängigkeit und Zuständigkeit

a.   Grundsatz

§ 261 ZPO sagt: *Durch die Erhebung der Klage wird die Rechtshängigkeit der Streitsache begründet.*

Die Vorschrift denkt in erster Linie natürlich an eine Klageerhebung vor einem deutschen Gericht. Sie wird aber als Kernvorschrift des deutschen internationalen Zivilprozessrechts gelesen. Die Rechtshängigkeit tritt daher mit Wirkung für Deutschland auch ein, wenn die Klage vor einem ausländischen Gericht erhoben wird, und zwar in dem Rahmen, wie nach dessen lex fori vorgesehen. Voraussetzung ist aber, dass mit der Anerkennung der Entscheidung dieses Gerichts in Deutschland zu rechnen ist. Das bedeutet, dass in diesem Zeitpunkt noch nicht entschieden werden muss, ob das ausländische Gericht international zuständig ist, was eine Voraussetzung der Anerkennung von dessen Urteil bei uns ist. Es reicht aus, wenn das ausländische Gericht möglicherweise zuständig ist. Daher unterbricht bei uns wie in Österreich die Klage vor einem ausländischen Gericht die Verjährung, auch wenn sich dieses als unzuständig herausstellt, es sei denn, dass die Unzuständigkeit offensichtlich ist.[300]

Die Rechtshängigkeit hat gemäß § 261 III ZPO zwei Wirkungen.

Einrede der Rechtshängigkeit: *Während der Dauer der Rechtshängigkeit kann die Streitsache von keiner Partei anderweitig anhängig gemacht werden.* Eine trotzdem erhobene Klage, weist das Gericht als unzulässig zurück. Artikel 27 I EuGVO bestimmt ganz ähnlich: *Werden bei Gerichten verschiedener Mitgliedstaaten Klagen wegen desselben Anspruches zwischen denselben Parteien anhängig gemacht, so setzt das später angerufene Gericht das Verfahren von Amts wegen aus, bis die Zuständigkeit des zuerst angerufenen Gerichts feststeht.* Zeigt sich später die Zuständigkeit des ersten Gerichts, erklärt sich das er später angerufene für unzuständig, die dort erhobene Klage wird als unzulässig zurückgewiesen (Abs. II).

Festlegung der Zuständigkeit (*perpetuatio fori)*: War das Gericht bei Klageerhebung zuständig, dann bleibt es dabei, auch wenn sich die der Zuständigkeit begründenden Umstände (z.B. Wohnsitz des Beklagten) geändert haben.

b.   Einrede der Rechtshängigkeit

Die Einrede der Rechtshängigkeit ist im Inland verhältnismäßig leicht durchzusetzen, denn für alle deutschen Gerichte gilt dasselbe Recht. Schwieriger wird es, wenn derselbe Kläger denselben Beklagten in derselben Rechtssache vor einem ausländischen Gericht ein zweites Mal verklagt oder bereits verklagt hat. In diesen Fällen ist es möglich, dass mehrere widersprechende Urteile in derselben Sache ergehen.

---

[299] 9. Teil § 7; s.u. S. 251f.
[300] öOGH v. 10.3.08 öZeitschrift für Rechtsvergleichung 08, 172; Thomas-Putzo § 261 RN 1

Das deutsche und das Recht der meisten Staaten wollen das verhindern. Das *common law* findet das hingegen nicht so schlimm.[301] Hier macht sich ein gewisser, rechtsgeschichtlich bedingter, Mentalitätsunterschied bemerkbar. In Mitteleuropa, Deutschland/Frankreich, seit dem Mittelalter von römischer Rechtstradition geprägt, ist die Vorstellung, dass ein staatlicher Hoheitsakt mit einem anderen staatlichen Hoheitsakt im Widerspruch steht, bereits für sich genommen ein Unding, eine Gefährdung der staatlichen Autorität. Das *common law* hingegen fragt ganz locker: *Wem schadet das eigentlich?* Entscheidend ist, ob das Urteil vollstreckt werden kann.

c. Internationale Rechtskraft

Schädlich ist der Doppellauf eigentlich nur, wenn der Beklagte/Schuldner gleichsam als Vorbeugung gegen eine im Inland erwartete Klage im Ausland eine Abwehrklage (z.B. negative Feststellungsklage) anhängig macht, bevor die Klage in Deutschland rechtshängig wurde, Fall 3. Hat der Kläger/Gläubiger die Sache im Ausland vor einem zuständigen ausländischen Gericht anhängig gemacht, und klagt er im Inland erneut, so wird ihm das Rechtsschutzbedürfnis für die zweite Klage fehlen, so dass aus diesem Grunde die inländische Klage unzulässig sein kann; *kann* – es bleibt dem inländischen Gericht eine gewisse Flexibilität.

Aus Sicht des inländischen Beklagten/Schuldners: Wenn er nach Rechtshängigkeit der inländischen Klage im Ausland eine Abwehrklage (z.B. negative Feststellungsklage) in derselben Sache anstrengt, und es ergeht ein Urteil, welches mit dem deutschen kollidiert, scheidet die Anerkennung gemäß § 328 Nr. 3 ZPO aus. Abgesehen davon können wir ohnehin nicht verhindern, dass ausländische Gerichte entscheiden, obwohl wir die deutschen Gerichte für international ausschließlich zuständig halten.

Die einfachste Lösung, einen Doppellauf zu vermeiden, besteht darin, die ausländische Rechtshängigkeit einer Klage auch im Inland anzuerkennen, mithin der ausländischen Rechtshängigkeit dieselben Folgen zuzusprechen, wie der inländischen. So halten wir es in Deutschland, und so halten es z. B. auch Österreich, Italien und Frankreich. Im Geltungsbereich der EuGVO ist dieser Weg durch Art. 27 ff vorgegeben.[302] Der in § 261 ZPO nur indirekt enthaltene Prioritätsgrundsatz, Alleinzuständigkeit des zuerst angerufenen Gerichts (wenn es zuständig ist!) ist in Art. 29 EuGVO ausdrücklich niedergelegt.

Auf das internationale Recht bezogen, ist § 261 ZPO also wie folgt lesen, etwa im Sinne eines zusätzlichen Absatzes: *Die Folgen von § 261 III treten auch ein, wenn eine Rechtssache im Ausland an einem aus deutscher Sicht anscheinend zuständigen Gericht anhängig gemacht worden ist. Die Erhebung einer weiteren Klage zwischen denselben Parteien über dieselbe Rechtssache ist daher in Deutschland unzulässig.*

---

[301] Geimer S. 832 RN 2686 ff.

Exkurs: Wenn das zuständige Gericht in z. B. Australien oder England die auch gegebene Zuständigkeit des ebenfalls angerufenen deutschen Gerichts für sachgerechter hält als die eigene, dann kann es sich nach der *forum-non-conveniens*-Regel für unzuständig erklären. Wenn es die eigene Zuständigkeit für sachgerechter hält, kann es, auf Antrag des Beklagten, über ein Klageverbot (*anti-suit- injunction*) dem Kläger die Fortführung des Parallelprozesses in Deutschland verbieten. Dieses Klageverbot ist zwar in Deutschland wirkungslos, seine Nichtbefolgung kann aber in Australien als Prozeßungehorsam (*contempt of court*) ausgelegt werden; der Kläger wird daher im Zweifel dem einen oder dem anderen Prozeß den Vorrang geben und ggfs eine Klage zurücknehmen.

[302] Geimer S. 832 RN 2685 ff ; Stumpe IPRax 08, 22

Die entscheidenden Worte sind *aus deutscher Sicht zuständig*. Damit ist die internationale Zuständigkeit des ausländischen Gerichts gemeint. Eine Folge des Gesagten ist, dass die von einem international zuständigen in- oder ausländischen Gericht entschiedene Sache rechtskräftig ist, *res iudicata*. Sie kann also nicht erneut zum Gegenstand eines Gerichtsverfahrens gemacht werden kann.

Fall 3: Die Klage in Nürnberg ist unzulässig, wenn die früher erhobene negative Feststellungsklage zwischen denselben Parteien nur mit umgekehrten Kläger-/Beklagtenteil denselben Streitgegenstand betrifft. Der BGH verneint das hier und spricht von einer prozessualen Regel des Vorranges der Leistungsklage vor der negativen Feststellungsklage. Das mit der Leistungsklage verfolgte Rechtsschutzziel gehe über das Feststellungsinteresse hinaus.[303]

5.   Streitgegenstand

Die Rechtshängigkeit und nachfolgende Rechtskraft tritt nur ein hinsichtlich eines Streites zwischen *denselben* Parteien in *derselben Streitsache* (§ 261 ZPO) bzw. *desselben* Anspruchs (Art. 27 EuGVO). Es muss sich also um denselben Streitgegenstand handeln. Darüber entscheidet wie sonst, die *lex fori*. Im Rahmen des Art. 27 wird aber autonom, also nur aus der EuGVO heraus, ausgelegt.[304] Für einen Kläger, den das Urteil des ersten Gerichts enttäuscht, ist der Gedanke reizvoll, es noch einmal zu versuchen. Man wandelt die Sache bzw den Klagevortrag etwas ab, stellt den Antrag ein wenig um und behauptet, es handele sich um eine ganz andere Sache. So in Beispiel 4. Identität des Streitgegenstandes ist trotz des verschiedenen Klageantrags gegeben. In der Variante muß sich B sogar § 322 II ZPO entgegenhalten lassen. Danach ist bis zur Höhe der Urteilssumme auch über die zur Aufrechnung gestellte Gegenforderung rechtskräftig entschieden. B kann mit dieser Forderung also nur noch in Höhe von 50.000 Euro klagen. § 322 II ZPO gilt zunächst nur Deutschland; in anderen Rechtsordnungen kann also etwas anderes gelten. Was gilt aber z.B. wenn das Brüsseler Gericht über diese gar nicht materiell entschieden hat, weil es irrig meinte, mit dieser Gegenforderung könne man überhaupt nicht aufrechnen? Oder: wenn es die Aufrechenbarkeit aus Gründen abgelehnt hat, welche wir nicht kennen?[305]

---

[303] ZZP 05, 97.
Exkurs: Diese Entscheidung betrifft allerdings einen Sonderfall im Zusammenhang mit der internationalen Konvention (CMR). Der BGH kann aber so verstanden werden, als ob er diese Grundsätze unabhängig von dem konkreten Fall angewendet wissen will; das bleibt aber etwas in Unklaren. Der Verfasser hat Bedenken gegen einen so formulierten Grundsatz, auch wenn er in der Sache zustimmt: Es ist vom Rechtsschutzbedürfnis auszugehen. Das größere Rechtsschutzbedürfnis sollte den Vorrang vor dem geringerem haben. Das später mit einer Leistungsklage angerufene Gericht, hätte dann die Rechtsschutzbedürfnisse in den beiden in Betracht kommenden Verfahren gegeneinander abzuwägen. In der Regel wird es dann vermutlich darauf hinauslaufen, was der BGH sagt. Nur die Leistungsklage kann zu einem Vollstreckungstitel führen und sollte daher im Zweifel den Vorrang vor einer negativen Feststellungsklage haben – aber doch nur im Zweifel.
[304] Kropholler Art. 27 RN 3
[305] Vgl. MK-ZPO – Gottwald, § 322 RN 39 ff. BGH ZZP 05, 97. Der Unterschied zum Fall 3 besteht darin, dass dort erst die negative Feststellungsklage und dann die Leistungsklage erhoben wurde; in diesem Beispiel wird aber versucht, das Ergebnis der Leistungsklage durch eine negative Feststellungsklage wieder aufzuheben. Eine Vertiefung dieser Fragen muss im Rahmen dieses Buches als zu speziell unterbleiben.

6.   Spiegeltheorie

§§ 12 ff ZPO und Sondergesetze enthalten Vorschriften zur örtlichen Zuständigkeit der deutschen Gerichte. Die *internationale* Zuständigkeit ist in Deutschland aber nicht ausdrücklich geregelt. Das ist auch nicht erforderlich. Das deutsche Recht behandelt ausländische Gerichte wie deutsche:

- wenn ein deutsches Gericht national zuständig ist, dann auch international
- wenn ein ausländisches Gericht nach deutschem Recht zuständig wäre, behandeln wir es als international zuständig, auch wenn dessen eigenes Recht eine solche Zuständigkeit nicht vorsieht.

Die deutschen Zuständigkeitsregeln werden daher gleichsam auf das Ausland gespiegelt, daher Spiegeltheorie.[306] Wenn Beklagter B in Bremen wohnt, mithin dort einen Gerichtsstand hat, so ist das LG Bremen aus deutscher Sicht auch international zuständig, nämlich über Klagen gegen B zu urteilen, die ihren Grund in einer geschäftlichen Tätigkeit in Nigeria oder Norwegen haben. Das schließt nicht aus, dass nach deutschem Recht Gerichte in Nigeria oder Norwegen oder anderswo *auch* zuständig sind. Wenn C in Oslo wohnt, dann ist das Landgericht Oslo aus deutscher Sicht auch international zuständig, nämlich über Klagen gegen C zu urteilen, die ihren Grund in einer geschäftlichen Tätigkeit in Deutschland oder Peru haben; das schließt nicht aus, dass nach deutschem Recht Gerichte in Deutschland und/oder Peru *auch* zuständig sind.

7.   Wahlgerichtsstand

a.   Grundsatz

Von besonderer Bedeutung im Internationalen Wirtschaftsrecht ist der Wahlgerichtsstand.[307] Gewerbetreibende[308] können den Gerichtsstand frei vereinbaren. Bis an die Grenze des zwingenden Rechtes können die Parteien ausschließliche oder zusätzliche Gerichtsstände durch Vertrag begründen, und zwar auch im Sinne eines ersetzenden (= derogierenden) Gerichtsstandes, indem die Gerichtshoheit des eigentlich berufenen Staates durch die eines anderen Staates ersetzt wird. Die Parteien einer Gerichtsstandsklausel brauchen keine Gründe für ihre Wahl anzugeben, ebenso wenig wie für die Wahl eines fremden Rechtes. Selbstverständlich ist das nicht. Hoheitliche Gewalt wird rechtsgeschichtlich geradezu durch die Gerichtshoheit definiert. Es ist ein Souveränitätsverzicht, wenn der Staat seinen Bürgern erlaubt, sich seiner Gerichtshoheit zu entziehen und der eines anderen Staates zu unterwerfen. Es ist daher typisch, wenn junge Staaten eifersüchtig auf ihre Souveränität bedacht sind und der Wahl eines ersetzenden Gerichtsstandes ablehnend gegenüberstehen. Auf dieser Grundlage ist die inzwischen weitgehend gegebene *non-ouster-Regel* des US-amerikanischen

---

[306] Oder: Doppelfunktionstheorie. Diese gilt jeweils mit Abweichungen auch in anderen Staaten, wie Österreich, Frankreich, vgl. Geimer S. 295 RN 843,972 c.
[307] Jetzt grundsätzlich: Mankowski IPRax 09,23 ff;
[308] Das kann auch durch AGB geschehen im üblichen Rahmen der Gültigkeitsregeln für AGB, Klarheit usw; vgl. Geimer S. 532 RN 1686. Privatleute werden durch eine Gerichtsstandsklausel nicht gebunden: § 38 ZPO und art. 48 frz. CPC. Handelsvertreter gelten hierbei als Kaufleute Vgl. OLG Hamburg v. 14.4.04 NJW 04, 3126;

Rechts zu sehen, wonach ein Wahlgerichtsstand eine an sich gegebene Zuständigkeit in den USA nicht ersetzen, sondern höchstens ergänzen konnte. [309]

Ein ausschließlicher Gerichtsstand, vgl. § 40 II ZPO, kann aber nicht abbedungen werden.

Die Wahl des Gerichtsstandes und die Wahl des anwendbaren Rechtes können auseinander laufen, s.o. S. 99. Die Wahl des deutschen Rechtes besagt daher nicht, dass die Parteien auch einen deutschen Gerichtsstand vereinbaren wollten, wie umgekehrt die Wahl eines ausländischen Gerichtsstandes allenfalls ein Indiz für das anwendbare materielle Recht ist. [310]

b.   Gerichtsstandsvereinbarung als getrennter Vertrag

Wie die Rechtswahlklausel ist auch die Gerichtsstandsvereinbarung ein eigener Vertrag und wird wie jene selbständig angeknüpft. Das für sie anwendbare Recht wird nach den Regeln des IPR unabhängig von dem Hauptvertrag, worauf sie sich bezieht, festgestellt. Gemäß Art. 2 I e Rom I VO gilt diese VO nicht für Gerichtsstandsvereinbarungen. Es bleibt also das EGBGB anwendbar. Das auf die Gerichtsstandsklausel anwendbare Recht ergibt sich mithin aufgrund einer ausdrücklichen Rechtswahl gemäß Art. 27 EGBGB oder aus den Umständen, Art. 28. Die Gerichtsstandsklausel kann also ungültig sein und der Hauptvertrag gültig, und umgekehrt. Die Gerichtsstandsvereinbarung bedarf auch nicht der Form des Hauptvertrages.

Als eigener Vertrag ist sie nach dem anwendbaren Recht zu beurteilen. In der Praxis kommt es kaum vor, dass die Parteien die Gerichtsstandsvereinbarung ausdrücklich einem bestimmten Recht unterwerfen. Die Gültigkeit der Gerichtsstandsklausel wird daher im Zweifel nach dem Recht beurteilt, welches für den Hauptvertrag gilt. [311] Das gilt auch für ihre Auslegung, etwa wenn die Gerichtsstandsklausel darin unklar ist, ob der Wahlgerichtsstand ein ausschließlicher sein soll oder, ggfs nach Wahl einer Partei, neben andere treten soll. [312]

8.   Motive für die Gerichtsstandswahl – *forum shopping*

a.   Grundsätze

Für Verlauf und Ergebnis eines Rechtsstreits im Inland ist es eigentlich gleichgültig, welches Gericht entscheidet. Es kommt zwar vor, dass die Parteien über die örtliche Zuständigkeit des Gerichts streiten. Gründe dafür können darin liegen, dass es bequemer ist, am eigenen Wohnort einen Prozess zu führen. Es kann aber auch umgekehrt der Wunsch bestehen, einen Rechtsstreit entfernt vom eigenen Wohnsitz zu führen, um das zu erwartende öffentliche Aufsehen zu vermeiden. Aufs Ganze gesehen haben diese Überlegungen innerstaatlich in Deutschland und Europa nur eine geringe Bedeutung. Die Qualität der Richter ist in Kiel und Chemnitz grundsätzlich gleich, das materielle und das Prozessrecht ist dasselbe, ob in Dortmund/NRW oder

---

[309] Geimer S. 522 RN 1652 f. ; vgl. Schütze, Prozeßführung, S. 88
[310] Vgl. OLG Hamburg v. 14.4.04 NJW 04, 3127
[311] BL – Hartmann § 38 RN 4
[312] OLG Hamburg v. 14.4.04 NJW 04, 3126

Greifswald/Pommern entschieden wird. Das gilt *mutatis mutandis* auch innerhalb anderer europäischen Staaten.

Wenn die Zuständigkeit eines ausländischen Gerichtes in Betracht kommt, ergeben sich aber völlig andere Überlegungen.

- Gerichtsstand und anwendbares materielles Recht: Jedes Gericht wendet als Kollisionsrecht seine *lex fori* an. Das Kollisionsrecht der Staaten kann verschiedene Anknüpfungskriterien zu Grunde legen, sodass derselbe Fall nach ganz verschiedenen Rechtsordnungen beurteilt wird, je nachdem, welches Gericht über das anzuwendende materielle Recht entscheidet.
- Verfahrensrecht: Jedes Gericht wendet als Verfahrensrecht seine *lex fori* an. Je nach Lage des Falles kann es ein großer Unterschied sein, ob etwa eine Beweiserhebung nach deutschem Recht erfolgt oder nach englischem. Die Umständlichkeiten des praktischen Gerichtsalltags (z. B. verlorene Akten, nicht geladene Zeugen), welche Prozesse in manchen Staaten zu einem Albtraum machen, seien nur beiläufig erwähnt.
- Qualität der Richter: Über die Qualität der Richter in den einzelnen Staaten spricht man selten. Sie ist aber nun einmal nicht überall gleich. In Europa wird man aber auf der sicheren Seite liegen, wenn man die Richter im Einzugsbereich des Protestantismus für zweifellos qualifiziert und korruptionsfrei ansieht.
- Kosten: Ärzte und Rechtsanwälte neigen dazu, über ihre Honorare vornehm hinwegzugehen. Es ist für Patienten und Kunden nicht immer ratsam, sich dieser Vornehmheit anzuvertrauen. Es gibt erhebliche Unterschiede zwischen den Staaten.
- Vollstreckbarkeit: Die Vollstreckbarkeit ausländischer Urteile im Inland und gegebenenfalls in Drittländern wird aufgrund der vielfach bestehenden Anerkennungsverträge zunehmend unproblematischer. Dieses führt dazu, dass eine Partei sich meist auf einen ausländischen Gerichtsstand einlassen kann und es immer öfter auch tut. Dennoch sollte auch innerhalb Europas, und insbesondere im Rechtsverkehr mit Übersee, geprüft werden, ob und mit welchen Umständlichkeiten das zu erwartende Urteil dort vollstreckt werden kann, wo es dem Kläger darauf ankommt.

b.   Prozesstaktik

Die Gründe für die Wahl eines bestimmten Gerichtsstandes können sehr verschieden sein. Am nächsten liegt die Vermutung, dass eine Partei im Falle einer gerichtlichen Auseinandersetzung diese möglichst nahe an ihrem Wohnort durchführen möchte. Im internationalen Rechtsverkehr kommen aber zunehmend prozesstaktische Überlegungen zum Tragen.[313]

Die schlichte Tatsache, dass ein Prozess auch vor einem unzuständigen Gericht anhängig gemacht worden ist, führt nach dem Grundsatz der internationalen Rechtshängigkeit, s.o. S. 136, dazu, dass es in der Regel außerordentlich schwer ist, vor einem zweifellos zuständigen Gericht, einen Prozess anhängig zu machen, solange

---

[313] Vgl. Dasser F *Der Kampf ums Gericht*, ZSR 00, 253 f ; Schütze, R. *Rechtsverfolgung im Ausland*, RIW 07, 801f

die Sache nicht geklärt ist. Die Auseinandersetzung über die (Un-) Zuständigkeit eines Gerichtes über mehrere Instanzen kann auch in Staaten sehr lange dauern, in denen wie in Deutschland die Verfahren verhältnismäßig schnell erledigt werden. Die Erhebung einer negativen Feststellungsklage eines Schuldners, dass er dem Gläubiger den von ihm geforderten Betrag nicht schulde, vor einem unzuständigen Gericht, kann dazu führen, dass der Gläubiger für die Dauer des Zuständigkeitsstreits, also unter Umständen sehr lange, daran gehindert ist, die Leistungsklage zu erheben und sich einen vollstreckbaren Titel zu verschaffen. Ist es dann endlich soweit, kann es für eine Vollstreckung zu spät sein, weil der Schuldner nicht mehr existiert. Das wird der Hintergrund für Fall 3 gewesen sein.

Vorbeugung gegen solche Tricks ist schwer. Der Richter darf keiner Partei Recht geben, bevor er nicht beide gehört und Beweise gewürdigt hat. Selbst der eindeutigste Wortlaut *kann* etwas anderes bedeuten; z.B. er wurde aus einer anderen Sprache falsch übersetzt. Der mit allen Formalitäten dokumentierte Vertrag *kann* unwirksam sein. Der Trickser braucht nur zu behaupten, er sei betrogen worden. Da er das Gericht nicht überzeugen, sondern nur die Sache verzögern will, kann er die wildesten Sachen vortragen. Dabei gilt als Faustregel: Je unverfrorener eine Behauptung, desto schwieriger ist es für die Gegenseite, darauf zu reagieren.

Auch der umgekehrte Fall kommt in Betracht, dass der Beklagte sich gegen eine inländische Zuständigkeit wehrt, weil er sich von einer Zuständigkeit im Ausland Vorteile erhofft. Im Fall 5 macht stutzig, dass B sich über zwei Instanzen dagegen wehrte, in Koblenz, wo er sein Geschäft hatte und wo er die Hälfte des Jahres wohnte, verklagt zu werden. Folgende Vermutung liegt nahe: Gerichtsverfahren in Deutschland gehen verhältnismäßig schnell, in Italien dauern sie viele Jahre, und mit ein wenig Nachhilfe von Seiten der daran interessierten Partei dauern sie noch länger. Der englische *The Economist* v. 14. 3. 09 schreibt, dass nach Einschätzung der Weltbank der Rechtsschutz in Italien geringer sei als in Mosambik. Die eleganteste Art, sich um seine Zahlungspflichten zu drücken, bestand für B offenbar darin, dass das Verfahren über die Zuständigkeitsfrage möglichst langwierig durchgezogen wurde. Allein dieses „Vorverfahren" dauerte fast drei Jahre. Nun erst konnte der Kläger in Italien den richtigen Prozess führen, von Anfang an, das kann über drei Instanzen 15 Jahre und länger dauern.

Die Entscheidung für oder gegen einen Gerichtsstand in dem einen oder anderen Land kann auch davon beeinflusst werden, ob man sich selbst in der Rolle des Klägers oder des Beklagten sieht. Es empfiehlt sich auch, den Gerichtsstand danach auszuwählen, wie die eigene Beweislage aus Sicht des jeweils anwendbaren Verfahrensrechts sein wird.

c.   Prozesstaktik: Missachtung der Gerichtsstandsklausel

Beispiel:

> Der deutsche Mittelständler D stellt Motorsägen her, die er an den finanzkräftigen Amerikaner A für $ 10 Millionen liefert. Die Gerichtsstandsklausel lautet: Gerichtstand für alle Klagen im Zusammenhang mit diesem Vertrag ist Zürich. A zahlt nicht; er stellt überdies Schadensersatzansprüche aus Personenschäden beim Gebrauch der Sägen (Produkthaftung) gegen D i.H.v. $ 15 Millionen. A verklagt D in den USA. Erfolg?

Die unter b. betrachtete Prozesstaktik, entgegen der Gerichtsstandsklausel bei einem Gericht zu klagen, welches der Kläger aus irgendwelchen Gründen für günstiger hält ist zwar perfide, aber uU sehr effektiv. Das sei kurz durchgespielt:

Zwei Varianten kommen in Betracht: 1. Kläger klagt bei einem, vorbehaltlich der Gerichtsstandsklausel an sich zuständigen, für ihn günstigeren Gericht. 2. Der Schuldner erhebt bei einem, vorbehaltlich der Gerichtsstandsklausel an sich zuständigen, Gericht Klage auf Feststellung, dass die erwartete Forderung des Gläubigers nicht bestehe (negative Feststellungsklage). Wenn daraufhin der Gläubiger vor dem wirklich zuständigen Gericht Klage erhebt, gilt, wie schon dargelegt: Das später angerufene Gericht hat das Verfahren auch dann auszusetzen, wenn es aufgrund einer Gerichtsstandsklausel ausschließlich zuständig wäre.[314]

Variante 1: Die Klage ist erst einmal zulässig; sie wird unzulässig, wenn der Beklagte sich auf die Gerichtsstandsklausel beruft und diese gültig ist. Zunächst ist unklar, ob die Gerichtsstandsklausel derogiered wirkt, also als Begründung eines *ausschließlichen* Gerichtsstandes in Zürich zu verstehen war. Das ist jedenfalls nicht ganz klar und ein schwerer Fehler des für D handelnden Juristen. Selbst wenn *ausschließlich* (engl.: *exclusive jurisdiction*) in der Klausel steht, kommt in Betracht, dass es in dem US-Bundesstaat, wo A Klage erhebt, ein Gesetz gibt, wonach für Schadensersatzansprüche aus Produkthaftung und/oder Personenschaden nur ein amerikanisches Gericht zuständig sei und eine abweichende Gerichtsstandswahl ungültig.

Auch wenn das nicht der Fall ist, gibt es theoretisch immer genug Gründe, weswegen die Klausel unwirksam sein könnte. Die entsprechende Argumentation des A zur Begründung einer amerikanischen Zuständigkeit kann völlig aus der Luft gegriffen sein, dennoch muss D erst einmal einen Anwalt in USA bestellen und ggfs in mehreren Instanzen darlegen, dass das angerufene Gericht unzuständig sei. Angenommen, D gewinnt. Die Kosten eines solchen Prozesses fallen ihm aber trotzdem zur Last, es gibt keinen dem deutschen Recht entsprechenden Anspruch auf Kostenerstattung gegen den Verlierer.[315] Die Höhe allein dieser der Kosten kann für den Mittelständler Existenz bedrohend sein.

Variante 2: D möchte Zahlung von A und mahnt ihn. Bevor D in Zürich klagt, erhebt A vor einem Gericht in USA Klage auf Feststellung, dass er nicht verpflichtet sei. Es ist anzunehmen, dass das Gericht in Zürich die ausländische Rechtshängigkeit der negativen Feststellungsklage achten wird. Damit ist die Klage des D ist erst einmal blockiert. Zusätzlich muss D sich wie in Variante 1 gegen die Klage in USA wehren, und es ist jetzt sogar sehr unsicher, ob ein dortiges Gericht, die Gerichtsstandsklausel auf diese Klageform anwenden wird. Mankowski diskutiert eine Reihe von Vorbeugemaßnahmen gegen solche Tücken.[316] z.B. Vereinbarung einer Vertragsstrafe oder Bankgarantie bei Verstoß gegen die Klausel. Die von Mankowski selbst aufgezeigten Probleme werden auch damit nicht sicher gelöst, und es bleibt bei dem Risiko, dass D (im Beispiel) die Vertragswidrigkeit des A vorfinanzieren muss, ehe er vielleicht zu seinem Recht kommt.

---

[314] LG Bonn v. 26.6.03 RIW 04, 460
[315] Vgl. Stürner/Müller IPRax 08, 341
[316] IPRax 09, 23 f m.v.N.

Der Weg, anstelle der ordentlichen Gerichtsbarkeit Schiedsgerichtsbarkeit zu vereinbaren, ist hier wohl noch der rechtlich sicherste. Aber auch hier kann ein zu allem
entschlossener A dieselben, und für D eher noch kostspieligeren, Hürden aufbauen
wie zur Gerichtsstandsklausel, die D, wenn er nicht sehr zahlungsfähig ist, in die
Knie zwingen können. Am sichersten fährt D, wenn er nur gegen Zahlung durch
Akkreditiv liefert.

9.   Exorbitante Gerichtsstände

Als exorbitant wird ein Gerichtsstand bezeichnet, welcher eine internationale Zuständigkeit begründet, obwohl die Rechtssache eigentlich nichts oder nur wenig mit
dem Gerichtsstaat zu tun hat. Anders ausgedrückt: Exorbitant ist ein Gerichtsstand,
wenn die Anknüpfung, s.o. S. 48, zwischen dem Streitgegenstand und dem Staat, der
darüber entscheiden will, eigentlich nicht ausreicht.

Der deutsche Gerichtsstand des § 23 ZPO gilt als ein solcher Gerichtsstand. Er begründet für eine Person, welche sonst nichts mit Deutschland verbindet, einen Gerichtsstand in Deutschland an dem Ort, an welchem sich irgendein Vermögensstück
dieser Person befindet. Dieser Gerichtsstand ist auch dann begründet, wenn der Wert
der Klage deutlich über den Wert des vorgefundenen Vermögensstücks hinausgeht.[317] Auch andere Staaten haben exorbitante Gerichtsstände, vgl. art. 14 frz CC.
Solche Gerichtsstände haben den Sinn, den eigenen Bürgern die Verfolgung ihrer
Rechte zu erleichtern. Es lässt sich aber kein Staat gerne sagen, dass seine Rechtsordnung nicht gut genug sei, um den Bürgern eines anderen Staates Gerechtigkeit zu
verschaffen, oder dass die Interessen eines Klägers mit Wohnsitz in Deutschland
derartig wichtig seien, dass selbst geringfügige Anknüpfungspunkte ausreichen, um
entgegen den sonstigen internationalen Regeln einen Gerichtsstand in Deutschland
zu begründen. Andere Staaten werden daher solche Zuständigkeiten als einen Übergriff empfinden und Urteile, welche sich darauf stützen, nicht anerkennen. Der Kläger muß also abwägen, ob es sich für ihn wirklich lohnt, eine Klage bei einem solchen Gerichtsstand anhängig zu machen und ein Urteil zu erstreiten, welches nur dort
anerkannt und vollstreckt wird.

II.   EuGVO

1.   Ausgangspunkt

Die EuGVO schafft gemeinschaftsweites Recht und ist zwingend. Wie bei allen gemeinschaftsrechtlichen Normen gilt, dass sie letztgültig nicht vom nationalen
Höchstgericht, bei uns also dem BGH, ausgelegt wird, sondern vom EuGH. Ebenfalls wie sonst gilt, dass die in der EuGVO verwendeten Rechtsbegriffe autonom
ausgelegt werden müssen. Es ist also die Systematik und Zielsetzung der EuGVO
zugrunde zulegen, nicht das eigene Prozessrechtsverständnis des nationalen
Rechts.[318]

---

[317] BLAH § 23 ZPO. Es kann der sprichwörtliche Regenschirm ausreichen, den der Ausländer auf
seiner Durchreise im Hotel vergessen hatte. Kropholler Art. 3 RN
[318] Thomas-Putzo Vorbemerkung EuGVVO RN 14 .

Der Anwendungsbereich der EuGVO umfasst gemäß Art. 1 das Zivil- und Handelsrecht, wobei im Einzelfall nicht immer sicher sein wird, was darunter zu rechnen ist.
Wichtiger wird die Ausgrenzung bestimmter Rechtsgebiete gemäß Absatz II sein,
nämlich das Personenstandsrecht, das Erbrecht, Insolvenzen, Schiedsgerichtsbarkeit.
Von der Zielsetzung der Verordnung her, nämlich soweit wie möglich einen gemeinschaftsweit einheitlichen Rechtsraum zu begründen, werden die Ausnahmetatbestände eher eng auszulegen sein. Für insolvenzrechtliche Streitigkeiten gilt die Verordnung (EG) Nummer 1346/200 des Rates vom 29.5. 00 über Insolvenzverfahren, in
welcher die internationale Zuständigkeit für Insolvenzen geregelt ist, s.u. S. 234.[319]

Die EuGVO besteht aus sechs Kapiteln und schafft in ihrem Anwendungsbereich
gemeinschaftsweit ein einheitliches Recht für die

- Internationale Zuständigkeit und
- Vollstreckung von gerichtlichen und gleichstehenden Entscheidungen, Art.32

2.   EUGVO Kapitel II: Zuständigkeit, Art. 2-31

Fall:

> Kläger ist eine deutsche GmbH in Hannover, Beklagte eine polnische Versiche-
> rungsgesellschaft. Der Geschäftsführer G der Klägerin erlitt in Polen einen von
> Polen P in Polen verursachten Autounfall. Kl. erhebt Klage vor dem Landgericht
> Hannover. Ist dieses zuständig? [320]

a.   Grundsatz

Die Staaten haben ihre eignen Zuständigkeitsregeln, bei uns also §§ 12 ff ZPO. Für
reine Inlandssachverhalte bleibt es dabei. Haben die Parteien aber in verschiedenen
EG-Staaten ihren Wohnsitz, wird die Zuständigkeit ausschließlich nach der EuG-
VO[321] bestimmt. Das gilt nur in Zivil- und Handelssachen, Art. 1I, also z.B. nicht in
Familienrechtsstreitigkeiten, Art. 1 II. Der Gerichtsstand und damit die internationale
Zuständigkeit kann auch nach der EuGVO grundsätzlich frei gewählt werden. Wie-
derum gilt aber: Ein ausschließlicher Gerichtsstand kann nicht abgeändert werden,
Art. 23 V.

Regelungsgehalt dieses Kapitels ist die internationale Zuständigkeit, also die Frage
welcher Staat befugt ist, durch seine Gerichte über eine Rechtssache zu entscheiden.
Die EuGVO begründet als europäisches Recht gemeinschaftsweit ein einheitliches
Regime der internationalen Zuständigkeit im Verhältnis dieser Staaten zueinander.
Die EuGVO gilt daher nicht im Verhältnis zu Fremdstaaten.

---

[319] Stürner IPRax 05, 416: zum Verhältnis beider Verordnungen.
[320] OLG Celle. v. 27.2.08 NJW 09, 86
[321] Verordnung (EG) NR. 44/2001) über die gerichtliche Zuständigkeit und Anerkennung und Vollstreckung von Entscheidungen in Zivil- und Handelssachen vom 22. Dezember 2000. Diese wurde
zuletzt geändert durch VO Nr. 1791/2006 v. 20.11.06. Allgemein siehe die Kommentierungen in den
ZPO -Kommentaren.

b.   Gerichtsstände zum Schutz des Schwächeren

Die in der EuGVO geregelten Gerichtsstände/Zuständigkeiten weichen von den aus
der ZPO bekannten nicht entscheidend ab. Ausgangspunkt ist auch hier der Weltrechtssatz, dass eine Person ohne Rücksicht auf ihre Staatsangehörigkeit grundsätzlich an ihrem Wohnsitz verklagt wird, Art. 2. Auch der Gerichtsstand der Erfüllung,
Art. 5 Abs. 1, kann wohl als Weltrechtssatz angesehen werden. Ebenso der der unerlaubten Handlung, Art. 5 Abs. 3 (Tat- bzw. Auswirkungsort).

Die weiteren Gerichtsstände sind als Ausnahme von diesen Grundsätzen konzipiert.
Sie stehen unter dem Obergedanken, dass zugunsten des Klägers ein anderer Gerichtsstand bestimmt oder möglich gemacht wird, wenn bestimmte Gründe, insbesondere Verbraucherschutz im weiteren Sinne, diese Privilegierung des Klägers gerechtfertigt erscheinen lassen.

Neu ist in diesem Zusammenhang Art. 9 I b, welcher bei der Direktklage des Geschädigten gegen den Versicherer des Schädigers auch einen Gerichtsstand am
Wohnsitz des Geschädigten zulässt. Hintergrund dieser Vorschrift ist, dass der Ge-
schädigte im Vergleich zum Versicherungsunternehmen in der Regel die schwächere
Person ist. Das Landgericht hatte im Beispielsfall hieraus den Schluss gezogen, dass
diese Privilegierung nur für den Verbraucher im Sinne des Gesetzes, § 13 BGB, gelte; das ist eine juristische Person nicht. Das OLG Celle aber findet, dass als schwächere Person im Verhältnis zu einem Versicherungsunternehmen auch eine geschä-
digte juristische Person anzusehen sei. Damit wird der Grundgedanke der EuGVO
vom OLG Celle verdeutlicht: nicht nur der Verbraucher im gesetzlich definierten
Sinne, der ohnehin durch Sondervorschriften privilegiert wird, sondern überhaupt
soll die schwächere gegenüber der stärkeren Partei geschützt werden. Das Landgericht Hannover war also zuständig.

Ein weiterer Ausfluss dieses Schutzgedankens ist, dass eine abweichende Vereinbarung zulasten des Schwächeren nicht oder nur unter besonderen Umständen zulässig
ist, Art.13.

c.   Verbraucher und Arbeitnehmer

Der Verbraucher im gesetzlich definierten Sinne genießt das Privileg, dass er seinen
Vertragspartner grundsätzlich an seinem eigenen Wohnort verklagen kann Art. 16 I.
Dasselbe gilt auch für den Arbeitnehmer. Kern der Regelung ist Art. 19. Für Arbeitnehmer sind Gerichte an seinem Wohnort oder dem Ort der Arbeitsstelle örtlich zuständig.

d.   Ausschließliche Zuständigkeiten

Ausschließliche Zuständigkeiten können nicht abbedungen werden. Im Einklang mit,
soweit zu sehen, weltrechtlichen Grundsätzen regelt Art. 22 die ausschließliche Zuständigkeit für Klagen, welche sich auf dingliche Rechte an unbeweglichen Sachen
beziehen. Zuständig sind die Gerichte im Staate der Belegenheit.

Eine ausschließliche Zuständigkeit besteht auch für Rechtsfragen, die sich aus
Rechtsverhältnissen ergeben, die in öffentliche Register eingetragen werden (z.B.

Marken- und Patentsachen, Gesellschaftsangelegenheiten). Diese unterliegen der Gerichtsbarkeit des Staates, in dem diese Register geführt werden.

e.   Artikel 23: Gerichtsstandswahl.

Die Gerichtsstandswahl ist ein eigener Vertrag. Man spricht von Derogation, wenn das an sich zuständige Gericht abgewählt und durch ein neues ersetzt wird; von Prorogation, wenn die Parteien ein an sich unzuständiges Gericht als zuständig bestimmen. Die Möglichkeiten und Beschränkungen von Art. 23 kommen aber nur zum Tragen, wenn die Gerichtsstandsvereinbarung einen Auslandsbezug aufweist. Eine Gerichtsstandsklausel zwischen einem Unternehmer in Bremen und einem in Chemnitz wird daher nach dem autonomen deutschen Recht beurteilt, nicht nach dieser Vorschrift.

Es gelten die üblichen Voraussetzungen für den Abschluss eines Vertrages. Grundsätzlich muss die Klausel schriftlich geschlossen werden oder, wenn sie mündlich vereinbart war, muss sie schriftlich bestätigt werden. Bei dieser schriftlichen Bestätigung können unter Kaufleuten die Grundsätze des kaufmännischen Bestätigungsschreibens in Betracht kommen. Allerdings lässt Art. 23 I b und c auch solche Formen zu, welche im internationalen Handel sonst üblich ist.

3.   EuGVO Kapitel III: Anerkennung und Vollstreckung

Die Anerkennung von ausländischen Gerichtsentscheidungen und deren Vollstreckung wird unter V, s.u. S. 159, behandelt.

4.   EuGVO Kapitel IV: Öffentliche Urkunden und Prozessvergleiche

Art. 57 dürfte von großer praktischer Bedeutung und ein großer Schritt in Richtung Vereinfachung des gemeinschaftsinternen Rechtsverkehrs sein. Vollstreckungstitel sind in erster Linie vollstreckbare Urteil aber auch bestimmte im Gesetz genannte Urkunden. Von großer praktischer Bedeutung ist die notarielle Unterwerfungsurkunde, § 794 Nr. 5 ZPO. Urkunden dieser Art gibt es auch in anderen EU-Mitgliedstaaten. Art. 57 bestimmt, dass eine solche Urkunde auf Antrag in jedem Mitgliedstaat für vollstreckbar erklärt werden kann. *Die Vollstreckbarerklärung kann nur versagt werden, wenn die Zwangsvollstreckung ... der öffentlichen Ordnung des Vollstreckungsmitgliedstaates offensichtlich widersprechen würde.*

5.   Synopse

Die Zuständigkeiten gemäß ZPO und EuGVO ergeben sich aus der folgenden Übersicht:

ZPO	EuGVO
§ 12, 13: Allgemeiner Gerichtsstand des Wohnorts	Art. 2: Wie in ZPO kommt es auf die Staatsangehörigkeit des Beklagten nicht an.
§ 17: Allgemeiner Gerichtsstand der juristischen Person. Diese wird an ihrem Sitz verklagt. Als Sitz gilt der Ort, wo die Verwaltung geführt wird.	Art. 2: i.V. m Art. 60 I: Als Sitz der Gesellschaften und jur. Personen gelten satzungsmäßiger Sitz, auch der der Hauptverwaltung, der Hauptniederlassung. Abs. II Bei jur. Person aus dem Vereinigten Königreich gilt als Sitz der Gründungsort.
§ 21: Besonderer Gerichtsstand der Niederlassung. Eine Person kann auch an dem Ort der rechtlich unselbständigen Niederlassung verklagt werden, wenn es sich um Ansprüche handelt, welche mit Geschäften dieser Niederlassung in unmittelbarem Zusammenhang stehen.	Art. 5 Abs. 5: *Wenn es sich um Streitigkeiten aus dem Betrieb einer Zweigniederlassung, einer Agentur oder einer sonstigen Niederlassung handelt,* (ist ein Gerichtsstand an dem Ort begründet) *an dem sich diese befindet.*
§ 23: Besonderer Gerichtsstand des Vermögens, wenn der Beklagte keinen Wohnsitz oder anderen Gerichtsstand in Deutschland hat.	Keine Entsprechung. Artikel 2 II i.V. m. Anlage I zur VO: Dieser und andere, einzeln aufgeführte, in den nationalen Rechtsordnungen bestehende außergewöhnliche Gerichtsstände werden ausdrücklich für unanwendbar erklärt.
§ 24: Ausschließlicher dinglicher Gerichtsstand für unbewegliche Sachen	Art. 22 : Entspricht dt. Regelung
§ 25 : Nicht ausschließlicher dinglicher Gerichtsstand des Sachzusammenhangs. Damit sind etwa gemeint schuldrechtliche Ansprüche aus Grundpfandrechten.	Art. 6 Nr. 4 : Entspricht dt. Regelung
§ 29: Besonderer Gerichtsstand des Erfüllungsorts. Grundgedanke: wo eine Schuld erfüllt werden muss, da kann sie auch gerichtlich beurteilt werden.	Artikel 5 Nr. 1. Entspricht dt. Regelung So genannte Luxemburgklausel: Dieser Gerichtsstand gilt nicht für Klagen gegen Luxemburger. [322]
§ 29 c: Besonderer Gerichtsstand für Haustürgeschäfte. Bei Geschäften, in denen der Verbraucher besonders geschützt ist, ua durch ein ao Rücktrittsrecht , § 312 BGB, schützt das Gesetz zusätzlich dadurch, dass er nur an seinem Wohnort verklagt werden kann (ausschließlicher Gerichtsstand), und dass der Verbraucher als Kläger die Wahl hat, den Unternehmer auch hier zu verklagen.	Entspricht Art. 15 dt. Regelung
§ 32: Besonderer Gerichtsstand der unerlaubten Handlung	Artikel 5 Nr. 3: Entspricht dt. Regelung
§ 33: Besonderer Gerichtsstand der Widerklage	Artikel 6 Nr. 3 Entspricht dt. Regelung
§ 38: Zulässige Gerichtsstandsvereinbarung	Artikel 23 Entspricht dt. Regelung

---

[322] Lehmann IPRax 05, 110

III. Zustellung

Fälle

1. Die klagende Brauerei K verlangt von dem Beklagten B die Herausgabe des Gaststätteninventars in Essen, welches ihr zur Sicherung von B übereignet worden war. B ist, ohne eine Anschrift zu hinterlassen, in Bosnien untergetaucht.[323] Was kann K tun?

   Stichworte: Öffentliche Zustellung – Eingriff in fremdes Hoheitsrecht

2. Der Deutsche D hatte früher in Amsterdam eine Niederlassung, über welche er Geschäfte mit dem Holländer H abwickelte. Sein Hauptgeschäft liegt in Köln. D schließt seine Niederlassung in Amsterdam. Nach einiger Zeit wird ihm mitgeteilt, dass das Handelsgericht in Amsterdam ihn auf Klage des H zur Zahlung von 100.000 Gulden verurteilt hat. Wie war das möglich?

   Stichworte: Regeln öffentlicher Zustellung im Ausland – Anerkennung des Urteils

3. Kläger K und die Beklagte B waren verheiratet und lebten zuletzt gemeinsam in Südkarolina/USA. B zog nach Deutschland zurück. K erhebt vor einem Gericht in USA Scheidungsklage. Die Klageschrift wird der B durch die Post (Einschreiben/Rückschein) am 24. Juni 1987 übermittelt. B tut nichts. Durch Urteil v. 10.11.87 wird die Ehe in USA geschieden. B meint, das Scheidungsurteil sei in Deutschland nicht anzuerkennen, da sie nicht ordentlich geladen worden sei. Zu Recht?[324]

   Stichworte: Zustellungsmängel – Heilung

4. Bertelsmann AG war Gesellschafter der Napster, einer Urheberrechtsbörse in New York. Bertelsmann hatte erhebliche Mittel zur Wiederherstellung der angeschlagenen Napster aufgebracht; vergeblich. Anwaltskanzlei A in New York errechnete für die von der Insolvenz betroffenen Künstler einen Schaden von 17 Milliarden Dollar und erhebt Klage (Sammelklage, *class action*) gegen die Bertelsmann AG. Bertelsmann hält die Klage für völlig absurd und befürchtet schwersten Schaden, falls die Klage überhaupt rechtshängig wird. Was kann Bertelsmann tun?[325]

   Stichworte: Zustellung nach dem Haager Zustellungsübereinkommen – Ablehnung der Zustellung

5. Der in der Türkei wohnende Türke T macht Forderungen gegen den in Nürnberg lebenden Deutschen D mit türkischem Mahnbescheid geltend. In dem Mahnbescheid wurde der Schuldgrund wie folgt bezeichnet: *Durch Anweisung der schuldigen Gesellschaft an ihre Vertreter. dass sie ihren privaten Verpflichtungen nicht nachkommen, unserer Gesellschaft lastender Verlust.* Der Beklagte

---

[323] OLG Köln v. 5.5.02 RIW 03, 301 (im Originalfall: Italien)
[324] BGH v. 2.12.92 RIW 232 f
[325] BVerfG BvR 1198/03 v. 25.3.03 IPRax 04, 61 f. Schütze, RIW 04, Heft 7 Erste Seite, spricht hier von einer *erpresserischen Sammelklage.* Das BVerfG hat auf Antrag Bertelsmann die Zustellung befristet untersagt (RIW 03, 874), diese Befristung wurde am 13.1.04 verlängert. Zu diesem Fall: Huber in Jayme S. 361f. Zur neueren Rechtsentwicklung dieser Frage: von Hein, Jan RIW 07, 249 f

meint, das sei kein Deutsch, und er rügt die Gültigkeit der Zustellung. Zu Recht?[326]

Stichworte: Sprache im Zustellungsrecht

Übersicht: Zustellungsrahmen für Klagen bei einem deutschen Gericht

Wohnsitz der Parteien	Zustellungsregeln	Anmerkung
Beide in Deutschland	§§ 166 ff ZPO	
nicht in demselben Staat aber beide in EU + Schweiz	EuZustellVO (flgd = EZVO)	EZVO wird ergänzt durch §§ 1067 ff ZPO
nicht in demselben Staat , aber beide in einem Vertragsstaat des HZÜ,	Haager Zustellungsübereinkommen (=HZÜ)	Betrifft insbesondere Rechtsverkehr mit USA
Kläger in Deutschland, Beklagter in Staat ohne Zustellungsübereinkommen mit uns, z.B. Nordkorea.	§ 183 ZPO	Die Zustellung einer Klage aus einem Nichtvertragsstaat folgt für die Absendung dem dortigen Recht: für die innerdeutsche Bewirkung der Zustellung gelten §§ 166 ff ZPO

1.   Zustellung als Bedingung des Prozessrechtsverhältnisses

Es ist zwar höflich, einen Brief zu beantworten, aber man ist dazu rechtlich nicht verpflichtet. Rechtliche Nachteile entstehen nicht, wenn man es unterlässt. Schweigen führt nur dann zu einem Rechtsnachteil, wenn man rechtlich, durch Vertrag oder Gesetz, verpflichtet ist zu reagieren. Die Zustellung ist ein Hoheitsakt. Aufgrund der Zustellung einer Klage entsteht kraft Gesetzes eine solche Pflicht, denn die Zustellung begründet als gesetzliches Schuldverhältnis das Prozessrechtsverhältnis.[327] Dieses verpflichtet den Beklagten, in der von der ZPO vorgeschriebenen Form Stellung zu nehmen. Auch auf eine Klageschrift muß man nicht beantworten. Wenn man es aber unterlässt, entstehen Rechtsnachteile. Der Beklagte läuft Gefahr, allein auf der Grundlage der Behauptungen des Klägers verurteilt zu werden, Versäumnisurteil, §§ 330 ff ZPO. Das Prozessrechtsverhältnis ist der rechtliche Rahmen für die gegenseitigen Rechte und Pflichten von Parteien im Verhältnis zueinander und im gemeinsamen Verhältnis zum Gericht. Nur die nach dem Prozessrecht formgültige Zustellung oder eine vom Gesetz als gleichwertig anerkannte Kundgabe hat diese Wirkung.

Ist das Prozessrechtsverhältnis einmal begründet, wissen die Parteien von einander und davon, dass zwischen ihnen nun ständig Mitteilungen hin und hergehen werden. Die besonderen Förmlichkeiten der Zustellung sind nun, von Ausnahmen abgesehen, nicht mehr nötig. Für Mitteilungen im Rahmen des Verfahrens genügen grundsätzlich formlose Kundgaben, welche wie normale Willenserklärungen behandelt werden und wie diese zugehen, aber nicht *zugestellt werden,* müssen. [328]

---

[326] OLG Nürnberg, IPRax 06, 38;
[327] BLAH Übers § 214 RN 5
[328] Geimer S. 637 RN 2076

2.   Vollzug der Zustellung

Es ist ein Weltrechtssatz, dass Gerichtsverfahren und -urteile nur möglich und ein daraus folgendes Urteil nur vollstreckbar sind, wenn der Beklagte/Verurteilte die Möglichkeit zu einer angemessenen Rechtsverteidigung hatte (Rechtliches Gehör, Art. 103 GG). Ein Verstoß gegen diesen Grundsatz führt zur Aufhebbarkeit des Urteils, eine Anerkennung im Ausland ist ausgeschlossen. Das Verfahren muß wiederholt werden. Rechtssicherheit und Prozessökonomie fordern daher, dass das Verfahrensergebnis, in der Regel ein Urteil, nicht dadurch in Frage gestellt wird, dass der Beklagte später behauptet, dieser Grundsatz sei verletzt worden, weil er von dem Verfahren nicht in gehöriger Form in Kenntnis gesetzt worden sei. Die Zustellung muß, um ihre Funktion zu erfüllen, also Folgendes leisten

- Tatsächliche Kenntnisgabe von dem zuzustellenden Schriftstück an den Zustellungsadressaten oder Herstellung einer Lage, in welcher dieser eine zumutbare Möglichkeit hat, von dem Schriftstück Kenntnis zu nehmen; ob er es dann wirklich zur Kenntnis nimmt, ist seine Sache und
- Beweis, dass dieses zu einem bestimmten Zeitpunkt geschehen ist; das geschieht in der Regel durch Erstellung einer Zustellungsurkunde.

Die Zustellung im Rahmen von Gerichtsverfahren ist aus diesem Grunde nicht nur in Deutschland stark formalisiert, §§ 166 ff. ZPO.[329] Die urkundlich bezeugte Aufgabe des Schriftstücks zur Post kann aber ausreichen.[330]

3.   Zustellung im internationalen Rechtsverkehr

a.   Klage vor deutschem Gericht gegen Ausländer

Da die Zustellung ein Hoheitsakt ist und die Befugnis zur Vornahme von Hoheitsakten an den Staatsgrenzen endet, kann ein deutsches Gericht keine Zustellung im Ausland anordnen, und umgekehrt ein ausländisches Gericht keine in Deutschland. Vor einem inländischen Gericht kann daher gegen eine Person im Ausland nur mit Hilfe der ausländischen Behörden geklagt werden, denn nur diese können die Klage förmlich zustellen.

Aufgrund eines völkerrechtlichen Vertrages kann der fremde Staat allerdings auf seine Hoheitsrechte insoweit verzichtet haben. § 183 I ZPO sagt daher: *Eine Zustellung im Ausland erfolgt durch Einschreiben mit Rückschein,* wenn ein völkerrechtlicher Vertrag diese Zustellungsform erlaubt. Wenn ein solcher Vertrag nicht besteht, gilt § 183 II. Danach müssen die zuständigen Behörden des jeweiligen Staates über den diplomatischen Weg um Zustellung ersucht werden. Der fremde Staat ist völkerrechtlich nicht verpflichtet, diesem Ersuchen nachzukommen. Es entspricht aber den

---

[329] BVerfG NJW 88, 2361: *Zustellung ist die Übergabe eines Schriftstücks, die dem Zustellungsadressaten Gelegenheit zur Kenntnisnahme desselben zwecks Einrichtung seiner Rechtsverfolgung und -verteidigung verschafft,* die in gesetzlicher Form geschieht und in gesetzlicher Form beurkundet wird.
[330] BLAH ZPO Übers. § 166 RN 3; Schiedsgericht der Hamburger Freundlichen Arbitrage RIW 99, 394: *Für Zustellungen an eine nicht im Inland vertretene Partei im Ausland genügt nach deutschem Verfahrensrecht die Aufgabe zur Post.*

Grundsätzen der internationalen Zusammenarbeit, dass er es tut. Die Form der Zustellung ergibt sich naturgemäß aus der *lex fori* des ersuchten Staates.[331]

b.   Öffentliche Zustellung

Wenn der fremde Staat dem Ersuchen gemäß § 183 ZPO nicht nachkommt, oder wenn dieser Weg keinen Erfolg verspricht, z. B. weil der Beklagte unauffindbar ist, stellt die öffentliche Zustellung gemäß § 185 den letzten Ausweg dar. In Fall 1 ist, da B keinen inländischen Wohnsitz mehr hat, nur ein Gerichtsstand am Sitz des Vermögens, § 23 ZPO, hier also in Essen, gegeben. Die Zuständigkeit ersetzt aber nicht die Zustellung.

Die bei dem LG Essen eingereichte Klage muß dem Beklagten zugestellt werden. Fraglich ist: Wo? Selbst wenn die Anschrift des B in Bosnien bekannt wäre, müsste man der K gratulieren, wenn sich eine dortige Behörde bereit fände, eine Klage aus Deutschland zuzustellen; man ist doch mit dem Schuldner entweder selbst oder über verschiedene Brücken verwandt oder verschwägert.[332] Aber in der Regel ist in solchen Fällen keine Zustellungsanschrift bekannt.

Die öffentliche Zustellung muß vom Gericht durch Beschluss ausdrücklich zugelassen werden. In anderen Staaten ist die Rechtslage ähnlich.[333] Die Zustellung wird dann dadurch bewirkt, dass die Nachricht von der Klageerhebung im Bundesanzeiger oder in sonst angemessener Weise, § 187 ZPO, bekannt gemacht wird. Wer liest aber schon den Bundesanzeiger? Das Ergebnis einer öffentlichen Zustellung ist daher fast immer, dass die zu ladende Person zum Termin nicht erscheint. Die Folge davon ist, dass nun ein Versäumnisurteil gegen sie ergeht. So also wird der Prozess im Fall 1 im Zweifel ausgehen. K erwirkt ein Versäumnisurteil und kann damit die Vollstreckung in das in Deutschland zurückgelassene Vermögen des B betreiben.

c.   Ausländischer Kläger gegen inländischen Beklagten

Für den umgekehrten Fall eines ausländischen Klägers gegen einen im Inland wohnenden Beklagten gelten die entsprechenden Regeln. Das deutsche Recht kann nur für uns sprechen. Wenn im ausländischen Recht eine andere Form der Zustellung erlaubt ist, geht es auf das Risiko des Beklagten, wenn er keine Kenntnis von der Klageerhebung erhält.[334] Die aus deutscher Sicht unzureichende Zustellung kann erst später eine Rolle spielen, wenn ein deutsches Gericht über die Anerkennung des ausländischen Urteils in Deutschland entscheidet.

Eine öffentliche Zustellung nach ausländischem Verfahrensrecht dürfte den Voraussetzungen des § 328 ZPO (rechtliches Gehör) nur dann entsprechen, wenn der inländische Beklagte wirklich nicht auffindbar war, etwa weil er in treuwidriger Weise

---

[331] BVerfG NJW 88, 2361; OLG Düsseldorf IPrax 97, 194;

[332] Verfasser weiß aus eigener Tätigkeit im Lande, dass es fast ein Ding der Unmöglichkeit ist, die dortigen Gerichte zu einer normalen Tätigkeit anzuhalten. Auch völkerrechtlich gültige Verträge helfen hier wenig.

[333] Geimer S. 650 RN 2105

[334] Geimer S. 645 RN 2093: Das französische Recht ist nicht so pingelig wie das deutsche. Sobald das verfahrenseinleitende Schriftstück der zuständigen Behörde eingeliefert ist, ist die Zustellung bewirkt, nicht erst wie bei uns, wenn es den Adressaten erreicht.

ohne Hinterlassung einer Anschrift untergetaucht ist. Im Fall 2 war der Beklagte aber normal in Köln gemeldet. Ein Blick des H ins Internet oder Telefonbuch hätte die Klärung erbracht. Das Urteil wurde in Deutschland daher zu Recht nicht anerkannt Aber in Holland war es erst einmal in der Welt und konnte in Bezug auf dortiges Vermögen des Beklagten vollstreckt werden. Einerseits ist die öffentliche Zustellung ein unverzichtbares Mittel, um einem Gläubiger gegen einen abhanden gekommenen Schuldner die Möglichkeit der gerichtlichen Klage zu geben. Andererseits liegt es auf der Hand, dass dieses Mittel zu Missbräuchen verleitet.

d. Zustellungsvollmacht, § 184 ZPO

Im grenzüberschreitenden Rechtsverkehr ist es empfehlenswert, dass die Parteien bereits bei Abfassung ihres Vertrages bzw. der Gerichtsstandsklausel einen Zustellungsbevollmächtigten im Staat des in Betracht kommenden Gerichts bestellen. Dieser kann eine beliebige Person sein. Die bereits in Europa, insbesondere aber im Rechtsverkehr mit exotischen Ländern, möglichen Schwierigkeiten bei der Zustellung können damit erheblich erleichtert werden. Die Parteien tragen allerdings das Risiko dafür, ob der Zustellungsbevollmächtigte auch das tut, wozu er da ist. Es empfiehlt sich, daran zu denken, dass Menschen sterblich sind. Als Zustellungsbevollmächtigter sollte daher eine Anwaltskanzlei bestellt werden, von deren dauerhafter Existenz die Parteien überzeugt sind.

4. Zustellung nach dem Haager Zustellungsübereinkommen (HZÜ)

a. Grundsatz

Völkerrechtliche Verträge haben das Verfahren der Zustellung sehr vereinfacht. Von herausragender Bedeutung ist das Haager Zustellungsübereinkommen (HZÜ).[335] Diesem Abkommen sind einige Dutzend Staaten beigetreten, neben Deutschland ua auch die USA, Japan und China. Der internationale Rechtsverkehr zwischen Deutschland und den nicht zur EU gehörenden Staaten findet daher schätzungsweise in 2/3 der Fälle mit Staaten statt, für welche diese vereinfachte Zustellungsmöglichkeit gegeben ist.

Jeder Vertragsstaat bildet eine Zentrale Behörde, Art. 1 HZÜ (hier: ZB). Der Kläger, oder allgemein der Zustellungsauftraggeber (hier: ZG), reicht bei der ZB seines Staates (Ausgangsstaat) das zuzustellende Schriftstück, z.B. Klage, ein und beantragt, die Zustellung in einem Vertragsstaat zu bewirken. Die ZB des Ausgangsstaates stellt unter Beifügung dieses Schriftstückes den Antrag an die ZB des Zielstaates, dieses zuzustellen, was in den Formen des Zielstaates geschieht, vgl. Art. 5 I a. Dieser Antrag ist nach Völkerrecht zu beurteilen. Daher hat nur der Ausgangsstaat, vertreten durch seine ZB, nicht aber der Kläger als private Person, einen Anspruch gegen den Zielstaat, die Zustellung zu bewirken. Gemäß Art. 5 III HZÜ kann der Zielstaat die Gültigkeit der Zustellung davon abhängig machen, dass das zuzustellende Schriftstück in seine Landessprache übersetzt wird. Entsprechend schreibt das deutsche AusführungsG zum HZÜ in Art. 3 vor: *Eine förmliche Zustellung (Art. 5 I des Über-*

---

[335] Haager Übereinkommen über die Zustellung gerichtlicher und außergerichtlicher Schriftstücke im Ausland in Zivil- und Handelssachen v. 15. 11. 65. BGBl 77 II 1453; vgl. BLAH Einl. IV RN 4. Durch das HZÜ sind früher bestehende Zustellungsabkommen zwischen den Vertragsstaaten, z.B. das bilaterale deutsch-niederländische Zustellungsabkommen v. 30.8. 1962, überholt.

einkommens) ist nur zulässig, wenn das zuzustellende Schriftstücke in deutscher Sprache abgefasst oder in diese Sprache übersetzt ist.

Fall 5: Das Schriftstück war schon irgendwie in deutscher Sprache abgefasst – aber was für ein Deutsch! Das OLG Nürnberg meinte jedoch, es sei noch verständlich gewesen. Die Zustellung war gültig.[336] Der Zielstaat ist gemäß Art. 6 HZÜ verpflichtet, die bewirkte Zustellung durch eine formalisierte Urkunde aufzunehmen und der ZB des Ausgangsstaates zu erteilen.

Im Fall 3 war zu prüfen, ob die Übermittlung der Klage per Post eine formgerechte Zustellung war. Es galt das HZÜ. Der BGH meinte, dass die Zustellung der Klage ausschließlich nach den Regeln des HZÜ bewirkt werden konnte. US-amerikanische Gerichte sehen im HZÜ aber ein die fortbestehenden amerikanischen Regeln für die Auslandszustellung ergänzendes, aber nicht ausschließendes, Zustellungsverfahren. Die Postzustellung wird daher dort für ausreichend gehalten. Art. 10 a HZÜ lässt diese Zustellungsform zwar an sich zu. Deutschland hat aber den im HZÜ vorgesehenen Vorbehalt gegen diese Form der Zustellung erklärt.[337] Zusendung mit der Post reichte also nach unserem Verständnis nicht.

Nach deutschem Recht gilt eine nicht ordnungsgemäße Zustellung allerdings als geheilt, wenn der Adressat das Schriftstück tatsächlich erhalten hat, § 189 ZPO. Das war in Fall 3 der Fall. Der BGH sieht aber im HZÜ eine abschließende Regelung, welche das autonome deutsche Recht verdränge, also § 189 ZPO unanwendbar mache. Die Klage wurde als nicht zugestellt angesehen, die Anerkennung des Urteils daher versagt.

b.   Schranken

In völkerrechtlichen Verträgen behalten sich die Parteien regelmäßig eine Art Notausstieg für den Fall vor, dass die übernommenen Pflichten zu sehr gegen ihre Interessen verstoßen. Art. 13 HZÜ ist eine solcher.[338] Der Zielstaat kann die im Rahmen des HZÜ begehrte Zustellung ablehnen, wenn er sie für geeignet hält, seine Hoheitsrechte oder seine Sicherheit zu gefährden.

Der Sinn dieser Klausel wird in Frage gestellt.[339] Die Zustellung einer Klage bewirkt nur die Rechtshängigkeit und ist noch keine Verurteilung. Es ist rein rechtlich nur schwer vorstellbar, dass allein die Zustellung eine Klage die Sicherheit oder Souve-

---

[336] grds. Schütze, Rolf: *Übersetzungen im europäischen und internationalen Zivilprozessrecht – Problem der Zustellung.*, RIW 06, 352; vgl. Mankowski IPRax 09, 180: Übersetzungserfordernisse und Zurückweisungsrecht des Empfängers im europäischen Zustellungsrecht, S. 182 zu Einzelfragen wie schlechte Übersetzung; Beweislast für Sprachkenntnisse usw.

[337] Art. 6 II des AusführungsG sagt: *Eine Zustellung nach Art. 10... findet nicht statt.*

[338] Das BVerfG v. 7.12.94 Iprax 96, 114 f hat allerdings gesagt: Eine Klage, mit welcher ein Strafschadensersatz nach US-amerikanischem Recht geltend gemacht werden soll, sei keine Gefährdung i.S.v. Art. 13, ihre Zustellung sei auch dann nicht unzumutbar, wenn ein entsprechendes Urteil in Deutschland grundsätzlich nicht anerkannt würde.

[339] Vgl. Huber in Jayme S. 366. Dieser weist auch, S. 367 f, darauf hin, dass Bertelsmann mit einer Zustellungsversagung im Grunde wenig gewinnt, da der Kläger nach amerikanischem Recht leicht eine, wenn auch umstrittene, Möglichkeit finden wird, die Klage in USA, etwa bei einer Tochtergesellschaft der Beklagten, zuzustellen; vgl. 5 Teil. Grds. Zu diesem Fall auch Merkt, FS Leipold, S. 265 f.

ränität des Zielstaates gefährden kann. In Betracht kommt freilich eine wirtschaftliche Gefährdung des Beklagten. Wer mit einer Klage überzogen wird, muss, auch wenn er von ihrer Unbegründetheit überzeugt ist, mit der Möglichkeit rechnen, verurteilt zu werden. Es entspricht daher den Grundsätzen kaufmännischer Vorsicht, in der Bilanz eine Rückstellung, jedenfalls für einen Teilbetrag, für diesen Fall zu bilden.[340] Wohl kein Unternehmen der Welt kann es sich aber leisten, aus dem Stand seine Bilanz mit 17 Milliarden Dollar zu belasten. Die Bertelsmann AG wäre im Eingangsfall durch die Zustellung der Klage im technischen Sinne konkursreif wegen Überschuldung gewesen.

Es ist dennoch nicht unproblematisch, wenn das Bundesverfassungsgericht in Fall 4 die wirtschaftliche Gefährdung eines, wenn auch aufgrund seiner wirtschaftlichen Bedeutung besonders wichtigen Staatsbürgers, hier der Bertelsmann AG, als einen Fall des Art. 13 ansieht. Wegen der ungewöhnlichen Größenordnung der Klage und der möglichen Fernwirkungen auf die deutsche Wirtschaft mag das aber hingehen. Das mag insbesondere dann zulässig sein, wenn bereits vor Zustellung der Klage absehbar ist, dass die beabsichtigte Klage rechtsmissbräuchlich ist und ein Urteil gegen den inländischen Beklagten aus Rechtsgründen nicht vollstreckbar sein wird. Das war die Argumentation des Bundesverfassungsgerichts aaO: *Werden Verfahren vor staatlichen Gerichten in einer offensichtlich missbräuchlichen Art und Weise genutzt, um mit publizistischem Druck....einen Marktteilnehmer gefügig zu machen, könnte die Zustellung einer solchen Klageschrift Art. 2 und Art. 14 GG iVm mit dem Rechtsstaatsprinzip verletzen.*

Es bleiben allerdings grundsätzliche Bedenken bestehen. Nach dem Grundsatz des rechtlichen Gehörs ist es eigentlich nicht zulässig, eine Klage, erscheine sie auch noch so merkwürdig oder unsinnig, als rechtsmissbräuchlich zu bezeichnen, bevor beide Seiten gehört worden sind. Es kann aber nicht Zweck des Art. 13 HZÜ sein, im Rahmen der Zulassung einer Zustellung eine Art Vorentscheidung über die Begründung der Klage zu treffen. Das Bundesverfassungsgericht hat seine Rechtsprechung in einem ähnlichen Fall mit einem freilich deutlich geringerem Streitwert nicht wiederholt.[341] Auch der Bundesgerichtshof ist sehr zurückhaltend, eine Zustellung aus diesem Grunde zu verweigern.[342]

5.   EG-ZustellungsVO (EuZustellVO)

Nach dem Grundsatz der *lex specialis*[343] gilt für die grenzüberschreitende Zustellung innerhalb der EU nicht das HZÜ, auch wenn die EU-Staaten diesem beigetreten sind, sondern die speziellere EU-Regelung, die EuZustellVO.[344] Die VO gilt, wenn in Zivil- und Handelssachen, also z.B. nicht in familienrechtlichen Streitigkeiten, ein

---

[340] vgl. Röhm/Schütze, Die Bilanzierung von Class-Action-Risiken, RIW 07, 241.

[341] BVerfG v. 11.6.04 WM 04, 1402: Ein ehemaliger Angestellter hat das US-Tochterunternehmen der deutschen Antragstellerin verklagt auf 11 Mio USD wegen Diskriminierung bei der Entlassung und Nichtbeförderung. Die in US eingereichte Klageschrift wurde nach dem HZÜ dem deutschen Antragsteller zugestellt. Antrag auf Nichtzustellung wird abgelehnt. Anhaltspunkte für einen offensichtlichen Rechtsmissbrauch lägen nicht vor.

[342] BVerfG RIW 2007, 211; Stürner IPRax 08, 341

[343] Die speziellere Regelung verdrängt die allgemeine.

[344] Die bis dahin geltende ZustellungsVO 1348/2000 v. 29. Mai 2000 wurde mit Wirkung v. 13.11. 2008 von der Verordnung (EG) Nr.1373 / 2000 ersetzt. Ausnahme: Dänemark. hierzu: Mansel/ Wagner, S 5 .

Schriftstück im EU-Ausland zugestellt werden soll, Art. 1. Die EU-Staaten richten
eine Übermittlungsstelle ein, welche die Zustellung ins Ausland bewirkt; zusätzlich
eine Empfangstelle, welche Zustellungen aus dem Ausland entgegennimmt. Beide
Stellen sind zu unterscheiden, können aber organisatorisch identisch sein (Art. 2).
Die Übermittlungsstelle versendet das Schriftstück zusammen mit einem standardi-
sierten Antrag an die Empfangsstelle, das Schriftstück dem Empfänger zuzuleiten.
Der Antrag muß in der Amtssprache des Empfangsortes zugestellt werden Das
Schriftstück selbst muss in der Sprache des Empfangstaates abgefasst sein oder *in
einer Sprache, die der Empfänger versteht, andernfalls kann der Empfänger die An-
nahme verweigern.*

IV. Beweisverfahren

1.   Grundsatz

Beweisrecht gilt als Verfahrensrecht. Es entscheidet also die *lex fori* ob, welche und
ggfs wie Beweise erhoben werden.[345] Das deutsche Gericht ist nach deutschem Recht
befugt, Zeugen zu laden und notfalls durch Drohung mit dem Strafgesetz zur wahr-
heitsgemäßen Aussage zu zwingen, es kann ggfs mit Zwang Urkunden beiziehen und
Gutachter bestellen. In jeweils ihren Staaten haben Gerichte im Ausland dieselben
oder ähnliche Befugnisse nach dortigem Recht.

Wie bei der Zustellung gilt, dass die deutsche Gerichtsbarkeit an unseren Grenzen
endet. Ein deutsches Gericht kann zwar Zeugen, Sachverständige und Parteien aus
dem Ausland ins Inland vorladen und Beiziehung von Urkunden anordnen. Aber
erzwingen kann es das nicht.[346] Selbst wenn die Zeugen aus dem Ausland anreisen,
stellt sich die Frage, ob ihre Aussage denselben Beweiswert hat wie die eines inländischen Zeugen. Der inländische Zeuge kann vereidigt werden und bei Falschaussage
bestraft werden. Der ausländische Zeuge nicht.[347]

Soll in einem inländischen Prozess etwas durch ein Beweismittel bewiesen werden,
welches sich im Ausland befindet, so muss der Weg über die dortigen Behörden gesucht werden.

2.   Haager Übereinkommen über die Beweisaufnahme im Ausland[348]

Dieselben praktischen Gründe wie für das Haager Zustellungsübereinkommens gel-
ten auch für das Haager Übereinkommen, mit welchem die Beweisaufnahme im
Ausland erleichtert werden soll. Das Verfahren ist ähnlich aufgebaut wie in dem
HZÜ.[349] Die Mitgliedsstaaten sind etwa dieselben.

---

[345] Geimer, S. 710 RN 2260, weist aber auf die enge Verflochtenheit von Sach- und Verfahrensrecht
gerade im Beweisrecht hin.
[346] Kommentare zu §§ 362 ff ZPO
[347] Es soll hier unerörtert bleiben, ob ein freiwillig erscheinender Zeuge sich damit auch der deutschen
Strafjustiz unterwirft und ein eventuelles Strafverfahren wegen Falschaussage ermöglichen würde.
Solche Fragen scheinen praktisch nicht vorzukommen.
[348] v. 18. 3. 1970
[349] Gemäß Art. 2 bestimmt jeder Vertragsstaat eine Zentrale Behörde, welche die von einer gerichtlichen Behörde eines anderen Vertragsstaats ausgehenden Rechtshilfeersuchen entgegennimmt und der

3.   EU-Beweisübereinkommen

Beispiel:

> Der französische Kläger F hat die Beklagte D in Essen vor dem Landgericht Essen
> verklagt, weil die von D in Frankreich gebaute Brücke Risse zeige und bei LKW-
> Verkehr schwanke. D behauptet, die Risse seien ganz normal, und die Schwankun-
> gen lägen innerhalb der Toleranzbreite. Sollten sich doch Fehler ergeben, so liege
> das daran, dass der bauleitende Ingenieur des F falsche Weisungen an D erteilt habe.
> Das LG Essen möchte über diese Behauptungen Beweis erheben. Wie geht es vor?

a.   Grundsatz

Im zwischenstaatlichen Verkehr der EU gilt die EuBVO.[350] Die VO ist unmittelbar
geltendes Recht in Deutschland und bedarf daher keiner Umsetzungsakte. Sie wird
aber in das deutsche Recht integriert und ergänzt in §§ 1072 ff ZPO.

Art. I beschreibt den Anwendungsbereich. Es kommen zwei Fälle in Betracht.

- Art. I 1 a: Das Prozessgericht bittet (ersucht) das zuständige Gericht des Mitgliedstaates, wo der Beweis erhoben werden soll, um Vornahme der entsprechenden Beweishandlungen; oder
- Art. I 2: Das Prozessgericht bittet um die Erlaubnis, in dem Mitgliedstaat
  unmittelbar, also in eigener Verantwortung, Beweise erheben zu dürfen.

Im Beispiel wird das Landgericht Essen den Beweis über das Schwanken der Brücke
vermutlich durch Augenschein erheben und sich am besten an Ort und Stelle bege-
ben, Art. I 1 b. Die angereiste Kammer des LG darf im Gastland keine hoheitlichen
Maßnahmen treffen. Wenn Zeugen freiwillig erscheinen, müssen sie darauf hingewiesen werden, dass sie zur Aussage nicht verpflichtet sind.

Wenn im Beispiel das Ergebnis des Augenscheins die Behauptung des Klägers bestätigt, kommt es auf die zweite Behauptung der Beklagten an. Das Landgericht kann
sich zwar die Brücke angucken, ohne in die Hoheitsrechte des französischen Staates
einzugreifen, die Behörden des Gastlandes bleiben aber ausschließlich zuständig, um
Zeugen und Gutachter vorzuladen oder unter Androhung von Zwangsmaßnahmen
zur Wahrheit anzuhalten. Das sollte durch einen Richter aus dem Sprachraum des
Zeugen geschehen, Art. I 1 a.

b.   Förmlichkeiten

Die EuBVO sieht vor, dass sich das Prozessgericht unmittelbar, also ohne diplomatischen Umweg, an das zuständige Gericht im Zielstaat wendet, Art. 2. Die Staaten

---

zuständigen Behörde im eigenen Staat zur Erledigung zuleitet. Gemäß Art. 9 geht die gerichtliche
Behörde im ersuchten Staat nach ihrem Verfahrensrecht vor. Dazu gehört auch die Anwendung der
hier möglichen Zwangsmaßnahmen. Der ersuchende, z.B. deutsche, Richter kann daher dem ersuchten, z.B. französischen, Richter nicht vorschreiben, den Zeugen zu vereidigen, wenn dieser Staat in
solchen Fällen die Vereidigung nicht kennt oder ein Aussageverweigerungsrecht gibt, Art. 11.

[350] Verordnung (EG) Nr. 1206/2001 des Rates über die Zusammenarbeit zwischen den Gerichten der
Mitgliedstaaten auf dem Gebiet der Beweisaufnahme in Zivil- und Handelssachen vom 28.5.2001
Hier wie gelegentlich ist Dänemark nicht beigetreten: vgl Art. 1 III.

benennen Zentralstellen, welche dem ersuchenden Gericht gegebenenfalls helfen, das
zuständige Gericht ausfindig zu machen bzw. die richtigen Fragen zu stellen.

Das Ersuchen ist in der Amtssprache zu stellen, welche am Orte der erbetenen Beweisaufnahme gilt. Eine Beweisaufnahme in Belgien hat also danach zu unterscheiden, ob diese in Antwerpen (Niederländisch) oder in Eupen (Deutsch) stattfinden
soll. Wenn das Gericht des Zielstaates die Beweisaufnahme im Auftrag des Prozess-
gerichts durchführt, versteht es sich von selbst, dass das Prozessrecht am Ort, *lex
fori*, angewendet wird.

4.   Ausländische Urkunden

Wenn unter dem Briefkopf der *Supernational Money Bank*, Nassau/Bahamas, ein
Angebot eingeht und angenommen werden soll, stellen sich zu allererst zwei Fragen:
Gibt es diese Firma überhaupt? Wenn ja, sind die unterzeichnenden Personen (noch!)
zur Zeichnung befugt? Verlässliche Beweise über das Bestehen von Rechtsverhältnissen, insbesondere Vollmachten, sind eine wichtige Voraussetzung für einen rei-
bungslosen Geschäftsverkehr. Der Beweis wird am verlässlichsten durch Urkunden
erbracht. Der Beweiswert von privaten und öffentlichen Urkunden wird in der ZPO
festgelegt. Der volle Beweiswert der öffentlichen Urkunde und die absolute Vertrau-
enswürdigkeit des Notarstandes stehen daher in einem engen Zusammenhang.[351] Das
in Deutschland verbreitete sehr hohe Ansehen des Notars und das Vertrauen in seine
Seriosität ist ein nicht zu unterschätzender Faktor für den Wirtschaftsstandort
Deutschland. Es kommt, von wenigen wohl nie vermeidbaren Fällen abgesehen,
nicht vor, dass ein deutscher Notar betrügerischer Weise etwas beurkundet.

Von deutschen öffentlichen Urkunden vermutet § 437 ZPO, dass sie echt sind. Das
gilt für ausländische Urkunden nicht. Echtheit und Beweiswert einer ausländischen
Urkunde hat das deutsche Gericht gemäß § 438 Absatz 1 ZPO nach den Umständen
des Falles ermessen. Hat der deutsche Notar eine deutsche Übersetzung von einer
fremdsprachigen Urkunde hergestellt, so gibt diese den vollen Beweis dafür, dass die
in der ausländischen Urkunde beurkundete Tatsache wahr ist. Wenn also der Notar
sich aufgrund eigener Sprachkenntnisse zutraut, die im schwedischen Handelsregister verzeichneten Vertretungsverhältnisse richtig wiederzugeben und zu beurkunden,
so ist damit der volle Beweis dafür erbracht, dass diese Vertretungsverhältnisse auch
wahr sind.[352]

---

[351] **Exkurs:** Eine privatschriftliche Urkunde erbringt den vollen Beweis dafür, dass diese Erklärung
vom Unterzeichner stammt, § 416 ZPO; mehr nicht! Das Erklärte stimmt aber vielleicht nicht. Notarielle Urkunden aber *begründen den vollen Beweis der darin bezeugten Tatsachen*, § 418 ZPO. Beispiel: A hat in einer privatschriftlichen Urkunde geschrieben: B hat Vollmacht, den Darlehensvertrag
für mich zu unterzeichnen. Hier ergibt sich nur, dass A diese Erklärung abgegeben hat; in der Regel
wird das Erklärte auch stimmen. Aber A könnte auch unter Drogen gestanden haben und die Erklärung wäre nichtig. Zweites Beispiel: A hat in einer notariellen Urkunde dieselbe Erklärung abgegeben.
In diesem Fall ist bewiesen, dass B Vollmacht hat. Der Notar ist verpflichtet, sich von der Geschäftsfähigkeit des A zu überzeugen, sonst darf er nicht beurkunden.
[352] vgl.. Geimer, Notarielle Vertretungsbescheinigungen aus ausländischen Unternehmensregistern,
IPRax 09, 58 f ; auch BGH Beschl. V 16.1.07, RIW 08, 382: *Die beglaubigte Abschrift einer französischen Akte erbringt regelmäßig den vollen Beweis für die Abgabe der darin beurkundeten Erklärungen. Das Gericht darf die beglaubigte Abschrift einer französischen Akte nicht deswegen außer Acht
lassen, weil sie in französischer Sprache verfasst ist.*

V.   Anerkennung ausländischer Urteile

Fälle

1. Das Finanzamt Stuttgart hat den in Zürich wohnenden deutschen Steuerschuldner S zur Zahlung einer Steuer in Höhe von 1 Million EUR veranlagt. Der Bescheid ist rechtskräftig. Das FA Stuttgart erlässt eine Pfändungsverfügung, wonach das Wertpapierdepot des S a) bei der Kreissparkasse Reutlingen und b) bei der Züricher Kantonalbank, Zweigstelle Bahnhofstraße, gepfändet wird. Geht das?

   Stichworte: Nichtanerkennung ausländischen öffentlichen Rechts

2. Beklagter B, wohnhaft in Bochum, hatte bis zum Jahre 2000 im US-Bundesstaat N Geschäfte betrieben, u.a. mit Kläger K. Im US-Bundesstaat G hatte B Grundvermögen, welches aber am 1.1.02 in fremde Hände ging. Mit Klage, die am 30.12.01 bei einem Gericht des US-Bundesstaates A einging, verklagt K den B auf $ 10 Mio Schadensersatz aus der damaligen Beziehung. B meint, wenn K etwas von ihm wolle, solle er ihn in Bochum verklagen und tut nichts. K erwirkt A ein Versäumnisurteil gegen B über diesen Betrag und beantragt beim LG Bochum, dieses Urteil anzuerkennen und zu vollstrecken.[353] Zu Recht?

   Stichworte: Internationale Zuständigkeit – Gerichtsstand des Vermögens – Vollstreckung ausländischer Urteile.

3. Klägerin K, eine Gesellschaft mit Sitz in Dänemark, verklagt die in Rostock sitzende Beklagte B auf Zahlung von DM 100.000. B erwirbt von L in Prag deren Ansprüche gegen K in Höhe von DM 120.000, rechnet damit auf und verlangt widerklagend DM 20.000 von K.[354] Ist das LG Rostock zuständig?

   Stichworte: Internationale Zuständigkeit für die Aufrechung

1.   Urteile als ausländische Hoheitsakte

Ausländische Hoheitsakte haben im Inland grundsätzlich keine Wirkung; vgl. aber oben S. 73. Deutsche Hoheitsakte im Ausland auch nicht. Etwas anderes kann sich aufgrund eines inländischen Gesetzes ergeben oder, was diesem gleich steht, einem durch Ratifizierung zu inländischem Recht gewordenen völkerrechtlichen Vertrag. Die Pfändungsverfügung in Fall 1 ist nach deutschem Recht, § 309 Abgabenordnung, zulässig. In Reutlingen führt sie ohne weiteres dazu, dass S über seine Wertpapiere nicht mehr verfügen kann. Die Verfügung ist auch im Verhältnis zur Schweiz völkerrechtlich zulässig, denn eine hinreichende Anknüpfung ist gegeben, aber die Schweiz ist völkerrechtlich nicht verpflichtet, diese Anordnung in einen eigenen Hoheitsakt umzusetzen, und die Wertpapiere zu pfänden. S kann daher über seine Wertpapiere in der Schweiz weiter frei verfügen.

Der Verfasser möchte aber wie folgt argumentieren. Die Schweiz benützt als naher Nachbar Deutschlands ihre Souveränität gegenüber Deutschland in völlig anderer Weise als z.B. gegenüber Japan oder Finnland. Aus einem Proximitätsgrundsatz folgt

---

[353] BGH v. 29.4.99 ZIP 99, 1226 (= EWiR Aden 2000, 55)
[354] vereinfacht nach BGH v. 7. 11. 2001 WM 03, 102

daher die Pflicht, völkerrechtsgemäße deutsche Hoheitsakte, welche die Schweiz
selbst auch zu erlassen pflegt, umzusetzen, wenn der Deutsche nicht, etwa als Asyl-
bewerber, den Schutz der freien Schweiz sucht, sondern die Grenzen der deutschen
Staatsmacht missbräuchlich nutzen will. Umgekehrt müsste dasselbe gelten.[355]

Auch Gerichtsurteile sind Hoheitsakte, es gilt für sie daher grundsätzlich dasselbe.[356]
Es ist aber sinnvoll, von zuständigen Gerichten im Ausland entschiedene Verfahren
nicht noch einmal durchführen. Für die Anerkennung ausländischer Gerichtsurteile
gibt es in Deutschland heute drei Rechtsgrundlagen.

- EuGVO: Urteile eines Gerichtes eines Mitgliedstaates der EU bzw. des Lu-
  gano-Abkommens werden in jedem Mitgliedstaat in einem vereinfachten
  Verfahren anerkannt und vollstreckt.
- Zweiseitige völkerrechtliche Verträge über die gegenseitige Anerkennung
  von Urteilen im Verhältnis Deutschlands zu einem anderen Staat.
- § 328 ZPO: Heute zur Auffangregel gewordene Vorschrift für das Verhältnis
  zu Staaten, mit denen keine Vereinbarung besteht. Hauptanwendungsfall dieser Vorschrift ist der deutsch-amerikanische Rechtsverkehr.

2.   Anerkennungsfähige Entscheidungen

a.   Endurteile

Anerkannt werden Urteile. Urteil ist eine Entscheidung, die ein staatliches Gericht
aufgrund eines rechtsförmigen Verfahrens endgültig getroffen hat.

- Staatliches Gericht: Der Entscheidungskörper muss Teil der staatlichen Organisation des Staates sein, aus welchem die Entscheidung kommt. Die völkerrechtliche Anerkennung dieses Staates ist nicht erforderlich. Ein Urteil eines Gerichts aus Taiwan oder Nordzypern wäre daher anerkennungsfähig,
  obwohl Deutschland beide nicht als Staaten anerkennt.
- Rechtsförmiges Verfahren: Ein Gericht trifft Entscheidungen nach einem
  Verfahren, in welchem Kläger und Beklagter in Rede und Widerrede ihre Sache vortragen können. Die Gewährung des rechtlichen Gehörs ist dessen konstitutives Element. Ob die Parteien davon Gebrauch gemacht haben, steht bei
  ihnen, auch Versäumnisurteile sind daher anerkennungsfähig.
- Endgültige Entscheidung: Wir müssen der fremden Entscheidung nicht mehr
  Gewicht geben als der Ursprungsstaat selbst. Wenn die Entscheidung dort

---

[355] Fischer – Lescano, A., JZ 08, 372 spricht von der *Emergenz eines transnationalen Verwaltungs-
rechts* , zwar zunächst im Umweltrecht, aber der Gedanke darf weiter ausgezogen werden.
[356] **Exkurs:** Das gilt auch für Strafurteile. Grundsätzlich kümmern wir uns nicht darum, ob jemand
durch ein ausländisches Gericht zu einer Strafe verurteilt worden ist. Wer im Staat S wegen einer
Straftat zu zehn Jahren Freiheitsstrafe verurteilt worden ist, kann, wenn ihm die Flucht gelingt, in
Deutschland grundsätzlich frei herumspazieren, es sei denn, dass es ein Auslieferungsabkommen
zwischen Deutschland und S gibt. Da Deutschland mit praktisch allen wichtigen Staaten solche Auslieferungsabkommen geschlossen hat, ist es freilich kein sehr geeigneter Fluchtstaat für im Ausland
verurteilte Straftäter. Paraguay oä ist dann besser.

noch nicht rechtskräftig ist, brauchen wir sie also auch noch nicht anzuerkennen.[357]

In anderen Sprachen heißt Urteil anders, und die Verfahrensregeln sind anders. Auf die Bezeichnungen kommt es aber nicht an, vgl. Art. 32 EuGVO. Anerkennungsfähig sind daher auch Entscheidungen, welche wir nicht Urteil nennen würden, sondern Beschluss.[358]

Problematisch sind Vergleiche. Gemäß § 328 ZPO anerkannt und ggfs vollstreckt werden ausländische gerichtliche Hoheitsakte, keine Privatvereinbarungen. Die Anerkennung setzt also voraus, dass der Vergleich in seinem Ursprungsstaat unter gerichtlicher Autorität steht und folglich Hoheitsakt ist.[359]

b.   Eilverfügungen (Einstweilige Anordnungen, Arreste o.ä.)

Vorläufige Verfügungen eines ausländischen Gerichts, die wir Einstweilige Anordnung oder Arrest nennen würden (engl. injunction) sind keine endgültigen Entscheidungen. Oft sind sie erlassen worden, ohne dem Gegner Gehör zu gewähren, vgl. § 921 II ZPO. Diese sind daher keine Urteile im Sinne des § 328 ZPO und nicht aufgrund *dieser* Vorschrift anerkennungsfähig; auch Art. 31 EuGVO regelt nur die möglichen Zuständigkeiten für den Erlass einer Eilmaßnahme, nicht aber deren Vollstreckung.[360] Denkbar sind aber andere Anerkennungsgründe. Dasselbe gilt für Zwangs- und Strafmittel eines fremden Gerichts. Eine Pflicht zur Anerkennung kann sich aber aus völkerrechtlichen Verträgen ergeben.

**3.   § 328 I Nr. 1 ZPO: Internationale Zuständigkeit als
         Anerkennungsvoraussetzung**

Es ist vermutlich ein Weltrechtssatz, dass eine Maßnahme gleich welcher Art, nur Anerkennung findet, wenn sie von der zuständigen Stelle erlassen worden ist. In Fall 2 kam es darauf an, ob das Gericht in A international zuständig war. Zur Zeit der Klageerhebung hatte B in den USA keinen Wohnsitz mehr, er machte dort auch keine Geschäfte mehr. Er besaß dort aber noch Grundvermögen, freilich im Staate G. Nach Lage der Dinge kam ein Gerichtsstand nur unter dem Gesichtspunkt des § 23 ZPO, Vermögensbelegenheit, in Betracht. Nach deutschem Recht kann Grundvermögen in Deutschland einen Gerichtsstand gegen einen im Ausland wohnenden Ausländer begründen, und zwar – das ist der entscheidende Punkt – auch für Klagen, welche mit diesem Vermögensstück gar nichts zu tun haben. Der BGH wendete auch auf § 23 die Spiegeltheorie an und hielt das amerikanische Gericht für zuständig. Das Versäumnisurteil wurde daher anerkannt.[361]

---

[357] MK-ZPO Gottwald, § 328 RN 49; § 723 II ZPO. Hier kann es aufgrund unterschiedlicher Rechtsordnungen zu Problemen kommen. Für uns ist der Begriff Rechtskraft ziemlich klar; dennoch können Urteile z. B. bei Meineid eines Zeugen im Wiederaufnahmeverfahren aufgehoben, die Rechtskraft vernichtet werden, §§ 578 ff ZPO. Die Entscheidung einer Jury in den USA ist hinsichtlich der Tatsachenfeststellung aber wohl überhaupt nicht mehr änderbar.

[358] Kegel, S. 551; 1052

[359] Geimer S. 893, RN 2864

[360] Vgl. Kropholler Art. 31

[361] **Exkurs:** Eine Besonderheit des Falls lag darin, dass das Vermögen des B *nicht* im Gerichtsstand A, sondern in einem anderen Bundessaat, lag. Der Bundesgerichtshof betrachtet die USA aber als

4.   § 328 Nr. 2: Nichteinlassung – Rechtliches Gehör

Es ist Weltrechtssatz, dass niemand endgültig verurteilt werden kann, der nicht vor
Erlass des Urteils Gelegenheit hatte, sich in angemessener Weise zu verteidigen,
Grundsatz des rechtlichen Gehörs.[362] Das ausländische Verfahren kann fehlerhaft
gewesen sein, der Richter mag ohne Sach- und Rechtskenntnis vorgegangen sein.
Solche Dinge muss die Partei im Forumsstaat ggfs durch Einlegung eines Rechtsmit-
tels rügen, einer Anerkennung des Urteils in Deutschland stehen sie nicht entgegen.
Es gilt nur eine Ausnahme: Die Verweigerung des rechtlichen Gehörs, Art. 103 GG,
328 Nr. 2 ZPO. Dieser Grundsatz zerfällt in zwei Teile.

- Kenntnisgabe von der Klageerhebung. § 328 I Nr. 2 meint nur diese Teilfrage.[363]

- Rechtsverteidigung im Prozess. Die zweite Teilfrage gehört zu Nr. 4 (öffentliche Ordnung).[364]

5.   § 328 I Nr. 3: Urteilskollision

Wenn zwei inländische Urteile in der gleichen Sache ergehen, so geht das ältere Urteil vor.[365] Dieser Prioritätsgrundsatz gilt gemäß § 328 Nr. 3 nicht zugunsten eines
ausländischen Urteils. Das inländische Urteil geht also einem früheren ausländischen
vor. In der Praxis spielt dieser Fall keine große Rolle. Aus den Ausführungen oben
S. 136 f folgt auch, dass solche Fälle eigentlich kaum mehr vorkommen können.

6. § 328 I Nr. 4: Vorbehalt der öffentlichen Ordnung

a.   Grundsatz

Die Anerkennung eines ausländischen Urteils im Inland ist ausgeschlossen, wenn
dieses zu einem Ergebnis führt, das *mit wesentlichen Grundsätzen des deutschen
Rechts offensichtlich unvereinbar* ist.[366] Die in Betracht kommenden Fälle können
kaum allgemein beschrieben werden. Die negative Abgrenzung ist leichter: Der Anerkennung steht nicht entgegen, dass ein deutsches Gericht anders entschieden hätte.
Es reicht auch nicht, dass das fremde Urteil mit zwingendem inländischem Recht im
Widerspruch steht. Die Worte *wesentliche Grundsätze* und *offensichtlich* zeigen, dass

---

einheitlichen Rechtsraum und sah das nicht als Hinderungsgrund. Die zweite Besonderheit war, dass
im Staate A selbst eine Regel wie § 23 ZPO nicht gilt. Die Gerichte dieses Staates waren also nach
ihrem eigenen Recht auf Grund einer Vorschrift zuständig, die in Deutschland nicht anerkannt wurde,
und sie waren in Deutschland aufgrund einer Regel international zuständig, die in Amerika nicht galt.
Es ist zweifelhaft, ob der BGH hier richtig entschieden hat, vgl Aden EWiR 2000, 55.

[362] **Exkurs:** Die Tiefe und Allgemeingültigkeit dieses Grundsatzes ergeben sich vielleicht aus folgendem Beispiel: In den ersten Kapiteln des Alten Testaments wird die Geschichte erzählt, dass Kain
seinen Bruder Abel erschlagen hat. Gott, der dieses Verbrechen gesehen hatte, verhängt nun nicht
sogleich eine Strafe über Kain, sondern er gewährt sogar dem offensichtlich Überführten Gehör: Wo
ist dein Bruder Abel? Selbst Gott also gewährt rechtliches Gehör, bevor er sein Urteil spricht. Umso
beeindruckender ist es, wenn eine Evangelische Landeskirche einen Oberkirchenratspräsidenten aus
dem Dienst entfernt, ohne ihn jemals angehört zu haben.

[363] OLG Hamm v. 5.2.02 IPRax 04, 258

[364] MK-ZPO § 328 RN 103

[365] Das ergibt sich eigentlich von selbst, kann aber durch § 580 Nr. 7 ZPO unterlegt werden.

[366] vgl. den insoweit identischen Wortlaut in Art. 6 EGBGB

Schlimmeres verlangt wird. Das ausländische Urteil muß, wenn es hier anerkannt würde, zu einem Ergebnis führen, welches mit deutschen Rechtsvorstellungen schlechterdings nicht zu vereinbaren ist.

Die Frage, ob das ausländische Urteil nach dem Recht, welches das Gericht angewendet hat, falsch, vielleicht sogar grob fehlerhaft war, spielt für sich genommen keine Rolle. Es ist grundsätzlich auch egal, ob der ausländische Richter sich an das für ihn verbindliche Verfahrensrecht gehalten hat. Diese Fragen sind aber ggfs unter dem Gesichtspunkt des § 328 I Nr. 2 von Gewicht; vgl. unten c.

b.   Materieller Verstoß

Das Ergebnis eines Urteils kann gegen § 328 I Nr. 4 verstoßen, weil die Rechtsfolge in Deutschland rechtlich unmöglich ist. Beispiel: Der 50% ige GmbH-Gesellschafter wird verurteilt, die Hälfte des der GmbH gehörenden Grundstücks zu übereignen.[367] Oder: Beklagter wird zur Übereignung des auf seinem Grundstück stehenden Apfelbaums verurteilt; vgl. § 93 BGB. In diesen Fällen kann das ausländische Urteil sozusagen aus rechtstechnischen Gründen nicht durchgesetzt werden. Dasselbe gilt, wenn das Ergebnis einer Urteilsanerkennung sittenwidrig im Sinne von § 138 BGB wäre. Auch hier ist jedoch im Einzelfall zu prüfen, ob alles das, was wir innerstaatlich als sittenwidrig ansehen, im Verhältnis zu einem fremden Urteil dieselbe Bewertung verdient. § 138 BGB ist in der Rechtsprechung zu einer allgemeinen Auffangklausel geworden, mit welcher zum Teil ganz ungeschminkt rechtspolitische Ziele verfolgt werden, die mit einem sittlichen Werturteil kaum etwas zu tun haben.[368] Auch das völlige Fehlen von Urteilsgründen ist für sich genommen noch kein Verstoß gegen die deutsche öffentliche Ordnung.[369]

c.   Prozessualer Verstoß (*prozessualer ordre public*)

Ein Urteil führt zu einem unerträglichen Ergebnis, wenn es gegen fundamentale Rechtsgrundsätze verstößt, also nicht einfach unrichtig ist, sondern eine Rechtsverweigerung beinhaltet. Ein solcher Fall kann (nicht muss!) vorliegen, wenn das ausländische Urteil nicht begründet ist, oder wenn es zu einer Maßnahme verurteilt, die nach deutschem Recht illegal ist. Es wird auch gefragt, ob der Beklagte während des Verfahrens die Möglichkeit zur angemessenen Rechtsverteidigung hatte. Hierzu gehört, dass der Beklagte eine angemessene Zeit hatte, sich vorzubereiten, und dass ihm Gelegenheit gegeben wurde, sich zu allem, was ihm nachteilig sein kann, zu äußern.[370] Es kommen auch Behinderungen in Betracht, die der ausländischen Partei vor dem ausländischen Gericht eine schlechtere Position zuweisen als der inländischen Partei (Ausländerdiskriminierung). In der Praxis sind solche Dinge zwar niemals auszuschließen, kommen aufs Ganze aber wohl doch seltener vor, als die unterlegenen Parteien später meinen. [371] Was angemessen ist, entscheidet das Recht des

---

[367] vgl. OLG Saarbrücken NJW-RR 00,845
[368] Vgl. Aden, BGB, S. 89 f
[369] BGH v. 4.6. 92 BGHZ 118, 312
[370] OLG Hamm v. 5.2.02 IPrax 04, 258: Eine Vollstreckbarerklärung kommt nicht in Betracht, wenn im Erststaat lediglich eine Einlassungsfrist von 6 Tagen zur Verfügung stand.
[371] Gelegentlich entsteht zwar in USA der Eindruck, dass Ausländer gezielt schlechter behandelt werden als Inländer. Schütze, Rolf RIW 04, 162: Diese Diskussion findet auch in Japan statt. *Spezifisch antideutsche Gesetzgebung in Kalifornien, eine zuweilen hostile Rechtsprechung haben die Spannungen virulent werden lassen.*

Staates, in welchem das Urteil anerkannt werden soll, bei uns also deutsches.[372] Auch hier ist wiederum im Einzelfall zu entscheiden. Das in Deutschland verhältnismäßig hohe Niveau des Rechtsschutzes wird in vielen Staaten der Erde für übertrieben angesehen. Was nach deutschem Recht anstößig sein mag, gehört in einem anderen Staat vielleicht zur Normalität.

Gemäß § 328 ZPO sollen zivilgerichtliche Urteile anerkannt und ggfs vollstreckt werden. Nicht anerkennungsfähig sind daher Urteile, welche unter dem Etikett des Zivilrechts in Wahrheit eine Strafe aussprechen. Die Anerkennung eines amerikanischen Urteils, das den Beklagten zur Zahlung von Strafschadensersatz, *punitive damage*, in einer Höhe verurteilt, welche nach deutscher Auffassung nichts mehr mit einem Ersatz von Schaden zu tun hat, wird daher verweigert.[373]

7.   § 328 I Nr. 5: Verbürgung der Gegenseitigkeit,

a.   Grundsatz

Der Satz *Was du nicht willst, dass man dir tu, das füg auch keinem anderen zu*, ist ethischer Gemeinbesitz der Menschheit. Dieser Gedanke liegt der Regelung des § 320 BGB (Einrede des nicht erfüllten Vertrages) und anderen rechtlichen Regeln zu Grunde. Ein sonst anerkennungsfähiges ausländisches Urteil wird im Inland daher dann nicht anerkannt, wenn der entsprechende Staat unseren Gerichtsurteilen nicht dieselbe Ehre antut.

Die deutsche Rechtsprechung ist bei der Auslegung dieser Vorschrift großzügig. Es ist also nicht erforderlich, dass das ausländische Recht dieselben Anerkennungsvoraussetzungen hat wie wir. Auch wenn es in der Anerkennung ausländischer Urteile restriktiver ist als umgekehrt wir, können wir, so meint unsere Rechtsprechung, es uns leisten, Urteile dieses Staates anzuerkennen. Die Gegenseitigkeit gilt also als verbürgt, wenn *im Wesentlichen gleichwertige Bedingungen für die Vollstreckung eines Urteils gleicher Art bestehen*.[374] Diese Vorschrift führt also nur dann zu einem Ausschluss der Urteilsanerkennung, wenn das ausländische Recht strukturelle Hürden für die Anerkennung deutscher Urteile bei sich aufbaut.[375] Unter diesem Gesichtspunkt wird die Gegenseitigkeit mit allen wichtigen Handelspartnern Deutschland als verbürgt angesehen.[376]

Es wird auf die umfassende Auflistung von Schütze hingewiesen, welcher die Verbürgung der Gegenseitigkeit mit Einzelnachweisen unterlegt.[377]

b.   USA

Bei Staaten mit mehreren Rechtsordnungen ist auf die jeweilige Rechtsordnung abzustellen. Das ist insbesondere in Bezug auf die Vereinigten Staaten von Amerika

---

[372] MK-ZPO Gottwald § 328 RN 79
[373] BGH v. 4.6.92 BGHZ 118, 312. Nach deutscher Vorstellung dient das Schadensersatzrecht dem Ersatz des Schadens, nicht der Bestrafung des Täters, das ist Aufgabe des Strafrechts, aber auch nicht der Bereicherung des Geschädigten; vgl. allg. B/L § 328 RN 44 m. N.
[374] BGH NJW 99, 3198f; 01, 524
[375] Thomas-Putzo § 328 RN 20 m.N.
[376] vgl. Liste bei MK-ZPO § 328 Nr. 112-133
[377] Rechtsverfolgung im Ausland, RN 241

wichtig. Die US-Bundesstaaten haben unterschiedliche Zivilprozessrechte und entscheiden über die Frage, ob ein ausländisches Urteil anzuerkennen ist, jeweils für
sich. Die Gegenseitigkeit ist daher nicht gegenüber den USA verbürgt, sondern nur
gegenüber bestimmten, wenn auch den weitaus meisten, Bundesstaaten, wie Kalifornien.[378] Schütze nennt als Ausnahmen nur Mississippi und Montana, und schränkt
ein für Arizona und Massachusetts.[379]

Aus diesem Grunde ist es bedeutsam, dass nach längerer Diskussion in den Vereinigten Staaten von Amerika der Entwurf eines Bundesgesetzes über die Anerkennung
und Vollstreckung ausländischer Urteile vorgelegt worden ist. Es bleibt abzuwarten,
ob und ggfs in welcher Form dieses Gesetz in Kraft tritt.[380]

8.   Zweiseitige Vollstreckungsabkommen

Neben der EuGVO haben viele Staaten zweiseitige Verträge über die gegenseitige
Anerkennung und Vollstreckung gerichtlicher Entscheidungen. Beispielhaft ist hinzuweisen auf den deutsch-tunesischen Vertrag vom 19.7.1966.

VI. Anerkennung und Vollstreckung

Beispiel :

> Der in Mexiko lebende Kanadier K ist auf Klage des Franzosen F von einem
> Gericht in Haiti zur Zahlung von 100.000 € verurteilt worden. F hat in Mexiko
> Vollstreckbarkeitsurteil (Exequaturteil) gegen K erwirkt. Dort kann F aber
> kein vollstreckbares Vermögen des K finden. K hat aus seiner Militärzeit in
> Lahr/Schwarzwald dort eine bisher vor dem F mit Erfolg verheimlichte Eigen-
> tumswohnung. F beantragt nun, um sich einen raschen Zugriff auf diese zu ver-
> schaffen, beim LG Offenburg die Anerkennung des mexikanischen Exequatu-
> rurteils, um in Lahr vollstrecken zu können. Geht das?

> Stichworte: Exequatur des Exequatururteils

1.   Grundsatz

Urteilsanerkennung bedeutet, dass wir ein fremdes Urteil als richtig anerkennen,
auch wenn wir das Gefühl haben oder vielleicht sogar wissen, dass es falsch ist. Die
materielle Rechtskraft der ausländischen Entscheidung wird anerkannt, als ob es sich
um eine deutsche handelte. In allen Fällen, in denen es darauf ankommt, geht auch
unser Recht davon aus, dass es so ist, wie im Ausland entschieden wurde: Die von
dem zuständigen ausländischen Gericht geschiedene Ehe besteht nicht mehr; der von
dem zuständigen ausländischen Gericht für tot erklärte Verschollene ist auch für uns
tot; der dem Kläger zugesprochene Anspruch besteht, der abgewiesene besteht nicht
usw.[381] Hat das anerkennungsfähige Urteil einen vollstreckbaren Inhalt (z.B. A muss

---

[378] BGH NJW 92, 3100; OLG Koblenz v. 16.10.03 RIW 04, 302 Urteile, die im US-Bundesstaat Ore-
gon im Gerichtsstand des doing business ergangen sind, sind in Deutschland nach der Spiegelbildthe-
orie für vollstreckbar zu erklären.
[379] Rechtsverfolgung im Ausland RN 244; s.u. S. 194
[380] Rühl, G. RIW06, 192: Die Anerkennung und Vollstreckung ausländischer Urteile in den USA
[381] Allg. MK-ZPO Gottwald § 328 RN 139

an B 1000 Euro bezahlen oder eine bestimmtes Sache herausgeben), folgt aus der Anerkennung, dass das Urteil in Deutschland vollstreckt werden kann, §§ 722 f ZPO.

Ein ausländisches Urteil bleibt aber ein *ausländischer* Hoheitsakt. Es wird, auch wenn im Inland anerkannt, weder in Deutschland noch in anderen Staaten als solches vollstreckt. Vollstreckung ist ein Hoheitsakt, der besonders tief in die Freiheitsrechte des Bürgers eingreift. Bisher gibt es daher wohl nirgendwo auf der Welt einen Staat, welcher die unmittelbare Durchführung von Vollstreckungshandlungen auf seinem Gebiet freiwillig einer anderen Macht überlässt. Vollstreckung ist daher eine nationale Angelegenheit. Die Anerkennung des ausländischen Urteils führt nur dazu, dass der in dem Urteil benannte Gläubiger einem öffentlich-rechtlichen Anspruch gegen den Anerkennungsstaat auf Erteilung eines Vollstreckungstitels gegen den Schuldner hat. Dieser Anspruch wird durch Erlass des Vollstreckungsurteils (Exequatur-Urteil) erfüllt.

2.   Exequaturverfahren

Die Partei, welche ein ausländisches Urteil im Inland vollstrecken lassen will, wird daher unter Vorlage des Urteils gemäß § 722 ZPO gegen den Beklagten Klage auf Erlass des Vollstreckungsurteils (Exequatururteil) erheben. § 723 Abs. 1 verbietet dem Gericht, die ausländische Entscheidung einer inhaltlichen Überprüfung (*revision au fond*) zu unterwerfen. Das Verfahren entspricht etwa dem Urkunden- und Wechselverfahren, §§ 592 ff ZPO. Auch hier spricht das Gericht nur auf Grund der formalen Prüfung der sich aus der Urkunde ergebenden Ansprüche das Urteil, ohne über die inhaltliche Richtigkeit des Beurkundeten zu entscheiden. Der Beklagte wird im Exequaturverfahren also nicht mehr damit gehört, dass das Urteil inhaltlich unrichtig sei. Der Beklagte kann sich gegen den Erlass des Vollstreckungsurteils nur mit Gründen wehren, welche sich aus § 723 i.V.m. § 328 ZPO ergeben.[382]

Aufgrund des Exequatururteils wird dem Kläger die Vollstreckungsklausel erteilt, §§ 723 f ZPO. Nunmehr hält er einen *deutschen* Titel in der Hand. Der weitere Verlauf der Vollstreckung folgt dem normalen deutschen Recht.

3.   Anerkennung von in Drittländern anerkannten Urteilen

Beispiel: Da K in Mexiko lebt, sind die mexikanischen Gerichte in einem Verfahren mit K als Beklagtem aus deutscher Sicht international zuständig. Das mexikanische Urteil kann daher an sich gemäß § 328 ZPO bei uns anerkannt werden. Wir anerkennen aber nur Urteile. Das mexikanische Exequatururteil ist kein Urteil im Sinne von § 328 ZPO, denn es ist keine Sachentscheidung über einen materiellen Anspruch, es ist nicht anerkennungsfähig.[383] Die Sachentscheidung ist in Haiti getroffen worden,

---

[382] Streitgegenstand des Exequaturverfahrens ist nicht der Sachanspruch, sondern nur noch der Anspruch auf Vollstreckbarkeit, Thomas-Putzo § 723 RN 3
[383] MK-ZPO § 328 RN 42.
Exkurs: Hiermit ist das im internationalen Zivilprozessrecht diskutierte Problem des Doppelexequatur von Urteilen und Schiedssprüchen angesprochen. Neben dem genannten Grund, keine Sachentscheidung, ist als Hauptargument gegen die Anerkennung des Doppelexequatur zu nennen, dass das deutsche Recht keine oder nur sehr stark reduzierte Möglichkeit hätte, das ausländische Exequatururteil nach denselben Regeln auf Anerkennungsfähigkeit, § 328 ZPO, zu überprüfen wie es gegenüber einem Sachurteil möglich ist. Andere Rechtsordnungen sehen das genauso. In den USA ist die Rechtslage nur scheinbar anders. Dort spielt die Frage der bundesweiten Anerkennung von in *einem* Bundes-

einem Staat, dessen Urteile bei uns vermutlich aus mehreren Gründen nicht vollstreckt werden können. Wäre ein Exequatururteil bei uns vollstreckbar, würden wir
im Ergebnis die Entscheidung über die Anerkennungsfähigkeit von ausländischen
Urteilen bei uns anderen Staaten, im Beispiel Mexiko, überlassen.

VII. Europäisches Recht

1. Anerkennungsfähige Entscheidungen

Im Verhältnis der EU-Staaten zueinander gilt für die Anerkennung von gerichtlichen
Entscheidungen die EuGVO. Art. 32 sagt, was eine anerkennungsfähige Entscheidung ist: *Jede von einem Gericht eines Mitgliedsstaates erlassene Entscheidung,...ohne Rücksicht auf ihre Bezeichnung wie Urteil, Beschluss, Zahlungsbefehl
oder Vollstreckungsbescheid, einschließlich des Kostenfestsetzungsbeschlusses eines
Gerichtsbediensteten.*

Anerkennungsfähige Entscheidung sind also nicht nur Urteile, es muss sich auch
nicht um endgültige Entscheidungen handeln; auch vorläufig vollstreckbare Urteile
sind daher anzuerkennen.

2. Anerkennung und Versagung

Art. 33 sagt lapidar: *Die in einem Mitgliedsstaat ergangene Entscheidung* (i.S.v. Art.
32) *werden in den anderen Mitgliedsstaaten anerkannt, ohne dass es hierfür eines
besonderen Verfahrens bedarf.* Die Anerkennungswirkung tritt ipso *iure*, automatisch, damit ein, dass die Entscheidung ergeht. [384] Die Anerkennung kann nur aus den
Gründen des Art. 34 versagt werden, Diese sind im Wesentlichen dieselben wie in
§ 328 ZPO, nämlich

1. öffentliche Ordnung = § 328 I 4 ZPO
2. rechtliches Gehör = § 328 I 2
3. frühere Entscheidung = § 328 I 3
4. frühere Entscheidung aus einem Drittland = § 328 I 4

Gegenüber § 328 enthält Art. 34 eine typische und praktisch bedeutsame Ausnahme.
Voraussetzung der Anerkennung gemäß § 328 I Nr. 1ist die internationale Zuständigkeit des erkennenden ausländischen Gerichts. Auf diese kommt es im Rahmen der
EuGVO, wenn also das Urteil aus einem EU-Mitgliedstaat stammt, nicht an. Sie darf
nicht einmal geprüft werden, Art. 35 III. Allerdings gibt es hiervon eine Ausnahme.
Artikel 35 sagt: *Eine Entscheidung wird nicht anerkannt, wenn die Voraussetzungen
der Abschnitte 3, 4 und 5 des Kapitels II ... verletzt worden sind.*

Abschnitt 3 betrifft die Zuständigkeit für Versicherungssachen, Abschnitt 4 die für
Verbrauchersachen, Abschnitt 5 die für individuelle Arbeitsverträge. Damit werden
die besonderen Zuständigkeiten zugunsten des Verbrauchers bzw. der schwächeren

---

staat anerkannten ausländischen Entscheidungen eine Rolle. Grundsätzlich: Borges, G. *Das Doppelexequatur von Schiedssprüchen,* Berlin 1997, S. 353 f.
[384] Thomas-Putzo Art.1 EuGVVO RN 1

Partei, die in der EuGVO zwingend vorgeschrieben werden, dadurch abgesichert, dass die Entscheidung eines unzuständigen Gerichts von der Anerkennung überhaupt ausgeschlossen ist. Es handelt sich um eine zwingende gesetzliche Vorschrift, so dass der Fehler auch nicht dadurch geheilt werden könnte, dass der Beklagte vor dem einheimischen Gericht vorträgt, dass er nichts gegen die Anerkennung und gegebenenfalls Vollstreckung habe.

3.   Vollstreckbarerklärung

Ist eine Entscheidung anerkennungsfähig, so kann sie gemäß Art. 38 für vollstreckbar erklärt werden. Das geschieht aufgrund eines Antrages, über den das inländische Gericht unverzüglich entscheiden soll. Die Vollstreckbarerklärung kann nur versagt werden, wenn einer der Versagungsgründe gemäß Art. 34 und 35 gegeben ist. Eine inhaltliche Überprüfung der ausländischen Entscheidung findet wie auch schon im normalen Anerkennungsverfahren gemäß § 328 nicht statt.

Auch wenn das einheitliche Anerkennungs- und Vollstreckungsrecht in der EU eine große Erleichterung bei der praktischen Rechtsdurchsetzung ist, so bleibt doch die folgende Schwierigkeit. Die Vollstreckbarkeitserklärung durch das Gericht im EU-Mitgliedstaat A hat nur dort Wirkung; will der Kläger/Antragsteller auch im EU-Mitgliedstaat B vollstrecken, muss er dort dasselbe Verfahren durchlaufen. Die unten darzustellende neue Regelung zum europäischen Vollstreckungstitel stellt daher eine weitere Erleichterung dar. Im Übrigen ist abzusehen, dass die derzeitige Regelung der EuGVO durch künftige Änderungen weiter erleichtert wird.

4.   Eilverfügungen

Eine Eilverfügung wird weiterhin nach dem nationalen Recht der jeweiligen EU-Mitgliedstaates erlassen. Art. 31 EuGVO trifft dafür nur eine Klarstellung hinsichtlich der Zuständigkeit. Wenn der erlassende Staat danach zuständig ist, bleibt er es für das Eilverfahren auch, wenn das Hauptverfahren in einem anderen EU-Staat anhängig ist.

Auch diese Entscheidung ist eine anerkennungsfähige Entscheidung gemäß Art. 32 EuGVO. Der EuGH macht aber die Anerkennung der Eilverfügung davon abhängig, ob der Antragsgegner gehört wurde, was dem Charakter einer Eilverfügung an sich widerspricht.[385] Damit entfällt ein wichtiger Teil der praktischen Bedeutung, welche eine EU-Eilverfügung haben könnte.

---

[385] Stadler JZ 99, 1089

VIII. Europäische Vollstreckungstitel

1. Europäisches Mahnverfahren[386]

Durch *Verordnung (EG) Nr. 1096/2006 des Europäischen Parlaments und des Rates zur Einführung eines europäischen Mahnverfahrens* wurde ein Regime eingeführt, welches das aus der ZPO bekannte Mahnverfahren gemeinschaftsweit vereinheitlicht. Die durch diese Verordnung geschaffene Möglichkeit verdrängt aber das nationale Recht (noch) nicht. Gläubiger haben daher, auch im grenzüberschreitenden Verkehr, künftig zwei parallele Möglichkeiten, um in einem vorprozessualen Verfahren zu einem Vollstreckungstitel zu kommen.

Form, Inhalt und Verfahren des Europäischen Zahlungsbefehl (EuZB) entsprechen weitgehend dem Mahnverfahren gemäß §§ 688 ff ZPO.

Zuständiges Gericht: In Deutschland wird der Antrag auf Erlass des EuZB bei dem Amtsgericht Berlin-Wedding eingereicht, § 1087 ZPO. Das Verfahren ist stark formalisiert. Gegen den EuZB ist gemäß Art. 16 binnen 30 Tagen Einspruch möglich. In diesem Fall wird das Verfahren in ein streitiges Verfahren vor dem zuständigen Gericht übergeleitet, Art. 17.

Verfahren: Unterbleibt der Einspruch, so erklärt das Gericht den EuZB unverzüglich *für vollstreckbar*, Art. 18.

Die Bedeutung des EuZB liegt in Art. 19: *Der im Ursprungsmitgliedsstaat vollstreckbar gewordene Europäische Zahlungsbefehl wird in den anderen Mitgliedsländern anerkannt und vollstreckt, ohne dass es einer Vollstreckbarerklärung bedarf und ohne dass eine Anerkennung angefochten werden kann.*

Hiermit ist ein wesentlicher Schritt getan. Art. 33 und 38 EuVO verlangen für Urteile weiterhin ein Anerkennungs- oder Exequaturverfahren.

Vollstreckung und Rechtsschutz: Die Vollstreckung folgt naturgemäß den Regeln es Staates, in welchem vollstreckt werden soll, Art. 21.

Die Zweistufigkeit des deutschen Mahnverfahrens (Widerspruch gegen den Mahnbescheid und Einspruch gegen den Vollstreckungsbescheid) entfällt. Der EuZB hat daher die Wirkung eines rechtskräftigen Urteils. Rechtsschutz gegen den EuZB besteht nur unter den Voraussetzungen des Art. 20, die letztlich auf eine Wiedereinsetzung in den vorigen Stand hinaus laufen.

2. Europäischer Vollstreckungstitel[387]

Durch *VO (EG) Nummer 805/2004 des Europäische Parlaments und des Rates zur Einführung eines europäischen Vollstreckungstitels für unbestrittene Forderungen* wurde ein praktisch wichtiges Mittel geschaffen, um in rechtlich einfachen Fällen

---

[386] Kreße, B. EWS 08, 508, *Das europäische Mahnverfahren;* vgl. auch Kommentierung bei Thomas Putzo ua ZPO-Kommentaren. Für die österreichische Sicht vgl. die ausführliche Darstellung von Mayr, Peter: *Das europäische Mahnverfahren und Österreich*, öst. JBl 2008, 503 ff
[387] vgl. Kommentierung bei Thomas-Putzo ua ZPO-Kommentare

war einen europaweit endgültigen Vollstreckungstitel zu schaffen. Der europäische Vollstreckungstitel entsteht dadurch, dass das jeweils angerufene nationale Gericht seine Entscheidung auf Antrag zum Europäischen Vollstreckungstitel erklärt, Art. 6. Dazu ist das Gericht berechtigt und verpflichtet, wenn die Entscheidung eine unbestrittene Forderung im Sinne der VO betrifft, Art. 3. Gemeint sind daher

- Anerkenntnisurteil
- gerichtlich protokollierter Vergleich
- Versäumnisurteil
- notarielle Unterwerfungsurkunde

Kern der VO ist Art. 5: *Eine Entscheidung, die im Ursprungsmitgliedstaat als europäischer Vollstreckungstitel bestätigt worden ist, wird in anderen Mitgliedstaaten anerkannt und vollstreckt, ohne dass es einer Vollstreckbarerklärung bedarf und ohne dass die Anerkennung angefochten werden kann.*

Diese Vorschrift ist in deutsches Recht umgesetzt durch § 1082 ZPO.

IX. Theorie und Praxis

Der Jurist kann beschreiben, wie es nach Recht und Gesetz sein soll. Die Praxis ist in vielen Ländern allerdings so, dass sie mit Recht und Gesetz kaum übereinstimmt. Das wird je nach Mentalität mehr oder weniger achselzuckend zur Kenntnis genommen oder scherzhaft kommentiert. Für die jeweils betroffene Partei ist es aber eine vielleicht existenzbedrohende Erkenntnis, dass die an sich zutreffenden Aussagen eines Juristen über das geschriebene Recht in einem bestimmten Staate keinen wirklichen Sitz im Leben haben. In Brasilien ist der Unterschied zwischen Rechtsordnung und Rechtswirklichkeit so deutlich, dass es dafür einen eigenen Fachterminus gibt.[388] Auch aus den ehemals zur Sowjetunion gehörenden Staaten Mittelasiens, etwa Usbekistan, aber auch aus Russland selber, werden Dinge berichtet, die – zurückhaltend ausgedrückt – nicht in den Lehrbüchern stehen.

Kaufleute und international ausgerichtete Wirtschaftsjuristen, werden daher zwar zunächst ihre Aufgabe darin sehen, durch die Wahl des Gerichtsstandes ein möglichst kompetentes Gericht zuständig zu stellen; sodann werden sie durch die Wahl eines möglichst modernen Rechts dafür sorgen, dass die materiellen Ansprüche angemessen behandelt werden können, und soweit es in ihrer Macht liegt, sollten die Verantwortlichen auch auf die Gestaltung des Verfahrensrechts einwirken, damit der eventuelle Prozess zeitlich und kostenmäßig nicht aus dem Ruder läuft.

In einer Reihe von Staaten dauern Gerichtsverfahren aber derartig lange, dass trotz an sich sachgerechter Gesetze von einem Rechtsstaat nicht die Rede sein kann. Wenn ein Prozess über 3 Instanzen bis zu 15 Jahre dauert, wie es in Italien vorkommt, kann das kaum anders als Rechtsverweigerung bezeichnet werden. In manchen Staaten sind die Gerichte regelrecht korrupt: Man kann durch Schmiergelder die Urteile beeinflussen. Wem Direktzahlungen zu auffällig sind, kann durch indirekte Zuwendungen an den Richter, einer Partei oder einem Freundeskreis, dem dieser angehört, des-

---

[388] Kischel, U. ZVgl RW 05, 26f (jeito).

sen Entscheidungsfreudigkeit derartig fördern oder dämpfen, dass er durch immer neue Gutachten und Beweiserhebungen den Prozess so in die Länge zieht, dass die Gegenpartei Mut und Geld verliert; oder auch im Gegenteil kurzen Prozess macht. So etwas passiert nicht nur in exotischen Ländern. Unter den Augen der internationalen Gemeinschaft sind sie der Normalzustand in Bosnien-Herzegowina, und in der EU scheint Italien[389] diesem Zustand ziemlich nahe zu sein. Aber auch in Deutschland sind entsprechende Tendenzen sichtbar, sobald massive politische Interessen ins Spiel kommen.[390]

Aber auch wenn ein Urteil regelrecht und in angemessener Zeit vorliegt, hat der Kläger noch nicht gewonnen. Es genügt nicht, dass das Recht eines Staates ein rechtsstaatliches Verfahren vorhält. Urteile müssen auch wirklich vollstreckt werden! Aus der Volksrepublik China wird berichtet, dass im Durchschnitt nur 60% der Gerichtsurteile wirklich vollstreckt werden.[391]

Selbst wenn ein Urteil ordnungsgemäß in den Vollstreckungsgang gegeben wird, können sich aus den jeweils anwendbaren Vorschriften erhebliche Schwierigkeiten ergeben. Auch in Deutschland ist es einem Schuldner, der es wirklich darauf anlegt, fast immer möglich, sich dem Vollstreckungszugriff seines Gläubigers zu entziehen.[392] Sowie der Schuldner ins Ausland geht, wird die Sache für einen Gläubiger, welcher im Rahmen des Rechts operieren möchte, sehr schwer, wenn nicht hoffnungslos.

Ein Wirtschaftsjurist tut seinem Unternehmen daher viel Gutes, wenn er sich darüber Gedanken macht, wie im Ernstfall eine rechtskräftige Entscheidung im Lande des Gegners oder dort, wo dieser Vermögen hat, vollstreckt werden kann. Jeder Anwalt kennt innerhalb seines eigenen Rechtssystems tausend Tricks, wie man Gläubiger vor die Wand laufen lassen kann. Diese Tricks beginnen mit einfachen Mitteln wie schlichtes Vertauschen von Namensschildern an der Wohnungstür, und reichen hinauf bis zu anspruchsvollen Gestaltungen vorgetäuschter Insolvenzen und wirklicher oder vorgetäuschter grenzüberschreitender Vermögensübertragungen. Die Versuchung des Gläubigers, sich dann an, oft aus Osteuropa stammende, Beitreibungbanden um Hilfe zu wenden ist groß. Die damit verbundenen besonderen Risiken sind aber noch größer.

Es liegt außerhalb dieses Buches, solchen Fragen im Einzelnen nachzugehen. Es muss aber im Rahmen eines internationalen Rechtsstreites jedem Beteiligten deutlich sein, dass die Vorschriften und Gesetze, wie sie in den Büchern stehen, nur ein Teil der Wahrheit sind. Die im Rahmen internationaler Rechtsbeziehungen erforderliche

---

[389] BGH v. 11.7.03 RIW 04,147: Am 2. Oktober 00 bei deutschem Gericht eingereichte Klage gegen in Italien wohnenden Beklagten wurde am 1.3.01, dort zugestellt. 5 Monate später! – Der englische *The Economist* v. 14.3.09 schreibt, dass nach Einschätzung der Weltbank der Rechtsschutz in Italien geringer sei als in Mosambik und die Vollstreckbarkeit eines Titels schwieriger als in Kolumbien.

[390] Zu erinnern ist an die von der interessierten Partei, der SPD, fälschlich als Barschel-Affäre aufgebaute mafiöse Geschichte um die Ermordung des ehemaligen Ministerpräsidenten von Schleswig-Holstein, und ihren Zuträger Pfeiffer, mit nächtlicher Geldübergabe an diesen auf einem Parkplatz im Auftrage eines amtierenden Landesministers; dann die skandalöse (aber rechtlich und politisch folgenlose) Niederschlagung der strafrechtlichen Nachforschungen durch die SPD-Regierung, indem der ermittelnden Staatsanwalt versetzt wurde.

[391] The Economist v. 26. März 2005

[392] Vgl. Aden, Das Bankrecht, Köln 1995, S. 193: Kapitel: *Wie beschummelt man eine Bank.*

vorbeugende Rechtspflege sollte auch diesen Fragen Aufmerksamkeit schenken. Je mehr man vorher weiß, desto weniger Wissen braucht man später anzuwenden.

5. Teil   Deutsch-amerikanischer Rechtsverkehr

Vorab

Die traditionelle Selbstwahrnehmung ihres Rechtssystems durch Mitglieder des *common-law*-Rechtskreises wird vielleicht aus folgendem Zitat deutlich: *Freiheit und Menschenrechte....sind das gemeinsame Erbe der Englisch sprechenden Welt und finden in der Magna Charta,..und dem Juryverfahren ihre sichtbarste Ausprägung.*[393]

Das amerikanische Rechtssystem wird von Amerikanern wohl immer noch als das beste der Welt angesehen. Allerdings mehren sich auch in den USA Zweifel. In Europa ist es weithin Konsens, dass das amerikanische Rechtssystem ungerecht, teuer und korruptionsanfällig ist. Das gilt einmal für die Strafgerichtsbarkeit. In einem aktuellen Buch aus den USA heißt es: *Selbst die wenigen Verfahren, die überhaupt zur Verhandlung kommen, dringen nicht zum Kern der Sache vor. Zeugen, auch die Polizei, lügen; Rechtsanwälte und Staatsanwälte drehen und verdecken die Wahrheit. .. die Richter sind regelrecht korrupt und nehmen Schmiergelder.*[394]

Das gilt aber auch für wirtschaftsrechtliche Streitigkeiten. Für Anwälte, die an die entsprechenden Fälle herankommen, sind die USA ein Gebührenparadies. Auch Dickie Scruggs, ein Prozessanwalt aus Mississippi, findet das Rechtssystem prima. Er hat den Prozess gegen die Tabakindustrie in den neunziger Jahren geführt und den Vergleich über 146.000.000.000 $ bewerkstelligt. Er beschreibt *das Zauberreich der Justiz (magic jurisdiction)*, welches sich an bestimmten Gerichten auftut. *An einen solchen paradiesischen Ort amtieren Richter, deren Wahlkampf mit dem Geld aus Zauberprozessen finanziert worden ist, wo die Anwälte mit den Richtern gut können, und wo für eine Menge Wähler viel Geld in der Sache steckt. In diesem Justizparadies (lawyer`s paradise) werden die Fälle nicht im Gerichtssaal entschieden − sie sind bereits auf der Straße entschieden, lange bevor der Fall vor das Gericht kommt.*[395] Die vereinzelt diskutierte Frage, ob Gerichtsurteile aus den USA angesichts der dort herrschenden Praktiken bei uns überhaupt anerkennungsfähig sind, ist daher nicht ganz abwegig. Amerikanische Gerichte nehmen aufgrund von zum Teil unklaren Rechtsnormen internationale Zuständigkeiten in Anspruch, die weit über das international übliche Maß hinaus reichen. Das führt zu Urteilen, welche zwar in einem formalen Sinne bei uns nicht anerkennungsfähig sind, aber wegen der Wichtigkeit der USA rein tatsächlich Bedeutung gewinnen. Insbesondere diese Zuständigkeitsanmaßung hat zu dem seit *Jahrzehnten schwelenden Justizkonflikt zwischen den USA und Deutschland bzw. Europa*, der aber auch zwischen USA und Japan in ähnlicher Weise schwelt, beigetragen.[396]

---

[393] W. Churchill 1946 zitiert nach: The Economist v. 13. Nov. 2004, S. 57
[394] Bogira, St.: *Courtroom 302: A Year Behind the Scenes*, zitiert in The Economist v. 19. März 05.
[395] The Economist v. 19.Feb. 2005, S. 41
[396] Stürner, R /Müller, Th. *Aktuelle Entwicklungstendenzen im deutsch-amerikanischen Rechtshilfeverkehr*, IPRax 08, 339 ff. Schütze, Rolf RIW 04, 162 *Zum Stand des deutsch-amerikanischen Justizkonflikts. Merkt, FS Leipold, S. 281*, spricht von einem *vorauseilendem Gehorsam der deutschen Justiz gegenüber den Anmaßungen der USA.*

Das Ansehen, welches das amerikanische Rechtssystem zuhause und zum Teil auch außerhalb der USA genoss, stützte sich zum großen Teil auf die Rolle des Obersten Gerichtshofs, *US Supreme Court,* welcher durch wegweisende Entscheidungen namentlich der allmählichen Beendigung der Rassendiskriminierung in den USA vorgearbeitet hat. Das *common-law*-System kennt in wichtigen Kernbereichen des Rechts keine gesetzliche Regelung. In diesen Bereichen haben einige Leitentscheidungen des Obersten Gerichtshofs auch für das Wirtschaftsrecht große Bedeutung, auch weil sie die fehlende Gesetzgebung ersetzen. Insgesamt hat aber der Oberste Gerichtshof der USA im Wirtschaftsrecht bei weitem nicht die Bedeutung wie bei uns der Bundesgerichtshof oder in Frankreich das dortige oberste Gericht, die *Cour de Cassation.* Das wird schon dadurch deutlich, dass der *US-Supreme Court* die von ihm zu entscheidenden Fälle mehr oder weniger willkürlich auswählt, durchschnittlich weniger als 100 Fälle/Jahr.[397]

Der Oberste Gerichtshof ist nur für die Auslegung von Bundesrecht zuständig. Probleme des Wirtschaftsrechts gelangen daher nur dann zur höchsten Instanz, wenn sie Grundsätze der Bundesverfassung oder sonstiges Bundesrecht betreffen. Da diese 100 Entscheidungen das gesamte Spektrum des Rechts umfassen, also Verfassungsrecht, Verwaltungsrecht Strafrecht, Wirtschaftsrecht usw, ergibt sich, dass es nur ganz seltene Ausnahmefälle sind, in denen Entscheidungen im Wirtschaftsrecht vom Obersten Gerichts getroffen werden. Die Ernennung von Richtern am Supreme Court und damit auch dessen Rechtsprechung ist stark politisiert, auch wenn weiterhin angenommen wird, dass mit Verantwortung vor dem Recht entschieden wird.

I.   Konzeptionelle Unterschiede zwischen Deutschland und den USA[398]

1.   Duale *Rechts*verfassung

Die USA unterhält ein paralleles Rechts- und Gerichtssystem, nämlich das Recht der einzelnen Bundesstaaten und das Recht des Bundes. Auch Deutschland hat an sich ein solches paralleles Rechtssystem. Gemäß Artikel 74 Nr. 1 GG haben die Bundesländer die Zuständigkeit auf dem Gebiet des bürgerlichen Rechtes und des Zivilprozessrechts, gemäß Nr.11 haben sie die konkurrierende Zuständigkeit auf dem Gebiet des Wirtschaftsrechts.

Der Unterschied zu den Vereinigten Staaten besteht aber darin, dass in Deutschland die Bundes- bzw früher die Reichsgesetzgebung, und zwar schon nach der Reichsverfassung von 1871, sehr viel weiter gehende Befugnisse hat als die Bundesgesetzgebung in den USA. In Deutschland ist daher das Rechts- und Gerichtssystem landesweit einheitlich geregelt, während diese Fragen in den Vereinigten Staaten, zum Teil übrigens auch in der Schweiz, in der ausschließlichen Zuständigkeit der jeweiligen Bundesstaaten (Schweiz: Kantone) liegen. Jeder US-Bundesstaat, also Kalifornien, Texas, Florida usw., hat daher zunächst sein eigenes Recht. In vielen Bereichen

---

[397] Allein im Bereich der Produkthaftpflicht werden aus den USA jährlich rd 30.000 Klagen anhängig gemacht; Weber, M ZSR 05, 93.
[398] vgl. Schütze, R "Prozessführung und Prozeßrisiken in deutsch-amerikanischen Rechtsverkehr", aaO.

des privaten und öffentlichen Rechtes bestehen von Staat zu Staat ziemlich unterschiedliche Regelungen.

Aufgrund der gemeinsamen Herkunft dieser einzelstaatlichen Rechtsordnungen aus dem englischen Recht sind die Unterschiede aufs Ganze gesehen allerdings nicht sehr erheblich, und sie werden anscheinend immer geringer; aber im Einzelfall können sie es schon sein. Ein gewisser Vereinheitlichungsdruck ergibt sich aus dem wirtschaftlichen Zwängen. Der Uniform Commercial Code, etwa vergleichbar unserem Handelsgesetzbuch, und andere Bundesgesetze sowie die Prägekraft der Entscheidungen der US-Bundesgerichte führen zu einer allmählichen Vereinheitlichung des materiellen Rechts in den Vereinigten Staaten insbesondere auf dem Gebiet des Wirtschaftsrechts. Die von Staat zu Staat bestehenden Unterschiede wirken sich also im Verhältnis zu ausländischen Geschäftspartnern nicht immer sehr aus. Dieses umso weniger, als die Parteien die Möglichkeit haben, durch eine Rechtswahl Vorsorge zu treffen. Da in vielen Fällen des internationalen Rechtsverkehrs das Recht des US-Bundesstaates New York vereinbart wird, ist das amerikanische Recht in den Augen des Auslandes häufig gleichbedeutend mit dem des Rechtes des Staates New York.

2.   Duale *Gerichts*verfassung

Für die Praxis noch wichtiger ist, dass jeder Bundesstaat ein eigenes Gerichtssystem hat. Die *state courts* der Einzelstaaten bestehen jedenfalls in den wichtigsten und meisten Bundesstaaten jeweils aus drei Instanzen. Die Bundesstaaten unterhalten also nicht nur das Eingangsgericht, vergleichbar unserem Landgericht/Amtsgericht, und das Berufungsgericht, *State Court of Appeals*, welches unserem Oberlandesgericht entspricht, sondern auch ein auf den jeweiligen Bundesstaat beschränktes oberstes Gericht, *State Supreme Court*.

Neben dieser Staatsgerichtsbarkeit steht die des Bundes, *Federal Courts*. Auch diese Gerichtsbarkeit ist dreistufig aufgebaut. Die unterste Instanz sind die *District Courts,* von denen es über das Land verteilt 91 gibt. Die zweite Instanz ist der *US Court of Appeals,* der in 12 Gerichtsbezirken (circuits) tätig ist. Dritte Instanz und zugleich oberstes Gericht für den Gesamtstaat ist der *US Supreme Court*, der auch über Verfassungsstreitigkeiten entscheidet.

Da es in den Vereinigten Staaten keine Zivilprozessordnung gibt, welche wie bei uns das Gerichtsverfahren in Zivilsachen einheitlich regelt, folgen die Staatsgerichte den jeweils in ihrem Staat bestehenden Prozessregeln, die oft nicht einmal ein förmliches Gesetz sind. Diese Regeln sind eher als eine Art Geschäftsordnung des jeweiligen Gerichtes anzusehen, an welche sich das Gericht grundsätzlich hält, aber auch nicht immer. Daneben gibt es einige Prozessgrundsätze, welche aus dem Verfassungsrecht des Bundes abgeleitet sind. Besondere Bedeutung hat der Verfassungssatz des *due process*, was etwa mit dem in Artikel 103 GG niedergelegten Grundsatz des rechtlichen Gehörs wiederzugeben ist. Aus diesem Verfassungsgrundsatz ergeben sich gewisse Rahmenvorgaben für die sonst ziemlich freie Verfahrensgestaltung der Gerichte. Die Bundesgerichte folgen der Prozessordnung des Bundes (Federal Rules of Civil Procedure).

3.   Richterauswahl

Ein bedeutender, vielleicht der wichtigste, Unterschied zwischen dem amerikanischen und europäischen System besteht in der Richterauswahl. In Deutschland und anderen Staaten Europas werden die Richter vom Staat ernannt. Voraussetzung der Ernennung ist bei uns die Ablegung von zwei juristischen Staatsexamina. Das ist in den USA für Richter an Bundesgerichten ähnlich. Richter an den Staatsgerichten aber sind nicht notwendigerweise Juristen und haben ihr Amt in der Regel durch Wahlen gewonnen.[399] In der Mehrheit der Bundesstaaten der USA werden die Richter direkt von der Bevölkerung oder über Wahlausschüsse der Parteien gewählt. Juristische Vorbildung gilt für das Richteramt als nützlich, ist aber nicht zwingend.

Ein erfolgreicher Wahlkampf kostet Geld, zumal in den USA. Wenn ein wesentlicher Teil der Wahlkampfkosten von den Anwaltsfirmen im Gerichtssprengel des zu wählenden Richters aufgebracht wird, dann ist das System fragwürdig.[400]

4.   Jury- oder Schöffensystem

a.   Grundsatz

In den USA hat sich das aus germanischer Zeit[401] stammende Schöffensystem erhalten. Es ist ein Verfassungssatz, dass jeder Beklagte verlangen kann, dass eine gegen ihn gebrachte Rechtssache *at common law* von einer Jury entschieden wird.[402] Die Partei muß nur den Antrag stellen. Die Auslegung dieses Anspruchs auf Juryentscheidung kann Schwierigkeiten aufwerfen hinsichtlich der Frage *at common law* (hier wiedergegeben mit: Kernprivatrecht). Rechtsfragen, etwa aufgrund neuerer Gesetze, z. B. kartellrechtliche Fragen, werden nicht darunter fallen. Aber auch sol-

---

[399] Diese Wahlen finden aufgrund von Wahlkämpfen statt, welche auch von den Anwälten eines Gerichtssprengels finanziert werden. Schütze in Jayme S. 853, ähnlich in RIW 04, Heft 7 Erste Seite, berichtet, was dabei herauskommt und zitiert einen solchen Richter wörtlich: *As long as I am allowed to redistribute wealth from out of state companies to injured in state plaintiffs, I shall continue to do so...So is my job security, because the instate plaintiffs, their families and their friends will re-elect me.*

[400] Schütze in Jayme S. 853 zitiert Texaco v. Penzoil Co 729 S.W. 2d 768: Der später obsiegende Klägervertreter hatte *nach (!!)* Klageerhebung für den Wahlkampf des Richters 10.000 Dollar gespendet, woran weder der Richter noch die nächste Instanz etwas Anstößiges fanden. The Economist v. 1. Jan. 2005, S. 37: *..special interests are pouring money into judicial races....*

[401] **Exkurs:** Zum altdeutschen Gerichtssystem, auf welches das amerikanische über das englische System zurückgeht, vgl Maurer, Georg Ludwig *Geschichte des Altgermanischen und namentlich Altbaierischen Öffentlich-mündlichen Gerichtsverfahrens*, 1824, Nachdruck Osnabrück 1965. Die auffällige affektive Bindung des *common law*-Rechts an das Jurysystem erklärt sich der Verfasser historisch. Die normannische Eroberung Englands im Jahre 1066 war der Beginn einer Fremdherrschaft, welche die sächsische/germanische Bevölkerung Englands sprachlich entwurzelte und alte Traditionen zu Gunsten des römisch orientierten Rechts, welches die Normannen aus Frankreich mitbrachten, unterdrückte. Erst ab dem 12. Jahrhundert beginnt das englische Volk sich allmählich wieder zu sich selbst zu finden und seine alten Traditionen wiederzubeleben. Das demokratische Jury-/Schöffensystem war also – wenn der Verfasser Recht hat – ein Teil des wieder gefundenen Selbstbewusstseins einer unterdrückten Nation. Eine ähnliche Rolle spielt dieses demokratische Element im Gerichtsverfahren auch in den heutigen USA, wodurch sich diese gegenüber dem als autoritär empfundenen europäischen Rechtssystem absetzt.

[402] 7. Zusatz zur US-Verfassung: *In suits at **common law** where the value in controversy shall exceed twenty dollars* (Anmerkung: Bis 1934 entsprachen 20 $ einer Unze Gold), *the right of trial by jury shall be preserved, and no **fact** tried by a jury shall be otherwise re-examined in any Court of the United States, than according to the rules of the common law.*

che modernen Rechtsfragen stehen immer auch auf der Grundlage des Kernprivat-
rechts, so dass zu unterscheiden ist, ob diese nur auch, *incidentally,* im *common law*
auftreten (kein Anspruch auf Jury) oder ob es auf diese entscheidend ankommt (Anspruch). Allein zu dieser Frage gibt es eine komplizierte Rechtsprechung. [403]

Im Internationalen Wirtschaftsverkehr werden oft Fragen im Vordergrund stehen,
welche nicht zum Kernprivatrecht gehören, z. B. aus dem Marken- oder Patentrecht.
Die deutsche Partei wird also stets prüfen, ob die amerikanische Seite, die im Zweifel
auf Juryentscheidung antragen wird, einen solchen Anspruch hat.

b.   Kritik

Die Bedeutung der Schöffengerichte (Jury) in der US-amerikanischen Rechtsprechung ist sehr groß, sie ist mit der auch in Deutschland bekannten Mitwirkung von
Laien bei der Rechtsprechung überhaupt nicht zu vergleichen. Eine Laienbeteiligung
in reinen Zivilprozessen ist bei uns und in anderen Staaten der Erde unbekannt. Auch
in England, woher dieses System ursprünglich stammt, ist es außer Gebrauch gekommen. Gegen die Beteiligung von Schöffen in Zivilsachen werden im Wesentlichen drei Argumente genannt. [404]

- Verzögerung: Das Jurysystem zieht das Verfahren in die Länge, schon
  durch das Verfahren der Schöffenauswahl und die dabei möglichen Ein-
  sprüche etwa wegen Befangenheit, Vorbefasstheit usw.
- Inkompetenz der Laienrichter: Der dem System zugrunde liegende Ge-
  danke fordert, dass die Schöffen Laien sind. Sie sollen die juristische
  Rechtsfindung um den „gesunden Menschenverstand" des verständigen
  Bürgers ergänzen. Das mag in einfachen Fragen hingehen. In Fragen,
  welche im internationalen Wirtschaftsrecht eine Rolle spielen, werden die
  Laienspruchkörper fast immer überfordert sein.
- Beeinflussbarkeit: Laien geraten leicht unter den Einfluss emotionaler
  Regungen, welche ein beredter Anwalt zu erregen weiß. Vor einem erfah-
  renen Richter, der solche Reden schon vielfach gehört hat, würde der
  Anwalt damit nicht durchdringen.

Der letzte Punkt ist im Zusammenhang mit dem für uns Deutsche geradezu unheim-
lichen Chauvinismus der Amerikaner ein Problem. Der Laie, selbst in der Regel
„kleiner Mann", wird den „kleinen Mann" gegenüber großen Unternehmen gerne
bevorzugen. Wenn auf der Gegenseite aber ein ausländisches Großunternehmen
steht, verstärken sich beide Gefühlslagen. Der ungeschützte Chauvinismus des Nor-
malamerikaners, der dann als Schöffe fungiert, findet in seinem Berufsethos kein
rechtes Regulativ, das beim juristisch geschulten Richter, die vaterländischen Gefüh-
le im Gerichtssaal – hoffentlich – zügeln wird. [405]

---

[403] Hierzu: Marcus/Redish , S. 508 ff mit instruktiver Rechtsprechung
[404] Marcus S. 508: *In England the jury trial has been largely abandoned....The arguments against the
civil jury can be grouped into three basic categories: delay caused by use of juries; juror incompe-
tence; and juror prejudice.*
[405] Kiethe RIW 04, 26. Da diese Dinge nicht bewiesen werden können, halten sich europäische Juristen hierzu meist sehr zurück.

5.   Kosten

Ein praktisch sehr wichtiger Unterschied zwischen dem amerikanischen und deutschen Prozessrecht liegt in der Frage, wie die Prozesskosten am Ende verteilt werden. Die deutsche Regelung ist einfach: Gemäß § 91 ZPO hat die unterliegende Partei nicht nur, wie natürlich, die eigenen Kosten zu tragen, sie muß auch die Gerichtskosten und sämtliche Kosten der Gegenpartei zahlen. Im amerikanischen Zivilprozess *kann* das Gericht der unterliegenden Partei aufgeben, der obsiegenden ihre Kosten zu ersetzen. Die Regel ist das aber nicht. Es gilt vielmehr, dass jede Partei ihre eigenen Kosten trägt, unabhängig davon wer obsiegt. Dieser Grundsatz gewinnt dadurch eine besondere Bedeutung, dass die Anwaltsgebühren in Amerika regelmäßig sehr viel höher sind als bei uns.

Auch bei uns ist nicht auszuschließen, dass ein finanzstarker Kläger seinen weniger liquiden Wettbewerber dadurch in die Enge treibt, dass er ihn mit einem mehr oder weniger willkürlichen Prozess überzieht. In den USA gewinnt diese Gefahr durch die genannte Kostenregelung an Bedeutung. Zusätzlich zu den üblichen Unannehmlichkeiten eines Prozesses kommen dann die Kosten für seinen Anwalt auf den Beklagten zu, welche er auch dann nicht auf den Gegner überwälzen kann, wenn sich die Haltlosigkeit der Klage später herausstellt.[406] Für ein mittelständisches Unternehmen in den USA kann daher die schlichte Drohung eines Konkurrenten mit einem Millionenprozess existenzbedrohend sein.[407] Das gilt aber auch, wenn ein amerikanischer Kläger einen Deutschen mit einer unbegründeten Klage vor einem – aus unserer Sicht – unzuständigen Gericht in Amerika überzieht.[408]

II.   Zuständigkeiten

Fälle

1. Die Kläger haben 1976 im Bundesstaat New York bei der dort registrierten Gesellschaft World-Wide-Volkswagen einen Audi gekauft. Im folgenden Jahr fuhr der Kläger mit seiner Familie von New York nach Arizona. Bei der Durchreise durch den US-Bundesstaat Oklahoma wurde der Audi von einem anderen Auto hinten angefahren. In dem Audi brach ein Feuer aus, welches den Kläger und seine Kinder verletzte. Kläger behauptet, der Feuerschaden sei auf eine fehlerhafte Anbringung des Benzintanks zurückzuführen, dafür sei Volkswagen haft-

---

[406] Schütze S. 50 f: *In der Praxis sind Fälle nicht selten, in denen aus der Luft gegriffene Ansprüche aus Produkthaftung gegen den Hersteller eines Gerätes geltend gemacht werden. Der Produzent des Gerätes wird sich auch bei guten Prozesschancen überlegen müssen, ob er dem ungerechtfertigten Verlangen nachgibt und einen Vergleichsbetrag bezahlt, oder ob er sich auf einen Prozess einlassen, diesen gewinnen und viel höhere Prozesskosten in Kauf nehmen soll.*
[407] Unter diesem Gesichtspunkt werden die offenbar häufiger werdenden Prozesse in USA gegen Arbeitgeber wegen angeblicher Diskriminierung oder sexueller Übergriffe gesehen; vgl. *The Economist,* September 2004. FAZ v. 8.4.05, S. 16: UBS-Bank zahlt 29,3 Mio Dollar an Mitarbeiterin. Ihr Vorgesetzter hatte sie als alt und hässlich bezeichnet.
[408] Vgl. den von Schütze S. 214 berichteten Fall: Kleinbetrieb K aus dem Schwarzwald vertreibt Kreissägen in den USA. Dort ereignet sich ein Unfall. K und seine Zulieferer werden in den USA verklagt. K muß sich zur Vermeidung eines potentiell gefährlichen Versäumnisurteils wehren, und selbst wenn er gewinnt, bleibt er auf den erheblichen Kosten hängen.

bar. Der Kläger erhebt die Klage vor dem Staatsgericht in Oklahoma. Der Beklagte meint, dieses Gericht sei örtlich nicht zuständig.[409] Zu Recht?

Stichworte: *minimum-contacts*-Regel

2. In Schottland stürzt ein von der Piper Aircraft Company, Pennsylvania/USA, hergestelltes Flugzeug ab. Die Insassen, keine amerikanischen Staatsangehörigen, kommen zu Tode. Die Hinterbliebenen verklagen Piper Aircraft vor einem Gericht in Pennsylvania. Ist das Gericht zuständig?[410]

Stichwort: Ungleiches Maß amerikanischer Gerichte

3. Bei einem von einem Deutschen verursachten Verkehrsunfall in Hamburg wird der Kläger, ein amerikanischer Staatsangehöriger aus Kalifornien, querschnittsgelähmt. Der Unfall wurde von der deutschen Polizei aufgenommen. Die Begleiturkunden sind auf Deutsch. Der Kläger erhebt Klage gegen den deutschen Versicherer vor einem Gericht in Kalifornien.[411] Ist das Gericht zuständig?

Stichwort: Zuständigkeit kraft Angemessenheit

1. Übersicht

Im Prozessrecht des *common law* wird zwischen der persönlichen Gerichtsbarkeit (*in personam*) und der gegenständlichen (*in rem*) unterschieden. Die Gerichtsbarkeit *in personam* knüpft an die physische Anwesenheit einer Person, die Gerichtsbarkeit *in rem* an die Belegenheit einer Sache im Gerichtssprengel an. Daraus ergeben sich folgende Zuständigkeiten, welche zugleich auch die internationale Zuständigkeit bezeichnen.

Persönliche Gerichtsbarkeit – *Personal jurisdiction:*

- Wohnsitz, *domicile*: der amerikanische Begriff ist vielleicht etwas enger als der Wohnsitzbegriff in § 7 BGB; er bezeichnet den Lebensmittelpunkt eines Menschen.
- Durchgangszuständigkeit, *transient jurisdiction*: wenn es dem Kläger gelingt, einer Person während einer auch nur vorübergehenden Anwesenheit im Gerichtssprengel eine Klage zuzustellen, dann ist damit die Zuständigkeit des Gerichtes begründet.
- Geschäftstätigkeit, *doing business,* in Gerichtsstaat.

Gegenständliche Gerichtsbarkeit – *Jurisdiction in rem*

- Belegenheit in Gerichtssprengel: Ort der Belegenheit der unbeweglichen Sache bezeichnet die Zuständigkeit von Klagen in Bezug auf Rechte an dieser; vgl. § 24 ZPO.

---

[409] US Supreme Court v. 21. 1. 80: World-Wide-Volkswagen v. Woodson 444 US 286. Hier zitiert nach: Schack, Höchstrichterliche Rechtsprechung zum IPR, 2. Aufl. München 2000, S. 153 f
[410] Piper Aircraft Co v. Reyno 454 US 235 (285)
[411] Berichtet von Schütze in Jayme S. 854

- Belegenheit plus Sachbezug: für schuldrechtliche Beziehungen an einer beweglichen Sache ist zur Begründung der Zuständigkeit neben der Belegenheit ein sachlicher Bezug zum Gerichtsort erforderlich, vgl. § 23 ZPO.

Erweiterungen der *in rem*-Zuständigkeiten ergeben sich aus den so genannten *long-arm-statutes*[412] der Bundesstaaten:

- Deliktsort: Der Ort, an welchem eine zum Schadensersatz verpflichtende Handlung begangen worden ist, begründet die örtliche Zuständigkeit für diesen Fall; vgl. § 32 ZPO.
- Erfolgsort bei Delikten: vgl. § 32 ZPO
- Erfüllungsort im Gerichtssprengel: begründet für vertragliche Ansprüche eine Zuständigkeit, vgl § 29 ZPO.

Die im deutsch-amerikanischen Rechtsverkehr oft problematischen Regelungen der örtlichen Zuständigkeit amerikanischer Gerichte sind daher an sich von den deutschen und europäischen nicht sehr verschieden. Besonderheiten ergeben sich aber aufgrund eigenwilliger Auslegungen, welche diesen Regeln von amerikanischen Gerichten gelegentlich gegeben werden.

Unter dem Titel *Modern Approach* gibt es eine Umorientierung im Kollisionsrecht weg von starren Zuweisungsnormen hin zu auslegungsfähigen und – bedürftigen Generalklauseln unter dem Oberbegriff der engsten Verknüpfung *(most significant relationship)*. Die herkömmlichen Anknüpfungen wie *lex loci delicti* und *lex loci contractus* in der Rechtsprechungspraxis verlieren an Bedeutung. Diese Entwicklung gilt zunächst für das innerstaatliche Kollisionsrecht, sie wird sich aber gewiss auch im Verhältnis zum Ausland auswirken.[413] Es werden dann vielleicht auch für die Frage der internationalen Zuständigkeit ähnliche Erwägungen aufkommen.

2.   Gerichtsstandsoptimierung – *forum shopping*

In einem so weitläufigen Land wie USA ist die Unbequemlichkeit, einen Prozess an einem anderen Ort führen zu müssen, sehr viel größer als bei uns. Das Interesse der Parteien an der örtlichen Zuständigkeit eines Gerichtes ist daher auch in den Fällen größer als bei uns, in denen auf beiden Seiten eine amerikanische Partei steht und Fragen des unterschiedlichen Rechts in den US-Bundesstaaten nicht so wichtig sind. Das Recht der USA hat daher eine umfangreiche Rechtsprechung zur örtlichen Zuständigkeit eines Gerichtes entwickelt.

Die Unterschiede in der Rechtsordnung, die Risiken eines Prozesses in den USA und die aus der Entfernung folgende Unbequemlichkeit, sind im internationalen Rechtsverkehr mit den USA noch einmal erheblich größer. Das Interesse der Parteien eines internationalen Rechtsstreits, eine örtliche Zuständigkeit in den USA und dort an einem bestimmten Gericht zu begründen, oder umgekehrt eine solche auf jeden Fall

---

[412] Die Lage ist in allen Staaten des *common law* ziemlich ähnlich: vgl. Deißner, *Internationale Zuständigkeit und Deliktsstatut in Australien*, Iprax 05, 47 f
[413] Hierzu: Weber, Marc ZSR 05, 92 unter Bezug auf dort besprochenes Buch Symeonides, S. *The American Choice of Law Revolutuon in the Courts.*

zu vermeiden, ist im internationalen Rechtsverkehr also größer als in rein innerstaatlichen deutschen, französischen usw Fällen.

3.   Sachliche Zuständigkeit: Staatsgerichte v. Bundesgerichte

a.   Grundsatz

Der Kampf um die Optimierung des örtlichen Gerichtsstandes wird in den Vereinigten Staaten um einen wichtigen Aspekt erweitert. Je nach Fallgestaltung ist es für
eine Partei günstig oder nachteilig, wenn der Fall vor einem Staatsgericht oder vor
einem Bundesgericht verhandelt wird. Als Faustregel kann gelten, dass die amerikanische Partei in einem Prozess mit einer ausländischen Partei den Staatsgerichten im
Zweifel den Vorzug geben wird. Die Rechtsprechung der Staatsgerichte ist, wie viele
Erfahrungen nahe legen, Einflüsterungen und Einflüssen, welche mit der Sache
nichts zu tun haben und daher eher zugunsten der amerikanischen Partei wirken, zu-
gänglicher als die der US-Bundesgerichte. Eine ausländische Prozesspartei wird aus
denselben Gründen umgekehrt im Zweifel ein Interesse an der Zuständigkeit der
Bundesgerichtsbarkeit haben.

b.   Zuständigkeiten

Die Staatsgerichte sind die Eingangsgerichte für alles. Die Gerichte des Bundes werden nur aufgrund besonderer Regelung zuständig. Ausgangspunkt ist ähnlich wie bei
uns die Frage der Zuständigkeitsverteilung zwischen Bund und Einzelstaaten bzw
Bundesland. Auch bei uns sind die Bundesgerichte grundsätzlich nicht befugt, Gesetze, welche die Bundesländer in ausschließlich eigener Kompetenz schaffen, verbindlich auszulegen; vgl. § 545 ZPO. Die Bundesgerichte sind nur befugt, ihre Vereinbarkeit mit Bundesrecht, vor allem mit dem Grundgesetz zu überprüfen.

In den USA ist die Aufgabe der Bundesgerichte in erster Linie, das Bundesrecht anzuwenden, auch die Bundesverfassung. Wenn die Parteien verschiedenen Einzelstaaten angehören (*diversity of citizenship*) werden die Bundesgerichte zuständig, wenn
zusätzlich eine Streitwertgrenze von 50.000 $ erreicht ist. Derselbe Gedanke führt im
internationalen Rechtsverkehr dazu, dass die Bundesgerichte für Verfahren zuständig
sind, wenn eine Partei einem ausländischen Staat angehört.

c.   Optimierungsüberlegungen eines US-Klägers

Ein Amerikaner, der die Zuständigkeit der Staatsgerichte und damit die erhöhte
Wahrscheinlichkeit einer Juryentscheidung wünscht, wird in einem Verfahren mit
einem ausländischen Gegner prüfen, wie er die *diversity of citizenship*-Regel umgehen kann; anders ausgedrückt, wie er eine Prozesslage herbeiführen kann, in welcher
beide Parteien in demselben Staat Bürgerrecht haben.

Dazu müssen Kläger und Beklagter in demselben Bundesstaat ihren Sitz haben. Der
Kläger wird daher irgendwo in den USA einen Gerichtsstand suchen, bei dem das
der Fall ist. Das kommt in Betracht, wenn er und der Gegner in demselben Staat eine
Tochtergesellschaft haben. Es ist daher für die amerikanische Partei sinnvoll, in ihren
Vertrag mit einem Ausländer mehrere Tochtergesellschaften in verschiedenen Bun-
desstaaten, und zwar solchen, in denen auch der Vertragspartner und potentielle

Gegner Tochtergesellschaften hat, als Mitvertragspartner aufzunehmen. Aus denselben Gründen ist es umgekehrt für den Ausländer empfehlenswert, wenn als Vertragspartner möglichst nur die ausländische Muttergesellschaft auftritt.

4.   Exorbitante Zuständigkeiten

a.   Grundsatz

Die von amerikanischen Gerichten angenommenen Zuständigkeiten brauchen uns an sich nur im Rahmen der Spiegeltheorie zu interessieren. Handelt es sich um die Urteilsanerkennung bei uns, gehen uns amerikanische Meinungen nichts an. Wäre die USA ein Land von der Bedeutung Dänemarks, wäre die Sache keiner Vertiefung wert. Die Bedeutung der USA in der Weltwirtschaft, insbesondere die Tatsache, dass viele deutsche Unternehmen Vermögen in den USA haben, führt aber dazu, dass auch solche Urteile, welche ausschließlich in den USA vollstreckbar sind, wirtschaftlich von großer Bedeutung sind.

b.   Long-arm-statutes

Die Regelung der Zuständigkeit, auch der internationalen Zuständigkeit, liegt in der Kompetenz der Bundesstaaten. Diese haben in verschiedener Weise davon Gebrauch gemacht, die Zuständigkeit ihrer Gerichte über den normalen und international üblichen Bereich wie Wohnsitz und Belegenheit einer Sache hinaus zu erweitern. Das ist durch Ausgreifgesetze, die so genannten *long-arm-statutes*, geschehen.

Anwendungsbereich dieser Ausgreifgesetze ist in erster Linie die Bestimmung der örtlichen Zuständigkeit innerhalb der USA. Sie werden aber ohne weiteres auch zur Begründung der internationalen Zuständigkeit herangezogen. Aus dem verfassungsrechtlichen Rechtsstaatsprinzip, *due process,* werden Einschränkungen von allzu weiten Ausgriffen der Gerichtshoheit eines US-Bundesstaates hergeleitet. Diese Einschränkungen werden unter die *minimum-contacts*-Regel subsumiert. Danach ist die gesetzliche Begründung eines Gerichtsstands nur verfassungsgemäß, wenn ein Mindestkontakt zwischen dem Streitgegenstand und dem Forumstaat besteht. In den Einzelstaaten herrschen unterschiedliche Auffassungen darüber, welches Maß an Berührung diesen erforderlichen Mindestkontakt begründet. Eine geschäftliche Tätigkeit (*doing business*) im Forumsstaat reicht grundsätzlich aus.

Problem ist nicht dieser Grundsatz selbst, in § 29 ZPO findet sich eine vergleichbare Regel, sondern die Auslegung des Begriffes „geschäftliche Tätigkeit". Es ist problematisch, wenn bereits die Anlieferung eines Gegenstandes durch die Post als geschäftliche Tätigkeit des Versenders angesehen wird. Durch den weiten, unkontrollierten Griff des Gesetzes nach jedem, der auch nur eine oberflächliche geschäftliche oder andere Beziehung mit dem Forumsstaat hat, ist in den Fällen deutschamerikanischer Handelsgeschäfte (aus amerikanischer Sicht) praktisch immer eine Zuständigkeit eines US-amerikanischen Gerichtes gegeben.

In Fall 1 war die Frage, ob die Tatsache, dass ein Auto durch Oklahoma fährt, ein ausreichender Mindestkontakt ist, um eine Gerichtsbarkeit aus Produkthaftung gegen World-Wide-Volkswagen zu begründen. Das wurde im Fall verneint. Der Oberste Gerichtshof der USA führte dazu aus: *Wir bekräftigen die „minimum-contacts"-*

Regel. Diese Regel bezweckt zweierlei: Einmal wird der Beklagte dagegen geschützt, in einem entfernten und nicht passenden Gericht prozessieren zu müssen. Zum andern gewährleistet sie, dass Staaten ihre Gerichtsbarkeit nicht über ihre natürlichen Grenzen hinaus ausdehnen Im vorliegenden Fall betreibt die Beklagte keinerlei Geschäfte in Oklahoma. Die Tatsache, dass das von ihr verkaufte Auto durch Oklahoma fuhr, reichte zur Begründung eines Minimalkontakts nicht aus. Das Urteil befriedigt. Aber die Tatsache, dass ein aus unserer Sicht so offensichtlicher Fall von fehlendem Kontakt bis zum Obersten Gerichtshof der USA getragen wurde, zeigt, wie unsicher die *minimum-contacts*-Regel in der Praxis ist.

c.   Transient -jurisdiction (= Zuständigkeit kraft Zustellung)

Nach *common law* gilt, dass eine Person, die sich im Gerichtsprengel aufhält für diese Zeit der Hoheit dieses Gerichts untersteht. Das ist an sich in Deutschland nicht anders. Solange sich jemand in Deutschland aufhält, gelten für ihn die deutschen Gesetze. Wird ihm bei der Bahnreise nach Basel/Schweiz auf der Höhe von Rheinweiler im Zug eine Klageschrift in die Hand gedrückt, dann kommt gemäß § 189 ZPO auch in Deutschland in Betracht, dass die Klage als zugestellt gilt.

Nach deutschem Recht hat das aber nicht zur Folge, dass damit auch ein Gerichtsstand in Deutschland begründet wird. Ein solcher muß sich stets aus §§ 12 ff ZPO bzw. der EuGVO ergeben. In einzelnen Bundesstaaten der USA ist aber das die Folge. Der wohl berühmteste Fall dieser Art ist der, dass ein Gericht in Arkansas die Übergabe einer Klageschrift in einem Flugzeug, das in diesem Zeitpunkt diesen Bundesstaat überflog, ausreichen ließ, um eine Zuständigkeit der Gerichte von Arkansas zu begründen.[414]

d.   Zuständigkeitsdurchgriff

Hier sind solche Fälle gemeint, in denen die ausländische Beklagte zwar selbst keinen Sitz in den USA hat, wohl aber kapitalmäßig an einer US-amerikanischen Gesellschaft beteiligt ist. Hiernach könnte also eine Klage gegen die Deutsche Bank AG nicht nur dadurch anhängig gemacht werden, dass einer ihrer Tochtergesellschaften eine Klage zugestellt wird, nach diesem Grundsatz des Zuständigkeitsdurchgriffs wäre das amerikanische Gericht am Ort der Tochtergesellschaft auch zuständig geworden für die Beurteilung dieser Klage.

5.   Zuständigkeit kraft moralischer Überlegenheit

Schütze schreibt[415]: Die Amerikaner sahen es als ihre moralische Verpflichtung an, Opfern von Unrechtshandlungen außerhalb ihres Hoheitsgebietes ein Forum für die Durchsetzung ihrer Ansprüche zu schaffen. So erging im 19. Jahrhundert das Alien Torts Claims Act, welches in erster Linie die Durchsetzung von Ansprüchen aus Akten der Piraterie vor amerikanischen Gerichten ermöglichen sollte. ... Heute ist es politisch korrekt, Sammelklagen auf dieser Grundlage zu unterstützen. Die große Stunde dieses Gesetzes kam bei den Zwangsarbeiterklagen. Auch die Hereros und die Apartheidsopfer machten sich das Gesetz zu Nutze.

---

[414] Schütze S. 47 f
[415] S. 89

Die Vereinigten Staaten von Amerika und als deren Vorläufer England sind seit jeher der Meinung, die moralische Kraft und Berufung zu haben, die Welt zum Guten zu führen.[416] Außereuropäischen Staaten hat es immer viel Freude gemacht, von europäischen Staaten, welche ihnen als Kolonialherren entgegentraten, insbesondere also England und die Vereinigten Staaten, hohe sittliche Grundsätze von Freiheit, Demokratie und Gleichberechtigung der Völker zu vernehmen und haben das gerne mit ihren Rohstoffen, wozu bis 1830 auch Sklaven aus Afrika gerechnet wurden, bezahlt. Auch dem deutschen Volk wurde diese Fürsorge wiederholt zuteil.[417] Auch wenn der unmittelbare Anwendungsbereich des *Alien Torts Claims Act* aufgrund der Rechtsprechung entschärft ist, bleibt es ein Problem, dass die USA ein Staat ist, der seine eigenen Interessen gerne mit dem Heil der Welt gleich setzt. Die Vereinigten Staaten von Amerika gehen auch mit dem Völkerrecht oft recht unbekümmert um.[418] Deutsche Unternehmer sollten sich daher gelegentlich fragen, ob sie allzu sehr auf die Karte USA setzen sollten, und ob sich ihre Investitionen im Krisenfall wirklich in dem sicheren Hafen befinden, wie sie glauben. Gerade Deutschland hat in dieser Hinsicht keine guten Erfahrungen gemacht. Nach beiden Kriegen wurde deutsches Privatvermögen entschädigungslos enteignet.

6. Forum (non) conveniens

Wenn kraft Gesetzes oder aufgrund einer Gerichtsstandsvereinbarung mehrere Gerichtsstände in Betracht kommen, kann der Kläger nach deutschem Recht wählen, welches Gericht er bevorzugt, § 35 ZPO. Dieses gilt grundsätzlich auch nach amerikanischem Recht; wieder mit der Maßgabe, dass diese Vorschriften letztlich einzelstaatliches Recht sind, so dass Detailfragen aus dem Recht dieser Staaten zu beantworten sind. Es hat sich aber eine Rechtsprechung herausgebildet, welche es dem zuerst angerufenen an sich zuständigen Gericht erlaubt, seine Zuständigkeit zugunsten eines anderen auch zuständigen verneinen, wenn dieses das angemessenere Gericht (*appropriate forum*) ist. Die rechtliche Figur dafür ist die *forum (non) conveniens-Lehre.*[419] Diese Lehre soll sachfremde Gesichtspunkte bei der Forumswahl (*forum-shopping*) unterdrücken. Grundsätzlich ist hiergegen nichts einzuwenden. Entscheidend ist die Auslegung von angemessen, *appropriate,* und ähnlichen in diesem Zusammenhang gebrauchten Begriffen.[420]

Die Anwendung der *forum (non) conveniens-*Lehre durch amerikanische Gerichte ist mehrfach auf Kritik gestoßen. Diese lässt sich in dem folgendem Satz von Schack zusammenfassen: *Ausländische Unternehmen werden* (von dem amerikanischen Ge-

---

[416] Vgl. G.E. Kodek öJBl 05, 168 f: *Weltrechtspfleger USA? Der transatlantische Justizkonflikt anhand ausgewählter Fälle.*

[417] Es hat verschiedene Gründe. Eine Erklärung dieses Phänomens kann in der Religionssoziologie gesehen werden, wie sie von Max Weber um 1900 begründet wurde. Es fällt insbesondere in England und Amerika auf, dass nationale Ansprüche selten ohne eine biblische, d. h. alttestamentliche, Begründung, formuliert wurden und werden; vgl. hierzu: Aden, *Christlicher Glaube,* Münster 2004., S. 21 f

[418] FAZ v. 11.4.05, S. 10: *Aus Sicht zahlreicher Völkerrechtler gebärdet sich die Regierung von G.W. Bush als aggressiver Störenfried der Völkerrechtsfamilie.*

[419] Schütze S. 61

[420] Der ausländische Betrachter ist von dem reinen Herzen des amerikanischen Gesetzgebers nicht recht überzeugt, wenn es im Bundesstaat New York verboten ist, aufgrund der *forum non conveniens-Regel* die Gerichtsbarkeit des Staates New York zu verneinen, wenn der Streitwert $ 1 Mio beträgt: die bei Durchführung des Prozesses zu verdienenden Gebühren sind denn doch attraktiver als ein angemessenes Forum anderswo, vgl. Geimer S. 370 RN 1092.

richt) *ohne zu zögern, US-amerikanischer Zuständigkeit und der strengen Produkt-haftpflicht unterworfen. Einheimische Unternehmen erfahren dagegen selbst dann noch Protektion, wenn sie an ihrem allgemeinen Gerichtsstand verklagt werden.*[421] Anscheinend halten amerikanische Gerichte es grundsätzlich für angemessen, dass Ausländer nicht in den Genuß der Segnungen des US-Rechtssystems und seiner in anderen Ländern unbekannten Ansprüche auf Strafschadensersatz kommen, obwohl ein gewisser Bezug zur USA besteht, vgl. Fall 2. Umgekehrt soll es aber angemessen sein, eigene Staatsangehörige daran teilhaben zu lassen, auch wenn eine amerikanische Gerichtsbarkeit eigentlich nicht gegeben ist, vgl. Fall 3.

Im Fall 2 verneinte das US-Gericht es seine Zuständigkeit, die schottischen Gerichte seien zuständig. Im Fall 3 hingegen meinte das Gericht, das deutsche Recht gewähr-leiste kein ordnungsgemäßes Verfahren, wozu auch eine Juryentscheidung gehöre, und hielt es für „angemessener" , dass ein amerikanisches Gericht anstelle des an sich zuständigen deutschen entscheide.

7. Gerichtsstandsvereinbarung im amerikanischen Recht

Beispiel

B aus Berlin und L, ein amerikanischer Jude, aus Los Angeles haben einen Vertrag über die Auswertung von Rechten über deutschsprachige Filme der 30 er Jahre ge-schlossen. Für eventuelle Streitigkeiten aus diesem Vertrag ist Berlin als ausschließ-licher Gerichtsstand vereinbart. Es kommt zum Streit. L verklagt B in Los Angeles.

Variante: B verklagt L in Berlin; L möchte in Los Angeles prozessieren. Welches Gericht ist zuständig?

a. Grundsatz

Die Unterwerfung unter ein an sich nicht zuständiges Gericht durch Gerichtsstands-klausel, Prorogation, wird nach *common law*, also ohne das es ein förmliches Gesetz dazu gibt, anerkannt. Fraglich ist nur, ob die Abwahl (Derogation) eines Gerichts zugunsten eines ausländischen in der Weise anerkannt wird, dass das an sich zustän-dige Gerichts nun unzuständig wird, oder ob dieses nur zur Begründung eines zusätz-lichen Gerichtsstands führt. Die klassische *non-ouster-Regel* entschied für die letzte-re Lösung. Man konnte, so der Grundsatz des *common law*, der Hoheit des Kö-nigs/Staates nicht durch privaten Vertrag entfliehen.

Nach der Entscheidung des Obersten Gerichtshofs der USA[422] wurde diese Regel aufgegeben. Dafür wurde die *forum (non) conveniens – Lehre* erweitert. Die Erset-zung der an sich gegebenen amerikanischen Zuständigkeit durch die Zuständigkeit eines ausländischen Gerichtes infolge einer Gerichtsstandsklausel wird grundsätzlich anerkannt. Die Wahl des ausländischen Gerichts muss aber angemessen sein, und sie darf nicht *unreasonable, unjust oder unfair* sein. Im Beispiel steht die Gerichts-standsklausel auf Berlin also unter dem unausgesprochenen Vorbehalt, dass ein vom Kläger im Widerspruch dazu angerufenes US-Gericht, hier Los Angeles, es für *un-*

---

[421] Schack, S. 35 f, US-Zivilprozeß
[422] MS Bremen & Unterweser GmbH v. Zapata Off-Shore-Company 407 U.S.1 (1972); vgl. Schütze S. 88

reasonable, unjust oder *unfair* hält, dass ein deutsches Gericht diesen Fall entscheidet. Angesichts der bekannten Umstände ist als Argument leicht denkbar, dass das amerikanische Gericht seine Zuständigkeit mit der *forum-conveniens-Lehre* begründet, weil die Filme in der Nazizeit gedreht worden seien, so dass es dem amerikanischen Kläger, zumal er Jude sei, nicht zuzumuten sei, vor einem deutschen Gericht darüber zu prozessieren.

Sämtliche Aussagen, welche mit dem Wort Jude verbunden sind, stehen in Deutschland unter einem starken Tabu. Es ist aber wohl noch gerade innerhalb der von der politischen Korrektheit gezogenen Tabuzone, wenn darauf hingewiesen wird, dass sehr viele amerikanische Anwälte und Richter unter diese Bezeichnung fallen. Ein deutscher Unternehmer tut vielleicht gut, dieses in Rechnung zu stellen, etwa bei der Auswahl seiner Rechtsvertreter.

b.   Anti-Suit-Injunction

In der Variante hat B in Berlin Klage erhoben, und das Landgericht Berlin wird ohne weiteres sein Zuständigkeit annehmen und ggfs ein Urteil fällen, welches in den USA vermutlich anzuerkennen und zu vollstrecken wäre. L kann dieses nicht verhindern. Er kann aber versuchen, dem B durch eine Einstweilige Verfügung (*Anti-Suit-Injunction*)[423] eines amerikanischen Gerichts verbieten lassen, die Klage in Berlin zu erheben bzw. den schon begonnenen Prozess fortzusetzen. Ein solches Fortsetzungsverbot hätte natürlich in Deutschland keine Bedeutung.[424] Im Rahmen der kaufmännischen Vorsicht muß B aber bedenken, dass die *Anti-Suit-Injunction* als gerichtliche Verfügung im Zweifel mit einer Sanktion, Geldbuße, für die Nichtbefolgung ausgestattet ist. Eine solche Buße wäre in Deutschland keinesfalls vollstreckbar, wohl aber in den USA! B muss also aufpassen, wenn er das nächste Mal nach USA reist. Möglicherweise wird auch ein Urteil, welches aus einem Verfahren hervorgeht, welches im Ausland trotz einer ASI fortgesetzt wurde, in den USA nicht anerkannt.

III. Ausforschungsbeweis (= *discovery*)[425]

Fälle

1. V ist im Testament des T mit einem Vermächtnis bedacht worden, wonach ihm „die Kunstgegenstände" zufallen sollen. Erbe E meint, damit seien nur die Gemälde gemeint, nicht auch die Porzellansammlung. V meint, T habe vor Jahren dem E geschrieben, er wolle, dass V in den Besitz auch des Porzellans komme, das wolle er in seinem Testament so festlegen. V verlangt von E die Vorlage des noch vorhandenen Briefes. E will den Brief nicht zeigen.

---

[423] Zu diesem hybriden Produkt des internationalen Zivilprozesses vgl. Collins, Lawrence in FS Jayme S. 131; Fälle *Laker Airways* und *Sabena. This may restrain proceedings brought abroad in breach of a jurisdiction agreement providing for the jurisdiction of the English courts or in breach of an agreement for arbitration. In addition a court may restrain foreign proceedings where this would be oppressive or vexatious.* – Im Schiedsverfahren: Schlosser RIW 06, 486.
[424] OLG Düsseldorf IPRax 97, 260. LS: eine antisuit injunction sei geeignet, die Hoheitsrechte der BR Deutschland zu gefährden.
[425] Vgl. Riekers aaO. – Myers/Valen/Weinreich, RIW 09, 196: zur Nutzbarmachung der amerikanischen discovery für Verfahren vor nicht amerikanischen Gerichten.

Variante: T hatte nicht dem E, sondern dem familienfremden F einen Brief dieses Inhalts geschrieben. F meint, ihn gehe der Streit nichts an. Was kann V tun?

Stichworte: Pflicht zur Urkundenvorlegung nach BGB und ZPO

2. Die Klägerin verklagt die Volkswagen AG vor einem Gericht in New York wegen eines angeblichen Konstruktionsfehlers an einem Skodaauto, welcher zu einem Schaden der Klägerin geführt habe. Zur Begründung ihres Anspruches beruft sie sich auf Konstruktionsunterlagen, welche sich bei der Muttergesellschaft der tschechischen Herstellerfirma, der Volkswagen AG in Wolfsburg, befinden sollen. Das Gericht in New York erlässt eine Beweisanordnung, wonach die Volkswagen AG Konstruktionsunterlagen und sämtliche Geschäftskorrespondenz, welche sich auf diese beziehen, dem Gericht in New York vorzulegen habe. Was soll Volkswagen tun? Ist ein darauf gestütztes Urteil in Deutschland anzuerkennen?

Stichworte: Beweis-*fishing-expedition* über den Atlantik

1.   Grundsatz

Das Beweisbeschaffungsverfahren zur Vorbereitung einer Klage (*pre-trial-dicovery*) und während des Verfahrens (*discovery*) des amerikanischen Zivilprozesses stößt in Deutschland und Europa vielfach auf Unverständnis. Das deutsche Recht erlaubt aber grundsätzlich ähnliche Maßnahmen, nur in sehr viel engerem Masse.

Fall 1: V hat gemäß § 810 BGB Anspruch auf Vorlage des Briefes. Darauf kann er klagen. V muss vermutlich zwei Prozesse führen: Einmal auf Vorlage der Urkunde und nach erfolgreicher Einsichtnahme auf Herausgabe des Porzellans. V kann freilich gleich auf Herausgabe klagen. Den Beweis dafür, dass das Testament des T so auszulegen sei, wie er behauptet, wird er durch den Antrag antreten, dass E den in seinen Händen befindlichen Brief dem Gericht vorlege. Das Gericht wird die Vorlage von Urkunden gemäß § 422 ZPO anordnen. § 142 ZPO gibt dem Prozessgericht einen eigenen gesetzlichen Anspruch gegen eine Prozesspartei oder Dritte auf Vorlage von Urkunden, auf welche sich eine Partei bezogen hat. Aus § 810 BGB kann auch ein Anspruch auf Urkundenvorlegung gegenüber nicht beteiligten Dritte folgen; vgl F in der Variante von Fall 1. Dieser Anspruch wird durch § 129 ZPO in das Prozessrecht transportiert. Daneben gibt es das selbstständige Beweisverfahren gemäß §§ 485 ff ZPO, welches etwa zu demselben Ziel führen wird.

Wesentlich im deutschen Prozessrecht ist, dass der Kläger eindeutig sagen muss, welche Urkunden er meint, und was genau er damit beweisen will. Die Vorlegungsanordnung gemäß § 142 ZPO soll der beweispflichtigen Partei nicht ihre Darlegungs- und Beweislast erleichtern.

2.   *Discovery* und *pre-trial- discovery*

a.   Grundsatz

Es ist ein Weltrechtssatz, dass jede Partei im Prozess die ihr günstigen Tatsachen behaupten und im Falle des Bestreitens selbst beweisen muss. Dabei muss ihr die Gegenpartei grundsätzlich nicht helfen. Niemand ist verpflichtet, seinem Gegner die

Waffen für den Streit gegen ihn zu reichen. Das Gericht soll aber auch die Wahrheit herausfinden. Auch die deutschen Parteien sind aufgrund des Prozessrechtsverhältnisses verpflichtet, an der Aufklärung der Wahrheit mitzuwirken, § 138 ZPO. Bei einer Kollision beider Grundsätze wird der Wahrheitsgrundsatz jedenfalls dann den Vorrang haben, wenn die Wahrheit verhältnismäßig leicht und eindeutig an den Tag zu bringen ist.

Der Beweis durch Urkunden ist in aller Regel einfach und eindeutig Es kann dem Besitzer einer Urkunde also grundsätzlich zugemutet werden, diese Urkunde einem anderen zur Einsicht vorzulegen, auch wenn dieser damit einen gerichtlichen Anspruch gegen ihn, den Urkundenbesitzer selbst, vorbereiten will. Bis zu diesem Punkt stimmen das amerikanische und deutsche Recht im Wesentlichen überein.

b.   Kritik

Kritik wird insbesondere am vorgerichtlichen Beweisbeschaffungsverfahren (*pretrial discovery*) geübt. Das ist nicht als solches problematisch, nur durch die Art, wie es gehandhabt wird.[426] Wenn der Kläger erst nur vage Vorstellungen darüber hat, was er eigentlich fordern und ggfs beweisen will, aber jedenfalls weiß, dass irgendetwas mit dem Auto nicht in Ordnung und der Autohersteller A zahlungsfähig ist, dann hilft ihm dieses Verfahren. Das Gericht kann auf Antrag dem A aufgeben, umfangreiches Material vorzulegen, aus welchem der Kläger nun seinen Anspruch konstruieren kann.[427] Für diese Art hat sich der Ausdruck Fischzug (*fishing expedition)* eingebürgert.[428]

Das Discoveryverfahren ist äußerst weitgreifend.[429] Es kann die Vorlage von umfangreichem Datenmaterial aufgegeben werden. Besonders problematisch wird die Anwendung des Ausforschungsverfahrens in Kombination mit der unbekümmerten Zuständigkeitsanmaßung amerikanischer Gerichte. In Fall 2 wird zunächst eine internationale Zuständigkeit des Gerichts in New York gegen die Muttergesellschaft der eigentlich Beklagten konstruiert, und über den unmittelbaren Beweiszweck hinaus eine Vielzahl von Unterlagen herangezogen, welche in der Hand des Gegners und eventuell interessierter Dritter (z.B. Konkurrenten von Volkswagen) interessante Informationen enthalten.

---

[426] Schütze S. 169

[427] Schütze, S. 107: Das insbesondere in Produkthaftungsprozessen sehr strapazierte Beweisermittlungsverfahren (pre trial discovery) führt regelmäßig zu einem Ausforschungsbeweis.

[428] Riekers aaO, S. 21: *sogenannte fishing expeditions sind häufig zu beobachten.* Riekers weist allerdings darauf hin, dass auch ausländische Prozessparteien in einem Prozess vor einem ausländischen Gericht die Möglichkeit der Discovery gegenüber einer amerikanischen Partei nutzen können.

[429] Craig in Böckstiegel, *Schiedsgerichtsbarkeit im Umfeld von Politik*, Köln, 1992, S. 17: *The scope of discovery can be extremely broad.* Die entscheidenden Sätze der einschlägigen Regel, Art. 26 der US – Federal Rules of Civil Procedure lauten: *Parties may obtain discovery regarding any matter, not privileged, which is relevant to the subject matter involved in the pending action, whether it relates to the claim or defence of the party seeking discovery or to the claim or defence of any other party....*

3.   Haager Beweisübereinkommen im Rechtsverkehr mit USA

Im deutschen-amerikanischen Verhältnis gilt das Haager Beweisübereinkommen v. 18.3.1970[430]. Dieses regelt die Beweisaufnahme in grenzüberschreitenden Fällen, vgl. oben S. 156. Deutschland hat gemäß Art. 23 des Übereinkommens den Vorbehalt erklärt, dass Rechtshilfeersuchen nicht erledigt werden, die ein *pre-trial-discovery of documents*-Verfahren zum Gegenstand haben. Deutsche Gerichte werden also dem Ausforschungsersuchen eines amerikanischen Gerichtes nicht entsprechen.

Eine andere Frage ist, ob das Haager Beweisübereinkommen den amerikanischen Gerichten verbietet, solche Ausforschungsersuchen zu stellen. Das ist zwar die Auslegung, welche europäische Juristen dem Abkommen zumeist geben. Amerikanische Gerichte sind aber eher der Meinung, dass dieses Abkommen die herkömmlichen Möglichkeiten amerikanischer Gerichte unberührt lasse. Dieses Übereinkommen führe im internationalen Rechtsverkehr zu gewissen Erleichterungen, aber beschränke nichts.[431]

Es ist also weiter damit zu rechnen, dass amerikanische Gerichte gegen Personen in Deutschland und Europa, welche aus Sicht des Gerichtes entscheidungserhebliche Unterlagen im Besitz haben, gegebenenfalls auch unter Strafandrohung aufgefordert werden, Unterlagen in Amerika abzuliefern. Natürlich braucht die deutsche Partei dieser Anordnung nicht zu gehorchen. In Deutschland hat sie davon zunächst keine Nachteile zu befürchten. Die Folge kann allerdings sein, dass das amerikanische Gericht die von der Gegenseite behaupteten Tatsachen als bewiesen ansieht. In diesem Fall stellt sich die Frage, ob ein so zu Stande gekommenes Urteil in Deutschland anerkennungsfähig ist.

Die Frage ist nicht ohne weiteres zu verneinen, da wir in § 427 ZPO eine ähnliche Regel haben. Solange wir die internationale Zuständigkeit des amerikanischen Gerichtes anerkennen, was ohnehin Voraussetzung für die Anerkennung des Urteils ist, werden wir auch die Prozessregeln, welche dieses Gericht für richtig hält, hinnehmen. Das Ausforschungsverlangen verstößt zwar gegen unser Verständnis der Waffengleichheit zwischen Kläger und Beklagten, aber es ist grundsätzlich geeignet, der Wahrheit, welche auch nach deutschem Prozessrecht oberstes Ziel ist, zu dienen. So sieht es wohl der BGH. [432] Es bleibt also für den in Deutschland wohnenden Beklagten in einem Prozess in USA ein erhebliches Risiko, dem Ausforschungsbeschluss eines US-Gerichts, auch wenn er in Deutschland rechtswidrig wäre, nicht zu entsprechen.

Der deutschen Partei ist daher der Rat zu geben, bereits bei Vertragsabschluss die Möglichkeit eines solchen Ausforschungsbeweises auszuschließen. Allerdings ist im Einzelfall zweifelhaft, ob das amerikanische Gericht eine solche Vereinbarung für gültig ansehen wird. Es bleibt daher als der verlässlichster Schutz die Vereinbarung einer Schiedsgerichtsklausel zugleich mit der Festlegung, dass ein Prozessrecht anzuwenden ist, welches ein solches Verlangen nicht zulässt.[433]

---

[430] BGBl 1977 II, 1453. vgl. Schütze S. 170 mit Literaturhinweisen
[431] Vgl. Aerospatiale v. United States; zitiert in JZ 87, 984. Es ist dieser Meinung zuzugeben, dass aus dem Wortlaut dieses Abkommens keinerlei Beschränkungen herzuleiten sind.
[432] BGH NJW 92, 3096 f
[433] Aden, Internationale Handelsschiedsgerichtsbarkeit, S. 304 ff

IV. US-Schadensersatzrecht

Fall

1. Der Beklagte B ist ein Deutscher, welcher in Kalifornien gelebt hatte, bevor er nach Düsseldorf zurückkehrte. In Kalifornien hatte B unzüchtige Handlungen an dem Kind K, Kläger, begangen, wofür er dort eine mehrjährige Freiheitsstrafe verbüßen musste. B war in Kalifornien auch zur Zahlung von Schadensersatz an den Kläger verurteilt worden, und zwar zum Ersatz des materiellen Schadens, zur Zahlung eines Schmerzensgeldes und darüber hinaus in Höhe von 500.000 $ zur Zahlung eines Strafschadens. K verlangte, das Urteil in Deutschland zu vollstrecken. Zu Recht?

Stichworte: Anerkennung der Doppelbestrafung durch Schadensersatz

2. Die 79 jährige Stella Liebeck, Klägerin, hatte sich am Autoschalter bei McDonald, Beklagte, einen Becher Kaffee gekauft. L. nahm den Becher zwischen ihre Knie und zog den Plastikdeckel von dem Becher ab. Dabei ergoss sich der heiße Inhalt des Bechers auf ihren Unterbauch und Oberschenkel. Die Klägerin erlitt schmerzhafte Verbrennungen und wurde für acht Tage in ein Hospital eingewiesen. Es ist unstreitig, dass der Kaffe bei McDonald sehr viel heißer ist als bei Konkurrenzunternehmen. In den Jahren 1982 bis 1992 hat es insgesamt 700 Schadensersatzklagen von Kunden gegen McDonalds wegen ähnlicher Unfälle gegeben. Die Jury erkannte der Klägerin 200.000 $ als Schadensersatz zu und zusätzliche 2, 7 Millionen $ als *punitive damages* (Strafschadensersatz). Beide Beträge wurden später reduziert auf 160.000 $ beziehungsweise 480.000 $.[434] Wie hätte ein deutsches/europäisches Gericht entschieden?

Stichworte: Exorbitante Schadenssummen

3. Der Kläger Gore hatte einen neuen BMW von einem Vertragshändler in Alabama gekauft. Anlässlich einer Inspektion wird entdeckt, dass der Wagen an einer Stelle nachlackiert war. Gore verklagte daher unter anderem BMW of North America auf Schadensersatz und *punitive damages,* BMW habe ihn arglistig getäuscht, indem sie verschwiegen habe, dass der Wagen nachlackiert sei. Das erstinstanzliche Gericht stellte einen Schaden in Höhe von 4000 $ fest und erkannte entsprechend; zusätzlich sprach es *punitive damages* in Höhe von 4 Millionen $ zu. Die zweite Instanz reduzierte den Strafschaden auf $ 2 Millionen; das oberste Gericht der USA reduzierte den Betrag weiter auf $ 200.000.[435]

Stichworte: Exorbitante Schadensersatzhöhen

1.   Ausgangslage

Es ist ein Weltrechtssatz, dass der Schädiger einen schuldhaft und rechtswidrig verursachten Schaden dem Geschädigten ersetzen muss. Das kann durch Naturalrestitution, § 249 BGB, geschehen. Bildlich: der Schädiger muss das Loch wieder verfüllen, welches er rechtswidrig gegraben hat! In der Regel ist der Schädiger verpflichtet, durch eine Geldleistung den Geschädigten vermögensmäßig in dieselbe Lage zu ver-

---

[434] Quelle: Internet-Consumer Attorneys of California: coac.com/.facts.htm
[435] BMW of North America v. Gore (1996) mit Fundstelle zitiert und besprochen: Göthel RIW 03, 610 f.

setzen, wie er vor dem Schadensereignis stand.[436] Für die Schadenshöhe spielt es grundsätzlich keine Rolle, ob der Schädiger vorsätzlich oder leicht fahrlässig gehandelt hat. Der Schadensersatz ist ein Rechtsinstitut zum Ausgleich von Vermögensnachteilen, nicht zur Bestrafung des Schädigers. Das Strafrecht dient der Öffentlichkeit, nicht dem Einzelnen, auch wenn er das Opfer einer Straftat ist.

Zusätzlich zum materiellen Schaden ist in den entwickelten Rechtsordnungen allgemein anerkannt, dass bei der Verletzung von Leben, Freiheit und Gesundheit, Menschenwürde, der Ehre usw. auch ein immaterieller Schaden zu ersetzen ist. Auch die US-amerikanische Rechtsprechung ersetzt Schäden aufgrund von Schmerz und Leid (*damages for pain and suffering*). Bei der Bemessung des Schmerzensgeldes wird auch nach deutschem Recht das Verschulden des Schädigers berücksichtigt. Dieses geschieht aber unter dem Gesichtspunkt der Angemessenheit der Entschädigung, nicht als Strafe.

Bis hier sind die Grundsätze in den USA sind im Wesentlichen dieselben wie bei uns. Die Tatsache, dass das Schmerzensgeld in den USA regelmäßig sehr viel höher ist als bei uns, stellt an sich keinen Systemunterschied dar, zumal auch bei uns gesagt wird, dass deutsche Gerichte bei der Bemessung des Schmerzensgeldes in unangemessener Weise zurückhaltend sind. Allerdings liegt das im Fall 2 zugesprochene Schmerzensgeld in Höhe von 160.000 $ wohl etwa um das Zehnfache über dem, was deutsche Gerichte in einem ähnlichen Fall zusprechen würden.

2.   Strafschadensersatz – *Punitive damages*

Ein Systemunterschied zwischen dem amerikanischen und dem deutschen bzw europäischem Recht besteht im Bereich des Strafschadensersatzes, *punitive damages*.[437] Dieser ist vom immateriellen Schaden zu unterscheiden. Er ist kein Ersatz, sondern eine rechtspolitische Maßnahme, eine zivilrechtliche Form der Schadensvorbeugung im Wirtschaftsrecht, insbesondere bei Produkthaftung.

Der Strafschadensersatz kommt in Betracht, wenn der Schädiger bösartig oder besonders fahrlässig gehandelt hat, oder wenn sonst Gründe gesehen werden, welche es geraten sein lassen, ihm einen Denkzettel zu verpassen. Damit überschneidet sich dieses Rechtsinstitut mit dem Strafrecht. Es ist zuzugestehen, dass das Strafrecht den Schutz des Verbrauchers bzw des schwächeren Marktteilnehmers nur unzureichend gewährleistet. Das Strafrecht ist insbesondere durch die Unschuldsvermutung zugunsten des Beschuldigten, *in dubio pro reo*, geprägt. Der Schuldige geht daher oft frei aus. Im Zivilrecht herrschen andere Regeln, z.B. gibt es auch Vermutungen zulasten des Beklagten.

Das Instrument des Strafschadensersatzes ist daher an sich eine bedenkenswerte Methode, um unterhalb des Strafrechtes lauteren Wettbewerb zu erzwingen. Fälle des Verbraucherrechts, etwa Produkthaftpflicht, sind häufige Anwendungsfälle für *puni-*

---

[436] Vgl. 9. Teil § 823 I BGB; s.u. S.271
[437] Großfeld RIW 2004 Heft 8. 1. Seite; Reinhard, J. *Philip Morris v. Williams – eine neue Leitentscheidung des US-Supreme Court zu den punitive damages im US-amerikanischen Recht*, IPRax 08, 49

tive damages. Problematisch wird dieses Rechtsinstitut allerdings, wenn es in Verbindung mit dem populistischen Jurysystem zur Abzockerei wird.[438]

Aus deutscher Sicht besteht ein grundsätzliches Problem. Anerkennungsfähig gemäß § 328 ZPO sind nur die Urteile im Zivilrechtsachen, nicht aber Strafurteile. Die Verurteilung zu *punitive damages* ist aber ein Strafurteil, nur im Gewand eines Zivilurteils. Die deutsche Rechtsprechung verweigert daher Urteilen, welche einen Strafschaden zu sprechen, die Anerkennung jedenfalls in Bezug auf diesen Strafanteil. Im Fall 1 hielt der BGH daher das Urteil hinsichtlich des materiellen und des immateriellen Schadens für anerkennungsfähig, hinsichtlich der 500.000 $ Strafschaden jedoch nicht.

Der Kaffeebecherfall in Fall 2 ist das wohl bekannteste Beispiel einer aus unserer Sicht entarteten Rechtssprechung. Erhebliches Aufsehen haben auch die so genannten Tabakprozesse in den USA erregt, in denen die Juries die Hersteller von Tabakwaren z. T. zu phantastischen Schadensersatzleistungen verurteilten.[439] Auch wenn diese Klagen in vielen Fällen zu keinem oder in der Rechtsmittelinstanz zu einem geringeren Erfolg führten als anfangs gemeldet,[440] zeigt sich hier eine Rechtskultur, die uns abstößt. Im Zusammenhang mit der Tendenz von Juries, inländische Prozessparteien gegenüber ausländischen zu bevorzugen, stellt dieses Rechtsinstitut die europäische Exportwirtschaft vor besondere Probleme, wie sich aus Fall 3 ergibt.

Allerdings werden diese Übertreibungen auch in den USA zunehmend als Beschwernis gesehen. Die amerikanische Wirtschaft selbst fordert gesetzliche Verbote gegen schikanöse Schadensersatzklagen.[441] Nach einer Entscheidung des Obersten Gerichtshofs ist allerdings nun eine Schranke gegen allzu große Auswüchse gesetzt. Der Betrag des Strafschadensersatzes darf das Neunfache des tatsächlich entstandenen Schadens nicht übersteigen.[442] Die Entwicklung zu mehr Realismus scheint noch nicht abgeschlossen zu sein.[443]

---

[438] Dieses System hat zu aus europäischer Sicht völlig unverständlichen Gerichtsverfahren geführt. Berühmt wurden die Tabakprozesse, in welchen die amerikanische Tabakindustrie insgesamt zu einem Vergleich über 246 Milliarden Dollar (!) gezwungen wurde. Vgl. zuletzt Millionen Strafschadensersatz wegen einer in der Reinigung verschwundenen Hose; Sandrock RIW 09, 202.
[439] Molitoris NJW 04, 3662 FN 1: Im Fall Bullock erkannte eine Jury in Kalifornien auf USD 850.000 Schadensersatz im eigentlichen Sinne und zusätzlich auf USD 28 Milliarden (!!) Strafschadensersatz; letztere wurde in der Berufungsinstanz auf immer noch beachtliche USD 28 Millionen herabgesetzt.
[440] Allg. Molitoris *Tabakprozesse in den USA, Deutschland und anderen Ländern* NJW 04, 3662 ff Grundfall: Ein Zigarettenraucher erkrankt an Lungenkrebs und verlangt von der Zigarettenfirma/-industrie Schadensersatz wegen Körperverletzung.
[441] Der Vorsitzende der amerikanischen Handelskammer sagte laut FAZ v. 15. 12. 04: *Der immer größer werdende Mißbrauch der Haftpflicht bereite der Wirtschaft Sorge...Böswillige und willkürliche Schadensersatzklage trieben Unternehmen in den Ruin.*
[442] Kiethe RIW 04, 27; bei Markenstreitigkeiten sind *punitive damages* ausgeschlossen, vgl. Fuchs RIW 04, 42 m.N.
[443] Reinhard, J IPRax 08, 49 f

V. Sammelklage – *class action*[444]

Fall

> Die überraschende Korrektur der Umsatzprognose beim finnischen Handy Her-
> steller Nokia hat juristische Konsequenzen. Eine New Yorker Anwaltskanzlei
> hat eine Sammelklage gegen den Konzern eingereicht. Sie wirft der Nokia Ver-
> letzung der amerikanischen Wertpapiergesetze vor. Nokia hatte gemeldet, dass
> der Umsatz im ersten Quartal 2004 gegenüber dem Vorjahr um zwei Prozent
> gesunken ist. Im Januar hatte das Unternehmen noch einen Umsatzzuwachs von
> drei bis sieben Prozent prognostiziert. Die Klage richtet sich gegen das Unter-
> nehmen, außerdem gegen den Vorstandsvorsitzenden persönlich sowie gegen
> drei weitere Spitzenmanager. Die Kanzlei wirft dem Unternehmen vor, zwi-
> schen dem 8. Januar und dem 6. April dieses Jahres eine Serie wesentlicher
> Falschmeldungen veröffentlicht zu haben, darunter die falsche Umsatzprogno-
> se.[445]
>
> Stichworte: Popularklage, betriebswirtschaftliche und steuerliche Risiken der
> Sammelklage für den Beklagten

1. Ausgangslage

Die *class action* ist eine besondere Klageform des amerikanischen Rechts. Das deutsche Recht kennt kein Institut, welches ihr entspräche; das Wort Sammelklage ist nur
eine Übersetzung.[446] Eine Sammelklage ist nach amerikanischem Bundesrecht zulässig, wenn ein einheitlicher Streitgegenstand für eine Gruppe von möglicherweise
Anspruchsberechtigten zutrifft, sodass sich eine einheitliche prozessuale Behandlung
aller Fälle empfiehlt, um zu einem einheitlichen Urteil zu kommen.[447]

Das Gericht muss die Klage als Sammelklage ausdrücklich für zulässig erklären (Rule 23 b und c). Dabei entscheidet es nach freiem Ermessen und prüft, ob die Zusam-
menfassung der Streitfälle in einer Sammelklage sachgerecht ist. Das Gericht hat
durch angemessene Kundmachung alle bekannten oder unbekannten Gruppenmit-
glieder von der Tatsache der Klageerhebung und dem Gegenstand der Klage zu in-
formieren. Dabei muss es darauf hinzuweisen, dass ein Urteil in dieser Klageart für
jedermann verbindlich ist, welcher die vom Gericht festgestellten Gruppenkriterien
erfüllt. Typischer Fall einer Sammelklage ist die Geltendmachung von Schadenser-
satzansprüchen durch die Hinterbliebenen von durch Massenunfälle, z.B. Flugzeug-
unfall, Getöteten. Diese Fälle waren auch der Ausgangspunkt für die Sammelklage.

---

[444] Schack S. 243
[445] Wörtlich nach FAZ v. 8. April 04, S. 27
[446] Vergleichbar ist allenfalls die zwangsweise Erstreckung des (aus diesem Grunde früher so genannten) Zwangsvergleichs, heute Insolvenzplan, § 254 InsO, auf alle Insolvenzgläubiger. Zu denken ist
vielleicht auch an die Befugnis, der in § 13 UWG genannten Institutionen, Popularklage zu erheben.
[447] Rechtsgrundlage ist Rule Nr.23 der Federal Rules of Civil Procedure. *One or more members of a
class may sue or may be sued as representative parties on behalf of all only if (1) the class is so nu-
merous that joinder of all members is impracticable, (2) there are questions of law or fact common to
the class, (3) the claims or defences of the representative parties are typical of the claims or defences
of the class, and (4) the representative parties will fairly and adequately protect the interests of the
class.*

2.   Kritik

Der Sammelklage liegt ein sinnvoller Gedanke zugrunde.[448] Sie ist allerdings dann
eine erhebliche Herausforderung für den internationalen Rechtsverkehr, wenn viele
Kläger aus vielen Staaten zusammengefasst werden. Es ist in der Regel kein Problem, eine solche Klägermenge so zu definieren, dass wenigstens einer von ihnen
Amerikaner ist, der bei einem besonders großzügigen Gericht seinen Gerichtsstand
hat. Es besteht auch ein rechtspolitisches Problem. Der Fall zeigt deutlich, das eine
auf solche Klagen spezialisierte Anwaltfirma die Medien nach passenden Fällen
durchsucht und hier glaubte, fündig geworden zu sein. Es geht weniger um Recht als
darum, aus einem möglichen Fehlverhalten hier der Nokia etwas herauszuholen.

Fall: Eine völlig unbestimmte Gruppe von Menschen wird weltweit angesprochen.
Aus dieser wird fast im mathematischen Sinne eine rechtlich relevante Menge gebildet, indem ihr ein oder mehrere Kriterien zugeordnet werden. Betroffen sind alle
Aktionäre der NOKIA, welche zwischen dem 8. Januar und dem 6. April 2004 Akti-
en dieser Gesellschaft gekauft haben. Hat die Klage Erfolg, hat jeder aus dieser
Menge Anspruch, auch wenn sie dem Verfahren fern geblieben ist; wird die Klage
abgewiesen, kann auch derjenige, der dem Verfahren fern geblieben ist, in USA keine Klage mehr erheben. Die Sache ist auch für ihn *res judicata*, rechtskräftig entschieden.

3.   Sammelklage vor deutschen Gerichten

In Deutschland ist nur klagebefugt, wer ein eigenes Rechtsschutzinteresse geltend
macht. Klagen für andere, die davon nicht einmal wissen, sind daher nicht möglich.
Ausnahmen ergeben sich aus dem Gesetz, z.B. Klagebefugnis von Verbänden § 8 III
UWG. Eine class-action oder sonstige vorgesehene Massenverfahren zur Begründung individueller Interessen sind daher derzeit unzulässig.[449]

Das führt zu der Frage, ob eine in USA anhängig gemacht Sammelklage, bei uns die
Sperrwirkung gemäß § 261, s.o. S. 136, erzeugt. Das ist, da dieses Urteil bei uns
wohl nicht anerkannt würde, zu verneinen. Weiter ist die Frage, ob eine in den USA
erhobene Sammelklage gegen einen deutschen Beklagten diesem hier zugestellt werden darf. Das wird zu verneinen sein, Art. 13 HZÜ; es gelten ähnliche Überlegungen
wie zum Napsterfall, s.o. 154.[450]

VI.   Anerkennung deutscher Urteile in den USA

Über die Anerkennung von ausländischen Urteilen entscheidet das Recht des US-
Bundessstaates, wo Anerkennung nachgesucht wird. Die in den Bundesstaaten hierzu
bestehenden Gesetze sind im Wesentlichen einheitlich. Für ein auf eine Geldzahlung
lautendes Urteil haben die meisten Gliedstaaten ein Mustergesetz des Bundes über-

---

[448] Bekannt wurde der indische Bophal-Fall v. 3. 12. 1984, wo durch Austritt von Giftgas zehn- vielleicht auch hunderttausende von in der Nähe der Fabrik wohnenden Menschen betroffen waren, Vgl
auch BGH v. 28.3. 07 IPRax 08, 349 (Vorwurf des Kartellverstoßes gegen einen deutschen Autobauer).
[449] Geimer S. 148 RN 341 a
[450] Stürner/Müller IPRax 08, 239 zu BGH v. 28.3. 07 IPRax 08, 349 f

nommen, das *Uniform Foreign Money-Judgments Recognition Act.*[451] Im Wesentlichen gelten hier dieselben Voraussetzungen, wie sie in § 328 ZPO für den umgekehrten Fall vorgesehen sind. In Fällen, die nicht auf Geldzahlung gehen, kann es zu Schwierigkeiten kommen.

Bei Schadensersatzklagen aus Mediendelikten werden Beispiele berichtet, wonach Urteile aus Rechtsordnungen mit einem aus USA-Sicht geringeren Grad an Meinungsfreiheit nicht anerkannt worden sind. Es wird gesagt, dass in den USA tendenziell das Recht der freien Meinungsäußerung höher stehe als das Persönlichkeitsrecht des Einzelnen.[452] Folge: Der meistens wohl amerikanische Kläger kann in USA noch einmal klagen mit der Aussicht auf weit höhere Schadensersatzsummen gegen den meistens wohl ausländischen Beklagten. Dieses neue Urteil wäre dann aber in Deutschland wegen § 328 I Nr. 3 ZPO wohl nicht anerkennungsfähig. Allgemein s.o. S. 164 zur Gegenseitigkeit der Urteilsanerkennung mit USA.

---

[451] Vgl. Schütze S. 70 m.N. zu den Einzelstaaten
[452] Witzleb aaO S. 143 m. N.; vgl. Fuchs, D. RIW 06, 29: Die Zuständigkeit US-amerikanischer und europäischer Gerichte bei der Anerkennung und Vollstreckbarkeit ausländischer (Internet -) Entscheidungen; s.u. S. 213

6. Teil Internationale Handelsschiedsgerichtsbarkeit

Fälle:

1. Die Bundesregierung hatte mit der deutschen Firma Tollcollect GmbH einen Vertrag geschlossen, wonach Tollcollect bis zum 1. September 2004 ein funktionsfähiges Mauterhebungssystem für LKW auf deutschen Autobahnen herstellen sollte. Das System funktionierte nicht. Der Termin für die Einführung des Systems wurde mehrfach verschoben. Dadurch entgingen der Bundesrepublik Deutschland, als der Eigentümerin der Autobahnen, Mauten i.H.v. von rd 1,5 Mrd Euro. Die Sache war beiden Vertragspartnern etwas peinlich; Tollcollect hatte das System nicht rechtzeitig fertig, und der Bundesregierung wurde vorgeworfen, sie habe bei der Vertragsverhandlung Fehler gemacht, die nun dazu führten, dass sie trotz des Verzuges von Tollcollect keinen Schadensersatz verlangen könne.

   Stichworte: Vertraulichkeit des Schiedsverfahrens

2. Im Jahre 2004 schwebte vor dem Verwaltungsgericht Gelsenkirchen ein Rechtsstreit, der kaum ein Vorbild in Deutschland hat. Die Präsidentin des LG Essen klagte gegen das Land NRW auf Beförderung zur Präsidentin des OLG Köln und im Zusammenhang damit gegen eine Dienstbeurteilung, welche ihr Vorgesetzter, der OLG-Präsident in Hamm, über sie abgegeben hatte. Peinlichkeiten gerieten an die Öffentlichkeit, das Ansehen der Justiz wurde gefährdet. Es entstand auch der Eindruck, dass der zuständige Richter nicht ganz Herr der Lage war. Was hätte man tun sollen?

   Stichworte: Vor- und Nachteile der Vertraulichkeit und des gesetzlichen Richters

I. Schiedsvereinbarung

1. Rechtsnatur

Die Schiedsvereinbarung ist ein Vertrag nach den allgemeinen Grundsätzen des bürgerlichen Rechtes.[453] Sie steht rechtlich auf derselben Ebene wie die Rechtswahl- und Gerichtsstandsklausel. Die Schiedsvereinbarung kann aus nur einer einzigen Klausel bestehen, etwa wie folgt:

Alle Streitigkeiten aus diesem Vertrag (oder: aus dem Vertrag vom...) werden unter Ausschluss des ordentlichen Rechtsweges durch ein Schiedsgericht endgültig entschieden.

Weltweiter Grundsatz ist, dass die Schiedsklausel der Schriftform bedarf, auch wenn im Einzelfall der mündliche Abschluss einer Schiedsvereinbarung zulässig ist. Es gelten also die Vorschriften des Allgemeinen Teils des BGB zur Un- /Gültigkeit von Rechtsgeschäften und Verträgen, auch wenn es darum geht, ob überhaupt eine

---

[453] BLAH § 1029 RN 10 m. N.

Schiedsvereinbarung gewollt ist.[454] Eine Schiedsvereinbarung ist daher grundsätzlich wie ein normaler Vertrag auszulegen, § 157 BGB. Die Schiedsvereinbarung ist oft nur scheinbar eindeutig und bedarf der Auslegung nach dem für sie geltenden Recht.

Die Schiedsvereinbarung endet auch grundsätzlich wie ein normaler Vertrag. Zunächst durch Erfüllung, wenn das Schiedsverfahren vereinbarungsgemäß durchgeführt und abgeschlossen wurde. Dann durch Wegfall der Geschäftsgrundlage oder Eintritt einer Bedingung, z.B. dass nämlich der Hauptvertrag ohne Streit erfüllt wird. Ein solcher Fall kann auch gegeben sein, wenn die Voraussetzungen, unter denen die Schiedsklausel stand, insgesamt entfallen sind.[455] Da die Schiedsklausel rechtlich von dem Hauptvertrag zu trennen ist, kommt auch in Betracht, dass sie aus wichtigem Grund gekündigt wird.

2.   Kollisionsrechtliche Einordnung

Als eigener Vertrag ist die Schiedsvereinbarung von dem Vertrag zu unterscheiden, auf welchen sie sich bezieht. Sie kann sich auf einen bestimmten Vertrag beziehen, dem sie als meist recht lieblos am Ende angehängte Klausel zugefügt wird. Sie kann aber auch als allgemeine Vereinbarung zwischen Parteien gelten, welche häufig mit einander zu tun haben und sich auf alle oder einzelne, schon bestehende oder künftig abzuschließende, Verträge zwischen ihnen beziehen.

Die Schiedsvereinbarung ist daher, ganz ähnlich wie eine Rechtswahl- oder Gerichtsstandsklausel, kollisionsrechtlich getrennt anzuknüpfen. Gemäß Art. 2 I e Rom I VO gilt diese VO aber nicht für Gerichtsstandsvereinbarungen. Es bleibt also das autonome Recht, bei uns das EGBGB, anwendbar. Ob eine Gerichtsstandklausel gültig vereinbart ist, entscheidet das auf sie anwendbare Recht, meist, aber nicht zwingend, das Statut des Hauptvertrages.[456] Entsprechendes gilt für die Schiedsklausel. Für die materielle Wirkung der Schiedsvereinbarung ist das Recht maßgebend, das auf den Schiedsvertrag, seine Wirksamkeit unterstellt, anzuwenden ist.[457] Dieses entscheidet also über den Inhalt der Schiedsvereinbarung und ihre Auslegung. Es besteht kein Zweifel, dass die Parteien die Schiedsklausel einem Recht ihrer Wahl unterstellen können. Haben die Parteien für die Schiedsvereinbarung keine Rechtswahl getroffen, so gilt das Recht des Schiedsortes, also in der Regel des Landes, in welchem der Schiedsspruch ergangen ist.

Die prozessualen Auswirkungen der materiell gültigen Schiedsklausel bestimmen sich nach dem anwendbaren Verfahrensrecht, der lex fori des angerufenen Staatsgerichtes.

---

[454] OLG Hamburg RR 99, 1738: aus dem Schriftwechsel der Parteien wurde auf den Willen, eine Schiedsvereinbarung zu treffen, geschlossen.
[455] BGH v. 20.1.94 LM § 1033 Nr. 1: Mit dem Ende der DDR-Schiedsgerichtsbarkeit für Außenhandel fällt die Schiedsklausel überhaupt weg; das staatliche Gericht wird zuständig. Ähnlicher, aber politisch undramatischer Fall des Wegfalls einer gesetzlich vorgesehenen Schiedsgerichtsbarkeit: öOGH 26.3.96 Jur. B. 96, 597: *Eine Schiedsklausel erlischt, wenn das Schiedsgericht durch Änderung des Gesetzes wegfällt.*
[456] Hamburg v. 15. 11.95 RIW 96,510
[457] Düsseldorf v. 17. 11.95 RIW 96, 239

3.   Privatisierung des Rechts durch die Schiedsgerichtsbarkeit.

Eine Reihe von Faktoren hat dazu geführt, dass für bestimmte Wirtschaftszweige oder für eine bestimmte Art von Verträgen die „offizielle" Streiterledigung durch staatliche Gerichtsverfahren und nachfolgendes Urteil nicht als die beste Art angesehen wird. In vielen Bereichen der Wirtschaft werden, offenbar mit steigender Tendenz, Schiedsgerichte bevorzugt. Wesentliche Gründe für das Schiedsverfahren werden aus den Eingangsfällen deutlich.

Erstens: Das Verfahren und die getroffene Entscheidung bleiben geheim. Das ist manchmal problematisch. Im Fall 1 hatte offenbar die Bundesregierung ein großes Interesse daran, dass die Probleme unter der Decke blieben. Umso wichtiger wäre es für die Öffentlichkeit gewesen, Hintergründe und Ausgang dieses milliardenschweren Vertrages zu kennen. Der in der staatlichen Gerichtsbarkeit zwingende Grundsatz der Öffentlichkeit hat wiederum in anderen Fällen zu wenig glückliche Folgen, vgl. Fall 2.

Zweitens: Im Schiedsverfahren kann ein fähiger und sachkundiger Richter von den Parteien bestimmt und ggfs ausgetauscht werden. Der gesetzliche Richter im öffentlichen Verfahren kann aber weder nach Sachkriterien ausgewählt noch bei Unfähigkeit ausgetauscht werden, wie es im Fall 2 vielleicht sinnvoll gewesen wäre.

Wichtiger wird allmählich der rechtspolitische Aspekt. Wirklich wichtige Rechtstreitigkeiten gelangen kaum noch an die staatlichen Gerichte. Rechtlich verbindliche Entscheidungen in Streitigkeiten von großer volkswirtschaftlicher Bedeutung werden in Hotelzimmern in Genf, Hong Kong oder New York getroffen – aber schon lange nicht mehr im Bundesgerichtshof, in der französischen Cour de Cassation usw. Sieht man die Amtliche Sammlung der BGH-Entscheidungen durch, als Gradmesser dafür, was dieser für rechtlich und vermutlich auch allgemein für besonders bedeutsam hält, so fällt eine gewisse Dürftigkeit, sogar Spießigkeit vieler, vielleicht sogar der meisten, dort zur Entscheidung gestellten Fälle auf.

Zwar findet Vertragsrecht schon aus revisionsrechtlichen Gründen nur eingeschränkt seinen Weg zum BGH. Aber auch die Oberlandesgerichte werden selten mit Rechtssachen beschäftigt, in denen es um wirklich große Summen geht. Der Aufbau der deutschen Energiewirtschaft, die Auseinandersetzungen über Bereitstellung von Erdgas und die Preisfindungen mit den in- und ausländischen Produzenten hat ausweislich der Entscheidungssammlungen unserer Gerichte im tiefsten Einvernehmen der Parteien stattgefunden. Die in aller Welt agierende deutsche Bauindustrie scheint sich nie mit ihren Partnern zu streiten, ganz im Gegensatz zu dem Eindruck, den man im Inland gewinnen muss. Liefer- und Bezugsverträge zumal mit dem Ausland scheinen niemals problematisch zu werden. So gut ist die Welt aber nicht geworden!

Naturgemäß streiten sich die Großen nur selten wirklich in der Weise, dass sie nach dem Richter rufen. Aber es kommt doch vor, aber nur noch selten im Rahmen der staatlichen Gerichtsbarkeit. Die internationale Handelsschiedsgerichtsbarkeit saugt viele der wichtigsten, das sind oft auch die rechtlich interessanteren, Fälle auf.

Die Schiedsgerichtsbarkeit hat die staatliche Gerichtsbarkeit bereits heute teilweise ausgehöhlt, und dieser Prozess dauert an.[458] Schütze meint zwar, dass abhängig von der Bedeutung der Sache und der meist nur sporadischen Veröffentlichungspraxis des Spruchkörpers bzw. seines Trägers im Rahmen der institutionellen Schiedsgerichtsbarkeit auch Schiedssprüche Präzedenzwirkung entfalten können, auch wenn diese naturgemäß geringer sei als bei staatlichen Gerichten.[459]

Die von Obergerichten nicht oder kaum nachprüfbare Rechtssprechung der Schiedsgerichte ist aber überhaupt nur sehr eingeschränkt verallgemeinerungsfähig. Bisher ist es wohl noch nicht geschehen, dass ein deutsches staatliches Gericht zur Begründung seiner Meinung zu einer Rechtsfrage die Rechtsprechung eines Schiedsgerichtes diskutiert hat. Das kommt allenfalls zu einer Frage des Schiedsverfahrensrechtes vor. Vielleicht sollte daher besser als von einer Präzendenzwirkung der Schiedssprüche von einer Hinweiswirkung gesprochen werden. Schiedssprüche werden in wichtigen Angelegenheiten von der Wirtschaft als Tatsachen, *res judicatae*, zur Kenntnis genommen, aber nur höchst selten als rechtliche Aussagen. Im Bereich der ICC-Schiedsgerichtsbarkeit geschieht es mit immer größerem Selbstbewusstsein, dass Schiedssprüche sich auf die Rechtsprechung der ICC berufen, die es so eigentlich gar nicht gibt, schon weil die verschiedensten materiellen und formellen Rechtsordnungen zur Anwendung kommen.[460]

Es ist daher fragwürdig, die staatliche Gerichte etwa über ihr Recht, unter bestimmten Voraussetzungen einen Schiedsspruch aufzuheben, § 1059 ZPO, immer noch als Garanten der Rechtsstaatlichkeit anzusprechen.[461] Erstens: Die Prüfungsbefugnis ist sehr eng und beschränkt sich auf schlimmste Entgleisungen. Zweitens haben sich staatliche und schiedsrichterliche Rechtsfindung derartig weit von einander entfernt, dass ein Justiz-Richter oft überfordert sein wird, einen internationalen Schiedsspruch zu bewerten.

II.   Schiedsgerichte im internationalen Wirtschaftsverkehr

1.   Internationale Organisationen

Neben branchenbezogenen und regionalen Schiedsgerichtsinstitutionen existieren weltweit eine Reihe von Schiedsgerichtszentren jeweils mit ihren eignen Verfahrensordnungen. Von besonderer Bedeutung ist die Schiedsgerichtsbarkeit im Rahmen der Weltbank, die ICSID (*International Centre for Settlement of Investment Disputes*). Diese nach einer eigenen Verfahrensordnung vorgehende Schiedsgerichtsbarkeit ist den staatlichen Gerichten dadurch angenähert, dass es eine Berufungsinstanz gibt, zu welcher der unterlegene Schiedskläger/Schiedsbeklagte ein förmliches Rechtsmittel einlegen kann. Es handelt sich aber weiterhin um ein privates Schiedsgericht, dessen Schiedssprüche im Sinne des New Yorker Abkommens bzw weiterer Anerkennungs-

---

[458] Vgl. Martin, Zeitschrift für schweizerisches Recht 99, 153: *Ein Übergewicht der Schiedsgerichte lässt die Fortbildung des Rechtes durch die* (gemeint: *staatliche*) *Rechtsprechung verkümmern.*
[459] In FS Glossner, S. 333
[460] ICCA S. 624
[461] Schwab/Walter 1, 1: *Die Vereinbarung eines Schiedsgerichts bedeutet keinen vollkommenen Verzicht auf den staatlichen Rechtsschutz, was verfassungsrechtlich bedenklich wäre.* vgl. Geimer, *Schiedsgerichtsbarkeit und Verfassung, 1994.*

übereinkommen in den Vertragsstaaten vollstreckt werden. Wenn die Parteien in Staaten wohnen, welche diesen Abkommen beigetreten sind, ist damit die Vollstreckbarkeit der endgültigen Schiedsentscheidung ebenso gesichert wie in allen anderen Fällen eines Schiedsverfahrens.[462]

2. Investitionsschutzabkommen

Deutschland hat mit einer großen Anzahl von Staaten (Entwicklungs- oder Schwellenländer) so genannte Investitionsschutzabkommen geschlossen, in welchen der Vertragsstaat zusichert, die von deutschen Staatsangehörigen im Vertragsstaat vorgenommene Investitionen gegen Enteignungen und rechtliche Übergriffe zu schützen. Den deutschen Investoren wird voller Rechtsschutz in demselben Maße zugesichert, wie er Inländern gewährt wird.

Die Unabhängigkeit und sachliche Befähigung der Gerichte, ein zügiges rechtstaatliches Verfahren sind in vielen Ländern der Erde durchaus keine Selbstverständlichkeit. Die Zusage, genauso wie ein Inländer behandelt zu werden, reicht daher im Grunde nur selten aus. Neuere Investitionsschutzabkommen der Bundesrepublik Deutschland sehen daher immer häufiger vor, dass der deutsche Investor an Stelle der staatlichen Gerichtsbarkeit im Vertragsstaat auch ein Schiedsgericht anrufen kann, wenn er mit innerstaatlichen Stellen oder auch privaten Partnern im Vertragsstaat Rechtsstreitigkeiten hat. Die entsprechenden Vorschriften sehen vor, dass das angerufene Schiedsgericht nach den Regeln der Weltbank-Schiedsgerichtsbarkeit vorzugehen hat.[463]

III. Stadien des Schiedsverfahrens

1. Schiedsvertrag

Durch eine Schiedsvereinbarung (Schiedsklausel) wird die staatliche Gerichtsbarkeit ausgeschlossen. Wird dennoch von einer Partei das staatliche Gericht angerufen und beruft sich die Gegenseite auf die Schiedsklausel, so prüft dieses die Gültigkeit der Schiedsklausel und die Schiedsfähigkeit des Streitgegenstandes. Es erklärt sich für unzuständig, wenn es beides bejaht § 1032 ZPO, Art. 8.1 Uncitral-ModellG.

Denkbar ist, dass sowohl das Schiedsgericht wie auch das staatliche Gericht sich für zuständig erklären. Das Staatsgericht, weil es die Schiedsklausel für ungültig hält, das Schiedsgericht, weil es im Rahmen seiner Kompetenz – Kompetenz das Gegen-

---

[462] Näheres z. B. bei Lowenfeld S. 457
[463] Allg. Berger *Internationale Investitionsverträge und Schiedsgerichtsbarkeit*, ZVglRW 03, 1 ff Eines von vielen möglichen Beispielen: Vertrag zwischen der Bundesrepublik Deutschland und der Republik Namibia v. 21. Januar 1994 , ratifiziert durch Gesetz v. 21.Januar 1997, BG II, 186; dort Art. 10 und 11. Gaillard berichtet in Journal du Droit International 05, 137 ff von einem solchen Schiedsgerichtsverfahren zwischen der Siemens AG und der Republik Argentinien aufgrund des zwischen Deutschland und dieser bestehenden Investitionschutzabkommens v. 9. 4. 91.

teil meint. Art. 8 II ModellG sieht für diesen Fall vor, dass beide Verfahren parallel laufen können.[464]

2.   Schiedsrichterbenennung

Durch die Schiedsklausel werden die Parteien verpflichtet, den oder die Schiedsrichter zu benennen. Kommt eine Partei dieser Pflicht nicht nach, so greift nach der nationalen Rechtsordnung (in Deutschland: §1035 III ZPO, Art. 11 ModellG) ein Ersatzmechanismus ein, wonach ein zuständiges Gericht oder eine sonstige Stelle das Schiedsgericht konstituiert. Die Verfahrensordnungen stellen entsprechende Ersetzungsmechanismen zur Verfügung. Anstelle des staatlichen Gerichtes tritt bei den institutionellen Verfahrensordnungen das Schiedsgerichtsinstitut.

3.   Schiedsrichtervertrag

Die Rechtsbeziehung zwischen Parteien und Schiedsrichter entspricht der eines gegenseitigen Vertrages. Konstruktiv kann gelten, dass die Schiedsvereinbarung eine gegenseitige unwiderrufliche Vollmacht enthält, wonach jede Partei mit Wirkung auch für die andere mit dem Schiedsrichter einen Schiedsrichtervertrag schließen kann.

Nimmt der ernannte Schiedsrichter das Amt an, liegt darin die Annahme eines in der Ernennung liegenden Vertragsangebotes der Parteien auf Abschluss eines Schiedsrichtervertrages. Aufgrund dieses Vertrages ist der Schiedsrichter verpflichtet, tätig zu werden. Die Feststellung, dass es sich um einen Vertrag sui generis handelt, bringt zwar keinen Erkenntniswert, hält aber die Möglichkeit offen, die Grundsätze des gegenseitigen Vertrages etwas zu lockern.[465]Die Parteien sind gesamtschuldnerisch verpflichtet, das Honorar des Schiedsrichters zu zahlen.[466]

4.   Schiedsgerichtsverfahren

Das Schiedsgericht bestimmt seine Verfahren selbst, aber es muss zwingendes Recht beachten. Welches Recht zwingend ist, kann im Einzelfall schwierig sein festzustellen. Grundsätzlich gilt wie für das staatliche Gericht der kollisionsrechtliche Weltrechtssatz, wonach das Verfahren von der lex fori bestimmt wird, vgl. Art. 14 ICC-O.

Da das Schiedsgericht seine Autorität nur von den Parteien ableitet, muss sich seine Tätigkeit innerhalb der von den Parteien gesteckten Grenzen halten. Überschreitet der Schiedsrichter diese Grenzen, sind seine Handlungen und die darauf beruhenden Entscheidungen grundsätzlich ungültig, § 1059 II 1 d ZPO, Art. 34 II a iv ModellG. Kern des Rechtes der Schiedsgerichtsgerichtsbarkeit ist die richtige Bestimmung des Verfahrens durch die Parteien, das Schiedsgericht und/oder eine von den Parteien bezogene Schiedsverfahrensordnung. Innerhalb des Schiedsverfahrens kommen wie im staatlichen Verfahren verschiedene Binnenverfahren in Betracht, z.B. Ablehnung

---

[464] H/N S. 306: .. *in order to contribute to a prompt resolution simultaneous proceedings should be permitted.* In dem recht theoretischen Fall, dass beide Verfahren bis zur Entscheidung gebracht werden, sollte die zu erst ergangene gelten.
[465] vgl. v. Hoffmann in FS Glossner, Heidelberg 1994, S. 144; vgl. öOGH v. 28.4. 1998 SZ 71, 76.;
[466] BGHZ 55, 344. Im Innenverhältnis zu seiner Gegenpartei ist der Schiedsbeklagte gemäß § 426 BGB verpflichtet, den auf ihn entfallenden Teil zu zahlen.

oder Neubestellung eines Schiedsrichters, Beweisverfahren, Eilmaßnahmen usw. Diese Binnenverfahren spielen in der wissenschaftlichen Auseinandersetzung bisher nur eine geringe Rolle.

5.   Schiedsspruch

Der Schiedsspruch ergeht aufgrund eines mündlichen oder, was häufig auch mit oder ohne ausdrückliche Zustimmung der Parteien möglich ist, schriftlichen Erkenntnisverfahrens. Immer wichtiger scheint in der Praxis zu werden der Schiedsspruch mit vereinbartem Wortlaut, § 1053 ZPO, vgl. Art. 25,26 ICC-O. Der Schiedsspruch hat *inter partes* (im Verhältnis der Parteien zueinander, nicht aber im Verhältnis zu Dritten) die Wirkung eines vollstreckbaren Urteils eines staatlichen Gerichtes (§ 1055 ZPO: rechtskräftig; früher: vorläufig vollstreckbares Urteil); vgl. Art. 35 ModellG; vgl. Art. 3 New Yorker Abkommen.

Die Vollstreckbarkeit entsteht nicht ipso iure, sondern wird in einem staatlichen Exequaturverfahren hergestellt, § 1060 ZPO. Wird das Exequatururteil im Ausland erlassen, so ist dieses nach den Regeln der Urteilsanerkennung zu behandeln. Nach der Rechtsprechung des BGH kommt aber, nach Wahl des Klägers, auch die Vollstreckbarkeitserklärung des Schiedsspruches selbst in Betracht (Doppelexequatur).[467]

6.   Aufhebung des Schiedsspruches

Die nationalen Rechtsordnungen behalten sich vor, den Schiedsspruch unter besonderen, in der Regel engen, Voraussetzungen aufzuheben oder ihm die Vollstreckbarkeit zu verweigern. Dieses gilt, insbesondere für die Fälle, dass das Schiedsgericht sich nicht an die Schiedsklausel gehalten hat, § 1059 ZPO, Art. 34 ModellG, wenn es also insbesondere über einen nicht schiedsfähigen Gegenstand geurteilt hat oder ein nicht zulässiges Verfahren angewendet hat.

Unzulässig ist ein Verfahren auch, wenn das Schiedsgericht ein anderes als das von den Parteien gewählte oder kollisionsrechtlich berufene anwendbare Recht zugrunde gelegt hat. Das staatliche Gericht prüft aber nicht die richtige Anwendung des Rechts, sondern nur, ob der Schiedsspruch von diesem Recht geprägt ist (Geprägetheorie). Von der Nichtanerkennung bzw. Verweigerung der Vollstreckbarkeit ausländischer Schiedssprüche ist zu unterscheiden die Frage ihrer Aufhebbarkeit. Es ist wohl weltweit anerkannt, dass diese Kompetenz nur bei den Gerichten des Ursprungslandes liegt.

7.   Fehlerhafte Rechtsanwendung als Verfahrensverstoß

a.   Grundsatz

Geht der Schiedsrichter über die von den Parteien gesetzten Grenzen hinaus, liegt ein Verfahrensverstoß vor, und der Schiedsspruch verfällt der Aufhebung, § 1059 II 1 d ZPO.[468] Der Aufhebungsgrund wegen Verfahrensverstoßes ist das Substrat der Parteiherrschaft im Schiedsverfahren. Gäbe es diesen Aufhebungsgrund nicht, könnte

---

[467] BGH RIW 84, 557 und 644.
[468] Vergleichbar ist, wenn die Bestimmung gemäß § 315 BGB nach einem bestimmten Verfahren zu treffen war, und der Dritte sich nicht daran hält. Die Bestimmung ist nichtig: BGH RR 90,28

das Schiedsverfahren rechtsstaatlich keinen Bestand haben. Es ist nur dann hinnehmbar, dass ein staatliches Gericht unter Hinweis auf die bestehende Schiedsklausel zwischen den Parteien den Rechtsschutz verweigert, wenn gesichert ist, dass eine andere Instanz (hier: das Schiedsgericht) den Parteien das Recht in der Weise spricht, wie es vereinbart war. Der verfassungsrechtliche Anspruch der belasteten Partei auf Rechtsgewährung durch die staatlichen Gerichte lebt daher wieder auf, sobald das Schiedsgericht seine von den Parteien gezogenen Grenzen überschreitet. Das ist nicht nur der Fall, wenn das Schiedsgericht über eine andere als die von der Schiedsklausel gedeckte Sache entscheidet, sondern auch dann, wenn es ein anderes als von den Parteien vereinbartes Verfahren anwendet. Der *BGH* sagt daher ganz allgemein: „*Ein schiedsgerichtliches Verfahren ist unzulässig, wenn das Schiedsgericht zu ihm nach den Vereinbarungen der Parteien oder den ergänzend eingreifenden gesetzlichen Bestimmungen nicht befugt war*"[469]. Dazu gehört auch, wenn es ein anderes als das von den Parteien gewählte materielle Recht zugrunde gelegt hat.[470]

b. Materielle Richtigkeit des Schiedsspruchs

Es ist aber auch anerkannt, dass das staatliche Gericht im Rahmen eines auf § 1059 ZPO gestützten Aufhebungsverfahrens nicht prüft, ob die Schiedsrichter das Recht richtig angewendet haben, welches sie kraft Parteivereinbarung oder Kollisionsrecht anwenden sollten.

Das staatliche Gericht prüft, ob sich die Schiedsrichter an ihren Auftrag gehalten haben. Der Auftrag geht dahin, das berufene Recht „richtig" anzuwenden. Was aber richtig ist, weiß im Grunde niemand. Auch der Bundesgerichtshof weiß das nicht – er judiziert nur, was *er* für richtig hält. Der Auftrag an die Schiedsrichter geht also dahin, das Recht so anzuwenden, wie sie es vernünftigerweise für richtig halten können. Haben die Parteien nichts anderes gesagt, als dass der Schiedsrichter z.B. nach deutschem oder schweizerischem Recht entscheiden solle, so ist der Auftrag an die Schiedsrichter mindestens so zu verstehen, dass die Entscheidung im Sinne des deutschen, schweizerischen usw. Rechts als richtig gelten kann.

c. Geprägetheorie

Ein Verfahrensfehler liegt vor, wenn das Schiedsgericht das anwendbare Recht nicht wirklich zur Kenntnis genommen hat.[471] Entweder dass das Schiedsgericht nur so tut als ob, oder dass es sich bewusst über die Rechtswahl der Parteien hinweggesetzt hat.[472] Verfahrensrichtig ist danach ein Schiedsspruch nur dann, wenn seine Begründung von dem anwendbaren Recht geprägt ist.[473] *Berger* hält diese Theorie für zu

---

[469] NJW 86, 1437

[470] für das frz. Recht : Cour d` Appel Paris v. 10. mars 1988 Rev. de l`arbitrage 89, 269

[471] vgl. Entscheidung des OLG Kairo v. 5, 12, 95: Ministry of Defence v. Chromalloy, Yearbook 99, 265: Waffengeschäft aus den USA nach Ägypten. Das anwendbare Sachrecht sah ein freies Kündigungsrecht des ägyptischen Verteidigungsministers vor, welches das Schiedsgericht, nach Meinung des OLG Kairo, nicht zu Kenntnis genommen hatte. Schiedsspruch wurde in Ägypten aufgehoben, n den USA aber für vollstreckbar erklärt.

[472] frz Cour de Cass. V. 20. 12. 93 Rev de l`arb 94, 663

[473] Internationale Handelsschiedsgerichtsbarkeit, 2. Aufl. 2003, S.64; 273 f; RIW 84, 934 f: Das staatliche Gericht prüft im Aufhebungsverfahren zwar nicht die richtige Anwendung des anwendbaren materiellen Rechts, wohl aber im Rahmen des richtigen Verfahrens, ob der Schiedsrichter das anwendbare Recht überhaupt angewendet hat.

wenig konturenscharf.[474] Das soll sie in gewissem Sinne auch sein. Das staatliche Gericht hat nicht sein Judiz anstelle des der Schiedsrichter zu setzen, es hat aber kraft seines rechtsstaatlichen Aufsichtsamtes zu gewährleisten, dass private Rechtsprechung so stattfindet, wie vereinbart. Die Entscheidung ist daher nur dann verfahrensrichtig, wenn sie im Sinne des anwendbaren Rechts vernünftig begründet ist und nachvollzogen werden kann.[475]

Der Schiedsspruch muss zunächst den Mindestanforderungen genügen, welche das Gesetz auch an das Urteil des Staatsgerichtes stellt. Aus dem Schiedsspruch muss deutlich werden, dass die Schiedsrichter sich an die Parteivorgaben gehalten haben. Das gilt auch für die Begründung. Diese muss aber erkennen lassen, dass rechtliche Aspekte gewürdigt worden sind, und dass diese auf der Grundlage des anwendbaren Rechtes vertretbar sind. Der Schiedsspruch ist vertretbar, wenn das von den Parteien gewählte Recht wirklich angewendet wurde, wenn er durch dieses geprägt ist.[476]

Diese Prägung entsteht zunächst dadurch, dass die Entscheidungsgrundlagen angeben werden. Ein staatliches Gerichtsurteil ist gemäß § 551 Nr. 7 ZPO nicht mit Gründen versehen, wenn es nicht erkennen lässt, welche Rechtsordnung der Erkenntnis zugrunde gelegt wurde. Das gilt auch hier. Es muss erkennbar sein, dass das Schiedsgericht nicht nach einem anderen Recht, Billigkeit oder schlichtem Gutdünken entschieden hat.[477]

Die Prägung geschieht zweitens durch eine Zurkenntnisnahme und Auslegung der herrschenden Meinung in dem betreffenden Recht. Die Rechtswahl ist als Vertragsklausel gemäß § 157 BGB auszulegen. Die Parteien wünschen nicht irgendeine, sondern die richtige, Anwendung des Rechts. Im Zweifel meinen sie also das Recht in der Form, wie es von den dortigen Rechtsgenossen üblicherweise verstanden wird, also insbesondere wohl in der jeweils herrschenden Meinung. Die Anwendung des gewählten Rechts ist daher nur dann vertragsgemäß, wenn der Schiedsrichter die herrschende Meinung des anwendbaren Rechts befragt. Er muss ihr nicht folgen. Wenn er davon abweichen will, handelt er aber nur dann vertragsgemäß, wenn er angibt, weswegen sich aus diesem Recht und seinem Auftrag als Schiedsrichter im gegebenen Falle doch etwas anderes ergibt.[478]

Die Geprägetheorie nimmt in Kauf, dass es bei Vertragsauslegungen unter verwandten Rechtsordnungen oft nicht möglich und auch wegen des gleichen Ergebnisses nicht nötig ist, ein besonderes Gepräge einer Rechtsordnung zu beschreiben und dem Schiedsspruch, nur um die Parteien zu beruhigen, künstlich aufzudrücken. Das gilt insbesondere im Verhältnis der westeuropäischen Staaten zu einander. Wenn nicht spezielle Vorschriften anstehen, wird es daher schwer sein, etwa ein schweizerisches

---

[474] Internationale Wirtschaftsschiedsgerichtsbarkeit, Berlin 1992, 478
[475] Cour d'Appel Paris Dalloz-Sirey 1988, IR, 233: Der Schiedsrichter *doit s`expliquer ... sur les raisons de son choix entre les thèses opposés des parties* , hier zur Schadensberechnung. Dasselbe Gericht meint aber, D.00, Jur.278 : die Geltendmachung von auch offensichtlichen Widersprüchen in der Begründung *tend en réalité à critiquer (=* den Schiedsspruch*) au fond* und dürfe nur sehr zurückhaltend angewendet werden.
[476] BGH v. 3. 5. 88 WM 88, 1463; vgl. Teil A : Geprägetheorie
[477] BGH v. 26.9.85 NJW 86, 1436 f
[478] Das französische Recht sieht das wohl anders, vgl. Cour de Cassation v. 28. fev. 95 Rev. de l`Arb 95,597: Der Behauptung, der Schiedsspruch beruhe auf der Anwendung eines falschen nationalen Rechtes, wurde nicht nachgegangen.

von einem holländischen, und beide von einem deutschen Gepräge zu unterscheiden.[479] Es wird ausreichend sein, wenn das Schiedsgericht diesen Zusammenhang aufzeigt und *aus diesem Grunde* auf eine Prägung seiner Entscheidung durch ein bestimmtes Recht verzichtet.

8.　Leerlaufender Verfahrensverstoß

Verfahrensverstöße des Schiedsgerichtes führen gemäß § 1059 II 1 d ZPO nur dann zur Aufhebung bzw. Nichtvollstreckbarkeit des Schiedsspruchs, wenn *anzunehmen ist, dass sich dies auf den Schiedsspruch ausgewirkt hat.* Das Erfordernis der Ursächlichkeit des Fehlers für die Entscheidung findet sich auch in § 545 I ZPO (*..beruht..*). Das Schiedsgericht kann sich an Vorgaben der Parteien halten, es kann das aber auch sein lassen, wenn es nur daran denkt, den Schiedsspruch so abzufassen, dass es auf den eventuellen Fehler nicht ankommt. Die sich belastet fühlende Partei kann dann nicht viel dagegen ausrichten. Beispielhaft sei ein Fall des österreichischen OGH genannt.[480] Hier hatte das Schiedsgericht das Verfahren entgegen den Bestimmungen des Schiedsvertrages nicht auf Deutsch durchgeführt, sondern auf Englisch. Die auf der deutschen Verfahrenssprache bestehende Partei hat aber im Zweifel „mit Zitronen gehandelt".

Wenn das Schiedsgericht seine Begründung nicht sehr ungeschickt formuliert, ist der Nachweis der Ursächlichkeit von falscher Verfahrenssprache und Schiedsspruch unmöglich. Der Schiedsspruch bleibt also trotz des eklatanten Verfahrensfehlers bestehen.

Vergleichbar ist der Indonesischer Schiedsortfall: Hat das Schiedsgericht an einem anderen als dem von den Parteien bestimmten Schiedsort gesessen (im Fall: Den Haag statt Djakarta[481]), wird es der unterlegenen Partei kaum möglich sein, auch nur plausibel zu machen, dass die Entscheidung anders ausgefallen wäre, wenn das Schiedsgericht am vereinbarten Schiedsort getagt hätte. Nur Psychologen akzeptieren, dass der *genius loci* für Verhalten und Entscheidungen eine große, wenn auch kaum beweisbare, Rolle spielt.

9.　Vorgeschlagene Schutzklausel

Schiedsparteien, die Wert darauf legen, dass ihre Vereinbarungen unter allen Umständen wirklich respektiert werden, ist praktisch eine Zusatzklausel zu ihrer Schiedsklausel etwa folgenden Inhalts zu empfehlen:

> *Im Verfahren gerügte aber nicht abgestellte Verfahrensfehler des Schiedsgerichts sollen als Aufhebungsgrund des Schiedsspruches angesehen werden, ohne dass es des Nachweises bedarf, dass der oder die Verfahrensfehler sich auf den Schiedsspruch ausgewirkt haben.*

---

[479] vgl Aden Kollisionsrechtliche Wahlfeststellung , Deutsche Zeitschrift für Wirtschaftsrecht, DZWir 97, 81

[480] Yearbook 97, 264 (von Melis berichtet). Ähnlich, nur für Ortswahl, die zu Art. 16 IV Uncitral berichtete Entscheidung des LG Den Haag.

[481] Yearbook 2000, 145f; Aden, Internationale Handelsschiedsgerichtsbarkeit Art. 16 Uncitral

Jede Partei bleibt unbeschadet der Schiedsklausel befugt, Verfahrensfehler (diese können ggfs näher eingegrenzt werden) *durch passende Klageform (z.B. Feststellungsklage) feststellen zu lassen. Im Falle seines Obsiegens unterbleibt die Vollstreckung des Schiedsspruchs.*

Oder:

Es wird vermutet, dass sich die im Verfahren gerügten aber nicht abgestellten Verfahrensfehler auf den Schiedsspruch ausgewirkt haben.

Wohl nur über eine solche Klausel kann die an sich von niemandem bezweifelte Pflicht der Schiedsrichter zur Verfahrensrichtigkeit rechtsstaatlich gewährleistet werden. Wird der Schiedsspruch aufgehoben oder wird er im Anschluss an die hier vorgeschlagene Zusatzklausel unvollstreckbar, muss das Verfahren wiederholt werden. Die bis dahin entstandenen Kosten waren umsonst und müssen von denjenigen ersetzt werden, welche dieses schuldhaft verursacht haben, also von den Schiedsrichtern, vgl. Art. 34 ICC-O.

7. Teil Besondere Rechtsverhältnisse in internationaler Betrachtung

I. Kauf

1. Wiener Kaufrecht (CISG)

a. Anwendungsbereich

Betrifft der Kaufvertrag eine bewegliche Sache, so ist stets die Anwendbarkeit des Wiener Kaufrechts (CISG) zu prüfen. Diese besondere praktische Bedeutung gerade des Kaufvertrages, welche sich für den internationalen Warenverkehr offensichtlich ständig erhöht, hat seit Jahrzehnten zu Versuchen geführt, für das Kaufrecht weltweit möglichst einheitliche Regeln zu schaffen.[482] Vorerst letztes Ergebnis dieser Bemühungen ist das UN-Übereinkommen über Verträge über den internationalen Warenkauf Kaufrecht, CISG, v. 11.4.80 wegen seines Anschlussortes auch *Wiener Kaufrechtsübereinkommen* genannt. [483] Gemäß Art. 1 findet CISG auf Kaufverträge über Waren Anwendung, wenn

- die Parteien ihre Niederlassung in verschiedenen Staaten haben und beide Staaten Vertragsstaaten des Übereinkommens sind. Der Export von z.B. Glaswolle eines deutschen Exporteurs nach Peru unterläge dem Übereinkommen, da Deutschland ihm (am 1.1.1991) und Peru (am 1.4.2000) beigetreten sind. Oder

- der Kaufvertrag nach den Regeln des IPR dem Recht eines Vertragsstaates unterliegt. Der Iran ist zwar kein Vertragsstaat. Der Export von z.B. Kriegswaffen eines französischen Exporteurs an den Iran unterläge aber dem Abkommen. Nach Art. 4 a Rom I VO unterliegt der Kaufvertrag mangels eine abweichenden Rechtswahl dem Recht des Verkäufers, also Frankreichs, welches Vertragsstaat ist.

Da Deutschland und die EU-Länder Vertragsstaaten sind, gilt für Warenkauf zwischen diesen Staaten dieses Recht ohne weiteres immer. Der Werklieferungsvertrag steht hier dem Kaufvertrag gleich, vgl. Art. 3 Das Abkommen gilt nur für den Warenkauf, also nicht für den Kauf von Grundstücken, Forderungen, Rechten und Wertpapieren, Art. 2.

b. Praktische Bedeutung

Die juristische Güte des Kaufrechtsabkommens wird nicht in Frage gestellt, dennoch wird es bisher in der Praxis nur zögernd angenommen. Die Parteien können gemäß Art. 6 die Anwendung des Übereinkommens ausschließen und z.B. deutsches Recht

---

[482] vgl. Schlechtriem, S. 27. Treibende Kraft der Vorläuferkonvention und damit des Projekts überhaupt war Ernst Rabel, einer der um 1930 international bekanntesten Rechtsgelehrten.
[483] vgl. Piltz NJW 2000, 553, Palandt-Thom EGBG 28 RN 8.

vereinbaren. Seine praktische Bedeutung ist bisher noch schwer abzuschätzen und scheint noch nicht sehr groß zu sein.[484] Die Abbedingung des CISG scheint bisher noch die Regel zu sein.[485] Hauptgrund dafür wird folgender sein: Recht besteht nicht nur aus dem Gesetz. Die vielen Erscheinungsformen des Kaufvertrages, die unterschiedlichen Risiken und Mitwirkungspflichten von Käufer und Verkäufer bei der Vertragserfüllung erfordern zur Rechtsicherheit der Parteien eine verlässliche und möglichst detaillierte Gerichtspraxis. Die nationalen Rechtsordnungen bieten das an, die Artikel des CISG sind aber noch zu selten Gegenstand richterlicher Auslegung geworden.

c.   Bewertung

Das Übereinkommen ist nützlich, wenn andernfalls das Recht eines Staates mit einer wenig entwickelten Rechtsordnung anwendbar wäre. Es regelt in 100 Artikel, wofür das BGB zwanzig Paragraphen braucht. Sein größter Mangel ist systembedingt. Art. 7 ff verpflichten die Vertragsstaaten, das Übereinkommen autonom, also aus sich heraus und möglichst ohne Rückgriff auf die eigene nationale Rechtsordnung, auszulegen. Da es aber keinen „Welt-Bundesgerichtshof" gibt, der eine einheitliche Anwendung des Übereinkommens sichert, können die Gerichte jedes Staates, in welchem das Übereinkommen zur Anwendung kommt, das Übereinkommen letztlich doch nach eigenem Gutdünken auslegen. Dabei werden immer auch Systemunterschiede der Rechtsordnungen zum Tragen kommen. Das ist bis zu einem gewissen Grade auch unausweichlich, z.B.:

- Art. 66 knüpft an den *Gefahrübergang* der Ware bestimmte Rechtsfolgen. Dieser selbst ist aber in dem Übereinkommen nicht definiert. Im deutschen Recht ist er ua eine Folge von Verzug oder Annahmeverzug, der seinerseits von Mitwirkungshandlungen des Käufers abhängen kann.
- Es ist nicht gewährleistet, dass z. B. die Schadensersatzregelung, Art. 74, überall gleichartig ausgelegt wird. Zum Schadensersatz gehört z.B. auch der entgangene Gewinn, vgl. § 252 BGB. Dieser ist aber u.U. von komplizierten Gegenrechnungen des Vorteilsausgleiches abhängig, die tief in die Systematik, hier des deutschen, Rechts reichen.

2.   Europäisches Recht

Das Schuldrecht, auch das Kaufrecht, wird zunehmend von Vorgaben des europäischen Rechts geprägt.[486] Da europarechtliche Normen einheitlich durch den EuGH in Letztinstanz ausgelegt werden, entsteht trotz verbleibender nationaler Unterschiede in diesem Rechtsgebiet unter EU-Staaten mit der Zeit wahrscheinlich ein größeres Maß an materieller Rechtseinheit als nach dem Übereinkommen. Es ist daher anzunehmen, dass CISG jedenfalls innerhalb der EU keine Zukunft haben wird.

---

[484] zu CISG: Müller, M. RIW 07, 673; weiterführend die Verknüpfung *cisg.online*
[485] Mankowski RIW 03, 8: CISG wird routinemäßig abbedungen. Dafür gebe es aber keine überzeugenden Gründe.
[486] Palandt – Heinrichs Einl. V. § 241 BGB Rn 2

II.   Verbraucherverträge

Beispiele:

> Dr. A., Rechtsanwalt in Essen, wird mit seiner Frau von Dr. H., Rechtsanwalt in Düsseldorf, zum Abendessen in dessen Haus geladen. Mit eingeladen ist der Juwelier J. Nach dem Essen packt J seine Kollektion aus. A kauft einen Ring für seine Frau, der sein Geld auch wert ist. Auf der Rückfahrt von Düsseldorf ärgert sich A über den Kauf, weil er sich eigentlich den Ring gar nicht leisten konnte. Kann er zurücktreten?

1.   Grundsatz

Das Recht des Verbraucherschutzes ist heute weitgehend europäisches Recht. Die in das BGB eingefügten Vorschriften zur Umsetzung der entsprechenden Richtlinien der Europäischen Gemeinschaft werden daher in letzter Kompetenz nicht vom Bundesgerichtshof sondern von dem Europäischen Gerichtshof ausgelegt. Der übergreifende Grundsatz des Verbraucherrechts ist wie folgt zu beschreiben: Das Recht hat zwei Ziele – Gerechtigkeit und Rechtssicherheit. Die Rechtssicherheit, z.B. die Unwiderruflichkeit von geschlossenen Verträgen, führt gelegentlich zu Ergebnissen, die nach heutigen Vorstellungen als ungerecht gelten. Das nimmt das Recht in Kauf. Ist in einem Vertrag aber eine Seite schwächer als die andere, dann entscheidet das Gesetz im Konflikt zwischen Rechtsicherheit und Gerechtigkeit zugunsten des Schwächeren, also wohl auch der Gerechtigkeit.

Der Verbraucher, vgl. § 13 BGB, gilt grundsätzlich als schwach. Der Unternehmer, § 14 BGB, grundsätzlich als stark, auch wenn es im Einzelfall nicht so ist. Der Verbraucher hat gemäß § 312 BGB bzw. anderen Vorschriften ein Rücktritts- bzw Widerrufsrecht. Die Folgen ergeben sich aus §§ 355 ff BGB.

2.   Widerrufsrecht

Einerseits ist es problematisch, die Bedeutung der Willenserklärung dadurch zu schwächen, dass sie auch ohne Vorliegen eines förmlichen Willensmangels widerrufen werden kann. Andererseits zeigt der Fall, ein Echtfall aus dem Leben, dass auch ein rechtskundiger, gestandener Mann in Lebenslagen gebracht werden kann, in welchen er letztlich nicht mehr frei entscheiden kann.

Angesichts der heute herrschenden Vertriebsmethoden ist der Verbraucher in vielfältiger Weise Beeinflussungen ausgesetzt, welchen er sich nicht immer entziehen kann. Das Widerrufsrecht des Verbrauchers dient daher dem Schutz der Privatautonomie. Das Verbraucherschutzrecht knüpft daran an, dass der Verbraucher in einer Situation zur Abgabe einer Willenserklärung veranlasst wird, in welcher er darauf nicht vorbereitet ist, z.B. direkte Ansprache an der Haustür oder während einer Verkaufsfahrt.

3.   Eigentumsvorbehalt[487]

Beispiel:

> V im Staat 1 verkauft unter Eigentumsvorbehalt eine Sache an Käufer K in Staat 2.
> Der Kaufvertrag unter liegt dem Recht von Staat 1. K gibt die Sache an Unternehmer
> U im Staat 3 zur Reparatur. U macht ein Unternehmerpfandrecht wegen seines
> Lohns daran geltend. Über das Vermögen des K wird in Staat 1 das Insolvenzverfah-
> ren eröffnet. I ist der Insolvenzverwalter. V verlangt seine Sache heraus. Zu Recht?

V hat einen Herausgabeanspruch, wenn er Eigentümer ist und wenn im Staat 1 der
Eigentumsvorbehalt als Insolvenzvorrecht anerkennt. Das Kaufvertragsstatut (Geschäftsrecht, *lex causae*) im Beispiel Recht von Staat 1 entscheidet darüber, ob ein
Eigentumsvorbehalt vereinbart werden kann, ob also die Bedingung für den Eigentumsübergang gültig vereinbart ist. Das Recht der belegenen Sache, *lex rei sitae,* hier
also Staat 3, entscheidet darüber, ob und welche dingliche Wirkungen der in Staat 1
gültige Eigentumsvorbehalt in Staat 3 hat, und ob U ein Pfandrecht daran erworben
hat. Das Insolvenzstatut, das über die Insolvenz herrschende Recht, entscheidet, ob
der Eigentumsvorbehalt zur Aussonderung berechtigt.

Der gesondert anzuknüpfende dingliche Vertrag untersteht im Zweifel demselben
Recht wie der schuldrechtliche Vertrag, die anwendbare *lex rei sitae* kann jedoch die
Begründung eines „halben" Eigentums wie das des Eigentumsvorbehalts ausschließen. Entsprechendes gilt für die Begründung (schuldrechtlicher Sicherungsvertrag
und dingliche Übertragung) von Sicherungseigentum.

4.   Incoterms

Im grenzüberschreitenden Warenkauf ist unabhängig von dem anwendbaren Recht
bzw. der Anwendbarkeit des einheitlichen Kaufrechts, CISG, darüber nachzudenken,
ob und in welchem Umfange standardisierte Klauseln sinnvoll sind. In den von der
Internationalen Handelskammer entworfenen und in größeren Abständen der Praxis
angepassten Incoterms geben solche Klauseln vor. [488]

Die Incoterms haben sich im internationalen Handel bewährt. Sie haben keine Gesetzeskraft und werden nur aufgrund einer Vereinbarung der Parteien Teil des Vertrages. Es kommt auf die Umstände und auf die Branche an, ob die Einbeziehung der
Incoterms einem Handelsbrauch entspricht, so dass diese gemäß § 346 HGB nach
deutschem Recht oder den entsprechenden Vorschriften des anwendbaren fremden
Rechts Teil des Vertrages werden.

---

[487] 8. Teil § 449. Rechtsvergleichend für England und Frankreich: Diedrich, F. ZVglRW 05, 116 f
Warenverkehrsfreiheit, Rechtspraxis und Rechtsvereinheitlichung bei internationalen Mobiliarsicher-
heiten.
[488] Vgl. Wertenbruch J *Die Incoterms-Vertragsklauseln für den internationalen Kauf,* Zeitschrift für
das Gesamte Schuldrecht, ZGS, 05, 136 ff

III. Internet

Fall

> Ein französischer Kläger verklagt die US-Internetplattform Yahoo dazu, Webseiten für französische Internetnutzer zu sperren, auf denen Nazi-Objekte angeboten und versteigert werden. Das französische Gericht verurteilte antragsgemäß. Darauf erhob Yahoo an seinem Unternehmenssitz in Kalifornien eine Klage auf Feststellung der fehlenden Vollstreckbarkeit der Entscheidung in den USA. Das französische Urteil verstoße gegen die Meinungsfreiheit. Das erstinstanzliche US-Gericht bejahte seine Zuständigkeit und stellte die Unzulässigkeit der Vollstreckung in den USA fest. Sind US-Gerichte zuständig?[489]

Stichworte: Weltweite Zuständigkeiten für Internetfragen

1.   Ausgangspunkt

Das Internet ist ein Kommunikationsmedium mit derselben Struktur wie das Telefon. Verträge, insbesondere Kaufverträge, welche über das Internet geschlossen werden, weisen daher rechtlich keine Besonderheiten auf. Es gelten die normalen Regeln von Zugang und Annahme der Willenserklärung, nur halt mit der Besonderheit, dass die Willenserklärungen nicht durch Brief oder mündlich mit Telefon, sondern durch elektronische Signale übermittelt werden. Die leichte Zugänglichkeit der elektronischen Medien (Internet) und die Raschheit, mit welcher die Vorgänge sich vollziehen, hat jedoch den europäischen Gesetzgeber veranlasst, gewisse Schutzvorkehrungen zu Gunsten des Verbrauchers bzw. des Kunden eines Unternehmers, welcher sich dieser Medien bedient, vorzusehen. Gesetzliche Grundlage sind §§ 312b ff BGB.[490]

2.   IPR

Aus Sicht des internationalen Rechts ist weniger rechtlich als empirisch eine Besonderheit darin festzustellen, dass die weltweite Verbreitung des Internets die Zahl der internationalen Geschäftsabschlüsse erheblich erhöht. Wenn es bisher eher die Ausnahme ist, dass ein Privatmann grenzüberschreitende Geschäftsabschlüsse tätigt, so wird das künftig zum Normalfall werden.

Es ist anzunehmen, dass die Vertragsabschlüsse über das Internet und die damit wie selbstverständlich einhergehende Internationalität der Geschäftsabschlüsse das Internationale Privatrecht weltweit umgestalten, vielleicht sogar überflüssig machen werden; jedenfalls in diesem Anwendungsfeld.

Diese Fragen stehen aber bisher nicht an. Bis auf weiteres gelten die üblichen Regeln und die normalen kollisionsrechtlichen Anknüpfungen. Auch beim Internetkauf gilt also, dass die charakteristische Leistung vom Verkäufer erbracht wird, so dass mangels einer ausdrücklichen Rechtswahl der im Internet geschlossene Kauf dem Recht

---

[489] vgl. Fuchs, D. RIW 06, 29 : Die Zuständigkeit US-amerikanischer und europäischer Gerichte bei der Anerkennung und Vollstreckbarkeit ausländischer (Internet-) Entscheidungen; s.o. S. 194.

[490] Hiermit werden EG-Richtlinien umgesetzt; vgl. auch Art. 241 EGBGB. Hinzuweisen ist auch auf die VO über Information- und Nachweispflichten nach bürgerlichem Recht vom 5. 8. 2002, welche ebenfalls eine entsprechende EG-Richtlinie umsetzt.

untersteht, an welchem der Verkäufer seinen Sitz hat.[491] Die Belegenheit des Servers und die benutzte Sprache mögen allenfalls im Einzelfall im Sinne von Art. 28 II EGBGB als Indizien herangezogen werden.

3.   Zuständigkeiten

Eine in das Internet eingestellte Information ist sofort weltweit abrufbar. Handelt es sich dabei um eine unerlaubte Handlung im weiteren Sinne (Verletzung des Persönlichkeitsrechts, Verletzung des Urheberrechts, Markenrechts und so weiter) stellt sich die Frage, wo ein Gerichtsstand für eine entsprechende Klage auf Schadensersatz oder Widerruf begründet ist. Nach allgemeinen Grundsätzen besteht ein Gerichtsstandort, wo sich eine rechtswidrige Handlung auswirkt. Das führt bei einem Internetdelikt dazu, dass praktisch weltweit unzählige Gerichtsstände begründet sind. Es zeigen sich im internationalen Recht noch keine klaren Linien, wie die zahlreichen in Betracht kommenden Zuständigkeiten gegeneinander abgegrenzt werden können.

Ausgangspunkt für eine Lösung wird in einer Kombination des Prioritätsgrundsatzes mit dem Proximitätsgrundsatz zu suchen sein. Hiernach wäre grundsätzlich die erste eingereichte Klage zuständigkeitsbegründend und würde weitere Klagen ausschließen. Eine spätere Klage kann erhoben werden mit Wirkung nur in diesem Staat.

Im Eingangsfall war daher das französische Gericht zuständig, weil sich die Internetinformationen in Frankreich ausgewirkt hatten. Dieses Urteil hat aber faktische Auswirkungen nur in Frankreich. Der Proximitätsgrundsatz würde daher dazu führen, dass die kalifornischen Gerichte zuständig bleiben, über den Interneteintrag zu entscheiden, soweit Kalifornien betroffen ist.[492]

IV.   Gesellschaftsrecht

Fälle

1. Beispiel: Ein Holländer, ein Deutscher und ein Pole, jeweils Filmemacher, treffen sich in der Antarktis und beschließen einen Film über die Tierwelt dort zu drehen und die Rechte daran gemeinsam unter einer gemeinsam entworfenen Marke zu verwerten. Die drei beantragen beim Europäischen Patentamt, München, die Eintragung eines Wort- und Bildzeichens. Wer soll Inhaber des Zeichens werden?

   Stichwort: Staats- bzw. Rechtsangehörigkeit einer Personengruppe.

2. A, wohnhaft in Siegen, gründet in Nassau/Bahamas eine 1-Dollar AG. Über diese verwaltet er großen Grundbesitz im Ruhrgebiet. Daneben verfügt A über Privatvermögen. In Nassau gibt es nur eine Bürogemeinschaft der AG mit anderen Gesellschaften und einen Telefonanschluß, unter dem sich gelegentlich, aber nicht immer, ein Mitarbeiter der AG meldet. Gläubiger G, der wegen

---

[491] Vgl. die Sicht der Schweiz: Grolimund, P. *Geschäftsverkehr im Internet-Aspekte des internationalen Vertragsrechts*, ZSR 00, 339

[492] Fuchs, D. RIW 04, 41: US-Gerichte nehmen weltweite *internationale Zuständigkeit bei Internetstreitigkeiten in Anspruch*.

seiner Forderungen gegen die AG keine Befriedigung findet, verklagt A persönlich auf Zahlung. Wird G Erfolg haben?

Stichworte: Durchgriff Juristische Personen – EU-Recht

3. Der Beklagte B war Mitgesellschafter einer im US-Bundesstaat Delaware gegründeten Gesellschaft G, welche eine Vertretung in Deutschland hatte. 1994 beauftragte Kläger K die G mit der Verwahrung von Wertpapieren.1995 schied B aus der Gesellschaft aus. Nun verklagt K den B auf Herausgabe der Wertpapiere. Das OLG München gab der Klage statt, der BGH wies sie ab.[493] Erfolgsaussichten?

Stichworte: Deutsch-amerikanischer Freundschaftsvertrag

1.   Grundsatz

Nach der Prüfung der eigenen Zuständigkeit ist die zweite Frage des angerufenen Gerichts die der Parteifähigkeit der Parteien. Die *lex fori,* entscheidet darüber, ob eine Partei parteifähig ist, also an einem Prozess teilnehmen kann. Parteifähig ist, wer rechtsfähig ist, § 50 ZPO. Die Rechtsfähigkeit bemisst sich nach dem Personalstatut.

Im Beispiel ist die Frage, ob diese Personengruppe eine juristische Person ist oder ihr gleichzustellen ist.[494] Die Mitglieder einer Gruppe haben jeweils eine Staatsangehörigkeit, die Gruppe selbst hat keine. Anstelle des für Gruppen ohnehin nicht passenden Begriffs Staatsangehörigkeit nimmt man vielleicht besser den Begriff „Rechtsangehörigkeit." Für die Rechtsangehörigkeit einer Personengruppe müssen eigene Kriterien gefunden werden.

2.   Gründungstheorie

Im Beispiel 1 kommt nach deutschem Recht in Betracht die Gründung einer BGB-Gesellschaft, vielleicht auch einer OHG. Aber der Registerbeamte im Patentamt kann nicht einmal wissen, ob deutsches Recht anwendbar ist. Eine einfache Möglichkeit, die Rechtsangehörigkeit einer Personengruppe zu bestimmen, ist, das Recht des Staates zu befragen, wo diese Personengruppe als juristische Person gegründet worden ist (Gründungstheorie).

Die Gründungstheorie gilt im *common law*.[495] Die Rechtsfähigkeit einer Personengruppierung bemisst sich nach dem Recht des Staates, nach dessen Gesetzen sie errichtet worden ist, und zwar unabhängig davon, wo sie ihren Sitz hat oder Tätigkeiten entfaltet. Die Gründungstheorie ist in den Fällen recht einfach, in welchen zur Herstellung der Rechtsfähigkeit eine Eintragung in ein öffentliches Register erforder-

---

[493] BGH v. 5.7.04 NJW Spezial 04, 269; Vorinstanz, OLG München gab statt, der BGH wies ab; vgl. auch BGHZ 153, 353: Das Personalstatut der (= das die Rechtsform einer Personengruppe bestimmende Recht) knüpft an das am Ort der Gründung geltende Recht an. Es gilt nach diesem Vertrag also Ähnliches wie nach der EuGH-Rechtsprechung.

[494] Vgl. die Rechtsprechung des BGH zur partiellen Rechtsfähigkeit der BGB-Gesellschaft, ua. Thomas – Putzo Hüßtege § 50 RN 4

[495] Vgl. die darauf beruhende Regel des Art. 60 II EuGVO zum Sitz einer in Großbritannien gegründeten Gesellschaft.

lich ist. Das Recht des Ortes, wo dieses Register geführt wird, zeigt das die entstehende juristische Person beherrschende Recht an. In dem freilich etwas gesuchten Fall 1 ist die Gründungstheorie ungeeignet, da die Antarktis zu keinem Staate gehört. Man wird daher die Sitztheorie bemühen und nach dem örtlichen Schwerpunkt der Gruppierung entscheiden. Dieselbe Schwierigkeit besteht, wenn die Gründungspartner von ihren jeweiligen Aufenthaltsorten in der weiten Welt ihre Vereinbarung per E-Post oder Telefon treffen und, wie bei einer BGB-Gesellschaft, keine Registrierung erfolgt.

3.   Sitztheorie

Die Alternative zur Gründungstheorie ist die Sitztheorie. Diese gilt vereinfacht gesagt im mitteleuropäischen Rechtskreis, also insbesondere in Deutschland. Der BGH beschreibt die Sitztheorie wie folgt: *Nach der ständigen Rechtsprechung des BGH ist bei der Beurteilung der Rechtsfähigkeit einer ausländischen juristischen Person entsprechend der Sitztheorie das Recht des Staates maßgebend, in dem die juristische Person ihren Verwaltungssitz hat, wobei es nicht auf den in der Satzung genannten, sondern auf den tatsächlichen Verwaltungssitz ankommt. Das gilt auch dann, wenn eine Gesellschaft in einem anderen Staat wirksam gegründet worden ist und sodann ihren tatsächlichen Verwaltungssitz in die Bundesrepublik Deutschland verlegt. Die einmal erworbene Rechtsfähigkeit setzt sich nicht ohne weiteres in Deutschland fort. Es kommt vielmehr darauf an, ob die Gesellschaft nach dem Recht des Gründungsstaates fortbesteht, und ob sie nach deutschem Recht rechtsfähig ist.*[496]

Im Fall 2 bestand nach der Gründungstheorie kein Zweifel an der Rechtsfähigkeit der Beklagten, denn die Gesellschaft war auf den Bahamas registriert und nach dortigem Recht rechtsfähig. Die Frage war aber, ob diese Gesellschaft auch in Deutschland rechtsfähig ist. Wenn nicht, hat B persönlich gehandelt und haftet selbst. Das Schwergewicht der Gesellschaft lag bei der Verwaltung ihres deutschen Grundbesitzes. Von Siegen aus wurde alles gemacht. Allerdings waren tatsächlich hin und wieder von den Bahamas aus Geschäftstätigkeiten entwickelt worden. Das Gericht konnte sich daher nicht entschließen, der Gesellschaft in Deutschland die Anerkennung als rechtsfähig zu verweigern.

Die Sitztheorie hat den Vorteil der Gerechtigkeit, aber den Nachteil der Unklarheit. Im Einzelfall ist es schwierig festzustellen, von wo aus die Geschäfte betrieben werden. Im Rahmen der modernen Kommunikationsmittel ist es eigentlich auch immer uninteressanter, wo im Einzelfall das Telefon, der PC oder das Faxgerät stehen, und von wo aus bestimmte Geschäfte in Gang gesetzt werden. Es ist daher in vielen Fällen auch nicht sachgerecht, von solchen eher zufälligen Umständen so weit gehende rechtliche Schlüsse zu ziehen wie die des Bestehens der Rechtsfähigkeit oder nicht.

Der Verfasser möchte die folgende Teilungstheorie vorschlagen: Wenn es sich um die Frage der Parteifähigkeit i.S.d. § 50 ZPO handelt, sollte generell die Gründungstheorie gelten; wenn es um die Frage geht, ob eine Privatperson oder die vorgeschobene juristische Person haftet, sollte die Sitztheorie gelten.

---

[496] BGH v. 29. 1.03 NJW 03, 1607 ;

4. Rechtsfähigkeit im deutsch-amerikanischen Rechtsverkehr

a. Grundsatz

Im Fall 3 ist die Klage ist begründet, wenn der Beklagte persönlich haftet. Die Rechtsfähigkeit und damit die Haftungsbeschränkung tritt nur dann ein, wenn diese nach d e u t s c h e m Recht gegeben ist. Das war nicht der Fall. Aus deutscher Sicht agierten die unter dem Namen der US-Gesellschaft handelnden Gesellschafter wie die Gesellschafter einer OHG. Dann galt § 160 HGB, wonach der ausgeschiedene Gesellschafter fünf Jahre für die Gesellschaftsschulden persönlich haftet.

Im Verhältnis zu den USA aber gilt der Deutsch-Amerikanische Freundschaftsvertrag von 1954.[497] Danach kommt es, wie der BGH feststellt, im Verhältnis beider Staaten auf Sitz- oder Gründungstheorie nicht an. Dieser Vertrag sieht vor, dass sich der rechtliche Status einer Personengruppe allein danach bemisst, ob sie im Gebiet eines Vertragspartners wirksam als juristische Person errichtet worden ist. Eine in Übereinstimmung mit US-amerikanischen Vorschriften wirksam gegründete Gesellschaft ist daher ohne weiteres auch in Deutschland in der Rechtsform anzuerkennen, in der sie gegründet wurde. Wenn diese, wie vorliegend, eine Haftungsbeschränkung der Gesellschafter auf das eingesetzte Kapital vorsieht, dann gilt diese ohne weiteres auch in Deutschland. Auf den Ort des Verwaltungssitzes kommt es dann nicht an.

Zweifelhaft ist, ob eine angemessene Verbindung (*genuine link*) zwischen der Geschäftstätigkeit in Deutschland und der Gesellschaft in USA erforderlich ist, um ihre Rechtsfähigkeit zu gewährleisten. Wenn, dann sind die Anforderungen des BGH daran sehr gering; ein Telefonanschluss genügt.[498]

b. Durchgriffshaftung – *piercing the corporate veil*

Ein Gesellschafter oder Geschäftsführer haftet für die Schulden der Gesellschaft persönlich nicht. Ein Haftungsdurchgriff kommt nur bei Missbrauch in Betracht und ist selten.[499] Systematisch anders, sachlich aber ähnlich, liegt der Fall, wenn ein Unternehmen so schlecht organisiert ist, dass Dritte infolge seiner gewerblichen Tätigkeit zu Schaden kommen. Das Unternehmen selbst haftet sicherlich. Haftet auch das Vorstandsmitglied selbst? Haftet auch die Konzernmuttergesellschaft für ihr Organisationsverschulden, dass sie den Vorstand der Tochtergesellschaft unzureichend überwacht hat? In Betracht kommt ein Anspruch aus unerlaubter Handlung, Verletzung der „wirtschaftliche Verkehrssicherungspflicht", wie man es nennen könnte. Im Verhältnis zur USA wird verschiedentlich der Verdacht laut, dass amerikanische Gerichte mit dem Ziel entscheiden, Schadenshandlungen (etwa aus Produkthaftung) grundsätzlich einer ausländischen Konzernmutter des in USA tätigen Unternehmens zuzuweisen. Kiethe sieht hier eine deutliche Erhöhung des Risikos der persönlichen Haftung von Organmitgliedern und einen zunehmenden Durchgriff auf die Muttergesellschaft.[500]

---

[497] v. 29. 10 1954 BGBl II, 1956, 487
[498] BGH v. 13.10. 04 JZ 05, 298 mit Anm. Ebke
[499] BGH WM 08, 358; Palandt – Ellenberger, Einf. v. § 21 RN 12
[500] Kiethe RIW 04, 21 ff: Der Ausgang von Produkthaftungsprozessen in USA ist daher ganz unberechenbar.

Die Angewohnheit amerikanischer Gerichte, die eigene Zuständigkeit gerne dann anzunehmen, wenn es den US-Interessen entspricht, verbunden mit den dort oft exorbitant hohen Schadensersatzsummen, bringen diese Rechtsfragen für deutsche Unternehmen in Amerika zu großer Bedeutung.[501] Einen, auch nur auf Deutschland beschränkten, Schutz kann unser Recht nur dadurch bieten, dass einem entsprechenden US-Urteil mangels internationaler Zuständigkeit die Anerkennung verweigert wird.

5.   Europäisches Recht

Fall:

> Holländer H. hat im englischen Folkstone eine Gesellschaft gegründet, die Inspire Art Ltd, deren Geschäftsgegenstand der Verkauf von Kunstgegenständen ist. Nach der Gründung nahm die Gesellschaft ihre Tätigkeit in den Niederlanden auf, wo H als ihr einziger Gesellschafter und Geschäftsführer seinen Wohnsitz hat. Eine Geschäftstätigkeit in Großbritannien war nie geplant. H hatte vielmehr nur das Ziel, die liberalen Vorschriften des englischen Gesellschaftsrechtes auszunutzen. Eine Zweigniederlassung der Gesellschaft war im Handelsregister der Handelskammer Amsterdam ohne den Zusatz eingetragen, dass es sich um eine ausländische Gesellschaft handelt. Ein solcher Zusatz wäre aber nach dem holländischen Gesellschaftsrecht notwendig gewesen. Als ausländische Gesellschaft hätte die Inspire Art Ltd eine Reihe von Offenlegungsvorschriften berücksichtigen müssen und insbesondere ein Mindestkapital von 18.000 € aufweisen müssen. Das Registergericht in Amsterdam möchte die Inspire Art Ltd nach dem niederländischen Gesellschaftsrecht behandeln.[502] Zu Recht?

> Variante: Kläger K. kauft bei Inspire Art ein Bild für 20.000 €, welches er und auch H. für echt halten. Das Bild stellt sich als unecht heraus, und K verlangt Rückgängigmachung des Kaufs. Inspire Art hat aber kein Geld mehr. H persönlich ist ganz wohlhabend. Hat K Ansprüche gegen H?

> Stichworte: Gründungstheorie nach europäischem Recht

a.   Centros und Folgefälle des EuGH[503]

Die Frage der Anerkennung einer im EU-Ausland gegründeten juristischen Person hat auf Grund der Rechtsprechung des Europäischen Gerichtshofs eine besondere Bedeutung erlangt. Die Antwort im Beispiel wäre bis zur Entscheidung im Centrosfall des EuGH im Jahre 1999 ziemlich zweifelsfrei gewesen, und zwar gleichgültig, ob dieser Fall in Dänemark, Deutschland, Holland oder Österreich gehandelt hätte: keine Anerkennung der im Ausland erworbenen Rechtsfähigkeit. Seit dieser Entscheidung, welche zuletzt durch die Inspire Art Entscheidung bekräftigt wurde, ist diese Lösung im entgegengesetzten Sinne eindeutig geworden. Das Gründungsstatut

---

[501] Das zeigte der Lipoba-Fall von Bayer: Mit der Einnahme des Präparates werden 100 Todesfälle in Verbindung gebracht, meist in USA. In USA lagen über 10.000 Klagen gegen Bayer vor. Auftaktprozeß in Corpus Christi Texas über 500 Mio USD Schadensersatz plus punitive damages.
[502] EuGH v. 30.9.03 NJW 03, 3331; Spindler/Berner RIW 04, 7 ff: Vorläufiger Endpunkt einer Viererkette, nichts überraschend Neues, doch Fortsetzung der Linie.
[503] Für die hierzu besprechende Rechtsprechung werden folgende Leitfälle des Europäischen Gerichtshofs genannt: Daily-Mail EuGH v. 27.9.1988, Amtliche Sammlung 1988, 5483 ff; Centros EuGH v. 9.3.99 umfangreiches Schrifttum in Zeitschrift für Gesellschaftsrecht, GesRZ, 2000, 76; Überseering EuGH v. 5.11.02 IPrax 03, 193 ff ua.

ist der Maßstab für alle gesellschaftsrechtlichen Fragen. Der in den genannten Entscheidungen des EuGH ausgesprochene Grundsatz kann wie folgt zusammengefasst werden:

- Wenn eine Gesellschaft in irgendeinem EU-Staat rechtsfähig ist, dann ist sie es ohne Rücksicht auf das jeweilige nationale Recht eines anderen EU-Staates in allen anderen EU-Staaten auch. [504]
- Aus diesem Grundsatz folgt ein weiterer: Da der EGV Freizügigkeit innerhalb der EU vorsieht, kann eine solche Gesellschaft überall in der EU Filialen betreiben, ohne Beschränkungen aus dem jeweils nationalen Recht hinnehmen zu müssen.

Im Fall hat das Registergericht also nicht Recht. In der Variante war zu prüfen, ob H persönlich haftet. Da die Inspire Art in Holland als juristische Person anerkannt wird, ist die Antwort schon gegeben. Wenn K mit der „Geschäftsstelle Amsterdam" der Inspire Art Geschäfte macht, muss er wissen, dass nur diese, nicht ihr Gesellschafter haftet.[505]

b.   Würdigung der Centros-Fälle

Aufgrund dieser Entscheidungen hat sich eine Fülle von Rechtsfragen ergeben, welche das Verhältnis von nationalem und europäischem Gesellschaftsrecht betreffen. Es lassen sich zwei Hauptaspekte unterscheiden:

Die eine Meinung geht dahin, dass zwar die Rechtsfähigkeit und die Parteifähigkeit ein für allemal in der gesamten Europäischen Union durch das Recht des Staates begründet wird, in welchem die Gesellschaft wirksam gegründet ist. Das schließe aber nicht aus, dass eine solche Gesellschaft hinsichtlich ihrer weiteren gesellschaftsrechtlichen Pflichten nach den Regeln des jeweiligen nationalen Rechts behandelt werde.[506] Eine in England ohne nennenswerten Kapitaleinsatz gegründete Gesellschaft wäre daher in Deutschland und überall in der EU rechtsfähig, obwohl sie es nach deutschem Recht eigentlich nicht wäre, aber Einzelfragen des Gesellschaftsrechts, z.B. Regeln des Kapitalersatzes gemäß § 30 a GmbHG, u.a. würden auch für diese Gesellschaft gelten.[507]

---

[504] EuGH JZ 03,947: (Überseering): Leitsatz 1: *Es verstößt gegen die Art. 43 EG und 48 EG, wenn einer Gesellschaft, die nach dem Recht des Mitgliedstaats, in dessen Hoheitsgebiet sie ihren satzungsmäßigen Sitz hat, gegründet worden ist, und von der nach dem Recht eines anderen Mitgliedstaats angenommen wird, dass sie ihren tatsächlichen Verwaltungssitz dorthin verlegt hat, in diesem Mitgliedstaat die Rechtsfähigkeit und damit die Parteifähigkeit vor seinem nationalen Gerichten für das Geltendmachen von Ansprüchen aus einem Vertrag mit einer in diesem Mitgliedstaat ansässigen Gesellschaft abgesprochen wird.*

[505] EuGH JZ 03,947: (Überseering): Leitsatz: 2 : *Macht eine Gesellschaft, die nach dem Recht des Mitgliedstaats gegründet worden ist, in dessen Hoheitsgebiet sie ihren satzungsmäßigen Sitz hat, in einem anderen Mitgliedstaat von ihrer Niederlassungsfreiheit Gebrauch, so ist dieser andere Mitgliedstaat nach den Art. 43 EG und 48 EG verpflichtet, die Rechtsfähigkeit und damit die Parteifähigkeit zu achten, die diese Gesellschaft nach dem Recht ihres Gründungsstaats besitzt. .*

[506] BGH v. 27.10.08 WM 09, 200 vgl. LG Frankenthal NJW 03, 762: *Hat die ausländische Gesellschaft im Gründungsstaat keinen effektiven Sitz, dann dürfen die Normen des europäischen Rechts nicht dafür missbraucht werden, die deutschen Gründungsvorschriften zu umgehen.*

[507] grds. Altmeppen aaO

Andere, auch der Verfasser, meinen: *Wasser fließt nach unten* – lautet ein Sprichwort. Unternehmer in den EU-Staaten, welche die Gründung einer juristischen Person planen, werden daher im Zweifel nicht das verhältnismäßig umständliche und teure deutsche GmbH-Recht wählen, sondern den einfachen Weg nach England, Irland oder Luxemburg nehmen.[508] Die Bedürfnisse der Wirtschaft werden aber eher Gesellschaften fordern, welche mit einem gewissen Grundkapital ausgestattet sind. Die Centros-Entscheidungen werden daher mittelfristig dazu führen, dass das nationale Gesellschaftsrecht in den Mitgliedstaaten der EU obsolet und durch ein neues EU-Gesellschaftsrecht ersetzt wird. Zu erwarten ist eine Art Europa-GmbH.

c.   Sitztheorie im Verhältnis zu Nicht-EU-Staaten

Die Rechtsprechung des EuGH ist verbindlich nur im Bereich der Geltung des EGV. Im Verhältnis zur nicht der EU angehörenden Schweiz gilt daher weiterhin die Sitztheorie.[509]

6.   Gesellschaftsstatut

Das Recht, welches die Rechtsfähigkeit der Gesellschaft bewirkt, also das je nach Gründungs- oder Sitztheorie anwendbare Recht, Gesellschaftsstatut , entscheidet über die Art und Weise, wie die Willensbildung in der Gesellschaft stattfindet. Dazu gehören Abstimmungsverhalten, Gewinnverteilung, die Bestellung der gesetzlichen Vertreter, die für sie rechtsverbindliche Erklärungen abgeben und empfangen können.[510]

Die Rechtswirkungen einer gesetzlichen Vertretung nach außen sind nach dem Recht des Staates zu beurteilen, wo von ihr Gebrauch gemacht wird. Wenn also das Recht des Gesellschaftsstatuts im Sinne der, auch im angelsächsischen Recht inzwischen überholten, *ultra vires* Lehre vorsehen sollte, dass der gesetzliche Vertreter der juristischen Person zur Vornahme bestimmter Rechtsgeschäfte nicht befugt sei, so mag dieses im Innenverhältnis seine Bedeutung haben, im Außenverhältnis, nämlich gegenüber gutgläubigen Geschäftspartnern[511] der juristischen Person kann eine solche Beschränkung nicht wirken.

Die Rechtsverhältnisse der Gesellschafter zueinander ergeben sich aus dem Gesellschaftsvertrag, folgen also dem Recht, welchem dieser Vertrag untersteht. In der Regel wird dieses das Recht des Gesellschaftsstatuts sein. Das ist aber nicht zwingend.

7.   Erlöschen von juristischen Personen

Durch die Rechtsprechung des EuGH ist die Möglichkeit gegeben, dass Gesellschaften ganz verschiedener Herkunft in Deutschland im Markt auftreten. Der deutsche Gesetzgeber hat keinen Einfluss darauf, unter welchen Voraussetzungen eine solche

---

[508] RdW 03, 625: Die Stunde des company law shopping hat geschlagen. Borges, Iprax 05, 134: *Die durch die EuGH-Rechtsprechung geschaffene Möglichkeit .. wird rege genutzt, namentlich durch Gründung von Gesellschaften in der Rechtsform der Limited nach englischem Recht.*
[509] Mansel/IPRax 09, 4. Dagegen:Balthasar, RIW 09, 221: Sitztheorie sei generell überholt.
[510] Kegel S. 579f
[511] Kegel, S. 577

Gesellschaft wieder erlischt. Oft werden es deutsche Marktteilnehmer nicht einmal erfahren, ob es eine in England als Briefkastenfirma gegründete Limited noch gibt. Nach deutschem Recht existiert eine juristische Person auch nach ihrer förmlichen Löschung in Bezug auf solche Vermögenswerte/Schulden weiter, welche entweder noch nicht entdeckt sind, oder im Falle von Schulden weiterhin ihrer Erfüllung harren. Wenn die Gesellschafter im Namen dieser erloschenen Gesellschaft weiterhin Geschäfte aktiv betreiben, agieren sie als Gesellschaft bürgerlichen Rechts, § 705 ff BGB, und haften persönlich. Es ist anzunehmen, dass dieselben Regeln angewendet werden müssen, wenn eine im Ausland gegründete und dort gelöschte Gesellschaft im Inland weiterhin tätig ist.[512]

V. Konzern

1. Fragestellung

Rechtlich selbständige Unternehmen, die unter einer *einheitlichen Leitung des herrschenden Unternehmens* (§ 18 AktG) stehen, heißen insgesamt Konzern. Die Rechtsform des Konzerns ist unklar. Anscheinend hat er gar keine.[513] Es ist zu prüfen, ob und ggfs mit welcher Folge der internationale Konzern als juristische Person angesehen werden kann, entweder im herkömmlichen Sinne oder als juristische Person *sui generis*. Es ist weiter zu prüfen, ob sie subsidiär dem Völkerrecht unterstehen sollte.

2. Konzern als rechtliche Unperson

Der Konzern wird als wirtschaftliche Einheit verstanden.[514] Er hat in herkömmlicher Sicht keine Rechtspersönlichkeit. Lehmann hat den Konzern als solchen gar nicht im Blick, auch wenn er von einer transnationalen Rechtsfähigkeit spricht.[515] Natürlich hat die Dachgesellschaft des Konzerns, Holding (folgend: DG), Rechtspersönlichkeit.[516] Dasselbe gilt für die konzernangehörigen Gesellschaften (Konzerntöchter, folgend: KT). DG und KT haben ihre Geschäftssitze hier oder dort und unterstehen dem entsprechenden nationalen Recht.[517] Der Konzern als solcher aber untersteht keinem nationalen Recht, und einen Sitz hat er auch nicht. Er ist rechtlich anscheinend gar nicht existent. Auch sonst wird der Konzern nicht als *rechtliche* Einheit wahrgenommen.

---

[512] Vgl. Borges IPRrax 05, 141

[513] Es wird hier das deutsche Recht zugrunde gelegt. Die Rechtsordnungen unserer Referenzstaaten weichen aber in den hier behandelten Punkt offenbar nur in Details ab. Vgl. auch Lehmann, Michael in FS Canaris C.H. Beck, 2007, I, Globalisierung und Zivilrecht, S. 733: Zweifelsohne sind wir auf dem Weg zu einem Weltzivilrecht; auch Tilmann JZ 91, 1023

[514] Hüffer, Aktiengesetz, 7. Aufl. München 2006 § 18 RN 5 f

[515] M. Lehmann, *Der Begriff der Rechtsfähigkeit,* AcP 2007, 225 ff

[516] Heute so gut wie immer eine juristische Person. Selbst dort, wo ein Individuum Eigentümer eines Konzerns ist, gilt im Rechtssinne, dass der Eigentümer nur Gesellschafter der meist in Stiftungen usw aufgespalteten Dachorganisation ist, vgl. Ingmar Kamprath, Gründer und Eigentümer der IKEA-Gruppe; die Brüder Albrecht: die ALDI-Gruppe wird über ein dem Außenstehenden nicht erkennbares Geflecht von Personengesellschaften gehalten; WAZ-Konzern, Essen, ua.

[517] Kegel § 17 II

3.   Konzern als Subjekt überstaatlichen Rechts

Viele Weltkonzerne verkörpern eine Wirtschaftskraft, die über die volkswirtschaftliche Gesamtleistung von souveränen Staaten hinausgeht.[518] Ein Weltkonzern übt mit seinen Entscheidungen eine Macht aus, welche viele Regierungen oder Hoheitsträger nicht haben. Üblicher Weise ist auch die Durchsetzungskraft des Konzernvorstands deutlich schneller und präziser als die der Regierung eines Staates. Das hat einerseits gute Seiten. Der Metzger um die Ecke mag schon mal Fleisch jenseits des Verfallsdatums in die Leberwurst drehen. Das wird eine Konzerntochter des Nestlékonzerns schwerlich tun. Internationale Konzerne veranlassen ihre Konzerngesellschaften regelmäßig, sich streng an die in ihren jeweiligen Sitzstaaten geltenden Gesetze zu halten.

Andererseits werden die großen Unternehmen von staatlichen Rechtsordnungen immer unabhängiger, und je größer sie sind, desto mehr. Internationale Konzerne unterstehen, wie dargelegt, als solche überhaupt keiner staatlichen Rechtsordnung. Da Konzerne nach klassischer Sicht auch keine Völkerrechtssubjekte sind, unterliegen sie nicht einmal, wie souveräne Staaten, dem Völkerrecht. Internationale Konzerne sind daher in gewissem Sinne souveräner als diese und stehen im rechtsfreien Raum. Das einzige Recht, welches, jedenfalls in der Theorie, weltweit gilt, ist aber das Völkerrecht. Es ist darüber nachzudenken, internationalen Konzernen den Status einer Rechtspersönlichkeit zu geben. *Transnationalen Unternehmen sollte eine partielle Völkerrechtsfähigkeit zugestanden werden.*[519] Damit wären sie einem Recht unterstellt, dem sie nicht entfliehen können.

Der Verfasser schlägt daher vor, Konzerne als Völkerrechtssubjekte zu behandeln und das Völkerrecht unmittelbar auf sie anzuwenden, soweit sich nicht aus nationalen Vorschriften, welche kraft Kollisionsrechts anwendbar sind, etwas anderes ergibt. Wesen des Konzerns ist die einheitliche Führung bei haftungsrechtlicher Dezentralisation. Für in Geld ausdrückbare Ansprüche gegen eine KT haftet daher nur diese; in allen anderen Fällen gilt der Konzern aber auch rechtlich als Einheit. Folge: DG und KT haften als Gesamtschuldner und können als Gesamtgläubiger fordern, was irgendwo auf der Welt eine Konzerngesellschaft betrifft. Dieses betrifft aber nur konzerntypische Rechten und Pflichten. Als konzerntypisch gelten Ansprüche und Rechte, welche sich aus der Eigenart des Konzerns als gewerblichem Netzwerk ergeben, z. B.

- Es wird daher zulässig sein, eine weltweite Wissenszuordnung vorzunehmen, vgl. § 166 II BGB, wonach zulasten der DG gilt, dass sie weiß, was irgendeine Konzerngesellschaft auf der Welt geschäftlich zur Kenntnis genommen hat oder hätte kennen müssen. DG haftet dafür, dass dieses Wissen an alle KT gelangt, wo es darauf ankommen kann.
- Die Menschenrechtsverletzung einer KT in dem Staate S wird der DG zugerechnet. Der Menschenrechtsverstoß bemisst sich auch nicht nach dem Deliktsstatut, vgl. Art 40 EG, sondern nach den allgemeinen Grundsätzen des

---

[518] Ipsen S. 108: *Der Gesamtumsatz der Shell mit 100.000 Mitarbeitern in 100 Staaten mit rund $ 100 Milliarden erwirtschaftet mehr als das Bruttosozialprodukt von Polen, Finnland oder der Ukraine.*
[519] Ipsen, Völkerrecht, S. 7; vgl. Bachmann, G., Internationale Zuständigkeit bei Konzernschverhalten, IPRax 09, 140 f behandelt aber nur die örtliche Zuständigkeit.

Völkerrechts. Er ist also auch dann rechtswidrig, wenn er nach dem Recht der Deliktsstatut der handelnden KT legal sein sollte.

- Der universell geltende Gleichheitssatz gilt auch innerhalb eines Konzerns. Es ist also an ein Regime der Meistbegünstigung zu denken, wonach Arbeitnehmer und Kunden einer KT Anspruch auf dieselben Konditionen haben, die irgendwo von einer anderen KT unter gleichen Verhältnissen angeboten oder gefordert werden.

VI. Arbeitsrecht

Fälle

1. Die Klägerin ist eine Frau und möchte gerne Soldat werden. Die Bundeswehr steht auf dem Standpunkt, dass Frauen in der Bundeswehr allenfalls im Sanitäter- und Militärmusikdienst tätig sein können. Die Klägerin klagt auf Einstellung. Aussicht auf Erfolg?[520]

   Stichworte: Gleichbehandlung nach europäischem Recht

2. Die Beklagte ist eine deutsche Gesellschaft, welche Tochtergesellschaften in Argentinien und Brasilien hat. Der Beklagte, ein Argentinier deutscher Herkunft, war für die Beklagte in Argentinien tätig. Er wechselte dann zu der argentinischen Tochtergesellschaft und aufgrund eines entsprechenden Vertrages zu der brasilianischen Tochtergesellschaft der Beklagten. Auf Grund dieser Verträge war der Kläger in Argentinien und zuletzt in Brasilien tätig. Die brasilianische Tochtergesellschaft kündigte das Arbeitsverhältnis mit Wirkung zum 31.12.1994. Der Kläger klagte gegen die deutsche Muttergesellschaft auf Feststellung, dass die von der brasilianischen Tochtergesellschaft ausgesprochene Kündigung unwirksam sei. Aussicht auf Erfolg?[521]

   Stichworte Internationaler Arbeitsvertrag im Konzern

3. Beispiel: Die im Aufsichtsrat des K-Konzerns sitzenden Arbeitnehmervertreter veranlassen den Konzernvorstand, die französische Tochtergesellschaft anzuweisen, die Arbeitsverträge dem deutschen Recht zu unterstellen. So geschieht es. Franzose M, der in der Tochter arbeitet, meint, er und seine Kollegen hätten nun einen Anspruch auf Gründung eines Betriebsrates gemäß § 1 Betriebsverfassungsgesetz. Zu Recht?

   Stichworte: Kollektives Arbeitsrecht und anwendbares Recht

1. Grundsatz

Von einem internationalen Arbeitsrecht spricht man unter zwei Gesichtspunkten:

- Einmal von dem auf Grund völkerrechtlicher Verträge begründeten Arbeitsrecht, welches sich infolge der Umsetzung dieser Verträge in nationales Recht als Teil des nationalen Arbeitsrechts darstellt,

---

[520] EuGH v. 11.1.00 NZA 00, 137
[521] BAG v. 21.1.99 NZA 99, 806; s.o. S. 87

- zweitens von dem arbeitsrechtlichen Kollisionsrecht, welches darüber Auskunft gibt, welches Recht in einem gegebenen Fall auf das Arbeitsverhältnis anzuwenden ist.

Das vertraglich begründete internationale Arbeitsrecht wird unterteilt in einen weltweiten internationalen Teil und einen europäischen Teil. Aufgrund der besonderen sozialpolitischen Bedeutung des Arbeitsrechtes hat die Staatengemeinschaft mit der nach dem Zweiten Weltkrieg erfolgten Gründung der Internationalen Arbeitsorganisation, IAO (engl. *International Labour Organisation,* ILO) in einer Reihe von Abkommen Grundsätze des Arbeitsrechts formuliert. Da der deutsche Standard im Arbeitsrecht bereits recht hoch ist, gehen diese meist nicht über das hinaus, was bereits autonomes deutsches Recht ist und wirken sich kaum aus.

2.   Europäisches Arbeitsrecht

Das europäische Recht wird aufgrund unmittelbarer Geltung europäischer Normen oder der Auslegung dieser Normen durch den EuGH für das Arbeitsrecht immer wichtiger. Von besonderer Bedeutung sind die

- Art. 39 ff EGV, mit denen die Freizügigkeit von Arbeitnehmern innerhalb der Europäischen Gemeinschaft gewährleistet wird.
- Art. 141 EGV erzwingt eine Gleichbehandlung von Männern und Frauen bei dem Arbeitsentgelt.
- Weitere Vorschriften des EGV beziehen sich zwar nicht unmittelbar auf das Arbeitsrecht, haben aber in konsequenter Anwendung weit reichende Auswirkungen darauf. Etwa Art. 136, welcher eine Verbesserung und Angleichung der Lebens- und Arbeitsbedingungen fordert.
- Art. 12, welcher ein allgemeines Diskriminierungsverbot enthält, welches der EuGH im Sinne eines allgemeinen Gleichheitssatzes auslegt.
- Allgemeines Gleichbehandlungsgesetz, AGG, welches mehrere europäische Richtlinien umsetzt und inhaltlich europaweit gilt.

Es ist daher vorgezeichnet, dass die nationalen Regelungen des Arbeitsrechtes über eine umfassende Anwendung und Auslegung des Gleichheitssatzes durch den EuGH in ihrer Bedeutung stark gemindert und am Ende ganz verdrängt werden.

Diese Vorschriften sind unmittelbar geltendes Recht in allen EU-Mitgliedsstaaten, auch ohne dass sie in nationale Gesetze umgesetzt werden müssen. Wenn ein Arbeitnehmer einen Verstoß gegen den Gleichbehandlungsgrundsatz gemäß Art. 141 EGV rügt, ist ihm daher nach Erschöpfung des innerstaatlichen Rechtsweges der Weg zu den europäischen Gerichten eröffnet. Im Fall 1 wurde daher im Rahmen eines Vorabentscheidungsverfahrens unmittelbar die Entscheidung des EuGH eingeholt, welcher zu der Meinung kam, dass *der vollständige Ausschluss von Frauen vom Dienst mit der Waffe nicht zu den Ungleichbehandlungen gehört, welche ausnahmsweise zulässig sind.* An diese Rechtsentscheidung war das deutsche Gericht gebunden; seitdem gibt es auch deutsche Soldatinnen.

Das führt dazu, dass immer mehr europäische Urteile das deutsche Arbeitsrecht überlagern. Diese Überlagerung findet auch dadurch statt, dass sich die Rechtsprechung des Bundesarbeitsgerichtes in vorbeugenden Gehorsam den Vorgaben des EuGH anpasst. Dieses geschieht oft im Rahmen des Vorabentscheidungsverfahrens gemäß Artikel 234 EGV.

3.   Arbeitsrechtliches Kollisionsrecht

Das Arbeitsvertragsstatut wird durch Rechtswahl gemäß Art. 27 oder mangels einer Rechtswahl durch Artikel die Kriterien gemäß Art. 30 II EGBGB bestimmt.

Arbeitgeber und Arbeitnehmer können den Arbeitsvertrag einem Recht ihrer Wahl unterstellen. Artikel 27 EGBGB gilt auch im Arbeitsrecht. Einschränkungen ergeben sich allerdings aus der Zielsetzung des Arbeitsrechtes als eines zwingenden Arbeitnehmerschutzrechts. Der Arbeitnehmer kann auf die Vorteile z. B. des Kündigungsschutzgesetzes oder des Entgeltfortzahlungsgesetzes nicht verzichten. Eine entsprechende Klausel im Arbeitsvertrag wäre gemäß § 134 BGB unwirksam. Eine nahe liegende Umgehung der zwingenden Vorschriften des Arbeitsrechtes wäre es daher, ein fremdes Recht zu vereinbaren, welches diese Schutzvorschriften nicht kennt. Diese Möglichkeit ist durch Art. 30 I verstellt. Die Rechtswahl in einem Arbeitsvertrag darf nicht dazu führen, *dass dem Arbeitnehmer der Schutz entzogen wird, der ihm durch die zwingenden Bestimmungen des Rechts gewährt wird, dass nach Absatz II mangels einer Rechtswahl anzuwenden wäre.*

Entscheidende Vorschrift ist also Artikel 30 II. Das auf einen Arbeitsvertrag anwendbare Recht bestimmt sich daher grundsätzlich nach dem Ort, wo der Arbeitnehmer seine Verpflichtung gewöhnlich verrichtet.[522] Gelegentliche Arbeitsleistung im Ausland ändert diese Zuordnung nicht. Kann ein solcher Ort nicht festgestellt werden, weil der Arbeitnehmer nicht an einem bestimmten Ort tätig ist, so bestimmt sich das anwendbare Recht nach dem Ort, wo sich die Niederlassung befindet, die den Arbeitnehmer eingestellt hat.[523]

Im Fall 2 war auf das Arbeitsverhältnis daher brasilianisches Recht anzuwenden, und zwar aus beiden Gründen des Art. 30. Die Arbeit wurde in Brasilien verrichtet und außerdem war der Kläger von der brasilianischen Tochtergesellschaft der deutschen Mutter eingestellt worden. Selbst wenn es sich bei der brasilianischen Niederlassung um eine unselbstständige Filiale der deutschen Muttergesellschaft gehandelt hätte, wäre brasilianisches Recht anwendbar. Das Bundesarbeitsgericht nahm jedoch an, dass der Kläger zusätzlichen mit der Muttergesellschaft einen Arbeitsvertrag geschlossen hatte, für welchen das deutsche Recht vereinbart worden war; daher gelte das Kündigungsschutzgesetz.

4.   Arbeitnehmer oder Selbständiger

Wie im nationalen Arbeitsrecht auch, kommt es im internationalen Arbeitsrecht auf die Frage an, ob eine Person Arbeitnehmer ist oder selbstständig. Art.30 gilt nur für Arbeitnehmer, nicht aber für Selbstständige, welche im Rahmen eines Vertragsverhältnisses für eine andere Person tätig sind, z. B. Handelsvertreter. Wie sonst auch geschieht die Qualifikation eines Rechtsverhältnisses nach den Regeln des erkennen-

---

[522] vgl. praktische identischen Art. 121 schweiz. IPRG
[523] Ndl. Hoge Raad v.31.5.02: Der ständige Ort einer Stewardess auf einer Bohrinsel liegt im Zweifel in dem Land, zu welchem der Kontinentalsockel, auf welchem sie bohrt, gerechnet wird.

den Gerichts. Ein deutsches Arbeitsgericht würde daher an Hand der deutschen Rechtsprechung diese Frage entscheiden.

5.   Kollektives Arbeitsrecht

Die Rechtswahl führt dazu, dass der einzelne Arbeitsvertrag dem gewählten Recht unterliegt. Das Betriebsverfassungsrecht und das Mitbestimmungsrecht sind vom deutschen Gesetzgeber als Teil der öffentlichen Ordnung eingerichtet. Es ist daher nach den oben dargelegten Grundsätzen S. 48 f, zu prüfen, ob das deutsche Recht einen so weitgehenden Geltungswillen entfaltet, dass diese Vorschriften auch im Ausland gelten sollen, wenn das deutsche Recht anwendbar sein sollte. Das ist im Zweifel zu verneinen. Selbst wenn nicht, so würde das französische Recht im Fall 3 die Umgestaltung des Betriebsverfassungsrechts in dem französischen Betrieb nicht akzeptieren. Damit würde die, an sich mögliche, Vereinbarung des deutschen Rechtes für die Arbeitsverträge aber weitgehend funktionslos.

Diese Rechtseinrichtungen können auf Tochtergesellschaften im Ausland daher nicht durch eine pauschale Verweisung auf das, in diesem Fall deutsche, Recht eingeführt werden. Denkbar ist jedoch, dass die Ergebnisse des Betriebsverfassungsrechts (z.B. Wahl einer Arbeitnehmervertretung, Einräumung bestimmter Mitspracherechte usw) im Rahmen der an der Betriebsstätte geltenden Rechtsordnung durch Verträge „nachgestellt" werden.

VII. Schutz des geistigen Eigentums

Beispiele

1. M ist Musiker und machte 1995 eine Reise durch Argentinien, wo er eine tolle Tanzmusik des lateinamerikanischen Komponisten K hört, die dieser im Jahre 1920 komponiert hatte. M arrangiert die Musik in Deutschland mit großem wirtschaftlichem Erfolg. K war bereits im Jahre 1940 verstorben. K war Staatsangehöriger von Paraguay gewesen, hatte aber zur Zeit seines Todes in Argentinien gelebt. In Paraguay gab es um 1920 gar kein Urheberrecht an Musikwerken; nach argentinischem Urheberrecht erlöschen Urheberrechte an einem Werke 50 Jahre nach dem Tode des Urhebers. Die Erben des K fragen, ob sie Ansprüche gegen M. haben.[524]

   Stichworte: Schutzlandprinzip – *lex loci protectionis*

2. V, Verfasser dieses Buches, hat 1991 ein Werk geschrieben mit dem Titel „Einführung in die soziale Marktwirtschaft." Aufgrund eines zufällig in seine Hände geratenen Schreibens eines chinesischen Professors hat er den Verdacht, dass dieses Buch ins Chinesische übersetzt und dort verkauft worden ist. Hätte V gegebenenfalls Ansprüche gegen den chinesischen Verleger?

   Stichworte: Herkunftsprinzip – *lex loci originis*

---

[524] Die Angaben zur Rechtslage in Argentinien und Paraguay sind vom Verfasser erfunden.

1.   Grundsatz

Alle großen Kulturleistungen wurden erbracht, ohne dass der Erfinder oder Urheber auf einen rechtlichen Schutz hoffen durfte. Das oft gehörte Argument, dass der gewerbliche Rechtsschutz eine Voraussetzung für fortdauernde Innovation und Erfindertätigkeit sei, stimmt so nicht. Ehrgeiz führt zu geistigen Schöpfungen, nicht die Aussicht auf Gewinn. Es ist daher fragen, auf welchen geistesgeschichtlichen Grundlagen das heutiges Schutzsystem für geistiges Eigentum eigentlich steht: Schutz der individuellen Gewinnsucht, Schutz der Persönlichkeit und ihrer Schöpferkraft, Schutz vor Wettbewerbverzerrungen durch Nachahmung – oder?

Ein zunehmendes Problem ist heute, dass die hoch entwickelten Staaten praktisch das Alleineigentum an dem technisch verwertbaren Weltwissen haben. Das ist eine Form von Kolonialismus, welche über die klassischen Formen des Territorialbesitzes des Kolonialherren und der physischen Machtausübung über die Kolonisierten weit hinaus ausgeht.

Die Vorstellung, dass an Gedanken, Erfindungen, einer Idee oder allgemein an einem unkörperlichen ideellen Gegenstand, ein Recht möglich sei, welches dem Eigentum gleichwertig ist, stellt die einzige wirkliche rechtliche Innovation seit dem Tagen des Römischen Rechts dar. Sie ist auch in unserem Kulturkreis erst verhältnismäßig jung. Wolfgang Amadeus Mozart, dessen oft gespielte Musik ihn heute in den Rang eines Bill Gates brächte, starb völlig mittellos 1791 in Wien und wurde in einem unbekannten Armengrab bestattet. Mozart ist das Standardbeispiel in diesem Zusammenhang. Ganz passt es allerdings nicht. Mozart hat zu Lebzeiten verhältnismäßig gut verdient, er bzw. seine Frau konnten leider nicht mit dem Geld umgehen. Zu berücksichtigen ist auch, dass die Musik Mozarts zwar zu seiner Zeit schon geschätzt wurde, aber bei weitem nicht so wie heute. Auch wenn es also zur Zeit Mozarts bereits ein Urheberrecht gegeben hätte, so hätte Mozart davon nicht allzu viel profitiert, eher schon sein Sohn. Der hätte, anstatt in Mailand österreichische Zölle zu erheben, das Leben eines großen Mannes führen können. Mit diesem Hinweis ist die Frage der inneren Berechtigung des Urheberrechtes gestellt. Verfasser zweifelt daran, jedenfalls in seiner heutigen Form.

Die Annahme in Fall 1, dass ein rückständiges Land wie Paraguay bis zum Jahre 1920 kein Urheberrecht kannte, ist daher realistisch. Auch im Fall 2 ist es realistisch anzunehmen, dass die kommunistische Volksrepublik China literarische geistige Schöpfungen, jedenfalls wenn sie aus dem Ausland stammen, unter keinerlei Schutz stellt. Was nicht geschützt ist, kann jeder nach Belieben nutzen.[525]

---

[525] **Exkurs:** Nachdem das Deutsche Reich 1945 zusammengebrochen war, konnte es keinerlei Rechte an der epochalen technischen Erfindung machen, welche durch z. B. Wernher von Braun und Kollegen bei der Entwicklung der Festkörperrakete gemacht worden war. Die USA und auch Russland haben diese und andere Erfindungen ohne weiteres für sich benutzt, ohne jemals daran zu denken, der Bundesrepublik Deutschland als Rechtsnachfolgerin des Deutschen Reiches Lizenzgebühren zu zahlen. Bereits nach dem Ersten Weltkrieg waren zu Gunsten von Deutschen bestehende Patente und Schutzrechte in den Feindstaaten für verfallen erklärt worden.

2.   Schutzrechte

Jeder Staat entscheidet, welche geistigen Schöpfungen er ggfs wie schützen möchte. In Deutschland und anderen Ländern findet der Schutz des geistigen Eigentums unter verschiedenen Gesichtspunkten statt Hauptfälle sind:

- Urheberrecht als der Schutz der ideellen geistigen Schöpfung. Das Urheberrecht erlaubt zwar auch eine gewerbliche Nutzung des geistigen Eigentums, es setzt diese aber nicht voraus und ist darauf nicht beschränkt.
- Gewerbliche Schutzrechte. Diese schützen die geistige Leistung in Bezug auf ihre gewerbliche Nutzung: Patent, also die technische Erfindung, die Handelsmarken ua.

Gesetze gelten grundsätzlich nur in ihrem Staate. Ein in Deutschland geschütztes Musikstück, oder eine vom Deutschen Patentamt durch Erteilung eines deutschen Patents geschützte Erfindung ist daher nur in Deutschland geschützt. Im Bereich des geistigen Eigentums an Literatur und Kunst haben sich die meisten Staaten in dem Berner Übereinkommen verpflichtet, bestimmte Regeln einzuhalten, nach denen geistige Schöpfungen gegenseitig geschützt werden.[526] Die Vertragsstaaten können über diese Regeln hinausgehen, dürfen sie aber nicht unterschreiten. Im Bereich des gewerblichen Rechtsschutzes haben sich die Vertragsstaaten der WTO im Rahmen des so genannten TRIPS-Abkommens verpflichtet, die gewerblichen Schutzrechte der Vertragstaaten jeweils in ihren eigenen Staaten zu schützen.[527] In der WIPO existiert eine internationale Organisation, die diesen Schutz durchsetzt.

Fall 1: M kann mit der Melodie machen, was er will. Aber nicht in Deutschland. Die geistige Schöpfung ist gleichsam ein verselbständigter Teil der Persönlichkeit. Wenn diese Schöpfung nach Deutschland kommt, nimmt sie daher an dem Schutz teil, der geistigen Schöpfungen hier gewährt wird: Schutzlandprinzip oder *lex loci protectionis*.[528] Aus der Sicht des deutschen Rechts kommt es nicht darauf an, ob der Urheber in seinem Heimatland oder dem Staat seines Wohnsitzes einen ähnlichen oder überhaupt einen Schutz genießt. Es ist daher aus deutscher Sicht auch gleichgültig, dass die Schutzfrist in Argentinien bereits abgelaufen ist. Hier in Deutschland gilt: 70 Jahre nach dem Tode des Urhebers. Das Gesetz macht auch keinen Unterschied, welche Staatsangehörigkeit der Urheber hatte. Die Erben des K haben Ansprüche gegen M.

Fall 2 wird ebenso zu lösen sein, nur aus Sicht Chinas. China ist Vertragspartner der Abkommen, welche auch das Urheberrecht schützen. Der Verfasser hat also einen Anspruch. Denkbar ist allerdings, dass das Urheberrecht in China erst zu einem Zeitpunkt eingeführt wurde, als das Buch des Verfassers, wenn es überhaupt jemals erschienen sein sollte, nicht mehr im Markt war.

---

[526] Berner Übereinkommen zum Schutz von Werken der Literatur und Kunst (BGBl 1973 II S. 1071, 1985 II S. 81.) Pariser Fassung vom 24. Juli 1971.
[527] Zur Rechtsentwicklung und weiteren Übereinkommen, vgl. Herdegen S. 208 f.
[528] Obergfell, *Schutzlandprinzip und Rom II*, Iprax 05, 9ff.

3.   Trips-Abkommen[529]

a.   Inhalt

Das Trips-Abkommen ist ein weltweites Vertragswerk im Rahmen der WTO zum Gewerblichen Rechtschutz. Es bezweckt die Förderung des internationalen Handels dadurch, dass die gewerblichen Schutzrechte einheitlich anerkannt und wahrgenommen werden können. Hauptinhalt des Abkommens ist die Gleichbehandlung der Vertragsstaaten in diesem Rechtsbereich. Das geschieht, indem die 74 Artikel des Abkommen die Vertragsstaaten verpflichten, durch nationale Gesetzgebung einen Mindestschutz für die darin genannten Rechte einzuführen, und auch durch entsprechende Verwaltungs- und Strafvorschriften die Durchsetzbarkeit dieser Rechte zu gewährleisten. Im Einzelfall werden auch materielle Regeln geschaffen, z.B. Art. 10 wonach Computerprogramme demselben Urheberrecht wie für literarische Schöpfungen unterstellt werden.[530] Diese Vorschrift und Art. 14 (Schutz von Musikaufzeichnungen) wirken sehr stark als von den USA inspiriert.

Art. 15 ff beschreiben für das Markenrecht einen bestimmte Mindestschutz für Handelsmarken und Handelsnamen, sowie in Art. 17 eine Mindestschutzdauer von 7 Jahren, und was für die Industriestaaten sehr interessant ist, die Möglichkeit, die Schutzfrist in diesem Abstand unbegrenzt erneuern zu lassen. Art. 21 verbietet eine nationale Gesetzgebung, welche den Rechtsinhaber zur Erteilung von Lizenzen verpflichtet. Art. 25 ff schützen Gebrauchsmuster (*industrial designs*), Art. 27 ff Patente.

b.   Bewertung

Das Tripsabkommen ist für Industriestaaten sehr nützlich. Der heutige Stand der gewerblich nutzbaren Technik und Wissenschaft wird praktisch in den Händen der Ersterfinder monopolisiert.

Diese haben z.T. auch schon seit hundert Jahren entsprechende Schutzgesetzgebung. Sie sind durch dieses Abkommen daher nur in Einzelfragen veranlasst, ihre Gesetzgebung zu ändern, um es dem Abkommen anzupassen. Für weniger entwickelte Staaten kann das Abkommen die Wirkung einer Fortsetzung des Kolonialismus mit anderen Mitteln haben.

---

[529] Das TRIPS Abkommen ist der Anhang C 1C Übereinkommens von Mararakesch über die Gründung der Welthandelsorganisation v. 15. April 1994.

[530] *Article 10*: Abs. 1.   Computer programs, whether in source or object code, shall be protected as literary works under the Berne Convention (1971). Abs. 2.   Compilations of data or other material, whether in machine readable or other form, which by reason of the selection or arrangement of their contents constitute intellectual creations shall be protected as such. Such protection, which shall not extend to the data or material itself, shall be without prejudice to any copyright subsisting in the data or material itself. vgl. Mangrum, Brett, Cultural Algorithms: The Status of Software Patents in a Global Einvironment, ZVglRWiss 09, 83 – vgl. Mangrum, Brett, Cultural Algorithms: The Status of Software Patents in a Global Environment, ZVglRWiss 09, 83

VIII. Recht des unlauteren Wettbewerbs

Fall

> Die in den USA ansässige Klägerin stellt Kindersaugflaschen her. Diese vertreibt sie unter anderem in Asien. Die Beklagte aus Hamburg stellt Saugflaschen her, welche denen der Klägerin ähneln; diese vertreibt sie ebenfalls in Indien. In Deutschland besteht zwischen den beiden Flaschen kein Wettbewerb. Die Klägerin verlangt von der Beklagten, es zu unterlassen, diese Saugflaschen in Indien zu vertreiben.[531] Zu Recht?

Stichworte: Auswirkung nationalen Wettbewerbsrecht des im Ausland

1.   Gewerbliche Schutzrechte

Gewerbliche Schutzrechte wie Markenrecht, Urheber- und Patentrechte werden nach deutschem Recht und dem Recht der meisten Staaten wie Eigentumsrechte behandelt. Wenn die Klägerin an der Saugflasche ein solches Recht hat, käme in Betracht, dass die Beklagte dieses Recht verletzt hätte. Die Beklagte würde so behandelt, als ob sie das Eigentum der Klägerin in Indien verletzt hätte. Das deutsche Gericht wäre als das Wohnsitzgericht der Beklagten zuständig und nach dem Tatortprinzip das materielle Recht Indiens anwenden. Die Saugflasche war aber in Indien nicht geschützt. War also die Nachahmung durch die Beklagte erlaubt?

2.   Wettbewerbsrecht außerhalb gewerblicher Schutzrechte

§ 1 UWG formuliert einen allgemeinen Grundsatz des Wirtschaftsrechts. Danach macht sich der schadensersatzpflichtig, *der im geschäftlichen Verkehr zu Zwecken des Wettbewerbs Handlungen vornimmt, die gegen die guten Sitten verstoßen.*

Das internationale Recht des unlauteren Wettbewerbs ist nur wenig entwickelt. Es beruht letztlich noch heute auf der Pariser Verbandsübereinkunft, PVÜ, v. 20. März 1883 zum Schutz des damals noch kaum vorhandenen gewerblichen Eigentums. Die seitherigen Entwicklungen im Marken-, Patent- und Urheberrecht haben aber den Anwendungsbereich der PVÜ auf das Lauterkeitsrecht im engeren Sinne, also §§ 1 UWG ff, beschränkt. Versuche, über den Staaten zur Übernahme in nationales Recht empfohlene *Model Provisions – on Protektion Against Unfair Competititon* (1996) darin weitere Rechtsvereinheitlichung herbei zu führen, waren nicht sehr erfolgreich.

Die europäische Rechtsetzung hat mit *Richtlinie über irreführende und vergleichende Werbung* (EG 114/2006 v. 12. Dezember 2006) Grundsätze festgeschrieben, deren gelegentlich unklare Fassung dem EuGH ausreicht, dieses Rechtsgebiet in seine Kompetenz zu ziehen. Kollisionsrechtlich ist Art. 3 EGBGB Ausgangspunkt, der nun durch Art. 6 Rom II überlagert wird.

---

[531] BGH v. 30. 6. 61 BGHZ 35, 329 f – Harte-Bavendamm /Henning-Bodewig-Glöckner, Einl. B

IX. Kartellrecht[532]

1. Grundsatz

Das deutsche Kartellrecht gilt in Deutschland, das amerikanische in Amerika und das europäische in der Europäischen Union usw. Diese an sich triviale Aussage ist aber auf Grund der weltweiten wirtschaftlichen Verflechtungen nicht mehr die ganze Wahrheit. Gewerbliche Maßnahmen, wettbewerbsbeschränkende Vereinbarungen, vermutete oder wirkliche Marktmacht und damit ihr möglicher Missbrauch eines Unternehmens wirken sich nicht nur im Lande seines Hauptsitzes aus, sondern zumal bei exportorientierten Unternehmen auch in Staaten, in welchen es, ohne eine Niederlassung zu haben, tätig ist oder in die es exportiert.

Das deutsche Kartellrecht, Gesetz gegen Wettbewerbsbeschränkungen, GWB, setzt in dreifacher Weise an.

- Wettbewerbsbeschränkende Vereinbarungen zwischen Unternehmen, §§ 1 ff GWB, sind verboten; zuwiderlaufende Verträge sind gemäß § 134 BGB nichtig.
- Missbrauchsaufsicht: Marktbeherrschende Unternehmen unterliegen einer bestimmten Aufsicht in ihrer Geschäftstätigkeit. Die für sie grundsätzlich wie für jeden Marktteilnehmer geltende Vertragsfreiheit kann durch die Kartellbehörde eingeschränkt werden, um dem Gebrauch von wirtschaftlicher Macht entgegenzutreten, §§ 19 ff
- Zusammenschlusskontrolle: Die Fusion von Unternehmen kann untersagt werden, wenn das fusionierte Gesamtunternehmen bestimmte vom Gesetz als kritisch angesehenen Marktanteile haben wird.

Es wäre eine Diskriminierung der heimischen Wirtschaft, wenn das Kartellrecht zwar auf diese angewendet würde, auf ausländische Unternehmen, deren wirtschaftliche Tätigkeit sich im Inland auswirkt, aber nicht. § 130 II GWB bestimmt daher: *Dieses Gesetz findet Anwendung auf alle Wettbewerbsbeschränkungen, die sich im Geltungsbereich dieses Gesetzes auswirken, auch wenn sie außerhalb des Geltungsbereiches dieses Gesetzes veranlasst werden.*

2. Auswirkungsgrundsatz[533]

Gemäß § 130 II nützt es den Parteien einer wettbewerbsbeschränkenden Abrede also nichts, dass sie auf der Karibikinsel Santo Domingo, wo es bisher kein Kartellrecht gibt, einen gegen § 1 GWB verstoßenden Vertrag schließen. Wenn sich die Abrede in Deutschland auswirkt, sind die nach dem GWB vorgesehenen Maßnahmen zulässig. Das gilt auch umgekehrt. Wenn zwei deutsche Unternehmen eine wettbewerbsbeschränkenden Maßnahme vereinbaren, die sich ausschließlich im Ausland auswirkt (z.B. BMW verpflichtet gegenüber Mercedes, in USA keine Luxusautos zu verkaufen), dann hat nur dieses Land darüber zu entscheiden, ob dieser Vertrag sich dort in

---

[532] Berg/Nachtsheim RIW 03, 15f : *Zusammenschlüsse zwischen multinationalen Unternehmen und Fusionskontrolle*
[533] Tröller, *Anwendbarkeit des deutschen, britischen und europäischen Kartellrechts bei elektronischen B2B-Marktplätzen*, RIW 05, 8 ff

einer Weise auswirkt, die das dortige Gesetz verbietet. Gibt es dort kein Kartellrecht, können die deutschen Hersteller das gültig vereinbaren und den Vertrag auch vor einem deutschen Gericht durchsetzen.

Nach dem Auswirkungsgrundsatz wäre die deutsche, oder besser die europäische, Kartellbehörde befugt, die Fusion von zwei großen amerikanischen Erdölkonzernen zu verbieten, weil sich die dadurch entstehende neue Marktmacht auf Deutschland und Europa auswirken würde. Nach dem völkerrechtlichen Territorialitätsgrundsatz können ausländische Behörden allerdings nicht in Vorgänge eingreifen, welche außerhalb ihres Bereiches liegen. Wenn daher die amerikanischen Behörden einen solchen Zusammenschluss erlauben, können wir nur verbieten, dass sich diese Unternehmen mit Wirkung auf uns zusammenschließen. Es würden dann nach europäischem Recht die Ausgangsgesellschaften fortbestehen, soweit es sich um Geschäftstätigkeit in Europa handelt, während diese in Amerika als einheitliche Gesellschaft agieren (Spaltgesellschaften).

3.   Zuständigkeitsanmaßung der USA

Der Auswirkungsgrundsatz gilt auch in den USA. Grundsätzlich gelten hier dieselben völkerrechtlichen Grenzen, welche sich aus dem Territorialitätsgrundsatz ergeben. Wettbewerbsrelevante Vorgänge, die sich ausschließlich im Ausland abspielen, werden daher von amerikanischem Kartellrecht nicht erfasst. Leitfall ist *United States v. Aluminium of America* (Alcoa-Fall).[534] Wirken sie sich in USA aus, können die US-Behörden eingreifen. Die USA sehen diese Dinge aber etwas großzügiger als wir und halten sich wohl eher für berechtigt, die Prinzipien ihres Wettbewerbrechts weltweit durchzusetzen. Sie sind daher eher geneigt als anscheinend die Europäer, einer Wettbewerbswidrigkeit, die ausschließlich im Ausland stattfindet, Auswirkungen auf den US-Markt zuzuschreiben.

Eine einheitliche Rechtsprechung gibt es bisher nicht. Jedes US-Gericht setzt die Kriterien der Aufgreifbefugnis im jeweiligen Fall neu. Insgesamt wird eine Tendenz beobachtet, wonach auch geringfügige Auswirkungen auf den amerikanischen Markt als Kompetenz begründend angesehen werden.[535]

X.   Kulturgüterschutz[536]

Die Londoner Gesellschaft Barakat Galleries Ltd hatte in Deutschland, Frankreich ua insgesamt 18 Gefäße aus dem 3. bis 2. Jahrtausend v. Chr, erworben. Diese stammten aus einer erst kürzlich entdeckten Grabungsstätte im Iran. Im

---

[534] Zitiert bei Dlouhy, S. 68 ff
[535] Dlouhy S. 83
[536] Gesetz zur Ausführung des UNESCO-Übereinkommens vom 14. November 1970 über Maßnahmen zum Verbot und zur Verhütung der rechtswidrigen Einfuhr, Ausfuhr und Übereignung von Kulturgut und zur Umsetzung der Richtlinie 93/7/EWG des Rates vom 15. März 1993 über die Rückgabe von unrechtmäßig aus dem Hoheitsgebiet eines Mitgliedstaats verbrachten Kulturgütern (Kulturgüterrückgabegesetz-KultGüRückG) Artikel 1 G. v. 18.05.2007 BGBl. I S. 757, 2547; § 14 Abs. 3 und § 16 Abs. 2 gelten ab 24.05.2007

Iran gibt es ein Gesetz, wonach solche Funde Eigentum des Staates sind. Iran verlangt von Barakat die Herausgabe der Gefäße. [537]Zu Recht?

Stichworte: Kulturgüterschutz

1.   Nationale Kulturschutzgesetze

Schon die alten Römer haben sich in den von ihnen eroberten Ländern Kunstgegenstände angeeignet. Napoleon hat bei seinen Kriegszügen durch Europa überall Kunstgegenstände eingesammelt, welche heute unangefochten im Pariser Louvre stehen. Engländer haben in ihren Kolonien Kunstgegenstände geraubt, gekauft oder sonst erworben, und wir bewundern sie heute im Britischen Museum, London. Auch wir Deutschen haben uns während des 2. Weltkrieges auf diesem Gebiet betätigt, und nach dem Kriege haben die Russen den größten Teil der Dresdner Gemäldesammlung nach Russland entführt, amerikanische Soldaten haben in deutschen Schlössern viele wertvolle Gemälde „weggefunden". Kunstraub und illegaler Kunsthandel sind daher eine zeit- und kulturübergreifende Erscheinung.

Die archäologisch interessanten Weltgegenden liegen heute zumeist in solchen Staaten, die als unterentwickelt oder als Schwellenländer gelten. Es entsteht die Frage, ob dort gefundene Gegenstände auf westlichen Märkten verkauft werden können, und ob gegebenenfalls ein gutgläubiger Erwerb daran möglich ist.

In den meisten in Betracht kommenden Herkunftsländern gibt es nationale Kulturschutzgesetze, welche archäologisch wertvolle Funde als Staatseigentum reklamieren, wie im Fall. Nach deutschem Recht wäre dieser Fall verhältnismäßig einfach zu lösen gewesen. Ein ausländischer Staat hat im Rahmen seiner Zuständigkeit durch Gesetze, öffentliches Recht, Staatseigentum geschaffen. Ein deutsches Gericht hätte daher keine Schwierigkeiten gehabt, der Republik Iran Recht zu geben. Das englische Recht hatte aber diese Schwierigkeiten. Die Bedeutung der berichteten Entscheidung liegt darin, dass das englische Recht nunmehr auf eine Lösung eingeschwenkt ist, welche international wohl die herrschende ist. Das ist wichtig deswegen, weil London einer der Hauptumschlagplätze für solche Güter ist.

Für die Praxis ist heute grundsätzlich davon auszugehen, dass ein neuer Fund aus den archäologisch interessanten Weltgegenden immer dem entsprechenden Staat gehört, dass daran also ein privates Eigentum nicht begründet werden kann. Der ausländische Erwerber, etwa auf eine Kunstauktion bei Sotheby's, wird sich daher nicht darauf berufen können, er habe den Verkäufer für den Eigentümer gehalten. Käme ein solcher Fall vor die deutschen Gerichte, wäre davon auszugehen, dass die Sache abhanden gekommen ist, dass ein Erwerb auch bei gutem Glauben nicht möglich ist, § 935 BGB.

2.   Verfügung durch den Eigentümer

Das Gesagte gilt aber nur für Neufunde, also solche, die nach dem Inkrafttreten dieser Gesetze gemacht worden sind. Wenn der Erst-Eigentümer einer Antiquität diese ins Ausland verbringt und verkauft, dann hat er sich gegebenenfalls strafbar gemacht,

---

[537] Government of the Islamic Republic of Iran v.The Barakat Galleries Ltd (2008) 1 All E.R. 1177; hierzu: Weller, *Ausländisches öffentliches Recht vor englischen Gerichten*, IPRax 09, 90

weil die Ausfuhr von Kulturgut verboten ist. Aber er hat als Eigentümer verfügt. Das Eigentum des Zweiteigentümers wird daher als gültig angesehen.

Ein Rechtsgeschäft, welches gegen ein Gesetz verstößt, ist nach § 134 BGB ungültig. Ähnliche ausländische Rechtsvorschriften würden wir anerkennen. Es käme also in Betracht, die Übereignung auf den Zweiten Eigentümer als unwirksam anzusehen, so dass der Zweiteigentümer, wenn er die Antiquitäten etwa am Kunstmarkt an einen Dritten weiterverkauft, zwar als Nichteigentümer verfügt. Die Sache ist aber nicht abhanden gekommen. Wenn nicht besondere Umstände vorliegen, wird spätestens auf dieser Stufe ein gutgläubiger Erwerb stattfinden, so dass eine Rückforderung durch den Herkunftsstaat ausgeschlossen ist.

3.   Internationale Vereinbarungen

Die angesprochenen Fragen betreffen typischerweise mehrere Rechtsordnungen. Der internationale Kunstmarkt, auf welchem sich auch viele schwarze und graue Händler betätigen, wird Zwischenstationen suchen, in denen gutgläubiger Erwerb von solchen Kunstgegenständen möglich ist. Aus diesem Grunde ist schon am 14.11.1970 der UNESCO-Übereinkommen über *Maßnahmen zum Verbot und zur Verhütung der rechtswidrigen Einfuhr, Ausfuhr und Übereignung von Kulturgut* zur Zeichnung für beitrittswillige Staaten ausgelegt worden. Die Bundesrepublik Deutschland ist diesem Übereinkommen nun durch Gesetz v. 25.4.2007 beigetreten.[538]

XI.   Internationales Insolvenzrecht

Fälle

1. Der in Eupen, Belgien, lebende S hat dort sein Hauptgeschäft. In Aachen hat er eine rechtlich unselbständige Filiale, für welche er ein Geschäftskonto bei der Deutschen Bank Aachen mit erheblichem Guthaben unterhält. Über sein Vermögen wird in Eupen das Konkursverfahren eröffnet. Der belgische Konkursverwalter K beschlagnahmt das weltweite Vermögen des S. K meint, die Deutsche Bank dürfe nichts mehr an S zahlen. S meint, der belgische Konkurs gehe ihn in Bezug auf sein deutsches Vermögen nichts an und besteht auf Auszahlung. Zu Recht?[539]

    Stichworte: Anerkennung des ausländischen Insolvenzverfahrens im Inland

2. Der deutsche Kläger K hatte zum Frankfurter Börsenhandel zugelassene Teilschuldverschreibungen der in Norwegen ansässigen Emittentin im Gesamtbetrag von 400.000 DM erworben. 1993 wurde über das Vermögen der Emittentin das norwegische Vergleichsverfahren eröffnet. Das norwegische Vergleichsgericht bestätigte den nach dortigem Recht zustande gekommenen Zwangsvergleich. Aufgrund dieses Vergleichs erhielt der Kläger nur 25 Prozent seiner Forderungen. K erkennt den Zwangsvergleich nicht an und verlangt Zahlung seiner gesamten Forderung.[540] Hat K Aussicht auf Erfolg?

---

[538] Hierzu m.N. Weller IPRax 09, 90
[539] vgl. BGHZ 95, 256 f
[540] BGH v. 14.11.96 WM 97, 42 f

Stichworte: Anerkennung einer ausländischen Insolvenz

3. D, wohnhaft in Deutschland, hat Schulden. Er verzieht nach Hagenau im El-
sass/Frankreich. Dort wird er von seinem deutschen Gläubiger G verklagt und
auch zur Zahlung von 100.000 Euro verurteilt. D beantragt Insolvenz, das Verfahren wird auch vom Landgericht Straßburg durchgeführt mit dem Ergebnis,
dass dem D hinsichtlich seiner nicht beglichenen Schulden Restschuldbefreiung
gewährt wird. G möchte das vor dem Gericht Hagenau erlassene Urteil in
Deutschland, wo D jetzt gut verdient, vollstrecken. D meint, er schulde dem G
jetzt nichts mehr. Wer hat Recht?[541]

Stichworte: Anerkennung einer ausländischen Privatinsolvenz

4. Der High Court of Justice in Leeds/England eröffnete am 16.5.2003 das Insolvenzverfahren über das Vermögen der I-GmbH. Verwalter wurde L. Am
17.5.03 wurde beim AG Düsseldorf Insolvenzantrag über dieselbe Gesellschaft
gestellt, das Verfahren wurde am 19.6. eröffnet. Der vom Amtsgericht bestellte
V schloss mit dem Arbeitnehmer A der I-GmbH einen Vergleich, wonach ihm
vorrangig aus der Masse Zahlungen zufließen sollten. A verlangt Zahlung aus
der Masse. L widerspricht. Zu Recht?[542]

Stichworte: Europäisches Insolvenzrecht

1. Ausgangspunkt

Der Beschluss über die Eröffnung des Insolvenzverfahrens ist eine Verwaltungsent-
scheidung, welche nur aus Gründen der Praktikabilität in den meisten Ländern in die
Zuständigkeit der Gerichte gestellt ist. Die Regeln, welche die Anerkennung ausländischer gerichtlicher Entscheidungen betreffen, beziehen sich nicht auf Verwaltungs-
entscheidungen. Der rechtskräftige Eröffnungsbeschluss eines ausländischen Insol-
venzgerichts ist daher kein Urteil und kann daher an sich nicht gemäß § 328 ZPO
anerkannt werden.

Das ausländische Konkursverfahren hatte daher in Deutschland keine Bedeutung.
Der Schuldner konnte über sein in Deutschland belegenes Vermögen weiterhin frei
verfügen. Das ausländische Konkursverfahren unterbrach einen im Inland anhängigen Prozess nicht.[543]

2. Verfahren

Die Rechtslage hat sich in Deutschland seit 1985 auf Grund des Urteils, welchem der
Fall 1 nachgebildet ist, geändert. Auch im französischen Recht wird seit einiger Zeit
anerkannt, dass ein im Ausland eröffnetes Insolvenzverfahren Wirkungen im Inland
hat.[544] Dies betraf zunächst nur das eigentliche Konkursverfahren, wurde aber allgemein erweitert auf Insolvenzverfahren, einschließlich also Vergleichsverfahren. Da
das norwegische Insolvenzverfahren in Deutschland anerkannt wird, gelten auch die

---

[541] BGH NJW 02, 960 f
[542] BGH Beschl. v.29.5.08 IPRax 09, 73 mit umfassenden Nachweisungen zum recht nach der EuIns-
VO
[543] Allg. BGH v.13.5.97 NJW 97, 2525f
[544] Cour d`appel de Metz v. 25.juin 2003 JDI 04, 188 mit Anmerkung von Ph. Galle.

Weiterungen, welche dieses Recht vorsieht. Im Fall 2 ist K an den Vergleich gebunden, wenn dieser nach dem für die Abwicklung des Insolvenzverfahrens zuständigen Recht endgültig zustande gekommen ist. So beantwortet sich auch die Frage Klägers im Fall 3. G ist an die Regelung Verbraucherkonkurses gebunden.

3.   Deutsches Insolvenzverfahren und anwendbares Recht

Gemäß § 335 InsolvenzO unterliegen Insolvenzverfahren und seine Wirkungen dem Recht des Staates, in dem das Verfahren eröffnet worden ist (Insolvenzstatut). Die Rechte und Pflichten des Insolvenzverwalters in Bezug auf das in Deutschland belegene Vermögen eines ausländischen Schuldners ergeben sich daher aus dem Insolvenzstatut. Dieses entscheidet auch darüber, ob und welche Sicherungsrechte einen Vorrang begründen.

Für Grundstücke gilt wie auch sonst das Recht der Belegenheit, § 336.[545] Dem Recht der Belegenheit entspricht bei Schiffen das Recht am Registerort. Schiffe werden auch sonst im Recht wie Grundstücke behandelt. Für diese wird die *lex rei sitae* zur *Recht am Registerort*. Auch für Arbeitsverträge gilt eine Sonderanknüpfung. Nicht das Insolvenzstatut entscheidet über die Auswirkungen der Insolvenz auf das Arbeitsverhältnis, sondern das gemäß § 29 EGBGB berufene Recht.

Das in Deutschland eröffnete Insolvenzverfahren erfasst das weltweite Vermögen des Schuldners. Der Verwalter hat, soweit es auf das deutschen Recht ankommt, weltweit die Befugnis, das Vermögen des Schuldners zu sammeln und zu sichern (Universalitätsgrundsatz). Der jeweilige Staat, in welchem sich Vermögen des Insolvenzschuldners befindet, entscheidet aber, ob auch er dem deutschen Insolvenzverwalter diese Befugnis zuspricht.

4.   Europäisches Insolvenzrecht

Aufgrund der EG-VO 1346/2000 v. 29.5.00 (EuInsVO) gilt seit dem 31. Mai 2002 in der EU ein einheitliches Regime für grenzübergreifende Insolvenzverfahren. Diese ist unmittelbar geltendes Recht in Deutschland wie in den anderen Mitgliedstaaten-Staaten.

Kern der Regelung ist, dass es nur ein einziges Verfahren (Hauptverfahren) gibt. Werden in den EU-Staaten mehrere Insolvenzverfahren über denselben Schuldner eröffnet, gilt gemäß Art. 3 der Prioritätsgrundsatz. Dasjenige Verfahren ist als (Haupt-) Verfahren anzuerkennen, welches als erstes eröffnet wurde. Eine zweite Verfahrenseröffnung in einem anderen EU-Staat ist *zumindest schwebend unwirksam und kann allenfalls bei Aufhebung des zunächst ergangenen Eröffnungsbeschlusses Wirkungen zeigen.*[546] Zu dieser Aufhebung kann es kommen, wenn das Erstgericht nicht zuständig war. Die Eröffnungszuständigkeit liegt bei dem Gericht, in dessen Bezirk der Insolvenzschuldner seinen Sitz hat, Art. 3. Diese Zuständigkeit bleibt be-

---

[545] Deswegen entscheidet österreichisches und nicht deutsches Recht darüber, ob die Schenkung eines in Österreich belegenen Grundstücks der Gläubigeranfechtung unterliegt, OLG Stuttgart v. 11. 6. 07 IPRax 08, 436
[546] BGH IPRax 09, 76

stehen, auch wenn das Unternehmen nach der Eröffnung des Erstverfahrens seine Tätigkeit ins Ausland verlegt. [547]

Gemäß Art. 17 EuInsVO ergreift die Beschlagnahme durch das Erstgericht sämtliches Vermögen des Schuldners, wo immer es sich in der EU befindet. Verfügungen über dieses Vermögen sind daher *schwebend unwirksam*, wenn sie dieser Gesamtbeschlagnahme widersprechen, Art. 16 ff. In Fall 4 kam die Eröffnung in Düsseldorf zu spät. Der Vertrag des V mit A war daher schwebend unwirksam und bedurfte der Zustimmung von L. Da diese verweigert wurde, bekommt A keine Zahlung.

Die EuInsVO ist keine InsolvenzO, sie regelt nicht das eigentliche Verfahren, sondern nur die Zuständigkeiten für die Eröffnung eines einheitlichen (Haupt-) Verfahrens und dessen Auswirkungen. Art. 4 unterstellt das Insolvenzverfahren und seine weiteren Wirkungen daher dem Recht des Mitgliedstaates, in dem das Verfahren eröffnet wurden (vgl auch § 335 InsO; *lex loci concursus*[548]). Im Fall 4 wird daher das Insolvenzverfahren über das deutsche I-GmbH nach englischem Insolvenzrecht durchgeführt.

Dieses Recht regelt nach Art. 4 auch die Voraussetzungen der Konkursaufrechnung. Art. 6 sagt jedoch, dass die Befugnis eines Gläubigers, mit seiner Forderung gegen eine Forderung des Insolvenzschuldners aufzurechnen, auch nach dem Recht beurteilt werden darf, dem die Gegenforderung des Insolvenzschuldners untersteht. Das Insolvenzverfahren selbst folgt dann den nationalen Konkurs- bzw Insolvenzgesetzen.

---

[547] Vorlagebeschluss des BGH v. 27.11.03 WM 04,247 und dazu EuGH v. 17.1.06 RIW 06, 307
[548] Also : Gesetz des Konkursortes

8. Teil Internationale Organisationen und Vertragssysteme des Wirtschaftsrechts

I.   Geld und Währung im internationalen Wirtschaftsrecht

Fälle:

1. Die Republik Argentinien schuldet privaten Anleihegläubigern rd 88 Mrd. Dollar. Deren Forderungen werden seit längerem nicht mehr bedient. Dem IWF schuldet Argentinien auch. Am 9. März 2004 zahlte Argentinien wider Erwarten 3,1 Mrd. Dollar an den IWF zurück und erklärte, man werde auch den privaten Gläubigern neue Angebote machen. Kurz nach seiner Wahl 2003 hatte der neu gewählte argentinische Präsident Kirchner seinen Landsleuten noch gesagt, die ausländischen Gläubiger bekämen gar nichts.[549] Was war passiert?

   Stichworte: Internationale Organisationen, Aufgaben, Rechtstellung, Globalisierung des Wirtschaftsrechts

2. Der Kläger K war Hoteldirektor in Kairo, verdiente also sein Gehalt nur in ägyptischen Pfund. Er hatte einen Bekannten, den Beklagten, B, der als Vertreter deutscher Unternehmen in Ägypten Provisionszahlungen in Deutscher Mark erhielt. B brauchte ägyptische Pfund für sein Geschäft, K wollte Teile seines Gehaltes in eine frei konvertierbare Währung umtauschen, eben Deutsche Mark. Die Parteien tauschten Geld, indem gegen Überlassung der vereinbarten Summe B dem K einen auf eine deutsche Bank gezogenen Scheck über DM 20.000 ausstellte und übergab. Der Scheck blieb unbezahlt. K verklagte den B in Deutschland. Die Klage wurde als unzulässig abgewiesen. Wieso das? [550]

   Stichworte: Internationale Geltung von inländischen Devisenkontrollbestimmungen.

1.   Volkswirtschaftliche Grundlagen

Geld ist ein Geschöpf der Rechtsordnung. Die Zentralbanken können theoretisch soviel Geld herstellen, wie sie wollen. Sie können nach Belieben Milliarden schöpfen und vernichten, und je nach politischer Konstellation ist das immer wieder geschehen, jetzt auch in der Krise 2008/09. Die Zentralbanken haben im Kern nur eine Aufgabe: die Geldmenge und damit den Wert des Geldes zu steuern.

Es gibt keine Welt-Zentralbank, daher auch kein „Weltgeld", sondern nur nationale Währungen. Soweit der internationale Wirtschaftsverkehr Tausch- und Rechenmittel braucht, muss er auf nationale Währungen zurückgreifen. Wie die Parteien im grenzüberschreitenden Wirtschaftsverkehr für ihren Vertrag ein bestimmtes nationales Recht als ein Reserverecht wählen, so wählen sie zur Abwicklung der finanziellen Zahlungspflichten eine nationale Währung, oder wenn dieser von einer Partei kein

---

[549] vgl. Bericht *Economist* v. 13. March 2004 S. 81
[550] OLG Düsseldorf v. 28. 9. 89 WM 89, 1842

Vertrauen entgegengebracht wird, eine Ersatz- oder Reservewährung. Seit dem 2. Weltkriege fungierte fast ausschließlich der US-Dollar als Reservewährung, er bekommt aber seit dem Jahre 2000 mit langsam steigender Tendenz Konkurrenz vom Euro. Eine der wichtigsten Fragen der künftigen Weltwirtschaft wird sein, ob und gegebenenfalls wie der US-Dollar infolge der derzeitigen Weltfinanzkrise (2009) seine Funktion als Leitwährung eingebüßt hat bzw. wieder beleben kann. Zum Zeitpunkt der Abfassung dieser Auflage dieses Buches gehen die Meinungen über die richtigen Wege, um aus der Weltfinanzkrise hinauszukommen und um künftige Finanzkrisen zu vermeiden, sehr stark auseinander. Die herrschende Meinung unter Politikern scheint zu sein, dass mehr Aufsicht nötig sei. Es wird nach einer Weltfinanzaufsicht gerufen.

Europäer, welche in diesen Ruf einstimmen, sollten allerdings bedenken, dass eine solche Weltfinanz-Aufsichtbehörde nach allem, was die letzten Jahrzehnte gelehrt haben, wiederum unter den beherrschenden Einfluss der USA geriete. Diese sind aber gerade das Land, aus welchem die jetzige und auch die Krise von 1929 ihren Anfang genommen haben. Vergessen wird bei diesem Vorschlag auch, dass die strenge Finanzaufsicht in Deutschland offenbar überhaupt keinerlei Hilfe gegenüber dieser Krise war. Insbesondere sind gerade die in Staatshand befindlichen Banken in ihrer Existenz bedroht worden. Scharfe Gesetze knebeln die Freiheit und pressen den Markt geradezu in halb oder ganz dunkle Nischen.

2.   Gold, Geld und Bretton-Woods

Geld wurde seit Beginn der Menschheitsgeschichte mit einer bestimmten Menge eines Edelmetalls, insbesondere Gold oder Silber, gleichgesetzt. Gold und Silber waren keine Wertmesser, sondern Wert an sich. Man dachte nicht, Gold *hat* einen Wert, sondern Gold *ist* der Wert. Der Wert von Gold stand außerhalb des Gesetzes von Angebot und Nachfrage. Die klassische Reservewährung der Weltwirtschaft war daher das Gold, oder – da es unpraktisch ist, Goldbarren hin und her zu transportieren – eine Währung, die durch Inhaberscheine (Banknoten) einen Anspruch auf Lieferung einer bestimmten Menge Goldes begründete. Dieser Goldstandard beherrschte die europäischen Währungssysteme bis 1914, ohne dass darüber besonders nachgedacht wurde. Nach dem Ersten Weltkrieg brach dieses System in Deutschland und Europa zusammen.[551]

Dieselben Gründe, welche am Ende des Zweiten Weltkrieges auf politischer Ebene zur Gründung der Vereinten Nationen führten, waren der Grund, das Weltwährungssystem für die Nachkriegszeit neu zu ordnen. Die Rückkehr zum Vorkriegsgoldstandard war nicht praktisch, aber die Vorteile, die der Goldstandard gehabt hatte, sollten erhalten bleiben. In dem nach dem Austragungsort Bretton-Woods genannten Abkommen von 1944 wurde daher ein Währungssystem entworfen, in welchem der Wert der Währungen der Vertragsstaaten mit festen Wechselkursen vom Wert des

---

[551] In China wurde bis 1850 bei weitgehender Unbekanntheit des Goldes mit Silber bezahlt; das auch bekannte Papiergeld galt als ebenso unsicher wie bei uns damals im Westen. Mit der Annahme des Goldstandards im Westen verfiel der Silberwert. Die China im Rahmen der Opiumkriege von England (in Gold) auferlegten Zahlungspflichten führten wegen des gefallenen Gold/Silberkurses zu starken Abflüssen von Silber mit den lehrbuchmäßigen Folgen einer Deflation. Es kam zu schweren sozialen Unruhen (Taiping-Aufstand, 1850-65).

Dollars bestimmt wurde, der Dollar seinerseits wurde mit dem Preis von 35 $ je Feinunze Gold definiert.

Bei allem Fortschritt hatte sich an diesem Geldbegriff bis zum 12.3.1973 grundsätzlich nichts geändert. An diesem Tage wurde der Kurs des US-Dollars gegen das Gold freigegeben, oder etwas wahrheitsgemäßer: Die USA weigerten sich, die im Bretton-Woods-Abkommen übernommene Verpflichtung, den Dollar zu dem bestimmten Kurs gegen Gold einzutauschen, zu erfüllen. Eigentlich erst seit diesem Tage weiß die Menschheit offiziell, dass die Hauptfunktion des Geldes, Tausch-Rechenmittel zu sein, unabhängig davon besteht, ob das Geldzeichen irgendeinen Materialwert hat oder verkörpert. Die Euro-Banknote etwa verzichtet auf jeden Hinweis eines außer ihr selbst liegenden Wertes.

3.   Internationaler Währungsfonds, IWF

Der IWF wurde auf der Konferenz von Bretton-Woods-Abkommen gegründet mit der allgemeinen Aufgabe, die internationale Zusammenarbeit im Bereich von Währungsfragen zu fördern. Auch unter dem Regime der freien Wechselkurse bleibt es das Ziel des IWF, zwischen den Mitgliedstaaten möglichst stabile Währungsbeziehungen zu gewährleisten. Bei Währungs- und Verschuldenskrisen gibt der IWF Anpassungskredite. Er steht den Staaten bzw. deren Zentralbanken mit Krediten und Refinanzierungsmitteln zur Verfügung. Mangels einer Weltwährung wäre es falsch, den IWF als Weltzentralbank zu bezeichnen, in der Funktion kommt er einer solchen Aufgabe aber näher als jedes andere Institut.

Die heutige Bedeutung des IWF besteht darin, den Mitgliedstaaten bei Zahlungsbilanzdefiziten durch Bereitstellung Hilfen in festen frei konvertierbaren Währungen zu gewähren. Das geschieht durch so genannte Ziehungsrechte, die jeder Staat entsprechend seiner Quote hat. Die Quote errechnet sich aus verschiedenen Faktoren, die seine Wirtschaftskraft widerspiegeln. Die Ausweitung des Welthandels und die befürchtete Liquiditätsenge der Zentralbanken führten 1969 zur Einrichtung der so genannten *Sonder*ziehungsrechte.[552]

Daneben stellt der IWF normale Kredite zur Verfügung. Die Besonderheit dieser Kredite wird durch den Begriff der Konditionalität gekennzeichnet. Damit sind die Bedingungen gemeint, wonach der Kredit nehmende Staat bestimmte Rahmendaten seiner Wirtschaftspolitik ändert oder neu einführen muss.[553] Es handelt sich daher, je nach Fall, um eine tief greifende Einflussnahme auf die innere Politik des betreffenden Staates.[554]

---

[552] Im einzelnen vgl. Lowenfeld, S. 512 ff und Internet. Vgl. Herdegen S. 267
Exkurs: Technisch handelt es sich bei der Wahrnehmung der Ziehungsrechte um Swapgeschäfte: Kauf einer konvertierbaren Währung, z.B. Dollar, gegen eine nicht frei konvertierbare Währung z.B. israelischen Schekels. Im Ergebnis kann also ein Staat durch das im Geldschöpfungsprozeß seiner Zentralbank selbst geschaffene Geld Zugang zu harten Währungen erlangen. Der theoretischen Möglichkeit, durch unentwegte Geldschöpfung harte Währung einzutauschen, wird durch eine entsprechende Gestaltung der Zuteilungsbedingungen entgegengewirkt. Staat A ist z. B. verpflichtet, seine eigene Währung binnen einer Frist gegen einen andere Währung zurückzukaufen usw.
[553] vgl. Herdegen, S. 276; das Internet bietet umfangreiche Info über IWF (engl: IMF = International Monetary Fund)
[554] **Exkurs:** Präsident Kirchner von Argentinien hatte kurz nach seiner Wahl (2003) die Einflußnahme des IWF abgelehnt und als Einmischung in die inneren Angelegenheiten seines Landes angeprangert.

4. Zwingende Geltung ausländischer Devisenvorschriften

In (West-) Deutschland sind Devisenkontrollbestimmungen seit langem nicht mehr bekannt. Der freie Kapitalverkehr innerhalb der EG ist ein Kernsatz des Vertragswerks, Art. 3 c EGV. In den meisten Staaten, insbesondere in den Entwicklungsländern, gibt es aber weiterhin Bestimmungen, wonach die jeweilige Landeswährung nicht oder nur eingeschränkt in eine andere Währung umgetauscht werden kann.Aus dem Ende des Bretton-Woods-Systems ist in Artikel VIII Abschnitt 2 lit. B. Satz 1 nur noch als eine der wichtigsten praktischen Vorschriften übrig geblieben. Diese lautet:

> *Aus Devisenkontrakten, welche die Währung eines Mitglieds berühren und den von diesem Mitglied in Übereinstimmung mit diesem Einkommen aufrecht erhaltenen oder eingeführten Devisenkontrollbestimmungen zuwiderlaufen, kann in den Hoheitsgebieten der Mitglieder nicht geklagt werden.*

Diese Vorschrift ist gleichsam die Gegenvorschrift zu der Verpflichtung der Teilnehmerstaaten im Bretton-Woods-System, feste Wechselkurse zu akzeptieren. Die Teilnahme an diesem System sollte nicht dazu führen, dass die Staaten auf eine eigene Geldpolitik verzichteten. Wenn ein Staat es für erforderlich hält, seine Währung durch Kontrollbestimmungen zu schützen, dann ist es ihm erlaubt. Allerdings wäre nichts einfacher, als eine solche Devisenkontrolle zu umgehen: man bräuchte nur den entsprechenden Vertrag einem Recht, etwa dem deutschen, zu unterstellen, welches keine Devisenkontrollen kennt. Die Besonderheit des Art. VIII besteht also darin, dass entgegen den Grundsätzen des Internationalen Privatrechts eine öffentlichrechtliche Maßnahme eines anderen Staates in den Vertragsstaaten des Bretton-Woods-Systems anerkannt und durchgesetzt wird. Juristisch ausgedrückt: Verträge, welche als Devisenkontrakte im Sinne der genannten Vorschrift anzusehen sind, werden gesondert angeknüpft und unterliegen dem Recht des Staates, aus welchem heraus die Zahlung zu leisten ist.

Das wird durch den Eingangsfall illustriert. Der Scheck über 20.000 DM war gültig. Die Tatsache, dass der Scheckvertrag nach ägyptischem Recht unzulässig war, geht uns in Deutschland im Prinzip nichts an. Der zitierte Artikel VIII gilt jedoch im Verhältnis zwischen Deutschland und Ägypten. Er besagt, dass ein Anspruch, der gegen das Devisenrecht eines Vertragsstaates, hier Ägypten, verstößt, von den Gerichten eines anderen Vertragsstaates, hier Deutschland, überhaupt nicht behandelt werden darf. Die Klage wurde daher nicht nur als unbegründet, sondern sogar als unzulässig abgewiesen.

Der damalige IWF-Präsident Köhler hatte sich davon offenbar nicht sehr beeindrucken lassen. Kirchner hat jedenfalls bei dem IWF einen neuen Kredit beantragt. Der IWF war grds bereit, einen Kredit über 13 Mrd Dollar zugeben, aber die IWF-Statuten verbieten die Kreditvergabe an einen Staat, der seine Gläubiger nicht nach Treu und Glauben, *in good faith*, behandelt. Die überraschende Kredittilgung gegenüber dem IWF war also lediglich ein Schachzug, um die Voraussetzungen für eine neue Krediteinräumung zu schaffen. Auf die bisher im allgemeinen gehaltene Zusage Argentiniens, den privaten Gläubigern argentinischer Staatsanleihen einen angemessenen Vorschlag zu machen, ist unter diesem Gesichtspunkt zu sehen. Im Februar/März 2005 war in den Tageszeitungen zu lesen, dass Argentinien im Rahmen einer bisher unbekannten Erpressungskampagne, die privaten Anleihegläubiger dazu gebracht hat, im Rahmen einer Umschuldungsaktion auf Dreiviertel ihrer Forderungen zu verzichten.

Die Staaten, mit denen Deutschland hauptsächlich Handel treibt, kennen ebenfalls keine Devisenbeschränkungen mehr. Der zitierte Artikel VIII hat daher innerhalb der Europäischen Union seine Bedeutung verloren. Im Wirtschaftsverkehr mit Entwicklungsländern kann er weiterhin bedeutsam sein.

5. Weltbank

Wenn der IWF *cum grano salis,* also nicht ganz, der EZB entspricht, dann findet die Internationale Bank für Wiederaufbau und Entwicklung (*International Bank for Reconstruction and Development, IBRD,* meist kurz: Weltbank), in nationalen Entwicklungsbanken, bei uns die Kreditanstalt für Wiederaufbau, KfW, ihre Parallele. Auch die Weltbank geht auf die Bretton-Woods-Konferenz zurück. Die Weltbank ist selbstständiges Subjekt des Völkerrechts. Anteilseigner der Weltbank ist ua auch Deutschland mit rd 5 %. Die Weltbank agiert im Grundsatz wie eine Geschäftsbank und refinanziert sich im Kapitalmarkt z.B. durch Weltbankanleihen.

Die Weltbank ist nicht auf Gewinnerzielung ausgelegt. Die Kredite der Weltbank und ihrer Tochtergesellschaften sind daher im Prinzip günstiger als kommerzielle Darlehen, orientieren sich aber an den Sätzen für normale Kredite. Besonderheit ist eher, dass Weltbankkredite auch für Infrastrukturprojekte erhältlich sind, welche politisch und langfristig für ein Land von Bedeutung sind, welche aber einen kurzfristigen Erfolg nicht versprechen, so dass eine kommerzielle Bank Schwierigkeiten haben wird, in die Finanzierung einzutreten. Die Kreditbereitschaft der Weltbank wird allerdings nicht selten von sehr weitgehenden Vertragsklauseln in den Kreditverträgen begleitet, s.o Konditionalität, welche die Kredit nehmenden Länder zu Maßnahmen verpflichten, welche als Eingriff in den Kernbereich ihrer Souveränität angesehen werden.

Für den internationalen Rechtsverkehr ist die bei der Weltbank eingerichtete Schiedsgerichtsbarkeit von großer Bedeutung.

6. Euro-Dollar-Markt

Die Währung gibt dem Geldinhaber eine Forderung gegen die Volkswirtschaft des entsprechenden Staates. Wer einen US-Dollar besitzt, hat einen Anspruch gegen die US-amerikanische Volkswirtschaft auf Bereitstellung eines Wirtschaftsgutes in diesem Wert.

Der Gläubiger kann entscheiden, ob und wann er seinen Anspruch geltend machen will. Der Schuldner wird im Zweifel nicht daran interessiert sein, bald oder überhaupt jemals von seinem Gläubiger wieder zu hören. Das Prinzip der Sparkonten basiert auf diesem Grundsatz. Der Gläubiger weiß sich im sicheren Besitz seiner Geldforderung, aber er wird dieses Geld nicht abziehen, sondern darauf vertrauen, dass es möglicherweise durch Zinsen immer mehr wird. Je zahlungskräftiger der Schuldner ist oder geglaubt wird, desto länger wird die Phase dauern, in welcher sich der Gläubiger über das stille Wachsen seines Geldes freut und es dort belässt, wo es ist. Das ist das Geheimnis des Reichtums der Schweiz und in der Finanzkrise 2008/09 Grund für dessen Brüchigkeit.

Weltweit wird immer häufiger vermutet, dass hier auch das Geheimnis der wirtschaftlichen Macht der Vereinigten Staaten von Amerika liegt. Nach dem Zweiten Weltkrieg gab es auf der Welt praktisch nur eine Macht, welche als zweifellos zahlungsfähiger Schuldner anzusehen war, die USA. Der US-Dollar wurde nicht nur in den USA selbst, sondern in praktisch allen Ländern der Erde außerhalb des kommunistischen Blocks wie eine inländische Währung, in vielen Fällen sogar höher als diese, geachtet. Der US-Dollar kann aber, ebenso wie andere Währungen auch, im Rahmen des Zentralbankensystems frei geschöpft werden. Ein Großteil der so geschöpften Dollar-Mengen wurde von ausländischen Gläubigern aufgenommen und gleichsam wie ein Scheck von Hand zu Hand gereicht, aber der Scheck wurde niemals präsentiert. Die „Schecknehmer" gingen davon aus, dass der Scheckaussteller, hier: Zentralbankensystem der USA, jederzeit zahlungsfähig sein werde. Nach den Haupthandelsorten spricht man von einem Euro- oder Asien-Dollarmarkt.

Hierin lag und liegt für die US-Wirtschaft eine große Verlockung. Sie kann praktisch nach Belieben Waren importieren und mit Schecks bezahlen, die erfahrungsgemäß nicht zur Zahlung vorgelegt werden. Das ist die gegenwärtige Situation in den USA, welche über die Jahrzehnte ein immenses Zahlungsbilanzdefizit (= Dollarguthaben mit ausländischen Gläubigern) aufgebaut haben. Weltweit zirkulieren Dollarguthaben, welche längst jeden Bezug zur volkswirtschaftlichen Realität in den USA verloren haben. Würden diese Guthaben, also die von der US-Volkswirtschaft ausgestellten Schecks, heute zur Zahlung vorgelegt werden, wären die USA zahlungsunfähig.

Es ist anzunehmen, dass die USA für den Fall, dass die Gläubiger der Dollarguthaben ihre Rechnungen einmal präsentieren werden, ähnlich reagieren wird wie 1973, als Frankreich unter Berufung auf das Bretton-Woods-Abkommen seine Dollarguthaben zum festgesetzten Wechselkurs in Gold umtauschen wollte. Damals hat Amerika diese Umtauschpflicht suspendiert und den Dollar durch eine Freigabe der Wechselkurse still abgewertet. Nach einer alten Bankweisheit gilt: *Schuldet man der Bank eine Million, hat man selbst ein Problem; schuldet man der Bank 10 Millionen, hat die Bank ein Problem!* Die Zahlungsbilanzdefizite der USA[555] sind daher nicht nur, sogar immer weniger, ein Problem der im Grunde auf die Insolvenz zusteuernden USA, als ein Problem ihrer Gläubiger. Das derzeitige Währungssystem ist daher offenbar stark gefährdet.

Praktisch folgt aus dem Gesagten, dass ein deutscher Unternehmer gut daran tun wird, seine Dollarforderungen nicht zu lange offen stehen zu lassen, sondern nach Sicherheiten zu suchen. Er sollte im Zusammenhang mit der dargelegten Eigenwilligkeit der USA in rechtlichen Dingen, prüfen, ob er sich wirklich in den USA engagieren soll.

---

[555] Man spricht im Jahre 2005 von 28 Trillionen Dollar! Amerikaner nennen unsere Milliarde „billion", die nächste folgende Größe ist dann „ trillion". Damit ist die europäische Billion gemeint, also 1 Million x 1 Million !

II. Welthandelsorganisation, WTO

Fall

> Belgier B importiert aus Ecuador Bananen. B beantragt bei den zuständigen belgischen Behörden eine Einfuhrlizenz. Diese wird ihm aufgrund einer Verordnung der EU, welche die Einfuhr von Bananen in die EU regelt, versagt. Ecuador und die EU sind Mitglieder der WTO. B meint, das Vertragswerk der WTO begründe den freien Warenverkehr zwischen Ecuador und der EU, folglich sei die EU-Verordnung und die darauf gestützte Versagung rechtswidrig. B klagt vor dem EuGH auf Erteilung der Einfuhrlizenz. Wird er Erfolg haben?[556]

Stichworte: Völkerrecht und private Ansprüche

1. Vorgeschichte

Der Handelspolitik der führenden Staaten der Erde liegt heute das Glaubensbekenntnis zu Grunde, dass ein freier Austausch von Waren und Dienstleistungen die Voraussetzung für Frieden und Wohlstand der Völker sei. Die Freiheit des Welthandels wird als unbestreitbarer Glaubenssatz geführt. Der Freiheitsgedanke ist gewiss einer der vornehmsten der Menschheit. Aber wie man ein Gedicht nur würdigen kann, wenn man seine Sprache versteht, und die Musik Johann Sebastian Bachs eigentlich nur, wenn man lutherischen Bekenntnisses ist, so steht auch der Gebrauch der (wirtschaftlichen) Freiheit unter Voraussetzungen, ohne welche sie zu nichts führt. Freiheit im Welthandel setzt Gleichheit der Wettbewerbsbedingungen voraus. Daran fehlt es noch sehr.

Auf dieser Grundlage hat sich bereits während des Zweiten Weltkriegs und insbesondere nach Gründung der Vereinten Nationen im Rahmen mehrerer Vertragsrunden das Vertragswerk des GATT (*General Agreement on Tariffs and Trade*) herausgebildet, welches 1947 mit 23 Mitgliedsstaaten ins Leben trat.

Die Ziele des GATT waren anfangs zurückhaltend. Bezweckt wurde eine allmähliche Liberalisierung und Zurücknahme der handelspolitischen Schranken, welche sich in Form von Schutzzöllen (= tarifäre Handelshemmnisse) oder Verwaltungstricks (= nicht tarifäre Handelshemmnisse) darstellten. Über verschiedene, jeweils nach dem Abschlussort des Vertrages genannten „Runden" war mit der „Uruguay-Runde" 1993 ein vorläufiger Abschluss gefunden, in welchem sich die Vertragsstaaten zu einer Harmonisierung der Zölle mit der Perspektive einer allgemeinen Zollsenkung verpflichteten. Die im GATT niedergelegten Verpflichtungen wurden ab 1994 durch eine Reihe von Abkommen ergänzt, welche an sich nicht zu dem ursprünglichen Zweck des Vertragswerkes gehören, die aber im Rahmen der Entwicklung der Weltwirtschaft eine ähnliche Bedeutung gewonnen haben wie die herkömmlichen Handelshemmnisse, zumal die Weltwirtschaft längst nicht mehr nur aus dem Im- und Export von Waren besteht. Zu nennen sind das allgemeine Dienstleistungsabkommen, GATS (*General Agreement on Trade in Services*). Von besonderer Bedeutung

---

[556] Ein in der FAZ v. 2. März 2005, S. 12 berichteter Fall des EuGH. Grds. Sander, G Verfassung und Recht in Übersee, VRÜ, 03, 261 *Die unmittelbare Anwendbarkeit der WTO-Abkommen in der europäischen Rechtsordnung*

ist das Abkommen zum Schutz des geistigen Eigentums, TRIPS (Trade *Related Intellectual Property Rights*).

2. EU und WTO

Der kontinuierliche Ausbau und die Verdichtung des Vertragswerkes sowie die Ausweitung auf ursprünglich nicht dazu gehörende Bereiche hat das ursprünglich nur als lose Vertragsgemeinschaft bestehende GATT-System in eine neue Form überführt. 1995 wurde die Welthandelsorganisation (World Trade Organisation, WTO) mit der Qualität eines Völkerrechtssubjekts gegründet. Der WTO gehören heute rund 150 Staaten an. Deutschland ist gleichsam zweifach Mitglied, einmal im eigenen Namen und über seine Zugehörigkeit zur Europäischen Union, welche als solche Mitglied der WTO ist.

Die Organe der Europäischen Union können unmittelbare Rechte und Pflichten für einzelne EU-Bürger begründen. Im Gegensatz dazu handelt es sich bei der WTO um ein System von völkerrechtlichen Verträgen, aus welchen einzelne Personen, auch wenn sie Angehörige der Vertragsstaaten sind, nicht berechtigt werden. Im Fall hatte B an sich Recht. Der Bananenstreit zwischen der EU und den Bananen exportierenden Staaten, insbesondere die Einfuhrbeschränkungen der EU, stehen, wie der EuGH auch andeutet, im Widerspruch zu den völkerrechtlichen Verpflichtungen der EU gegenüber einem WTO-Mitgliedsstaat wie Ecuador. Eine Verletzung dieser völkerrechtlichen Verpflichtungen muss aber im Rahmen des Vertragswerkes der WTO, gegebenenfalls also durch ein Schiedsgericht, entschieden werden. Ein einzelner Bürger kann sich darauf nicht berufen.

3. Geltungsbereich der WTO

Das theoretische Endziel der WTO ist es, zwischen den Vertragstaaten sämtliche Handelshindernisse abzubauen. Bis dahin ist es jedoch noch ein langer Weg. Wesentlicher Inhalt des WTO-Vertrags-Systems ist daher vorerst das Verbot der Diskriminierung und das Meistbegünstigungsprinzip. Als übergreifende Grundsätze des WTO-Systems kann man formulieren. Die WTO-Mitgliedsstaaten verpflichten sich gegenseitig,

- Beschränkungen des Handels nur bei Vorliegen besonderer Gründe einzuführen, und
- wenn sie es tun, alle Partnerstaaten gleich zu behandeln, und
- von diesem Gleichbehandlungs- oder Meistbegünstigungsgrundsatz nur mit satzungsmäßiger Zustimmung der anderen WTO-Mitgliedstaaten abzuweichen.

Die Mitgliedstaaten sind also verpflichtet, Handelsvorteile, welche sie einem Mitgliedstaat zugestehen, auch allen anderen einzuräumen. Anders also als die Staaten innerhalb der EU dürfen die Mitgliedstaaten der WTO, wenn auch nur in eingeschränktem Maße, Handelshemmnisse aufbauen.

4.   Zugelassene Einschränkungen der Handelsfreiheit

Von dem Meistbegünstigungsgrundsatz können im Sonderfall Ausnahmen gestattet werden. Das gilt insbesondere für Entwicklungsländer, denen von Fall zu Fall besondere Handelsvorteile, z.B. besonders günstige Importzölle, zugestanden werden können. Daneben gibt es allgemeine Ausnahmetatbestände, in denen die Staaten berechtigt sind, Handelsbeschränkungen einzuführen. Man kann versuchen, diese Ausnahmetatbestände unter den Oberbegriff eines völkerrechtlichen Rechtfertigungsgrundes der *Wahrnehmung berechtigter Interessen* zusammenzufassen.[557] Im Einzelnen handelt es sich um folgende Schutzmaßnahmen

- der öffentlichen Sicherheit
- des Lebens und der Gesundheit von Menschen und Natur
- nationalen Kulturguts
- und zur Erhaltung der Naturschätze

Wenn Maßnahmen auf diese Ausnahmetatbestände gestützt werden, besteht die Pflicht, diese so anzuwenden, dass sie möglichst zu einer Gleichbehandlung aller Vertragstaaten führen. Verboten ist eine willkürliche und ungerechtfertigte Diskriminierung zwischen Ländern, in denen gleiche Verhältnisse bestehen.

5.   Streitbeilegungssystem

Von herausragender Bedeutung für das Funktionieren der WTO ist die Einführung eines Streitbeilegungssystems. Naturgemäß werden sich die Mitgliedstaaten nicht der Gerichtsbarkeit eines einzelnen Staates unterwerfen. In Betracht käme zwar, dass die Mitgliedstaaten der WTO sich kollektiv der Gerichtsbarkeit des Internationalen Gerichtshofs der Vereinten Nationen, IGH, unterwerfen. Der IGH ist aber auf politische Streitfragen ausgelegt.

Streitfragen, welche im Rahmen der WTO entstehen, sind in der Regel weniger Rechtsfragen, als dass sie die Auslegung von technischen Fragen betreffen. Das institutionelle Schlichtungsverfahren der WTO ist daher weder ein förmliches internationales Gericht, noch handelt es sich um ein Schiedsgericht. Die Entscheidungen der Schlichtungsstelle gelten zwar praktisch als endgültig und „rechtskräftig", aber letztlich liegt ihr Vollzug in der Entscheidung der verurteilten Partei.[558] Ein Vergleich mit der Vollstreckbar der IGH-Urteile liegt nahe.

---

[557] Der Verfasser möchte den in § 193 Strafgesetzbuch niedergelegten Grundsatz als ein allgemeines Rechtsprinzip, welches auch im Völkerrecht Bedeutung hat, verstehen.
[558] Meier EuZW 97, 566

9. Teil Rechtsvergleichender Kommentar zum BGB

Vorab

Rechtsvergleichung setzt voraus, dass man die andere Rechtsordnung kennt. Diese Kenntnis beginnt mit der Auffindung derjenigen Norm in der anderen Rechtsordnung, welche der deutschen Norm, welche betrachtet werden soll, am ehesten entspricht. Da diese Parallelnorm in einer fremden Rechtsordnung niemals identisch mit der deutschen Vorschrift ist, bereitet dies oft Schwierigkeiten. Eine wie hier unternommene rechtsverlgeichende Kommentierung ist anscheinend bisher noch nicht versucht worden. Sie zieht aus der fremden Vorschrift den Kerngehalt heraus und ordnet diesen der Vorschrift des BGB zu, die sich am meisten deckt. Diese Kommentierung soll zwei Ziele erreichen.

Einmal soll sie eine Hilfe in der Praxis sein. Die hier vorgenommene Kommentierung bezieht sich auf die Institute des Privatrechts, so wie sie auch in der Wirtschaftspraxis am häufigsten vorkommen.

Das zweite und im Rahmen dieses Buches das wichtigere Ziel dieser rechtsvergleichenden Kommentierung besteht darin, den Blick des Lesers dafür zu schärfen, dass die Rechtsinstitute in den Rechtsordnungen zwar in verschiedenen Kleidern auftreten, aber dass – um im Bilde zu bleiben – unter den Kleidern der Körperbau stets derselbe ist. Letztlich sind die Lösungen, welche in den verschiedenen Rechtsordnungen für eine Rechtsfrage gegeben werden, sehr ähnlich. Allerdings macht es den Reiz der Rechtsvergleichung aus, dass sie nicht immer identisch sind.

Für diesen Vergleich ist es sinnvoll, vor allem zwei Kodifikationen zum bürgerlichen Recht in den Blick zu nehmen. Einmal den 200 Jahre alten französischen *Code Civil* und das brandneue niederländische *Burgerlijk Wetboek*.

Der *Code Civil* hat seit seinem Erscheinen im Jahre 1804 in Frankreich und in vielen Ländern der Erde, auch in Südamerika, große Bedeutung gewonnen. Vielfach wurde er praktisch ohne große Veränderung kopiert. Das *Burgerlijk Wetboek* ist der vorerst letzte und modernste Versuch, den Gesamtbereich des bürgerlichen Rechtes systematisch zu erfassen. Das *Burgerlijk Wetboek*, welches an vielen Stellen dem deutschen BGB und der hieraus entwickelten Systematik verpflichtet ist, hat auf neue Kodifikationen in Osteuropa erheblichen Einfluss gehabt. Seine Bedeutung geht also über die Niederlande erheblich hinaus. Der Verfasser neigt dazu, in diesem Werk eine epochale Leistung zu sehen, welche es verdiente, zum Ausgangspunkt eines neuen europäischen bürgerlichen Rechts zu werden.

Das österreichische Allgemeine Bürgerliche Gesetzbuch wurde durch Kaiserliches Patent vom 1. Juni 1811 im damaligen Habsburgerreich eingeführt. Dieses Gesetzbuch geht auf frühere Kodifikationen zurück, die älter sind als der französische Code Civil; diese hatten offenbar Einfluss auf den Code Civil. Die Gemeinsamkeiten zwischen Deutschland und Österreich legen es nahe, in dieser Kommentierung, auch die Vorschriften des AGBGB berücksichtigen.

Die fremdsprachigen Gesetzestexte sind vom Verfasser übersetzt.

Aufbau

In jedem kommentierten BGB-Paragraph werden die dazu korrespondierenden Vorschriften der fremden Rechte stets in derselben folgenden Reihenfolge benannt, entweder durch Wiedergabe des Volltextes der Vorschrift in deutscher Übersetzung oder durch Kurzinhalt. Gelegentlich wird eine kurze Kommentierung gegeben.

1 .   Französisches Recht, CC = frz. Code Civil. Ziffern sind die Artikel des Code Civil
2.   BW = Niederländisches Burgerlijk Wetboek (zitiert: 1/1 II = 1.Buch Art. 1 Absatz 2)
3.   Da das Common Law im Kernprivatrecht keine abstrakt formulierten Rechtsvorschriften wie das BGB oder der Code Civil hat, kann der Stand des Rechts nur anhand von Gerichtsurteilen ermittelt werden. Den Zugang zu diesen findet man über die allgemein üblichen Begriffe in den Lehrbüchern. Hier bezieht sich der Verfasser auf das Standardwerk *Chitty on Contracts* sowie auf das übersichtliche Kompaktwerk von Birks. B 2.01 = Birks unter dieser Ordnungsnummer.
4.   Allgemeines Bürgerliches Gesetzbuch für Österreich, AGBGB.

In der Darstellung werden nicht immer alle 4 Rechtsordnungen herangezogen.

Buch 1 Allgemeiner Teil

§ 1   Beginn der Rechtsfähigkeit

Die Rechtsfähigkeit des Menschen beginnt mit der Vollendung der Geburt

Internationale Entsprechung

1. Französisches Recht – Artikel des Code Civil
16. *Das Gesetz sichert die Vorrangigkeit der menschlichen Person, es verbietet jeden Angriff auf die Würde der Person und garantiert die Achtung vor dem menschlichen Leben ab dem Beginn seines Lebens.*

2. Niederländisches Burgerlijk Wetboek
1/1: Jeder Einwohner der Niederlande ist frei und rechtsfähig.
1/2 Das Ungeborene gilt als rechtsfähig.

3. Common Law
Begriff: Capacity of Parties.
B 2.01 Birth: Das englische Recht gibt dem ungeborenen Kind noch keine Rechtspersönlichkeit

Kommentar

Die Rechtsfähigkeit des Menschen wird in allen betrachteten Rechtsordnungen im Wesentlichen gleich geregelt. Die Rechtstellung des ungeborenen Menschen ergibt sich im deutschen Recht nicht, sie ist aber aufgrund der Rechtsprechung praktisch wie im holländischen Recht.

*

§ 2   Eintritt der Volljährigkeit

Die Volljährigkeit tritt mit der Vollendung des 18. Lebensjahres ein.

Internationale Entsprechung

1. Französisches Recht – Artikel des Code Civil
388 *Minderjährig ist ein Mensch, welcher noch nicht das 18. Lebensjahr vollendet hat.*

2. Niederländisches Burgerlijk Wetboek
1/233ff : 18 Jahre

4. Allgemeines Bürgerliches Gesetzbuch für Österreich – AGBGB
§ 21 II: *Unter Minderjährigen sind Personen zu verstehen, die das 19. Lebensjahr noch nicht vollendet haben...* (Unterscheidung zwischen Unmündigen, 14 Jahre, und Kindern, 7 Jahre).

Kommentar

Die Volljährigkeit hat offenbar in allen Staaten der Erde dieselbe Bedeutung, nämlich die der vollständigen rechtlichen Handlungsfähigkeit. Offenbar ist auch das Volljährigkeitsalter, 18 Jahre, heute fast überall gleich.

*

§ 7   Wohnsitz; Begründung und Aufhebung

Wer sich an einem Ort ständig niederlässt, begründet an diesem Orte seinen Wohnsitz.

Internationale Entsprechung

1. Französisches Recht – Artikel des Code Civil
102 ff *Das Domizil eines Franzosen in Bezug auf die Ausübung seiner bürgerlichen Rechte ist der Ort, wo er seine Hauptniederlassung hat.*

2. Niederländisches Burgerlijk Wetboek
1/10: Woonplats/Wohnsitz: Dauerhafter Aufenthalt, mangels dessen wirklicher Aufenthalt.
1/11 ff Vorschriften über Erwerb und Verlust des Wohnsitzes.

Kommentar

Die Definition des Wohnsitzes weicht zwar in den Rechtsordnungen leicht voneinander ab, wesentliche Unterschiede sind jedoch nicht festzustellen.

*

§ 12   Namensrecht

Wird das Recht zum Gebrauch eines Namens dem Berechtigten von einem
anderen bestritten oder wird das Interesse des Berechtigten dadurch verletzt,
dass ein anderer unbefugt den gleichen Namen gebraucht, so kann der Berechtigte von dem anderen der Beseitigung der Beeinträchtigung verlangen.

Internationale Entsprechung

1. Französisches Recht – Artikel des Code Civil
9: Jeder hat Anspruch auf Achtung seines Privatlebens. Das Gericht kann Maßnahmen zum Schutz der Privatsphäre erlassen.

2. Niederländisches Burgerlijk Wetboek
1/8 Namensschutz: *Wer den Namen eines anderen führt, handelt rechtswidrig, wenn
er dadurch den Anschein erweckt, dieser andere zu sein oder zu seiner Familie zu
gehören.*

Kommentar

Es ist eines der ältesten und ursprünglichen Rechte des Menschen, einen eigenen
Namen zu haben, der ihn individualisiert. Der Namensschutz ist im Wesentlichen
überall gleich. Im Wirtschaftsleben haben sich aus dem Namensschutz weitere Rechte abgeleitet wie Firmenschutz, Schutz der Handelsmarke usw (gewerblicher Rechtsschutz).

*

Juristische Person

§ 21   Nicht wirtschaftlicher Verein

Ein Verein, dessen Zweck nicht auf einen wirtschaftlichen Geschäftsbetrieb
gerichtet ist, erlangt Rechtsfähigkeit durch Eintragung in das Vereinsregister
des zuständigen Amtsgerichts.

Internationale Entsprechung

1. Französisches Recht – Artikel des Code Civil
Keine Regelung für Vereine.

2. Niederländisches Burgerlijk Wetboek
2/3 ff: Vereinigungen usw besitzen Rechtspersönlichkeit nach Maßgabe des Gesetzes

3. Common Law

B 3.01: *Das englische Recht kennt natürliche Personen (natural person) und juristische Personen (artificial persons; auch moral, legal person ua.).*
3.20: Bis 1873 konnten z.B. auch Schiffe als Rechtspersonen angesehen werden.[559]

Kommentar

Das römische Recht kannte lediglich den Staat als juristische Person des öffentlichen Rechts, später auch die verselbstständigte Vermögensmasse eines Tempels und in der Spätantike der Kirche. Die private juristische Person ist eine Entwicklung der europäischen Neuzeit. Erste Zeichen ergeben sich aus den Ordensgründungen in der Kreuzfahrerzeit um 1200. Die wirtschaftliche Nutzung dieser neuen juristischen Figur beginnt anscheinend erst mit der holländischen Ostindien-Kompanie um das Jahr 1600.

*

§ 26   Vorstand; Vertretung

I. Der Verein muss einen Vorstand haben...
II. Der Vorstand vertritt den Verein gerichtlich und außergerichtlich; er hat die Stellung eines gesetzlichen Vertreters.

Internationale Entsprechung

2. Niederländisches Burgerlijk Wetboek
2/6 III: Einschränkungen der Vertretungsmacht können Gutgläubigen nicht entgegengehalten werden.

Die Vorschriften des BW gelten für Vereine und Handelsgesellschaften.

Kommentar

Soweit zu sehen, hat die wirtschaftlich tätige juristische Person in allen Staaten der Erde heute dieselben Form (Haftungsbeschränkung auf das eingesetzte Kapital, Vertretungsmacht des Vorstands usw). Bis vor einigen Jahrzehnten war es in dem Gesellschaftsrecht einiger Staaten zweifelhaft, ob der Vorstand einer wirtschaftlich tätigen juristischen Person mit Wirkung nach außen gegenüber Dritten in der Vertretungsmacht beschränkt werden kann (ultra-vires – Theorie des common law). Es gibt heute wohl keine Rechtsordnung mehr, welche eine solche Beschränkung kennt.

*

---

[559] Heute: *only bodies now recognized by English law as artificial persons are groups or series of human individuals.*
3.50: *companies formed in accordance with Companies Act 1985.*
3.58:*s. 35 Companies Act: the validity of an act done by a company shall not be called into question on the ground of lack of capacity by reason of anything in the company `s memorandum.*

§ 90   Begriff der Sache

Sachen im Sinne des Gesetzes sind nur körperliche Gegenstände

Internationale Entsprechung

1. Französisches Recht – Artikel des Code Civil
16-1: *Jedermann hat ein Recht auf Achtung seines Körpers. Der menschliche Körper ist unverletzlich. Der menschliche Körper, seine Bestandteile und seine Ausscheidungen sind nicht Gegenstand von Eigentumsrechten.*

Bewegliche Sache vgl. 527ff

Unbewegliche Sache
517 Begriff der unbeweglichen Sache
529 : Forderungen, Rechte gelten als bewegliche Sachen.

2. Niederländisches Burgerlijk Wetboek
3/1: *Als Güter (goederen) werden alle Sachen und Vermögensrechte verstanden.*
3/2 Sachen sind stoffliche Gegenstände, welche der menschlichen Herrschaft unterliegen können.

4. Allgemeines Bürgerliches Gesetzbuch für Österreich, AGBGB
§ 285: *Alles, was von der Person unterschieden ist, und zum Gebrauche der Menschen dient, wird im rechtlichen Sinne eine Sache genannt.*

Kommentar

Das BGB enthält keinen Begriff für die unkörperliche Sache. Gegenstand in § 90 sagt nur indirekt, dass alle anderen „Gegenstände" des Rechts, die nicht Sache sind, gemeint sind. Der menschliche Körper und seine Teile sind im BGB nicht einzuordnen.

Die Definition für körperliche Gegenstände, Sachen, ist in den Rechtsordnungen sehr ähnlich. Neue Rechtsfragen treten auf im Zusammenhang mit dem Schutz von immateriellen Gütern (Urheberrechte, Namensrechte usw; auch Forderungen). Hierfür fehlt in den Rechtsordnungen ein übergreifender Begriff. Der Verfasser hat den Begriff *passive Rechtsfähigkeit* vorgeschlagen, um als Sammelbegriff für alle Gegenstände bzw Sachen zu dienen, an welchen der Gesetzgeber ein sachliches (dingliches) Recht begründen will.

*

Rechtsgeschäfte

§ 104   Geschäftsunfähigkeit

Geschäftsunfähig ist:
1. wer nicht das siebte Lebensjahr vollendet hat,

2. wer sich in einem die freie Willensbestimmung ausschließenden Zustand krankhafter Störung der Geistestätigkeit befindet.

Internationale Entsprechung

1. Französisches Recht – Artikel des Code
1123 f Begriff der Geschäftsunfähigkeit und ihre Auswirkungen

2. Niederländisches Burgerlijk Wetboek
3/32: I. *Jede natürliche Person ist befähigt, Rechtshandlungen vorzunehmen, soweit nichts anderes bestimmt ist.*

Kommentar

Die Willenserklärung, ein Zentralbegriff des BGB, im frz Code Civil unbekannt, hat als *déclaration de volonté* z.T. Eingang in das eigenständige Recht der ehemaligen Kolonialstaaten gefunden, vgl. Art. 60 algerischer Code Civil. Auch BW und Neu-kodifikationen in der GUS.

*

§ 119   Anfechtbarkeit wegen Irrtums

Wer bei der Abgabe einer Willenserklärung über deren Inhalt im Irrtum war oder eine Erklärung dieses Inhalts überhaupt nicht abgeben wollte, kann die Erklärung anfechten.

Internationale Entsprechung

1. Französisches Recht – Artikel des Code Civil
1109: Eine Willenserklärung ist ungültig, wenn sie durch Irrtum veranlasst ist.
1110: Irrtum ist nur dann ein Nichtigkeitsgrund *(nullité)*, wenn er wesentlich ist.
Art. 81 ff algerischer Code Civil: ausdrückliche *annulation* führt zur Aufhebung.

3. Common Law
B 8.130: Ein Irrtum macht die Einwilligung nichtig, wenn er sich auf den Vertrags-gegenstand selbst bezieht. 8.131: Nur *essential* Eigenschaftsirrtum ist beachtlich. Der Vertrag kann berichtigt werden, wenn der schriftliche Vertrag von dem mündlich Gewollten abweicht. High Court v. 17. 2. 04 Fresh Quench v.Whitebread in RIW 05, 64; vgl. auch § 313.

4. Allgemeines Bürgerliches Gesetzbuch für Österreich, AGBGB
§ 871 *War ein Teil über den Inhalt der von ihm abgegebenen....Erklärung in einem Irrtum befangen, der die Hauptsache oder eine wesentliche Beschaffenheit derselben betrifft,....so entsteht für ihn keine Verbindlichkeit,.....*

Kommentar

Voraussetzung der Privatautonomie ist die Willenserklärung. Bereits das römische Recht ließ dem Erklärenden die Möglichkeit, eine fehlerhaft gebildete Willenserklärung wieder rückgängig zu machen. Das geschieht bei uns durch Anfechtung, wenn der Irrtum wesentlich ist. Aufs Ganze gesehen scheinen die Unterschiede in den Rechtsordnungen nicht sehr groß zu sein.

*

§ 123 Anfechtbarkeit wegen Täuschung oder Drohung

Wer zur Abgabe einer Willenserklärung durch arglistige Täuschung oder widerrechtlich durch Drohung bestimmt worden ist, kann die Erklärung anfechten.

Internationale Entsprechung

1. Französisches Recht – Artikel des Code Civil
1109: Eine Willenserklärung ist ungültig, wenn sie durch Irrtum, Drohung mit Gewalt oder durch List abgegeben wurde.
1111: Gewalt führt auch dann zur Unwirksamkeit, wenn sie durch einen Dritten verübt wird.
1112: Begriff der Gewalt
1116: Ursächlichkeit der Täuschung

2. Niederländisches Burgerlijk Wetboek
3/44: Inhaltlich mit § 123 praktisch identisch; zusätzlich ist auch der „Missbrauch von Umständen" ein Anfechtungsgrund. Absätze II – V definieren die Täuschung.

Hier wie an anderen Stellen ist das BW sehr viel kasuistischer als das BGB.

Kommentar

Es ist ein Weltrechtssatz, dass eine Willenserklärung, welche durch Gewalt oder Täuschung zustande gekommen ist, entweder nichtig oder vernichtbar ist.

*

§ 130 Wirksamwerden der Willenserklärung gegenüber Abwesenden

I. Eine Willenserklärung, die einem anderen gegenüber abzugeben ist, wird, wenn sie in dessen Abwesenheit abgegeben wird, in dem Zeitpunkt wirksam, in welchem sie im zugeht. Sie wird nicht wirksam, wenn dem anderen vorher oder gleichzeitig ein Widerruf zugeht.

Internationale Entsprechung

Abs. 1 S. 1

1. Französisches Recht – Artikel des Code Civil
1101: Angebot und Annahme, im CC nicht ausdrücklich geregelt, werden unter den Vertragsbegriff subsumiert. Beachtlich daher die erkennbar deutsch inspirierte Regelung in art. 59 ff alg. Code Civil.

2. Niederländisches Burgerlijk Wetboek
3/37 III: Satz 1 (praktisch wie § 130); Satz 2 gibt praktisch den Stand der deutschen Rechtsprechung zu dem Thema „Zugangshindernis" wieder:
Die an eine bestimmte Person gerichtete Willenserklärung muß, um gültig zu sein, die Person erreichen. Eine Willenserklärung, die den Empfänger nicht oder nicht rechtzeitig erreicht, gilt jedoch als zugegangen, wenn der Nichtzugang *die Folge ist seiner eigenen Handlung, oder der von Personen, für die er verantwortlich ist oder von Umständen, die seine Person betreffen, und es rechtfertigen, dass er den Nachteil trägt.*

Abs. 1 S. 2 (Widerruf der Willenserklärung)

2. Niederländisches Burgerlijk Wetboek
3/37 V: praktisch wortgleich mit der deutschen Regelung

Kommentar

Es ist Weltrechtssatz, dass eine Willenserklärung nur gültig wird, wenn sie dem Erklärungsempfänger auch zugeht. Ausnahmen ergeben sich aus der Natur der Willenserklärung, z.B. Errichtung eines Testaments. Zugangsersatz, wenn der Empfänger sich dem Empfang der Willenserklärung fahrlässig oder vorsätzlich entzieht. Hierzu gibt es in den Rechtsordnungen sehr umfangreiche Rechtsprechung.

*

§ 134   Gesetzliches Verbot

Ein Rechtsgeschäft, das gegen ein gesetzliches Verbot verstößt, ist nichtig, wenn sich nicht aus dem Gesetz ein anderes ergibt.

Internationale Entsprechung

1. Französisches Recht – Artikel des Code Civil
1133: *Ein Rechtsgeschäft ist rechtswidrig, wenn es gesetzlich verboten ist, gegen die guten Sitten verstößt oder gegen die öffentliche Ordnung.*

2. Niederländisches Burgerlijk Wetboek
3/40: *Der Verstoß einer Rechtshandlung gegen eine zwingende Bestimmung führt in einem mehrseitigen Vertrag nicht zur Nichtigkeit, sondern nur zur Vernichtbarkeit, wenn es sich um eine Vorschrift handelt, welche den Schutz einer der Parteien bezweckt, es sei denn aus der Vorschrift ergebe sich etwas anderes.*

Kommentar

Die selbstverständliche Folge eines Gesetzesverstoßes muss sein, dass die Willenserklärung/Vertrag ungültig ist. Die Formen der Ungültigkeit (Anfechtbarkeit, gegebenenfalls mit oder ohne Schadensersatz) sind im Grundsatz in den Rechtsordnungen gleich, werden aber nicht immer positiv ausformuliert.

*

§ 138 Abs. 1

I. Ein Rechtsgeschäft, das gegen die guten Sitten verstößt, ist nichtig
II. Nichtig ist insbesondere ein Rechtsgeschäft, durch das jemand unter Ausbeutung der Zwangslage...(sich einen Vermögensvorteil versprechen lässt, der in einem auffälligen Missverhältnis zu der Leistung steht).

Internationale Entsprechung

§ 138 I

1. Französisches Recht – Artikel des Code Civil
6: Gesetze welche die öffentliche Ordnung *ordre public* oder die guten Sitten betreffen, können durch Verträge nicht abbedungen werden.
1131: *Eine Verpflichtung ohne Rechtsgrund, über einen falschen Rechtsgrund oder über einen rechtswidrigen Rechtsgrund begründet keine Rechtspflicht.*

2. Niederländisches Burgerlijk Wetboek
3/40 I: *Eine Rechtshandlung, deren Inhalt oder Auswirkung gegen die guten Sitten oder die öffentliche Ordnung verstößt, ist nichtig.*

§ 138 II

2. Niederländisches Burgerlijk Wetboek
3/44: Zusätzlich zum Inhalt von § 123 ist auch der „Missbrauch von Umständen" ein Anfechtungsgrund. Abs. IV definiert Missbrauch im Sinne der deutschen Rechtsprechung.

Die Gläubigerbenachteiligung durch Rechtshandlungen (actio Pauliana wie dieses römische Rechtsinstitut im BW noch heißt) und ihre Rückgängigmachung durch Anfechtung ist im BGB nicht geregelt, sondern außerhalb des Konkurses im Anfechtungsgesetz. Durch 3/44 ff ist die actio Pauliana ins BW integriert.

3. Common Law
Begriff: IV. Illegality and Public Policy
B 8.216 Contracts contrary to public policy = § 138 BGB. Verschiedene Formen: Unsittlichkeit.

4. Allgemeines Bürgerliches Gesetzbuch für Österreich, AGBGB
§ 870 *Wer von dem anderen Teil durch List oder durch ungerechte und gegründete Furcht zu einem Vertrag veranlasst worden, ist ihn zu halten nicht verbunden.*

Kommentar

Die Regelung ist selbstverständlich und in allen Rechtsordnungen vorhanden. Je nach Systematik werden in den Rechtsordnungen Fälle der Sittenwidrigkeit unter verschiedenen Gesichtspunkten behandelt. Spezialvorschriften etwa aus dem Konkursrecht gehören nach deutscher Auffassung nicht in diese allgemeine Vorschrift. BGB beschreibt ohne die in anderen Rechten übliche Kasuistik.

*

Vertrag

§ 145 Bindung an den Antrag

> Wer einem anderen die Schließung eines Vertrages antritt, ist an den Antrag
> gebunden,…

Internationale Entsprechung

1. Französisches Recht – Artikel des Code Civil
1101: Begriff des Vertrages, 1108: Wesentliche Bedingungen für einen Vertrag, Geschäftsfähigkeit, eindeutiger Vertragsinhalt, Erlaubtheit der Verpflichtung.

1138: *Die Verpflichtung, eine Ware zu liefern, entsteht durch schlichte Einigung der
Parteien.*

2. Niederländisches Burgerlijk Wetboek
6/217 ff Angebot und Annahme; grds wie im dt. Recht

Kommentar

Weltrechtsgrundsatz ist: Das Vertragsangebot kann widerrufen werden, solange es
dem Empfänger noch nicht zugegangen ist. Wird es nicht sofort angenommen, verfällt es. Etwas anderes gilt, wenn das Angebot dem Empfänger als unwiderruflich
oder als bis zu einem Zeitpunkt verbindlich zugeht.

Der Vertrag ist ein Weltrechtsinstitut, welches ähnlich wie das Eigentum überall
nach dem gleichen Muster funktioniert. Gegenteilige Berichte über China sind sub-
stanzlose Mystifikationen; vgl. Aden, *Chinesische Mentalitäten*. 1. Seite in: Recht
der Internationalen Wirtschaft November 2006

*

§ 157 Auslegung von Verträgen

> Verträge sind so auszulegen, wie Treu und Glauben mit Rücksicht auf die
> Verkehrssitte es erfordern.

Internationale Entsprechung

1. Französisches Recht – Artikel des Code Civil
1156: *In Verträgen entscheidet der gemeinsame Sinn der Vertragschließenden, nicht
der Wortlaut der verwendeten Begriffe.*

Artikel 1157ff schreiben vor, was sich für das deutsche Recht aus der Rechtsprechung ergibt: bei Mehrdeutigkeit soll die Auslegung gelten, welche den besten Sinn
ergibt. Die weiteren Vorschriften zur Vertragsauslegung fehlen im deutschen Recht,
hier werden sie über die Generalklausel § 242 erfasst.

2. Niederländisches Burgerlijk Wetboek
6/248 ff

4. Allgemeines Bürgerliches Gesetzbuch für Österreich, AGBGB
§ 914 *Bei Auslegung von Verträgen ist nicht an dem buchstäblichen Sinne des Aus-
drucks zu haften, sondern die Absicht der Parteien zu erforschen und der Vertrag so
zu verstehen, wie es der Übung des redlichen Verkehrs entspricht.*

Kommentar

Dieser Vorschrift ist im Zusammenhang mit § 242 BGB zu sehen.Die Verpflichtung,
einen Vertrag oder die Pflicht aus einem gesetzlichen Schuldverhältnis nach Treu
und Glauben zu erfüllen, ist ein Weltrechtssatz. Die Systematik in den verschiedenen
Rechtsordnungen kann dazu führen, dass einzelne Verpflichtungen besonders ausformuliert werden. Während das deutsche BGB sich damit begnügt, die Pflicht ein
für alle Mal zu statuieren, finden sich in den Rechtsordnungen anderer Staaten z.T.
vielfältige und ermüdende Wiederholungen im Grunde immer desselben Prinzips.
Ähnlich wie § 242 BGB art. 107 alg. Code Civil: *der Vertrag muss ... nach Treu und
Glauben (bonne foi) erfüllt werden.*

*

Vertretung und Vollmacht

§ 164 Wirkung der Erklärung des Vertreters

I. Eine Willenserklärung, die jemand innerhalb der ihm zustehenden Vertretungsmacht im Namen des Vertretenen abgibt, wirkt unmittelbar für und gegen den Vertretenen.
II. Tritt der Wille, in fremdem Namen zu handeln, nicht erkennbar hervor, so
kommt der Mangel des Willens, im eigenen Namen zu handeln, nicht in Betracht.

Internationale Entsprechung

Abs. I

1. Französisches Recht – Artikel des Code Civil
1119: *Man kann sich grundsätzlich nur im eigenen Namen vertraglich verpflichten.*

2. Niederländisches Burgerlijk Wetboek
3/60: *Vollmacht ist die Ermächtigung, die ein Vollmachtgeber einem anderen, dem
Bevollmächtigten, verleiht, um in seinem Namen Rechtshandlungen vorzunehmen.*

3. Common Law
B 9 Agency = Vollmacht. Keine klare Trennung von Vollmacht und Auftrag
9.28 agency agreement;

4. Allgemeines Bürgerliches Gesetzbuch für Österreich, AGBGB

§ 1017 = § 164 BGB: H*at der Gewalthaber (= Bevollmächtigter) innerhalb der Grenzen der offenen Vollmacht mit einem Dritten einen Vertrag geschlossen, so kommen die dadurch begründeten Rechte und Verbindlichkeiten dem Gewaltgeber (= Vollmachgeber) und dem Dritten, nicht aber den Gewalthaber zu.*

§1002: *Der Vertrag. wodurch jemand ein ihm aufgetragenes Geschäft im Namen eines anderen zur Besorgung übernimmt, heißt Bevollmächtigungsvertrag.* Auch im österreichischen Recht also keine klare Trennung von Vollmacht und Auftrag.

Absatz II

4. Allgemeines Bürgerliches Gesetzbuch für Österreich, AGBGB

§ 1017 S. 2: *Die dem Gewalthaber erteilte geheime Vollmacht hat auf die Rechte des Dritten keinen Einfluss.* Die Vollmacht muss also nach außen deutlich werden, um als solche zu wirken.

Kommentar

Das deutsche Recht unterscheidet zwischen Vollmacht und Auftrag. Vollmacht, §§ 164, ist die abstrakte Rechtsmacht, welche einer anderen Person erteilt wird, mit Wirkung für den Vollmachtgeber, Willenserklärungen abzugeben oder zu empfangen. Der Auftrag ist ein schuldrechtlicher Vertrag. Dieser verpflichtet Auftragnehmer, mit oder ohne Vollmacht des Auftraggebers, Maßnahmen für den Auftraggeber vorzunehmen. Das französische Recht und auch das common law unterscheiden zwischen diesen beiden nicht ausdrücklich. Wie im deutschen Recht art. 571 alger. Code Civil: Abs. I Vollmacht = *procuration*; II: Auftrag= *mandat*

Es ist Weltrechtssatz, dass Menschen sich durch einen anderen Menschen bei der Abgabe und dem Empfang von Willenserklärungen vertreten lassen können. Unterschiede ergeben sich hinsichtlich einiger vertretungsfeindlicher Rechtsgeschäfte (z.B. Heirat). Unterschiede ergeben sich auch hinsichtlich der Eigenhaftung des Vertreters. Es scheint aber keine Rechtsordnung auf der Welt zu geben, welche den Vertreter der sich offen im Rahmen seiner Vollmacht bewegt, selbst für das Erklärte haften lässt; anders das klassische römische Recht (Sohm, S. 245). In allen Rechtsordnungen gilt dieselbe Rechtsfolge, wenn der Vertreter seine Vollmacht überschreitet oder verschweigt. Der Vertreter haftet selbst.

*

Verjährung

§ 194 Gegenstand der Verjährung

> I. Das Recht, von einem anderen ein Tun oder Unterlassen zu verlangen (Anspruch), unterliegt der Verjährung.
> II. …

Internationale Entsprechung

Abs. I. 1 HS: Definition des Anspruchs

1. Französisches Recht – Artikel des Code Civil
1126: *Jeder Vertrag hat zum Gegenstand, dass sich eine Partei verpflichtet, etwas zu geben, zu tun oder zu unterlassen*

Abs. I 2. HS: Verjährung

1. Französisches Recht – Artikel des Code Civil
2219: *Die Verjährung ist ein Rechtsinstitut, um gemäß den Bedingungen des Gesetzes durch den Ablauf von Zeit Rechte zu erwerben oder zu verlieren.*
1304ff: Action en nullité, allgemeine Frist ist fünf Jahre.

2. Niederländisches Burgerlijk Wetboek
3/306 *Wenn nicht anders bestimmt, verjähren Forderungen in zwanzig Jahren.*
Weitere Regelungen zur Verjährung art. 307 ff

3. Common Law
Nach common law ist die Verjährung ein Teil des Prozessrechts. Anders jedoch für Verjährung nach der Foreign Limitation Periods Act: grds gilt lex fori, lex causae aber, wenn sie der Sache näher steht und deren Frist kürzer ist.[560]

Englisches Recht: Limitation Act 1980 und die Foreign Limitation Periods Act 1984. Die sich hieraus ergebenden Verjährungsfristen für die klagweise Geltendmachung von Ansprüchen sind zwingend. Die Parteien können aber nach sect 14 frei vereinbaren, wann die Frist beginnen soll.[561] Zur Unterbrechung der Verjährung.[562]

4. Allgemeines Bürgerliches Gesetzbuch für Österreich, AGBGB
§ 1451 ff: Begriff der Verjährung

Kommentar

Es ist Weltrechtssatz, dass Ansprüche verjähren können. Römisches Recht = grds. 30 Jahre (Sohm S. 710). Unterschiede ergeben sich in Bezug auf die Verjährungsfrist und die materiellen Folgen der Verjährung (Unzulässigkeit der Klagedurchführung oder materieller Verlust des Rechts).

****

---

[560] Geimer S. 151 RN 351
[561] Halsbury Nr. 650; Report Nr. 76
[562] Allianz Versicherung v. Fortuna 1999 2 All ER 627f, S. 630: *an arbitration shall be deemed to be commenced when a party .. serves to the other party notice requiring him to appoint an arbitrator or to agree to the appointment.*

Buch 2 Recht der Schuldverhältnisse

§ 241 Pflichten aus dem Schuldverhältnis

I. Kraft des Schuldverhältnisses ist der Gläubiger berechtigt, von dem Schuldner eine Leistung zu fordern.

II. Das Schuldverhältnis kann nach seinem Inhalt jeden Teil zur Rücksicht auf die Rechte, Rechtsgüter und Interessen des anderen Teils verpflichten.

Internationale Entsprechung

Abs. I

1. Französisches Recht – Artikel des Code Civil

1134: *I. Ein im Rahmen der Gesetze geschlossener Vertrag verpflichtet die Vertrag schließenden.*

II. Er kann nur durch eine gemeinsame Erklärung widerrufen werden oder durch Gründe, welche das Gesetz vorsieht.

III. Er ist nach Treu und Glauben zu erfüllen.

1126: *Jeder Vertrag hat zum Gegenstand, dass sich eine Partei verpflichtet, etwas zu geben, zu tun oder zu unterlassen*

1127 ff: Bereich dessen, worüber Verträge möglich sind, z.B. 1130: zukünftige Sachen können Gegenstand einer Verpflichtung sein. Im deutschen Recht fehlt eine solche Bereichsbeschreibung. Es gilt unausgesprochen der Satz, dass Verträge über alles möglich sind – bis an die Grenze der Sittenwidrigkeit und des Gesetzesverstoßes.

3. Common Law

B 8.01: Vertrag ist eine Vereinbarung, welche im Rechtsgang durchgesetzt wird.

Agreement: *Contract is an agreement which is enforced by law.*

Absatz II

1. Französisches Recht – Artikel des Code Civil

1135: *Verträge sind nicht nur hinsichtlich ihres ausdrücklichen Inhalts verpflichtend, sondern auch in Bezug auf alle angemessenen Folgen, die sich daraus ergeben; ...*

Im Einzelnen kommt es auf die Umstände an. Man kann in dieser Vorschrift die gesetzliche Grundlage für das sehen, was im deutschen Recht positive Forderungsverletzung heißt.

2. Niederländisches Burgerlijk Wetboek

3/296 *Wenn nicht aus dem Gesetz, der Verpflichtung selbst oder einer Rechtshandlung etwas anderes folgt, wird derjenige, welcher einem anderen dazu verpflichtet ist, etwas zu geben, zu tun oder zu unterlassen, auf Verlangen des Gläubigers vom Richter dazu verurteilt.*

Kommentar

Es ist eine rechtsphilosophische Frage, ob Rechtspflichten autonom durch Verträge entstehen, oder ob vertragliche Pflichten erst durch staatliche Anerkennung zu Rechtspflichten werden. Das BGB nimmt hierzu keine Stellung. BW bekennt sich zur zweiten, positivistischen Sicht. BW 6/1: *Verpflichtungen entstehen durch Gesetz.* Die Pflichten aus einem Vertrage werden nur zu Rechtspflichten, weil sie vom Gesetz anerkannt werden, vgl. 3/296; 6/248.

Die allgemeine Unterscheidung zwischen gesetzlichen Schuldverhältnissen und Schuldverhältnissen aufgrund eines Vertrages, findet auch im französischen Recht statt, vgl. art. 1370ff. Die gesetzlichen Schuldverhältnisse des BGB (Geschäftsführung ohne Auftrag, ungerechtfertigter Bereicherung, unerlaubte Handlung) werden hier als Halbverträge, *quasi-contrats,* bezeichnet. Ihre gesetzliche Ausgestaltung ist weniger systematisch als im BGB.

Das weltrechtliche Institut des Vertrags wird in den Rechtsordnungen zwar mit verschiedenen Worten beschrieben, aber ohne erkennbare rechtliche Unterschiede. Diese ergeben sich hinsichtlich der vertraglichen Nebenpflichten und den näheren Ausgestaltung des Schuldrechts, also der Folgen der Nichterfüllung eines Vertrages.

*

§ 242 Leistung nach Treu und Glauben

Der Schuldner ist verpflichtet, die Leistung so zu bewirken, wie Treu und Glauben mit Rücksicht auf die Verkehrssitte es erfordern.

Internationale Entsprechung

1. Französisches Recht – Artikel des Code Civil
1134 III: *Verträge müssen in gutem Glauben (bonne foi) erfüllt werden*

2. Niederländisches Burgerlijk Wetboek
6/2 *Gläubiger und Schuldner sind verpflichtet, einander in Einklang mit den Forderungen von Redlichkeit (redelijkheid) und Billigkeit (billijgheid) zu begegnen.*

3. Common Law
B 8.89 Implied Terms: *in the court's view it was so obvious that it goes without saying.* Dem deutschen redliche Normalbürger entspricht im englischen Recht = *officious bystander test.*

Kommentar

Der Grundsatz von Treu und Glauben findet sich in den Rechtsordnungen an verschiedenen Stellen; Vgl. § 241 Vgl. Anmerkungen zu §157. Zum Prinzip von Treu und Glauben im japanischen Recht, vgl. Förster, Chr. RabelsZ 09, 78 ff. Der Grundsatz hat universale Bedeutung etwa auch im Schiedsgerichtsverfahren, BGH v. 17.4.08 IPRax 09, 167 f.

*

§ 249 Art und Umfang des Schadensersatzes

Wer zum Schadensersatz verpflichtet ist, hat den Zustand herzustellen, der bestehen würde, wenn der zum Ersatz verpflichtende Umstand nicht eingetreten wäre.

Internationale Entsprechung

1. Französisches Recht – Artikel des Code Civil
1149 *Der Schadensersatz des Gläubigers umfasst grundsätzlich den erlittenen Schaden und den entgangenen Gewinn*

2. Niederländisches Burgerlijk Wetboek
6/95 Grundsatz
6/97 Schadensschätzung; die Möglichkeit der richterlichen Schadensschätzung ist für das deutsche Recht, systematisch vermutlich falsch, in der Zivilprozessordnung der geregelt, § 287 ZPO.
6/98: Ursächlichkeit im Sinne eines Adäquanzurteils: Zurechenbarkeit des Schadens
6/100 Vorteilsausgleich
6/103 Schadensersatz grds in Geld; andere Möglichkeit kann vom Richter verfügt werden.

4. Allgemeines Bürgerliches Gesetzbuch für Österreich, AGBGB
§ 1293: Begriff des Schadens; entgangener Gewinn
§ 1323: Grundsatz der Naturalrestitution

Kommentar

Art und Umfang des Ersatzanspruches werden in §§ 249 ff für den vertraglichen und den gesetzlichen (deliktischen) Anspruch einheitlich geregelt. Die Regelung des BW ist sehr viel moderner, weil sie die speziellen Schwierigkeiten des Schadensersatzanspruches (Ursächlichkeit, Rechtswidrigkeit usw) in positive Regeln erfasst.

Der Grundgedanke des wirtschaftlichen Schadensausgleichs ist in allen Rechtsordnungen offenbar gleich. Die dem deutschen Recht eigene dogmatische Herausarbeitung der Unterschiede von Ursache, Rechtswidrigkeit, Tatbestandserfüllung und Schuld wird in anderen Rechtsordnungen nicht so durchgeführt. Daraus ergeben sich zum Teil unterschiedliche Lösungen. Das Schadensersatzrecht scheint aber eines der Rechtsgebiete zu sein, in welchem sich nationale Unterschiede noch am stärksten auswirken. Aufs Ganze gesehen sind aber auch bei sehr unterschiedlichem dogmatischen Ansatz die Lösungen in den Rechtsordnungen sehr ähnlich

*

§ 275 Ausschluss der Leistungspflicht

I. Der Anspruch auf Leistung ist ausgeschlossen, soweit dieser für den Schuldner oder für jedermann unmöglich ist.

Internationale Entsprechung

1. Französisches Recht – Artikel des Code Civil

Aus Artikel 1147f folgt, dass der Schuldner Schadensersatz nicht schuldet, wenn die schadensbegründende Ursache außerhalb seines Verantwortungsbereichs lag. Dieses ist die zentrale Vorschrift des französischen Rechts für den Bereich, welchen wir den Allgemeinen Teil des Schuldrechts nennen. Die Rechtsfolgen der Unmöglichkeit sind in den Rechtsordnungen weitgehend ähnlich.

Unmöglichkeit der Leistung

Artikel 1302: *Wenn eine Sache, die Gegenstand einer Verpflichtung ist, untergegangen ist....erlischt die Verpflichtung, wenn die Sache ohne Verschulden des Schuldners untergegangen ist und bevor er sich im Verzuge befand.*

2. Niederländisches Burgerlijk Wetboek
6/74: Folgen der Nichterfüllung
6/75: Verantwortlichkeit nur bei Vertretenmüssen

3. Common Law
B 8. 434 frustration = Unmöglichkeit

4. Allgemeines Bürgerliches Gesetzbuch für Österreich, AGBGB
§ 878: *Was geradezu unmöglich ist, kann nicht Gegenstand eines gültigen Vertrages werden.*
Diese Regelung entspricht dem in der Neufassung des BGB ersatzlos weggefallenen § 306 BGB.

Kommentar

Die in § 275 abstrakt beschriebene Unmöglichkeit und ihre Auswirkungen auf das Schuldverhältnis sind in den Rechtsordnungen systematisch unterschiedlich angesiedelt. Es ist Weltrechtssatz, dass ein Schuldner nur das zu verantworten hat, was er zu verantworten hat, was ihm also als Verschulden oder aufgrund eines sonstigen Zurechnungskriteriums zugerechnet werden kann. So im römischen Recht (Sohm S. 487).

Systematische Unterschiede in den Rechtsordnungen ergeben bei der nicht verschuldeten Zurechenbarkeit. Die verschuldensunabhängige Gefährdungshaftung findet sich in praktisch allen modernen Rechtsordnungen.

*

§ 276 Verantwortlichkeit des Schuldners

Der Schuldner hat Vorsatz und Fahrlässigkeit zu vertreten...

Internationale Entsprechung

1. Französisches Recht – Artikel des Code Civil
1383: Haftung nicht nur für Vorsatz sondern auch für Fahrlässigkeit. Diese Regelung betrifft unmittelbar nur die deliktische Haftung, sie gilt aber allgemein.

2. Niederländisches Burgerlijk Wetboek
Fahrlässigkeit
3/11: *Der guten Glauben (goede trouw) einer Person, auf den es für die Rechtsverfolgung ankommt, fehlt nicht nur, wenn die Person die Tatsachen kannte, welche sich auf das betreffende Recht beziehen, sondern auch, wenn sie diese nach den Umständen kennen musste.* Vgl. auch § 932

6/162: allgemeiner Schuldgrundsatz

Kommentar

Es ist Weltrechtssatz, dass der Schuldner nicht nur für Vorsatz haftet, sondern auch für Fahrlässigkeit. Die rechtlich-systematische Behandlung der Fahrlässigkeit insbesondere im Bereich der Unterlassung ist in den Rechtsordnungen sehr verschieden, zum Teil als systematisches Problem noch nicht erkannt. Daraus ergeben sich Unterschiede in den Lösungen.

*

§ 278 Verantwortlichkeit des Schuldners für Dritte

Der Schuldner hat ein Verschulden seines gesetzlichen Vertreters und der Personen, deren er sich zur Erfüllung seiner Verbindlichkeit bedient, in gleichem Umfang zu vertreten wie eigenes Verschulden.

Internationale Entsprechung

1. Französisches Recht – Artikel des Code Civil
1384: *Man haftet nicht nur für den selbst verursachten Schaden, sondern auch für den der Personen, für die man verantwortlich ist. ... Herren (maitres) und Auftraggeber (commettants) für Schäden, den ihre Angestellten und Auftragnehmer im Rahmen der ihnen übertragenen Aufgaben verursachen.*

Art. 3. Übereinkommen über den Beförderungsvertrag im internationalen Straßengüterverkehr (CMR) vom 19.5.1956: *Der Frachtführer haftet für Handlungen und Unterlassungen seiner Bediensteten und aller anderen Personen, deren er sich zur Beförderung bedient, wie für eigene Handlungen und Unterlassungen, wenn diese Bediensteten und anderen Personen in Ausübung ihrer Verrichtungen handeln.*

Kommentar

Weltrechtssatz. Die deutsche Unterscheidung zwischen § 278 (Entlastungsbeweis: nein) und § 831 (Entlastungsbeweis: ja) überzeugt nicht und wirkt singulär.

*

Aufrechnung

§ 387 Voraussetzungen

> Schulden zwei Personen einander Leistungen, die ihrem Gegenstand nach gleichartig sind, so kann jeder Teil seine Forderung gegen die Forderung des anderen Teils aufrechnen, sobald er die ihm gebührende Leistung fordern und die ihm obliegende Leistung bewirken kann.

Internationale Entsprechung

1. Französisches Recht – Artikel des Code Civil
1289 ff: *compensation*. Die Voraussetzungen der Aufrechnung sind im Wesentlichen dieselben wie im deutschen Recht. Die Verrechnung tritt kraft Gesetzes automatisch ein. Diese Folge kann abbedungen werden.

2. Niederländisches Burgerlijk Wetboek
6/127 ff Erklärung der Aufrechnung ist nötig.

3. Common Law
Aufrechnung ist nach *common law* Institut des Prozessrechts. Aufrechnung kann wie die Verjährung nicht außerhalb des Prozesses geltend gemacht werden.[563]

Kommentar

Prinzip der Aufrechnung ist Weltrechtssatz. Forderungen, die sich aufrechenbar gegenüberstehen, bleiben grds bestehen, bis sie durch eine Aufrechnungserklärung gegenseitig erlöschen. So auch art. 297 ff alger. Code Civil

*

Übertragung einer Forderung

§ 398 Abtretung

> Eine Forderung kann an dem Gläubiger durch Vertrag mit einem anderen auf diesen übertragen werden (Abtretung).

---

[563] Geimer S. 152 RN 352.

Internationale Entsprechung

1. Französisches Recht – Artikel des Code Civil
1689 ff *transport des créances*. Forderungen können übertragen werden

2. Niederländisches Burgerlijk Wetboek
3/83 *Eigentum, beschränkt dingliche Rechte (beperkte rechten) und Forderungsrechte sind übertragbar, es sei denn dass das Gesetz eine Übertragbarkeit verneint.*
6/142 ff
3/83 II: *Die Abtretbarkeit von Forderungsrechten kann durch Vereinbarung zwischen Gläubiger und Schuldner ausgeschlossen werden.*

3. Common Law
B 8.32; 8.332: Stichwort: Transfer of contractual rights. Übertragung von vertraglichen Rechten formlos, ohne Nachricht an Schuldner möglich.
OLG Köln v. 11.2.03 RIW 04, 458: Letter of transfer nach engl. Recht ist Forderungsübertragung, keine Aktivlegitimation.

4. Allgemeines Bürgerliches Gesetzbuch für Österreich, AGBGB
§ 1393 ff Begriff

Kommentar

Das UN Übereinkommen über Abtretung von Forderungen im internationalen Handel befindet sich noch im Entwurfsstadium. Sein Zweck ist es, ein hohes Maß Grad an Rechtsvereinheitlichung weltweit herbeizuführen.[564] Die Abtretbarkeit kann im deutschen Recht vertraglich abbedungen werden.

Kollisionsrecht: Art. 14 Rom I VO begründet ein gemeinschaftsweites Regime für die Anknüpfung der Forderungsabtretung, vgl. Flessner IPRax 09,35.

*

§ 449 Eigentumsvorbehalt

  I. Hat sich der Verkäufer einer beweglichen Sache das Eigentum bis zur Zahlung des Kaufpreises vorbehalten, so ist im Zweifel anzunehmen, dass das Eigentum unter der aufschiebenden Bedingung vollständiger Zahlung des Kaufpreises übertragen wird (Eigentumsvorbehalt)

Internationale Entsprechung

1. Französisches Recht – Artikel des Code Civil
1583: *Der Kaufvertrag ist vollzogen und das Eigentum ist vom Käufer im Verhältnis zum Verkäufer erworben, sobald die Parteien sich über den Kaufgegenstand und den Preis geeinigt haben, auch wenn die Sache noch nicht geliefert und der Preis noch nicht bezahlt ist.*

---

[564] UN –Doc.A/Res/56/81; vgl. Schmidt, H. IPRax 05 93 ff ;

2. Niederländisches Burgerlijk Wetboek

3/92 : *Hat eine Vereinbarung die Bedeutung, dass eine Seite sich das Eigentum einer Sache, die in die Gewalt eines anderen übergeben wird, vorbehält, bis die durch die andere Seite geschuldete Verpflichtung erfüllt ist, dann wird vermutet, dass er das Eigentum an der Sache dem anderen unter der aufschiebenden Bedingung der Erfüllung der Pflichten überträgt.*

Die Vorschrift ist also praktisch fast eine Übersetzung von § 449 I.

3. Common Law

Sales of Goods Act (1979). . Gemäß Sect 17 richtet sich der Zeitpunkt des Eigentumsübergangs der Sache nach der Vereinbarung der Parteien.

Kommentar

Das französische Recht kennt keinen dinglichen Vertrag und enthält keine ausdrückliche Regelung zum rechtsgeschäftlichen Eigentumsübergang. Art. 1583 ist Teil der Kaufvertragsregelungen. Die Parteien können einen anderen Zeitpunkt für den Eigentumsübergang zu vereinbaren, bzw diesen von der Erfüllung bestimmter Bedingungen, z.B. Zahlung des Kaufpreises, abhängig zu machen. Dalloz Art. 1583 Nr. 7 ff. EV ist im französischen Recht konkursfest. Auch nach englischem Recht ist der Eigentumsvorbehalt konkursfest (Diedrich ZVglRW 05, 118 f m. N.).

***

Ungerechtfertigte Bereicherung

§ 812 Herausgabeanspruch

> Wer durch die Leistung eines anderen oder in sonstiger Weise auf dessen Kosten etwas ohne rechtlichen Grund erlangt, ist ihm zur Herausgabe verpflichtet.

Internationale Entsprechung

1. Französisches Recht – Artikel des Code Civil
Leistungskondiktion – condictio indebiti

Art 1235: *Jede Zahlung setzt eine Schuld voraus: das was gezahlt wurde ohne geschuldet zu sein, ist Gegenstand eines Rückforderungsanspruchs.*
Art. 1371: enrichissement sans cause
Art. 1376: *Wer durch Irrtum oder wissentlich etwas empfängt, worauf er keinen Anspruch hat, ist verpflichtet, das Empfangene dem zurückzugeben, von dem er es empfangen hat.*
Art. 1377: *Rückforderungsanspruch dessen, welcher aufgrund einer fälschlich angenommenen Verbindlichkeit etwas geleistet hat.*

2. Niederländisches Burgerlijk Wetboek
Leistungskondiktion, condictio indebiti

6/203 *onverschuldigde betaaling.* Ongerechtvaardige verrijking
6/212 ff auf Kosten anderer

3. Common Law
B 15: Unjust enrichment (law of restitution)
15.13: Enrichment immediately at the expense of the Claimant
15.237: Change of position. Disenrichment = Entreicherung
15.245: no defence if not in good faith = § 819

4. Allgemeines Bürgerliches Gesetzbuch   für Österreich, AGBGB
§ 1431: Zahlung einer Nichtschuld

Kommentar

Lit.: Schlechtriem, Peter , *Restitution und Bereicherungsausgleich in Europa,* Mohr-Siebeck 2000

Das BGB ist, soweit zu sehen, das einzige Gesetz, welches die ungerechtfertigte Bereicherung systematische behandelt. Es ist aber Weltrechtssatz, dass man wiedergeben muss, worauf man kein Recht hat.

Im Code Civil ist dieses Rechtsinstitut unvollkommen und unsystematisch geregelt. Die Unterscheidung zwischen Bereicherung durch Leistung, in sonstiger Weise und durch Eingriffe in ein Rechtsgut wird zwar von anderen Rechtsordnungen auch gesehen, aber ohne Erkenntnis des Gesamtzusammenhangs an verschiedenen Stellen der Gesetze geregelt. Das gilt auch für die Frage des Bereicherungswegfalls, § 818 III. Das niederländische Recht steht auch hier dem deutschen Recht nahe.

***

Unerlaubte Handlungen

§ 823 Schadensersatzpflicht

> Wer vorsätzlich oder fahrlässig das Leben, den Körper, die Gesundheit, die Freiheit, das Eigentum oder ein sonstiges Recht eines anderen widerrechtlich verletzt, ist dem anderen zum Ersatz des daraus entstehenden Schadens verpflichtet.

Internationale Entsprechung

1. Französisches Recht – Artikel des Code Civil
1382: *Jede Handlung eines Menschen, welche einem Dritten Schaden zufügt, verpflichtet denjenigen, durch dessen Schuld sie verursacht wurde, den Schaden zu ersetzen.*

Sonstiges Recht – Persönlichkeitsverletzung:
9: Jeder hat Anspruch auf Achtung seines Privatlebens. Das Gericht kann Maßnahmen zum Schutz der Privatsphäre erlassen.

2. Niederländisches Burgerlijk Wetboek
Anspruchgrundlage *onrechtmatige daad*
6/162 Rechtsverletzung oder Verletzung einer gesetzlichen Pflicht; wie deutsches Recht.
6/106 I: Nichtvermögensschaden bei Persönlichkeitsverletzung und zwar gemäß Abs. I c auch für Verstorbene

3. Common Law
B 14.03: Das angelsächsische Recht hat bisher darauf verzichtet, den deliktischen Schadensersatzanspruch systematisch zu erfassen. Der gesetzlich nicht formulierte Schadensersatzanspruch im englischen Recht heißt *tort*. Rechtlich ist „tort" eher ein Sammelgriff für verschiedene Ansprüche, welche ein Geschädigter gegen den Schädiger haben kann. *Analytically tort is a collection of causes of action.* Das Konzept dieser Ansprüche geht zum Teil auf das römische Recht zurück.

Negligence entspricht am ehesten der deutschen Haftung wegen Verletzung von Verkehrssicherungspflichten.

4. Allgemeines Bürgerliches Gesetzbuch für Österreich, AGBGB
§ 1295: *Jedermann ist berechtigt, von dem Schädiger den Ersatz des Schadens, welchen dieser ihm aus Verschulden zugefügt hat, zu fordern; der Schaden mag durch Übertretung einer Vertragspflicht, oder ohne Beziehung auf einen Vertrag verursacht worden sein.*

Kommentar

Der Systemunterschied zwischen § 823 BGB und der Schadensersatznorm des französischen Rechts, Art. 1382, ist einer der bekanntesten Unterschiede zwischen beiden Rechten. Beide versuchen, die aus dem römischen Recht bekannten *actiones* unter einen Oberbegriff (Schaden) zu fassen. Die deutsche Unterscheidung zwischen den absolut geschützten Rechtsgütern, § 8323 I, und den Schutzgesetzen gemäß § 823 II, bietet aufs Ganze wohl das überzeugendste Konzept.

*

§ 831 Haftung für den Verrichtungsgehilfen

> Wer einen anderen zu einer Verrichtung bestellt, ist zum Ersatz des Schadens verpflichtet, den der andere in Ausführung der Verrichtung einem Dritten widerrechtlich zufügt.

Internationale Entsprechung

1. Französisches Recht – Artikel des Code Civil
1384 I: vgl. § 278 BGB .

Das französische Recht kennt den im deutschen Recht möglichen Entlastungsbeweis gemäß § 831 I 2 nicht.

1384: Haftung für Hilfspersonen, minderjährige Kinder usw.

3. Common Law
B 14.364 Vicarious liability = Haftung für den Gehilfen.
14.365: wie im deutschen und französischen Recht haftet auch nach englischem Recht der Gehilfe grundsätzlich auch selbst; seine Haftung steht neben der des Geschäftsherrn. The vicariously liable employer is a joint tortfaisor with his employee.

Kommentar

Das französische Recht, welches die Unterscheidung zwischen Erfüllungs- und Verrichtungsgehilfen so nicht kennt, sieht in beiden Fällen eine faute des Geschäftsherrn (Schuldners), die begrifflich Verschulden und Rechtswidrigkeit umfasst.

***

Buch 3 Sachenrecht

Vorab

Der für das Sachenrecht fundamentale Satz, dass dingliche Rechte nur durch das Gesetz und nicht durch private Vereinbarungen der Parteien, entstehen können, ist in Deutschland und anscheinend auch sonst gesetzlich nicht formuliert. Es ist selbstverständlich und als Weltrechtssatz anzusehen. Die Regelung in Art 2502 im argentinischen codigo civil entspricht dem deutschen Verständnis: *Dingliche Rechte (derechos reales) können nur durch das Gesetz geschaffen werden. Ein Vertrag oder eine Vereinbarung mit dem Ziel, neue dingliche Rechte zu schaffen oder die nach Gesetz bestehenden zu ändern, kann nur zu einer schuldrechtlichen Verpflichtung führen, wenn diese gültig sein sollte.*

*

Besitz

§ 854 Erwerb des Besitzes

Der Besitz einer Sache wird durch die Erlangung der tatsächlichen Gewalt über die Sache erworben.

Internationale Entsprechung

1. Französisches Recht – Artikel des Code Civil
Art. 2228 *Besitz ist in die Innehabung oder der Gebrauch einer Sache oder eines Rechtes welches wir innehaben oder welches wir selber ausüben oder innehaben oder ausüben lassen durch einen Dritten, in unserem Namen.*

2. Niederländisches Burgerlijk Wetboek
3/107 *Besitz ist das Halten eines Gutes für sich selbst.*

4. Allgemeines Bürgerliches Gesetzbuch für Österreich, AGBGB
§ 309: *wer eine Sache in seiner Macht oder Gewahrsam hat, heißt ihr Inhaber. Hat der Inhaber einer Sache den Willen, sie als die seinige zu behalten, so ist er ihr Besitzer.*

Kommentar

Das französische Recht kennt keine Regelung entsprechend unseren §§ 854 ff.

*

Eigentum

§ 903 Befugnisse des Eigentümers

Der Eigentümer einer Sache kann, soweit nicht das Gesetz oder Rechte Dritter entgegenstehen, mit der Sache nach Belieben verfahren und andere von jeder Einwirkung ausschließen.

Internationale Entsprechung

1. Französisches Recht – Artikel des Code Civil
537 freies Verfügungsrecht des Eigentümers über sein Eigentum im Rahmen der Gesetze
544 Begriff des Eigentums

2. Niederländisches Burgerlijk Wetboek
5/1 *Eigentum ist das umfassendste Recht, das eine Person an einer Sache haben kann.* Der Eigentümer kann mit der Sache nach Belieben verfahren im Rahmen der Gesetze und der Rechte anderer.
5/20 Umfang des Eigentums an Grundstücken

4. Allgemeines Bürgerliches Gesetzbuch für Österreich, AGBGB
§ 354: *Als ein Recht betrachtet, ist das Eigentum ist die Befugnis, mit der Substanz und den Nutzungen einer Sache nach Willkür zu schalten, und jeden anderen davon auszuschließen.* Diese Vorschrift wird durch § 362 ergänzt, in der im Grunde dasselbe steht.

Kommentar

Das Eigentum ist eines der ursprünglichsten Rechte. Wesentliche Unterschiede in Bezug auf den Begriff des Eigentums existieren anscheinend nicht. Das Eigentum an Grundstücken aber erscheint in sehr verschiedenen Formen, die insgesamt z.T. Urvorstellungen ausprägen.

***

§ 929 Einigung und Übergabe

Zur Übertragung des Eigentums an einer beweglichen Sache ist erforderlich, dass der Eigentümer die Sache dem Erwerber übergibt und beide darüber einig sind, dass das Eigentum übergehen soll.

Internationale Entsprechung

1. Französisches Recht – Artikel des Code Civil
1138 *Die Verpflichtung, die Sache zu liefern, entsteht durch die schlichte Einigung der Vertragsparteien. Die Einigung macht den Gläubiger zum Eigentümer und führt zum Übergang der Gefahr auf ihn in dem Augenblick, in welchem geliefert werden muss, auch wenn die Übergabe nicht zu diesem Zeitpunkt erfolgt ist, es sei denn dass der Schuldner sich nicht in Verzug befand; im letzten Fall bleibt das Risiko beim Schuldner.*
1583: s. o. § 433

Die im Vergleich zum deutschen Recht mangelnde Systematik des Code Civil zeigt sich da auch darin, dass die Vorschriften, welche bei uns im allgemeinen Teil des BGB zusammenfassend geregelt sind, im Code Civil an unterschiedlichen Stellen, und zum Teil in Wiederholungen, vorkommen. Vgl. § 286

2. Niederländisches Burgerlijk Wetboek
3/84 I *Für die Übertragung eines Gutes wird verlangt die Übergabe (levering) aufgrund eines gültigen Rechtsgrundes in der Person dessen, der die Übertragung vollzieht.*
3/90: Lieferung i.S.v. art. 84 ist die Besitzverschaffung

Das niederländische Recht hat eine Regelung, die unserem Abstraktionsprinzip im Wesentlichen entspricht.

4. Allgemeines Bürgerliches Gesetzbuch für Österreich, AGBGB
§ 425 *...das Eigentum kann außer in dem Gesetz bestimmten Fällen nur durch die rechtliche Übergabe und Übernahme erworben werden.*

Kommentar

Das so genannte Abstraktionsprinzip im deutschen Recht unterscheidet zwischen dem schuldrechtlichen und dem dinglichen Vertrag. Das französische Recht, aber auch andere Rechtsordnungen, kennen diese Unterscheidung nicht. Art. 1138 und weitere Vorschriften des Code Civil zeigen, dass eine Reihe von Rechtsfiguren den Abstraktionsgrundsatz ersetzen und letztlich dasselbe Ergebnis erzielen.

Zur Geltung des Abstraktionsprinzips im russischen Recht, Baranova, E: RIW 05, 39 ff.

*

Anhänge

Anhang I Rechtskreise der Erde[565]

1.   Ausgangspunkt

In der Rechtsvergleichung werden verschiedene Rechtskreise oder Rechtsfamilien unterschieden. Die wichtigste Unterscheidung findet statt zwischen dem Kreis der kontinental-europäischen Rechtsfamilie (*civil law*) und dem Kreis des angelsächsischen Gemeinen Rechts (*common law*). Das Gesetzesrecht wird unterschieden zwischen dem Deutschen, Französischen Recht und je nach Verfeinerung von schweizerischem, österreichischem, skandinavischem und einen osteuropäischem Zweig. Auch das englische Gemeine Recht, *common law*, kann nach seinem Verbreitungsgebiet weiter unterteilt werden.

Das in den letzten Jahrzehnten deutlich verbesserte Verständnis für außereuropäische Kulturen hat den Blick dafür geöffnet, dass es außerhalb der europäischen auch andere Rechtsordnungen gibt. Es scheint sich hier aber ein gewisser, von politischer Korrektheit veranlaßter, Übereifer zu zeigen. Kein Mensch kann vernünftigerweise daran zweifeln, dass es zahllose Rechtsordnungen außerhalb der europäischen gibt. Auch innerhalb Europas gibt es eine Fülle von historischen Rechtsordnungen, welche entweder nachwirken, z. B. das schottische Recht, oder durch die nationale Rechtsentwicklung verdrängt worden sind, zum Beispiel das verhältnismäßig hoch entwickelte friesische Recht in Friesland (heutiges deutsches Ostfriesland und niederländisches Westfriesland) usw. Unter dem Gesichtspunkt des Wirtschaftsrechts sind diese Partikularrechte Rechte im Grunde uninteressant. Es ist daher weder praktisch hilfreich noch wissenschaftlich überzeugend, wenn von sieben großen Rechtskreisen geredet wird.[566]

Diese Einteilung überzeugt nicht. Es handelt sich bei diesen Rechtskreisen um meist religiös motivierte Regeln, von Normen kann man meistens nicht sprechen, zum Ehe-, Erb- und Familienrecht. Diese Rechtskreise haben für das Wirtschaftrecht keine oder nur sehr geringe Bedeutung.

2.   Rezeption deutschen Zivilrechts in China und Japan[567]

---

[565] Vgl. allg. auch Zweigert/Kötz S. 62 ff ; O. Brand, Grundfragen der Rechtsvergleichung, JuS 03, 1082 f

[566] Glenn, Patrick , *Legal Traditions of the World*, Oxford 200. Dabei soll es sich um folgende Rechtskreise handeln: 1. jüdisch-talmudisch 2. Römisch 3. islamisch 4.Gemeines Recht in England 5. Hindurecht 6. Konfuzianisch -buddhistisch. Und als Auffangkategorie 7. eine Art Urrecht des Menschheit.

[567] Lan Xu in : Horn, Norbert FS für. de Gruyter Berlin 2007mS. 207 ff ; Japan: Förster, RabelsZ 09, 80 f

Der englische Krieg gegen China(Opiumkrieg 1848) hatte die Schwächen Chinas aufgedeckt. Die Konsulargerichtsbarkeit (Vertrag 1842 mit England) war ein schwerer Eingriff in die Souveränität Chinas. Anders als Japan öffnete sich China nur zögerlich westlichen Einflüssen.

Nicht nur in der Systematik, sondern, auch am Inhalt einzelner Bestimmungen zeigt sich, dass der chinesische Zivilrechtsentwurf im Wesentlichen eine Übersetzung des deutschen und japanischen BGB war. Im Unterschied zum japanischen, ebenfalls vom BGB stark beeinflussten Gesetzbuch, konnte der chinesische Gesetzgeber auf die Endfassung des BGB aufsetzen. Wegen der Revolution 1911 wurde der Entwurf aber nicht mehr Gesetz. Aber es waren auf diese Weise völlig neue, im Wesentlichen deutsche, Rechtsvorstellungen nach China gebracht worden.

3.   Übersicht

	Prägung	Geschichte	Verbreitung	Anmerkung
Deutscher Rechtskreis	Römisch: Recht wird als abstrakt formulierte Norm durch einen Gesetzgeber geschaffen bzw. vom Juristen erschlossen. Der Richter wendet diese Normen nur an, er schafft keine Normen Nach Gründung des 2. Reiches 1871 Schaffung des BGB: dieses verband römische Systematik und germanische Rechtsvorstellungen. Bindung nur an das Gesetz, nicht an Präzedenzfälle.[568]	Das Dt Reich wurde seit Karl d. Großen als Fortsetzung + Rechtsnachfolger des Römischen Reiches angesehen (translatio imperii), was seit dem 13. Jahrhundert immer deutlicher zur Übernahme des klassischen Römischen Rechts im ganzen Reichsgebiet (= Mitteleuropa) führte. Um 1790 Kodifikationen: Allg. Preußisches Landrecht und ab 1753 Arbeiten an Allgemeines Bürgerliches Gesetzbuch für Österreich-Ungarn	Deutschlands kulturelle Vorbildstellung nach Skandinavien: z.B. Danske Lov 1683 Schwedisches Reichsgesetz 1734. und Osteuropa führte seit dem Mittelalter zur Übernahme deutscher Rechtsstrukturen. z.B. Stadtrechte. Das damals als besonders modern geltende BGB war Muster für die „BGB" in Japan[569], China, auch Türkei[570] u.a.	Da die Niederlande zum Reich gehörten und ihr (römisches) Recht in ihre Kolonien exportierten, gilt z.B. in Südafrika das sogen. Römisch-Holländische Recht. Allg. Preuß. Landrecht = ein unpraktisches Gesetzbuch mit 17.000 Paragrafen.
Französ. RK	Bis 1804 galt ungeordnet ein germani-	Nach Einwanderung der germanischen	Code Civil von 1804 als Mutter	

[568] Zweigert/Kötz weisen S. 256: darauf hin, dass trotz des theoretisch sehr wichtigen Unterschieds in der Bindung an Gesetz oder – wie in England – an die Präzedenzentscheidung in der Praxis keine merklichen Unterschied entstehen.
[569] Yamauchi, Koresuke , *Die Rezeption ausländischen Rechts in Japan,* VRÜ 03, 492 f
[570] Genauer: Schweizer Recht , vgl Tercier ZSR 05. 2 f

	sches, letztlich auf Karl den Großen zurückgehendes, fränkisches Recht mit starken römischen Teilen. 1804,nach der Revolution, Schaffung des Code Civil	Franken um 450 n. Chr. Verdrängung des röm. durch germ. Recht im Norden; im Süden starke Reste des röm. R. Starke Rechtszersplitterung bis 1804	vieler Codes, Codigos und Codici in den lateinischen Ländern Europas und ihrer außereuropäischen Ableger, Südamerika und französische Kolonien in Afrika	
Engl. RK	Germanisch: Recht ist die gelebte und allgemein anerkannte Übung. Der Richter schafft in der Tradition der Rechtsprechung kontinuierlich neues Recht. Daher: Stärkere Bedeutung des Richterrechts. Grundsatz des stare decisis	Seit der Einwanderung deutscher Stämme um 500 n. Chr. und der normannischen Eroberung, 1066, germanisches Recht mit fränkischem Recht. Entwicklung zum Common Law = Allgemeines Recht, im Gegensatz zum römisch bestimmten Kirchenrecht.	Mit Gründung der nordamerikanischen Kolonien Ausbreitung nach USA. Von diesen ausgehend Beeinflussung Ostasiens und zunehmend der Welt. Ausbreitung in das sich ab 1750 ausformende Britische Weltreich: Afrika, Kanada, Ozeanien[571], Indien	Trotz fortbestehender Prägung durch engl. Recht entwickelt sich das USA-Recht im Sinne des „römischen" (dt.-frz.) Modells der gesetzlichen Rechtssetzung.
Arabischer RK	Aus dem Koran entwickelte Scharia, zumeist Familien- und Erbrecht. Keine Systematik.	Handels- und Wirtschaftsrecht folgt seit etwa 1920 europäisch-amerikanischem Muster.	Arabischsprachige Länder, Persien. Nicht dagegen islamische Länder wie Pakistan oder Indonesien.	

---

[571] Care/Newton/Paterson, *Introduction to South Pacific Law,* London/Sidney 1999. Besprochen von Menzel in: VRÜ 02, 421. Menzel stellt hier vermutlich zu Recht die Frage nach der Übereinstimmung von geschriebenen Recht und der Rechtswirklichkeit.

Anhang II Gerichtsverfassung

1.   Grundzüge des Zivilprozesses vor dem Landgericht

Kläger	Gericht	Beklagter	Anmerkung
Klageschrift ans Gericht, § 253 unter Beifügung von Abschriften und Urkunden, § 133	Die Klage wird von Amtswegen durch das Gericht dem Bekl. zugestellt, nachdem der Kostenvorschuß bezahlt ist.	Bekl. reicht Klageerwiderung ein. Form: § 277	Kl hat Gerichtskostenvorschuß zu leisten, § 65 GKG Mit Zustellung wird die Sache rechtshängig.
Kl nimmt idR zur Klageerwiderung Stellung			§ 129 ZPO: die mündliche Verhandlung wird durch Schriftsätze vorbereitet. Deren Form + Inhalt folgt aus § 130.
	§273 Gericht kann mdl. Verhandlung dadurch vorbereiten, dass den Parteien aufgegeben wird, ihre Schriftsätze zu erläutern. Öff. Urkunden können beigezogen, persönl. Erscheinen der Parteien kann angeordnet werden		
	Gericht bestimmt Termin zur mdl Vdlg. Parteien ggfs Zeugen werden geladen, § 274		Zwischen Zustellung und Termin müssen 14 T liegen (Einlassungsfrist)
§ 276 III: Dem Kl. kann gleichzeitig eine Frist gesetzt werden, binnen deren er auf Erwiderung replizieren kann.	§276: Gericht kann frühen ersten Termin zur mdl. Vhdlg bestimmen.	Wird aufgefordert, binnen 14 Tagen zu sagen, ob er sich gegen die Klage verteidigen will; für diesen Fall sind dem Bekl. zusätzliche 14 T für die Klageerwiderung einzuräumen.	§ 296: Fristüberschreitungen führen grds dazu, dass die betreffende Partei mit ihrem Vorbringen nicht mehr gehört wird. Sie können zugelassen werden, wenn dadurch der Prozess nicht verzögert wird.
	Mdl. Vhdlg, §128		Mit Zustimmung beider Parteien kann ohne mdl Vhdl entschieden werden, § 128 II .
	§ 284: Beweisbeschluß; Durchführung des Beweisverfahrens gem. §§ 355 ff	§§ 485 Beweissicherungsverfahren wenn nötig	
	Schluß der mdl.Vhdlg. §297	Bekl. stellt Antrag aus Erwiderung	
	Zustellung des Urteil s von Amtswegen, § 270	.	§ 313. Form des Urteils; Sonderformen des Urteils: Teil-, Vorbehalts-, Versäumnis usw -urteile

2.   Gerichtsverfassung in Frankreich und anderen Ländern mit europäischer Tradition

1. Instanz :Tribunal de grand`instance, z.B. Strasbourg (= Landgericht Straßburg). Landgerichte gibt es wie bei uns in jeder größeren Stadt

2. Instanz Cour d`appel, z.B. Colmar (= OLG Colmar).   Appellationsgerichte gibt es in jeder der historischen Provinzen (Provence = Aix en Provence; Bretagne= Rennes usw) wie bei uns jede Provinz ihr OLG hatte, Ostpreußen = Königsberg; Pommern = Stettin; Hannover = Celle usw.

3. Instanz Cour de Cassation (= etwa BGH) .

3.   England

Magistrats court	Bagatellsachen für Strafrecht; einfache Familiensachen. Richter ist kein Jurist.
County Court	Die rd 250 CC entsprechen etwa unseren Amtsgerichten. Zuständig für Streitwerte bis 25.000 Pfund. Einzelrichter; Richter ist nicht notwendig Jurist.
High Court of Justice	Es gibt nur einen in England. Entspricht unserem Landgericht. Entscheidung durch Einzelberufsrichter. High Court hat 3 Abteilungen: Queen`s bzw King`s Bench: Allg. Zivilrecht. Chancery: Staatlich gelenktes Zivilrecht wie Insolvenzen Family: Familiensachen.
Court of Appeal	Entspricht unserem OLG; Entscheidung durch 3 Berufsrichter
House of Lords	Entspricht unserem BGH; ursprünglich ein Ausschuß des House of Lords, daher der Name. Entscheidung durch 3 Berufsrichter
Privy Council	Sonderinstanz für Fragen des bzw. aus ehemaligen brit. Weltreiches. Heute kaum mehr bedeutsam.

Anhang III Prüfungsschema in einem auslandsrechtlichen Fall

Prüfungsschritte	Frage: (Wird nach dem Recht am Gerichtsort, der lex fori, beantwortet.)	Antwort = ja	Antwort = nein
1. Schritt	Örtliche Zuständigkeit gegeben?[572]	Weiter mit 2. Schritt	Verweisung an ein zuständiges Gericht oder Abweisung der Klage (Prozeßurteil).
2. Schritt	Liegt Auslandsberührung vor?	Weiter mit 3. Schritt	Weiter mit 6. Schritt
3. Schritt	Fordert das am Gerichtsort geltende IPR für den gesamten Vorgang oder für einzelne Rechtsfragen die Anwendung eines ausländischen Rechts, ggfs welches?	Weiter mit 4. Schritt	Weiter mit Schritt 6 Es gilt das Recht am Gerichtsort, lex fori, also deutsches Recht, wenn das angerufene Gericht ein deutsches ist.
4. Schritt	Verweist das IPR des berufenen fremden Rechts auf das Recht eines dritten Landes weiter?	Feststellung jenes dritten Rechts; nach Feststellung: 5. Schritt.	5. Schritt
5. Schritt	Feststellung des Inhaltes des berufenen fremden Rechts, vgl. § 293 ZPO: Verstoß gegen Art 6 EGBGB?	6. Schritt: dt. Recht	6. Schritt: fremdes Recht
6. Schritt	Entscheidung der Rechtsfrage nach deutschem bzw. dem anwendbaren ausländischen Recht,		

---

[572] Fragen der sachlichen Zuständigkeit, z.B. Arbeitsgericht, Sozialgericht usw. bleiben hier unerörtert.

Stichworte

Umfassend. Aktuell. Fundiert.

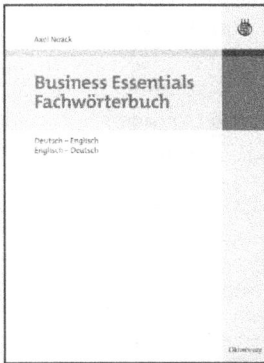

Axel Noack
Business Essentials:
Fachwörterbuch Deutsch-Englisch Englisch-Deutsch
2007. VII, 811 Seiten, gebunden
€ 59,80
ISBN 978-3-486-58261-1

Das Wörterbuch gibt dem Nutzer das Fachvokabular des modernen, internationalen Geschäftslebens in einer besonders anwenderfreundlichen Weise an die Hand.

Der englisch-deutsche Teil umfasst die 11.000 wichtigsten Wörter und Begriffe des angloamerikanischen Sprachgebrauchs.

Der deutsch-englische Teil enthält entsprechend 14.000 aktuelle Fachbegriffe mit ihren Übersetzungen.

Im dritten Teil werden 3.000 Abkürzungen aus dem internationalen Wirtschaftsgeschehen mit ihren verschiedenen Bedeutungen aufgeführt.

Das Lexikon richtet sich an Studierende der Wirtschaftswissenschaften sowie alle Fach- und Führungskräfte, die Wirtschaftsenglisch für Ihren Beruf benötigen. Für ausländische Studenten bietet es einen Einstieg in das hiesige Wirtschaftsleben.

Prof. Dr. Axel Noack lehrt an der Fachhochschule Stralsund BWL, insbes. International Marketing.

Oldenbourg

Erfolg mit russischen Geschäftspartnern

Elene Saprykina, Doris Pribyl
Wirtschaftsrussisch
Praktische Wirtschaftsthemen in
Dialogen, Texten und Übungen

2. überarbeitete Auflage 2008 | S. | gebunden | € 32,80
ISBN 978-3-486-58771-5
Mit Audio-CD

Die Lektionen sind praxisnah gestaltet und es werden möglichst viele relevante Themen behandelt. Sie finden hier ein Vokabular, das Sie im täglichen Geschäftsleben mit russischen Partnern brauchen werden. Die Grammatik ist kein Hauptthema des Buches, aber wo es nötig schien, wurden kurze grammatikalische Erklärungen eingefügt. Die Kapitel steigern kontinuierlich den Schwierigkeitsgrad.

Das Buch enthält einige Originaltexte, z.B. Internetseiten, Speisekarte, Katalogseite, Vertragstexte, die nicht wortwörtlich, sondern nur dem Sinn nach verstanden werden müssen. Bunt verstreut finden Sie Tipps für das praktische Leben in Russland. Außerdem sind an einigen Stellen landeskundliche Informationen eingefügt. So können Sie bei der Arbeit mit diesem Buch nicht nur sprachlich profitieren, sondern erhalten auch gleichzeitig Einblicke in Land und Leute.

Dieses Buch wendet sich an Geschäftsleute und Studierende mit Grundkenntnissen der russischen Sprache. Es eignet sich sowohl für den Unterricht als auch für das Selbststudium.

150 Jahre
Wissen für die Zukunft
Oldenbourg Verlag

Bestellen Sie in Ihrer Fachbuchhandlung oder direkt bei uns: Tel: 089/45051-248, Fax: 089/45051-333
verkauf@oldenbourg.de

Oldenbourg

www.ingramcontent.com/pod-product-compliance
Lightning Source LLC
Chambersburg PA
CBHW081053220326
41598CB00038B/7076